SÄUGETIERE AFRIKAS

SÄUGETIERE AFRIKAS

Ein Taschenbuch für Zoologen und Naturfreunde

Von

JEAN DORST und PIERRE DANDELOT

Übersetzt und bearbeitet von

Prof. Dr. HERWART BOHLKEN

Dr. HANS REICHSTEIN

Institut für Haustierkunde der
Christian-Albrechts-Universität, Kiel

Mit 310 Abbildungen im Text
und auf Tafeln, davon 293 farbig,
und 214 Verbreitungskarten

VERLAG PAUL PAREY

HAMBURG UND BERLIN

Die Originalausgabe erschien unter dem Titel
A FIELD GUIDE TO THE LARGER MAMMALS OF AFRIKA
im Verlag Collins Publishers, London

© Text Jean Dorst 1970
© Tafeln Pierre Dandelot 1970

Der deutschen Übersetzungsausgabe liegt
die 2. Auflage der Originalausgabe zugrunde.

ISBN 3 490 01018 3

Das Werk ist urheberrechtlich geschützt. Die dadurch begründeten Rechte, insbesondere die der Übersetzung, des Nachdruckes, des Vortrages, der Entnahme von Abbildungen, der Funksendung, der Wiedergabe auf photomechanischem oder ähnlichem Wege und der Speicherung in Datenverarbeitungsanlagen, bleiben, auch bei nur auszugsweiser Verwertung, vorbehalten. Werden einzelne Vervielfältigungsstücke in dem nach § 54 Abs. 1 UrhG zulässigen Umfang für gewerbliche Zwecke hergestellt, ist an den Verlag die nach § 54 Abs. 2 UrhG zu zahlende Vergütung zu entrichten, über deren Höhe der Verlag Auskunft gibt. Für die deutsche Ausgabe © 1973 Verlag Paul Parey, Hamburg und Berlin. Printed in Germany by Westholsteinische Verlagsdruckerei Boyens & Co., Heide/Holstein. Umschlag- und Einbandgestaltung: Hans Hermann Hagedorn, Hamburg.

Vorwort der Verfasser

Das Schrifttum über afrikanische Säugetiere ist sehr umfangreich. Meist jedoch sind es wissenschaftliche Arbeiten, die für Laien nur schwer zugänglich sind, wie z. B. Kataloge der Arten mit Angaben über ihre Verbreitung oder spezielle Arbeiten über die Säugetiere bestimmter Gebiete. Es fehlt aber ein Feldführer für die Säugetiere des ganzen Kontinents südlich der Sahara. Diese Lücke, die wir bei Reisen durch verschiedene Gebiete Afrikas wiederholt empfunden haben, soll dieses Buch schließen. Da heute immer mehr Menschen Interesse an der afrikanischen Tierwelt zeigen und am Schicksal der letzten großen Lebensgemeinschaften großer Säugetiere auf unserer Erde Anteil nehmen, glauben wir, daß solch ein Buch, besonders bei Reisen in Afrika, nützlich sei. Daher gingen wir mit Begeisterung an die Arbeit, erkannten jedoch bald, daß wir die Schwierigkeiten dieses Vorhabens unterschätzt hatten. Selbst von Großtieren, die dem Menschen seit Jahrzehnten oder sogar Jahrhunderten scheinbar vertraut sind, weiß man tatsächlich nur wenig. Das gilt einmal für die verwandtschaftlichen Beziehungen zwischen den Arten. So bedarf die systematische Gliederung vieler Antilopen und Primaten einer gründlichen Revision; die Angaben über die systematische Stellung und Verbreitung vieler anderer Gruppen, wie z. B. der kleinen Raubtiere, basieren weitgehend auf Vermutungen. Große Teile Afrikas – besonders in Äthiopien und Westafrika – müssen noch gründlich erforscht werden. Aber auch über die Lebensweise der meisten afrikanischen Säugetiere ist trotz aller Information von Jägern und Reisenden und einer intensiven biologischen Forschung in den letzten Jahren noch immer wenig bekannt. Dieses Buch beschäftigt sich nicht mit den Problemen der Klassifikation afrikanischer Säugetiere. Wir haben versucht, die modernen Gesichtspunkte der systematischen Gliederung zu berücksichtigen, ohne uns jedoch streng daran zu halten. Eine abweichende Anordnung erschien manchmal nützlich, um die Bestimmung der Tiere zu erleichtern. Auch tiergeographische Probleme werden hier nicht im einzelnen erörtert; die Karten geben nur skizzenhaft in groben Umrissen die heute bekannten Verbreitungsgebiete wieder. Schließlich soll dieses Buch auch kein Nachschlagewerk über afrikanische Säugetiere sein mit vollständiger Beschreibung der Tiere, des Haarkleides, der Hörner, des Schädels und der Zähne, der Ökologie und des Verhaltens.

Seine Hauptaufgabe ist es vielmehr, eine praktische Hilfe beim Erkennen von Tierarten zu sein. Wir haben uns auf jene Säugetiere beschränkt, die man im Freiland südlich des nördlichen Wendekreises beobachten kann, dabei aber die kleineren Arten, die Kleinsäuger, vernachlässigt. Denn die Bestimmung der versteckt lebenden, vorwiegend nachtaktiven Kleinsäuger ist selbst dem Spezialisten nur dann möglich, wenn er das Tier in der Hand hat oder Schädel und Zähne untersuchen kann. Behandelt werden in erster Linie Huftiere, Raubtiere und Primaten, außerdem einige oft anzutreffende Arten wie z. B. große tagaktive Nagetiere, Hörnchen, einige Insektenfresser und so merkwürdige Gestalten wie Schuppentiere, Erdferkel und Seekühe. Alle berücksichtigten Arten sind farbig abgebildet.

Viele namhafte Wissenschaftler haben uns ständig unterstützt. Für Durchsicht von Manuskriptteilen, für kritische Anmerkungen und Hinweise sind wir Mr. W. F. H. Ansell, Dr. R. Bigalke, Prof. F. Bourlière, Mr. L. H. Brown, Mr. C. G. Coetzee, Dr. K. Curry-Lindahl, Mr. R. W. Hayman, Dr. X.

Misonne, Mr. R. Rosevear, Mr. N. Simon und Dr. L. M. Talbot zu großem Dank verpflichtet. Außerdem danken wir den Herren Mr. C. W. Benson, Mr. J. H. Blower, Dr. A. Kortlandt, Dr. V. de Pienaar, Dr. U. Rahm und Mr. D. R. M. Stewart für Unterstützung, ebenso Prof. Th. Haltenorth für die Zusammenstellung der deutschen Namen.

Neben dem im Pariser Museum befindlichen Material untersuchten wir das der umfangreichen Vergleichssammlungen des Britischen Museums (Natural History), London, des Institut Royal des Sciences naturelles, Brüssel und des Musée Royal de l'Afrique Centrale, Tervuren. Dabei haben uns Dr. G. B. Corbet, Mr. R. W. Hayman, der verstorbene Dr. S. Frechkop, Dr. X. Misonne, Dr. M. Poll und deren Mitarbeiter sehr unterstützt.

Viele Zoologische Gärten waren uns behilflich. Prof. J. Nouvel und seine Mitarbeiter vom Zoologischen Garten in Vincennes und der Ménagerie du Jardin des Plantes waren besonders entgegenkommend. Außerdem schulden wir dem Londoner und dem Antwerpener Zoologischen Garten großen Dank, deren Direktoren Dr. L. Harrison Matthews und Dr. W. van den Bergh und ihre Mitarbeiter uns in jeder nur möglichen Weise halfen. Es ist unmöglich, hier alle Leiter und Mitarbeiter der National-Parks, Wildreservate und ähnlicher Einrichtungen in Afrika zu nennen, die uns während unserer Reisen und Freilanduntersuchungen unterstützt haben. Für die Herstellung der Abbildungen zahlreiche unveröffentlichte Photographien verschiedener Autoren sehr nützlich, besonderen Dank schulden wir Mr. M. Langer, der uns viele Unterlagen zur Verfügung stellte.

Die Rowland Ward Ltd. und ihr Direktor, Mr. Gerald A. Best, gestatteten uns freundlicherweise die Verwendung von Daten aus Rowland Ward's Records of Big Game.

Mr. W. F. H. Ansell überprüfte viele Verbreitungskarten und machte uns in großzügiger Weise neue und unveröffentlichte Informationen zugänglich. Mr. F. Edmond-Blanc trug besonders für Portugiesisch-Afrika, Mr. F. Roux für den Senegal viele Angaben bei. Dr. F. Petter und Mr. J. Roche verdanken wir wertvolle Hinweise. Mrs. Jean Dorst zeichnete die Verbreitungskarten und verbesserte sie weitgehend. Mr. J. Brouillet zeichnete die geographische und die Vegetationskarte, Miss Odile Jachiet übernahm die Schreibarbeiten.

Ihnen allen gilt unser tiefer Dank. Ihre umfangreichen Kenntnisse und die großzügige Unterstützung haben viel zu diesem Buch beigetragen.

Jean Dorst und Pierre Dandelot

Vorwort der Übersetzer

Ein Taschenbuch über afrikanische Säugetiere ist nicht nur für den Afrika-Touristen nützlich, sondern auch für alle Naturfreunde. Das Interesse an der afrikanischen Tierwelt wird heute in starkem Maße durch Zeitschriften, Bücher, Funk und Fernsehen geweckt. Auch Fragen des Naturschutzes und der Erhaltung bedrohter Tierarten finden in weiten Kreisen immer mehr Beachtung. Daher ist es zu begrüßen, daß sich der Verlag Paul Parey entschlossen hat, das Buch von JEAN DORST und PIERRE DANDELOT in deutscher Sprache vorzulegen. Bislang fehlte eine kurzgefaßte, übersichtliche Darstellung über die größeren afrikanischen Säugetiere mit Angaben über ihre Biologie und Verbreitung. Das vorliegende Buch ermöglicht eine rasche Orientierung, wobei den Abbildungen eine besondere Bedeutung zukommt.

Wir haben uns bemüht, bei der Übertragung des englischen Textes ins Deutsche möglichst getreu dem Original zu folgen und nur einige kleinere Umstellungen vorgenommen. Grundsätzlich nicht verändert wurde die systematische Gliederung. Ein schwieriges Problem ist die Beschreibung der Stimmen der Säugetiere, da eine objektive Wiedergabe der oft sehr differenzierten Lautäußerungen in Worten kaum möglich ist. Daher sind die entsprechenden Angaben nur als grobe Umschreibungen zu verstehen.

Kiel, im Januar 1973 HERWART BOHLKEN HANS REICHSTEIN

Inhalt

Benutzungsanweisung	13
Das Ansprechen der Arten	14
Maße	14
Ähnliche Arten	15
Lebensraum	16
Lebensweise	16
Verbreitungskarten	17
Volksnamen	17
Unterarten	17
Systematische Gliederung	17
Insektenfresser: *Insectivora*	19
Igel: *Erinaceidae*	19
Elefantenspitzmäuse oder Rüsselspringer: *Macroscelididae*	20
Otterspitzmäuse: *Potamogalidae*	20
Hasenartige: *Lagomorpha (Duplicidentata)*	21
Hasen und Kaninchen: *Leporidae*	21
Nagetiere: *Rodentia*	25
Hörnchen: *Sciuridae*	25
Baumhörnchen	25
Borsten- oder Erdhörnchen	28
Dornschwanzhörnchen: *Anomaluridae*	29
Springhasen: *Pedetidae*	30
Große Ratten: *Cricetidae*	31
Rohrratten: *Thryonomyidae*	32
Stachelschweine: *Hystricidae*	32
Schuppentiere: *Pholidota*	34
Schuppentiere: *Manidae*	34
Herrentiere: *Primates*	37
Halbaffen: *Prosimiae*	37
Loris und Galagos: *Lorisidae* und *Galagidae*	37
Affen: *Simiae*	41
Hundskopfaffen und Meerkatzen: *Cercopithecidae*	41
Paviane, Mandrill und Drill	41
Mangaben, Meerkatzen und Husarenaffen	46
Stummelaffen: *Colobidae*	60
Schimpanse und Gorilla: *Pongidae*	65
Raubtiere: *Carnivora*	69
Hunde: *Canidae*	69

Marder: *Mustelidae*	75
Schleichkatzen: *Viverridae*	79
Hyänen: *Hyaenidae*	94
Katzen: *Felidae*	98
Seekühe: *Sirenia*	106
Gabelschwanzseekühe: *Dugongidae*	106
Rundschwanzseekühe: *Trichechidae*	106
Röhrenzähner: *Tubulidentata*	109
Erdferkel: *Orycteropodidae*	109
Schliefer: *Hyracoidea*	111
Schliefer: *Procaviidae*	111
Rüsseltiere: *Proboscidea*	114
Elefanten: *Elephantidae*	114
Unpaarhufer: *Perissodactyla*	117
Pferde: *Equidae*	117
Nashörner: *Rhinocerotidae*	120
Paarhufer: *Artiodactyla*	124
Flußpferde: *Hippopotamidae*	124
Schweine: *Suidae*	126
Zwergböckchen: *Tragulidae*	129
Giraffen: *Giraffidae*	129
Hornträger: *Bovidae*	132
Drehhornantilopen: *Tragelaphinae*	132
Pferdeböcke: *Hippotraginae*	139
Wasserböcke: *Reduncinae*	145
Kuhantilopen: *Alcelaphinae*	152
Gazellen: *Antilopinae*	160
Ducker oder Schopfantilopen: *Cephalophinae*	171
Böckchen: *Neotraginae*	178
Beira und Dikdiks (Windspielantilopen): *Madoquinae*	183
Ziegen und Schafe: *Caprinae*	185
Rinder: *Bovinae*	187
Literatur	234
Verzeichnis der wissenschaftlichen Tiernamen	236
Verzeichnis der deutschen Tiernamen	240
Verzeichnis der englischen Tiernamen	245
Verzeichnis der Tiernamen in Französisch, Kisuaheli und Afrikaans	248

Verzeichnis der Tafeln

1 Igel, Spitzmäuse, Schuppentiere 190
2 Hörnchen 191
3 Dornschwanzhörnchen 192
4 Nagetiere 193
5 Galagos, Pottos 194
6 Paviane 195
7 Husarenaffen, Mangaben 196
8 Meerkatzen I 197
9 Meerkatzen II 198
10 Guerezas 199
11 Schimpanse, Gorilla 200
12 Schakale, Füchse 201
13 Füchse 202
14 Zibetkatze, Honigdachs, Otter 203
15 Ginsterkatzen und Verwandte 204
16 Ginsterkatzen 205
17 Große Mangusten 206
18 Kleinere Mangusten 207
19 Kleine Mangusten, Zorillas 208
20 Hyänen, Hyänenhund 209
21 Kleine Katzen 210
22 Mittelgroße Katzen 211
23 Großkatzen 212
24 Wildesel, Zebras 213
25 Nashörner, Flußpferde 214
26 Schweine 215
27 Giraffe, Okapi 216
28 Elenantilope, Bongo 217
29 Kudus, Nyalas 218
30 Sitatunga, Schirrantilope 219
31 Pferdeböcke 220
32 Moorantilopen, Wasserböcke 221
33 Moorantilopen 222
34 Riedböcke 223
35 Kuhantilopen 224
36 Leierantilopen, Buntbock 225
37 Gnus, Schliefer 226
38 Große Gazellen 227

39 Kleine Gazellen	228
40 Ducker I	229
41 Ducker II	230
42 Böckchen, Moschustier, Dikdiks	231
43 Greisbock, Oribi und Verwandte	232
44 Steinbock, Mähnenschaf, Büffel	233

Benutzungsanweisung

Dieses Buch soll in erster Linie eine Hilfe beim Bestimmen freilebender Säugetiere sein. Viele Säugetiere sind nachtaktiv und leben sehr zurückgezogen, besonders die Raubtiere und die Kleinsäuger, wie z. B. die meisten Nagetiere. Die Primaten sind zwar vorwiegend tagaktiv, da sie aber in reicher Deckung leben, sind sie oft schwer zu erkennen. Das gilt auch für viele Waldbewohner, selbst für größere Säugetiere wie Ducker und Waldantilopen, während Steppentiere leichter zu beobachten sind. Auch viele große Raubtiere – Großkatzen, Schakale und Hyänen – können tagsüber gesehen werden. Wir haben nur die im Freiland erkenn-

Afrika: Politische Grenzen und Flüsse

baren Merkmale aufgeführt. Die Kennzeichnung ist manchmal vage, da einige Säugetiere keine auffallenden Feldmerkmale besitzen; zwei Arten können einander sehr ähnlich sehen, sich jedoch durch innere Merkmale deutlich unterscheiden (Schädel, Zähne usw.).

Das Ansprechen der Arten

Der mit Säugetieren weniger Vertraute sollte zunächst die Tafeln studieren. So läßt sich zumindest die Verwandtschaftsgruppe des fraglichen Tieres ermitteln, meistens werden Abbildungen und Bildtext sogar zur Bestimmung ausreichen (die meisten Abbildungen sind nach lebenden Tieren, Fotografien oder Freilandbeobachtungen gezeichnet; für einige Arten fehlen solche Unterlagen, so daß ihr Erscheinungsbild rekonstruiert werden mußte). Im allgemeinen sind erwachsene Männchen abgebildet, andernfalls finden sich die Zeichen ♂ (Männchen) und ♀ (Weibchen). Wenn es mehrere gut unterscheidbare Unterarten gibt, ist der Name der dargestellten Unterart im Bildtext in Klammern angegeben.

Im Tafeltext wird auf die ergänzenden ausführlichen Beschreibungen im Textteil verwiesen. Wichtig sind nicht nur Zeichnung und Färbung, sondern auch allgemeine Erscheinung und Körperumriß, wobei die Feldmerkmale, die auf den Tafeln durch Pfeile hervorgehoben werden, besonders zu beachten sind. Auch die Verbreitungskarten sind ein wertvolles Hilfsmittel, weil sie zeigen, welche Arten in dem jeweiligen Gebiet vorkommen. Im Abschnitt „Ähnliche Arten" werden jene Merkmale hervorgehoben, die für die Unterscheidung ähnlicher Formen wichtig sind. Schließlich erleichtern die Angaben zu „Lebensraum" und „Lebensweise" (besonders Sozialverhalten, Gangart usw.) die Bestimmung. Im übrigen kann auch der Ausschluß anderer Arten von Bedeutung sein.

Beim Ansprechen junger oder halbwüchsiger Tiere muß besonders sorgfältig verfahren werden. Vor allem bei Antilopen können Hornform und -größe zu Fehlbestimmungen führen, da sich die Hörner junger Tiere häufig von denen erwachsener stark unterscheiden, manchmal sogar den Hörnern anderer Arten ähnlich sind. Die geographische Variabilität der Arten muß berücksichtigt werden. In der Regel ist nur der durchschnittliche Typ einer Art abgebildet; andere Populationen der gleichen Art können von diesem Typ deutlich abweichen; das gilt besonders für Affen. Darauf wird jeweils im Textabschnitt „Innerartliche Variabilität" verwiesen.

Maße

Bei größeren Säugetieren ist die Schulterhöhe das beste Maß zur Kennzeichnung der Körpergröße. Sie wird für die meisten Arten angegeben, nicht jedoch für die langgestreckten Formen wie die Ginsterkatzen, Mangusten, Nagetiere und nicht für Affen; die Größe dieser Arten wird durch die Körperlänge ausgedrückt. „Groß" oder „klein" sind jeweils als verhältnismäßig groß oder klein, bezogen auf die Körpergröße oder die allgemeine Erscheinung des Tieres, zu verstehen.

Die angegebenen Maße (in cm) und Gewichte (in g bzw. kg) sind mittlere Werte für die Art und können individuell und in Abhängigkeit von Geschlecht, Alter, Unterart und Jahreszeit (Gewicht) sehr stark variieren. Es handelt sich also um grobe Näherungswerte.

Für die Hornlänge werden zwei Werte angegeben: Der erste Wert gilt für ein durchschnittlich gutes Horn der Art (nicht irgendeiner besonderen Unterart), der zweite Wert ist die bekannte maximale Länge oder die Rekordlänge, die Rowland

Ward's Records of Big Game, 11. Auflage, 1962 (mit zwei Ergänzungslisten) entnommen wurde. So bedeutet die Angabe (im Mittel 55; maximal 80,7) für die Grant-Gazelle, daß ein gutes Horn im Mittel 55 cm lang ist, während die Rekordlänge 80,7 cm beträgt. Für die Methode der Trophäenmessung sei auf dieses klassische Werk verwiesen.

Ähnliche Arten

In diesen Textabschnitten werden die der besprochenen Form sehr ähnlichen Arten mit ihren hauptsächlichen Feldmerkmalen aufgeführt. Diese Arten sind untereinander nicht immer eng verwandt, haben aber einige übereinstimmende Merkmale. Es werden nur die Arten aufgeführt, die im gleichen Lebensraum vorkommen. Kreuzverweise werden vorgenommen.

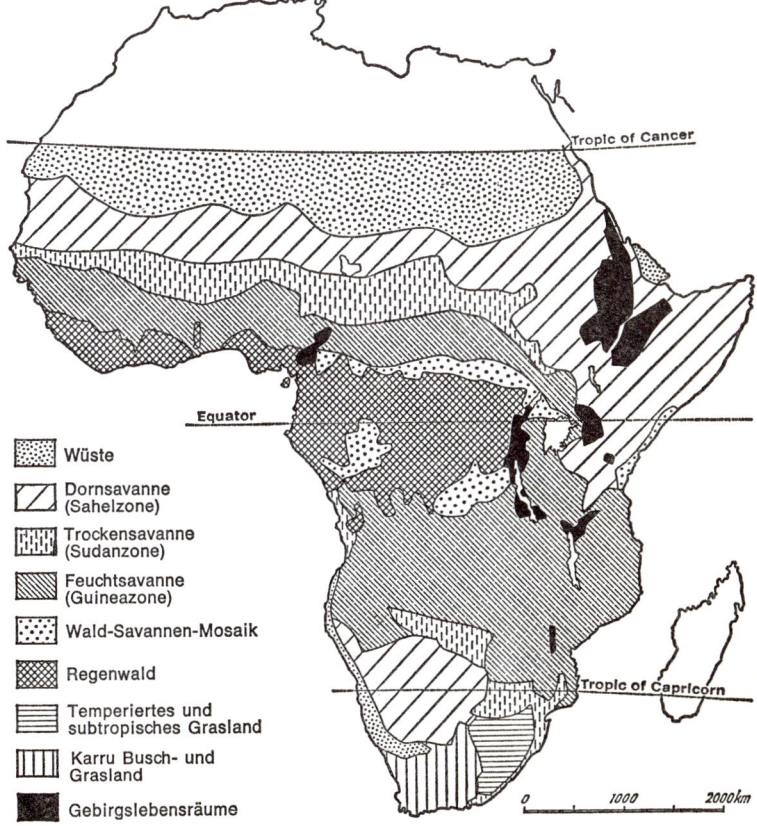

Afrika: Vegetationszonen

Lebensraum

Der Lebensraum (Biotop), in dem eine Tierart vorkommt, kann für die Bestimmung sehr wichtig sein. Viele Arten sind an bestimmte Biotope gebunden, andere stellen keine ausgeprägten ökologischen Ansprüche, sie sind daher in unterschiedlichen Lebensräumen anzutreffen. Die Angaben zum Lebensraum stellen nur Anhaltspunkte dar.

Die Vegetationskarte auf S. 15 beruht im wesentlichen auf der Vegetation Map of Africa, die für l'Association pour l'Etude taxonomique de la Flora d'Afrique durch die Oxford University Press (1959) veröffentlicht wurde, ist aber wesentlich vereinfacht. Sie zeigt die Verteilung der hauptsächlichen Vegetationstypen in Afrika, die mit den Verbreitungskarten verglichen werden können.

Auf der Karte sind folgende Vegetationszonen dargestellt:
1. Wüste: Wegen sehr geringer Regenfälle weit verstreuter Pflanzenbewuchs, oft beinahe vegetationslos.
2. Dornsavanne (Sahelzone): In der Dornsavanne finden sich weit verstreut niedrige, ganzjährige Pflanzen und niedrige Gräser, die nach Regenfällen treiben. In den feuchteren Zonen gedeihen Büsche und lockerer Baumbestand (hauptsächlich *Acacia* und *Commiphora*), deren Dichte von Feuchtigkeit und jährlicher Niederschlagsverteilung abhängt, manchmal offene Waldungen oder Dickungen. Die meisten Bäume sind laubabwerfend. Grasland mit *Cenchrus* (im Westen) und *Themeda triandra*. (Gras-, Kraut-, Strauch- und Baumsteppe).
3. Trockensavanne (Sudanzone): Relativ trockenes Grasland mit einzelnen Akazien und weit ausladenden Bäumen (Gras-, Strauch- und Baumsavanne).
4. Feuchtsavannen und Waldungen (Guineazone): Relativ feuchte Lebensräume mit sehr dichtem Bewuchs hoher Gräser und mit zahlreichen Bäumen; in weiten Gebieten überwiegen *Isoberlinia*, *Brachystegia* und *Julbernardia*. In den südlichen Gebieten sind diese Wälder unter dem Namen „Miombo" bekannt. Feuchte Galeriewälder entlang der Flüsse (Savannenwaldungen, offene Waldungen, Fallaubwald).
5. Wald-Savannen-Mosaik: In hochgrasiger Savanne feuchte, zum Teil immergrüne Waldstücke.
6. Regenwald: Immergrüner oder teils immergrüner Wald mit verschiedenen Schichten („Stockwerksbau"); die Bäume können bis zu 60 m hoch sein. Zu diesen Lebensräumen zählen auch Sumpfwälder.
7. Temperiertes und subtropisches Grasland: Reines Grasland in ziemlicher Höhenlage; *Themeda triandra* häufig.
8. Karru Busch- und Grasland: Kap Macchie (Hartlaubvegetation). Holzige Büsche, Sukkulenten, Aloe. Die Kap Macchie wird von kleinen immergrünen, oft heideähnlichen Büschen von mittelmeerischem Gepräge gebildet.
9. Gebirgslebensräume: Immergrüner Wald, Grasland, Waldungen *(Hagenia, Erica)*, Bambus *(Arundinaria alpina)* und alpine Lebensgemeinschaften (baumartige *Senecio* und *Lobelia*, *Alchemilla*-Büsche).

Lebensweise

In diesen Textabschnitten werden wesentliche biologische Besonderheiten angegeben, die beim Ansprechen der Tiere wichtig sind. Einige, die mit dem täglichen Aktivitätsrhythmus und dem Sozialverhalten verbunden sind, werden weitgehend vom Lebensraum beeinflußt und variieren gebietsweise; andere haben sich durch Kontakte zum Menschen geändert. Auch Herdengröße und -struktur ändern sich in Abhängigkeit von Lebensraum und Jahreszeit (Fortpflanzung).

Verbreitungskarten

Die schwarzen Kartenteile stellen etwa die Verbreitungsgebiete der Arten dar. Innerhalb dieser Gebiete sind die Arten nur dort anzutreffen, wo entsprechende Lebensräume vorhanden sind und der Mensch die Populationen nicht ausgerottet hat. Die frühere Verbreitung wurde nicht berücksichtigt. Die Arealgrenzen stimmen nur annähernd, denn von den meisten Arten, besonders aus Westafrika und Äthiopien, sind die genauen Verbreitungsgrenzen nicht bekannt. Die Fragezeichen in den Karten weisen auf mögliche Vorkommen hin, die aber bisher nicht exakt bestätigt sind.

Volksnamen

Es gibt keine offizielle Liste der Volksnamen für afrikanische Tiere. Wir haben die gebräuchlichsten gewählt, die aber von Land zu Land verschieden sein können. Außer den deutschen Namen werden die englischen (E) und die französischen (F) genannt, soweit vorhanden auch die Namen in Kisuaheli (K) und in Afrikaans (A).

Unterarten

Die Arten werden in Unterarten gegliedert, die sich durch morphologische Merkmale, Färbungsbesonderheiten, Größe und Form der Hörner unterscheiden. Die Verbreitungsgebiete der Unterarten können aneinander grenzen, überschneiden sich aber nicht. Eine Bestimmung von Unterarten erfordert in der Regel ein großes Vergleichsmaterial, ist daher im Freiland gewöhnlich nicht möglich. Aus diesem Grund haben wir nur die Unterarten berücksichtigt, die auffallende Kennzeichen besitzen. Im Abschnitt „Innerartliche Variabilität" werden die wesentlichen Variationen innerhalb der Art aufgezeigt und die im Freiland bestimmbaren Unterarten angeführt.

Systematische Gliederung

Dieses Buch beschäftigt sich nicht mit der Systematik der afrikanischen Säugetiere. Wir sind möglichst weitgehend der von den meisten Säugetierforschern übernommenen Gliederung von G. G. SIMPSON (Principles of Classification and a Classification of Mammals, New York, 1945) gefolgt und benutzten für die Paarhufer außerdem das Werk von TH. HALTENORTH (Klassifikation der Säugetiere: Artiodactyla, 1963). Aus praktischen Gründen wurde aber die im allgemeinen angewandte Reihenfolge der Arten verändert. Wenn die Arten einer Gruppe einander ähnlich sind, werden sie in der Regel der Größe nach behandelt.

In einigen Fällen standen wir vor großen Problemen. Die systematische Gliederung der Ginsterkatzen und Mangusten steckt noch in ihren Anfängen. Viele Huftiergruppen bedürfen dringend einer gründlichen Revision. Die verschiedenen Formen der Kuhantilope und auch des Braunen Guereza könnten eigene Arten sein. Lamagazelle und Impala sind mit den Gazellen wahrscheinlich nicht näher verwandt. Die Ducker bilden eine verwirrende Gruppe mit verschiedenen „Problem"-Formen. Die Dikdiks müssen überarbeitet und wahrscheinlich in mehr Arten gegliedert werden. Der Ellipsen- und der Defassa-Wasserbock können ebenso wie Kuhantilope und Kaama einer Art angehören. Die hier gewählte Anordnung bedeutet keinesfalls, daß zu Fragen, die noch sorgfältig zu klären sind, eine endgültige Stellung bezogen wurde.

Wir haben von allen behandelten Säugetieren die wichtigsten äußeren Kennzeichen aufgeführt, aber die für die Bestimmung im Freiland unbrauchbaren anatomischen Merkmale nicht berücksichtigt.

Verweise bei den Arten

Die fettgedruckten Zahlen sind die Nummern der Tafeln, auf denen die betreffenden Arten abgebildet sind. Die Zahlen in Normaldruck auf den Tafelerklärungsseiten verweisen auf die Textseiten, auf denen die betreffenden Arten beschrieben sind.

Insektenfresser: Insectivora

Kleine, primitive Säugetiere; gewöhnlich kurze Beine, lange, schmale Schnauze und zahlreiche Zähne; Backenzähne mit V- oder W-förmig angeordneten Spitzen (Anpassung zum Ergreifen und Zerkleinern von Insekten und harter Nahrung).

Einige Insektenfresser sind winzige Tiere (die kleinsten Säugetiere sind Spitzmäuse); obgleich gelegentlich sehr häufig, sind sie selten zu beobachten.

Mit Ausnahme von Australien und dem größten Teil Südamerikas weltweit verbreitet; in Afrika ist die Ordnung durch Elefantenspitzmäuse, Goldmulle, Igel, Otterspitzmäuse und Spitzmäuse vertreten.

Die meisten Arten werden vom Laien übersehen, einige sind jedoch häufig zu beobachten: Das sind entweder große Formen oder kleine tagaktive, wie z. B. die in Häusern lebende Große Moschusspitzmaus (*Crocidura occidentalis* und Verwandte) aus Westafrika (Kopf-Rumpf-Länge bis 13 cm). Igel, Elefantenspitzmäuse und Otterspitzmäuse sind gelegentlich im Freiland zu sehen.

Igel: Erinaceidae

E – Hedgehog   A – Krimpvarkie
F – Hérisson   K – Kalunguyeye

Igel sind durch das Stachelkleid der Körperoberseite eindeutig gekennzeichnet. Sie schützen sich gegen die Raubtiere, indem sie sich zu einer festen Kugel zusammenrollen und so Kopf, Beine und Körperunterseite verbergen. Schnauze spitz.

Igel sind in Europa, Asien und Afrika weitverbreitet. In Nordafrika und in der Sahara werden sie durch Ohrigel und Wüstenigel vertreten. Der Ohrigel *(Hemiechinus auritus)* hat sehr große, aufrecht stehende, etwas zugespitzte Ohren (Wüstenrandgebiete im nordöstlichen Afrika, auch sehr trockene Gebiete im westlichen und Zentralasien). Der Wüstenigel *(Paraechinus aethiopicus)* hat ebenfalls ziemlich lange Ohren, verhältnismäßig lange Beine und eine auffallende Kontrastzeichnung auf dem Kopf: Schnauze dunkelbraun, übriger Kopf und Hals weiß; Fell unterseits lang und weich (nördliches Afrika bis Naher Osten). Weiter südlich kommen andere, einander sehr ähnliche Arten vor. Die gewöhnlichen Igel im tropischen Afrika sind *Atelerix albiventris* (Taf. 1), *A. pruneri* und Verwandte, die dem europäischen Igel ähnlich sind. Im südlichen Afrika ist *Erinaceus frontalis*[1] verbreitet (Taf. 1). Igel sind vorwiegend nachtaktiv, tagsüber in Höhlen oder Gebüsch verborgen. N a h r u n g : verschiedene Insekten, Würmer, Schnecken, junge Nagetiere, Vogeleier, Pflanzenteile und weiche Früchte. Halten in kalten Klimaten Winterschlaf. W u r f g r ö ß e : gewöhnlich 4, auch 6 bis 7. Die Jungen werden in Höhlen oder in Grasnestern geboren.

---

[1] Mit *E. algirus* aus Nordafrika verwandt.

Elefantenspitzmäuse oder Rüsselspringer: Macroscelididae

E – Elephant Shrews A – Klaasneus
F – 'Rat' à trompe K – Sange

Die Arten der nur in Afrika heimischen Elefantenspitzmäuse sind maus- bis rattengroß, selten größer. Gekennzeichnet durch rüsselförmig verlängerte, bewegliche Schnauze (daher der Volksname). Hinterbeine gut entwickelt, schlank, viel länger als Vorderbeine; dadurch känguruhartige Erscheinung. (Die Volksnamen „Rüsselspringer" und „Jumping shrew" sind jedoch nicht zutreffend, da die Tiere gewöhnlich rennen oder laufen, aber niemals wie Springmäuse hüpfen.) Schwanz gewöhnlich lang, Ohren ziemlich groß. Die Familie umfaßt einige Gattungen mit verschiedenen Arten, die zum Teil im Freiland nicht bestimmbar sind. Die Gattung *Elephantulus* – etwa rattengroße Tiere – kommt in der Sahara und in sehr trockenen Savannen bis nach Südafrika vor, aus Westafrika bislang nicht bekannt. Die Gattungen *Macroscelides, Nasilio* und *Petrodromus* (Taf. 1) sind in Ost- und Südafrika verbreitet, einige Arten kommen bis zum Ubangi-Becken und dem Nordufer des Kongo vor.

Die Rüsselhündchen oder gefleckten Elefantenspitzmäuse *(Rhynchocyon)* sind durch Größe (Kopf-Rumpf-Länge bis zu 30 cm) und das Fleckenmuster auf dem Rücken gekennzeichnet (Taf. 1). Reihen rechteckiger weißer Flecken heben sich von der gelblichbraunen Grundfärbung ab. Diese ansprechenden Tiere kommen in mehreren Arten in Waldgebieten vom nördlichen Kongo bis zum Sambesi vor.

Einige Elefantenspitzmäuse bewohnen ausschließlich Felsen, andere Arten Gras- und Buschland. Meist in trockenem, offenem Gelände, *Petrodromus* und *Rhynchocyon* in Wäldern.

Leben einzeln oder paarweise; meist tagaktiv; verbergen sich in Erdhöhlen, Spalten oder unter Felsen und unter Wurzeln großer Bäume. N a h r u n g : vorwiegend Ameisen, aber auch Heuschrecken und Käfer. Trinken vermutlich nicht. Entfernen sich nie weit vom Unterschlupf; benutzen zur Nahrungssuche Wechsel. Alarmieren durch rasches Klopfen mit den Hinterfüßen, stoßen dabei schrilles, lautes Quieken aus. Ihre Hauptfeinde sind Greifvögel.

Otterspitzmäuse: Potamogalidae

Große Otterspitzmaus *Potamogale velox* Du Chaillu 1

E – Otter Shrew, Giant Water Shrew F – Potamogale, Parpassa

KENNZEICHEN: Kopf-Rumpf-Länge 30 cm. Sehr große, fischotterähnliche „Spitzmaus", langgestreckt, mit ziemlich breiter, flacher Schnauze. Schwanz an der Wurzel dick, ruderartig seitlich zusammengedrückt, kurzhaarig. Fell dicht und weich, oben glänzend schokoladenbraun, unten weiß. Schnurrhaare lang und steif[2].

LEBENSRAUM: Flüsse und Sümpfe in Waldgebieten, auch in Bergwäldern.

VERBREITUNG: Karte S. 21.

LEBENSWEISE: An Wasser gebunden, zwischen Schilfrohr und Wasserpflanzen versteckt oder in Bauen, deren Eingänge unter dem Wasserspiegel liegen. Schwimmt sehr gut, Schwanz wird als Ruder benutzt. N a h r u n g : Wasserinsekten, Krebse, Weichtiere, Fische und Amphibien. W u r f g r ö ß e : wahrscheinlich 2.

---

[2] Zwei verwandte Arten sind von den Nimba-Bergen, Guinea *(Micropotamogale lamottei)*, und vom Ruwenzori, Kongo *(M. ruwenzorii)*, beschrieben worden; beide sind viel kleiner und spitzmausähnlicher.

Hasenartige: Lagomorpha (Duplicidentata)

Hasen und Kaninchen: Leporidae

E – Hare A – Haas
F – Lièvre K – Sungura

Die Hasenartigen wurden früher als eine Unterordnung zur Ordnung der Nagetiere gestellt. Sie unterscheiden sich jedoch in wichtigen Merkmalen von den Nagetieren. So haben sie im Oberkiefer zwei Paar Schneidezähne: hinter den großen Nagezähnen steht ein Paar kleiner Stiftzähne. Daneben gibt es zahlreiche andere Merkmale, die sie von den Nagetieren trennen. Auch paläontologische Befunde sprechen für ihre Eigenstellung. Hasenartige sind in der Alten und Neuen Welt weitverbreitet. Gut bekannt sind Kaninchen und Hasen, die einzigen Vertreter dieser Ordnung im tropischen Afrika[3]. Äußere Kennzeichen der Hasen sind lange Ohren, kurzer, wolliger Schwanz, schlanke Gliedmaßen. Hinterläufe besonders lang, zum Springen und schnellen Laufen vorzüglich geeignet. Fell weich und wollig. Oft weißer Stirnfleck. Meist in offenen Lebensräumen. Südlich der Sahara mehrere Arten, die sehr schwer zu bestimmen sind, selbst dann, wenn man sie in die Hand nehmen kann, da sich die wichtigsten Artkennzeichen am Schädel und Gebiß finden[4]. Die systematische Stellung einiger Formen ist noch umstritten.

Kaninchen sind südlich der Sahara durch nur eine Art in Zentralafrika vertreten.

Crawshays-Hase *Lepus crawshayi* De Winton[5] 4

E – Crawshay's Hare

KENNZEICHEN: Klein, kurze Ohren, in einigen Merkmalen kaninchenähnlich[6]. Lippen ragen über die Schneidezähne hinaus. Allgemein dunkel gefärbt; Ober-

---

[3] Echte Kaninchen (*Oryctolagus*) kommen nicht südlich der Sahara, wohl aber in Nordafrika vor.
[4] Zu den wichtigsten Kennzeichen gehören die Schmelzfalten der oberen Schneidezähne. Wir folgen hier der von PETTER vorgeschlagenen systematischen Gliederung der afrikanischen Hasen; siehe Mammalia Band 23, 1958; Band 27, 1963 und Zeitschrift für Säugetierkunde Band 26, 1961.
[5] Möglicherweise ist der Crawshays-Hase mit dem Indischen Hasen, *L. nigricollis*, artgleich.
[6] In einigen Teilen des Verbreitungsgebietes wird dieser Hase von den Europäern „Kaninchen" (rabbit) genannt.

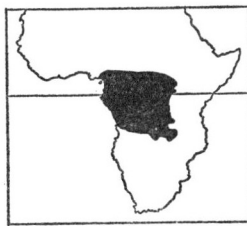 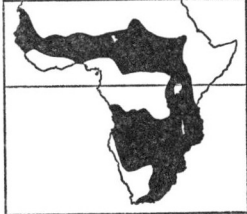 

Große Otterspitzmaus   Crawshays-Hase   Kaphase

seite graubraun, schwärzlich gesprenkelt, Nacken rötlichbraun. Schwanz mäßig lang, oben schwarz, an den Seiten und unten weiß.
LEBENSRAUM: Savannen.
VERBREITUNG: Karte S. 21.

Kaphase *Lepus capensis* L.[7]
E – Cape Hare
KENNZEICHEN: Klein, mäßig kurze Ohren. Grundfarbe gelblichgrau, besonders an den Flanken. Nacken rötlichgrau. Unterscheidet sich vom Crawshays-Hasen durch längere Ohren und rötlichgelbe Färbung; vom Buschhasen durch grauen anstatt blaß rötlichbraunen Nacken und durch relativ kürzere Ohren. Kein weißer Stirnfleck; Schwanz oben schwarz, an den Seiten und unten weiß (oder vollständig weiß, *L. c. starcki*, Äthiopien).
LEBENSRAUM: Offene, grasige Ebenen mit verstreutem Buschwerk.
VERBREITUNG: Karte S. 21.

Buschhase *Lepus saxatilis* F. Cuvier
E – Southern Bush oder Scrub Hare
KENNZEICHEN: Groß, sehr lange Ohren, verhältnismäßig langer Schwanz. Grundfärbung grau, Körperseiten und Beine nicht rötlichbraun gefärbt. Gewöhnlich mit rötlichbraunem Nackenfleck. Schwanz oben schwarz, an den Seiten und unten weiß.
LEBENSRAUM: Buschwerk und trockene Wälder.
VERBREITUNG: Karte S. 22.

Abessinischer Hase *Lepus habessinicus* Hemprich und Ehrenberg
E – Abyssinian Hare
KENNZEICHEN: In Größe und Färbung sehr variabel (Hochlandtiere größer und mit längeren Ohren als Tieflandtiere). Grundfärbung variiert von gräulichocker oder gräulichgelb bis gelblichbraun. Unterscheidet sich vom Kaphasen durch Färbung der Ohrspitze: nur kleiner schwarzer oder grauer Fleck an Stelle eines breiten schwarzen Streifens.
LEBENSRAUM: Von Wüstenniederungen bis in Höhen von 2500 m[8].
VERBREITUNG: Karte S. 22.

---

[7] Kaphase und europäischer Feldhase, *L. europaeus* (Europa, nördliches Asien), sind als artgleich anzusehen.

[8] Einige Hasenformen – wie *L. whytei* (Tansania, Malawi, Rhodesien) – werden nicht aufgeführt, da ihre systematische Stellung unsicher ist.

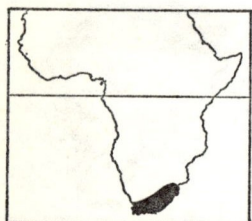

Buschhase

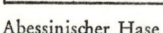

Abessinischer Hase

Roter Felsenhase

Roter Felsenhase *Pronolagus crassicaudatus* (I. Geoffroy) (und verwandte Formen)
E – Red Rock Hare

KENNZEICHEN: Kurze Ohren, kurze Beine und Füße, kaninchenähnlicher. Schwanz sehr buschig, oben und unten rötlich oder braun, niemals schwarz und weiß wie bei den echten Hasen der Gattung *Lepus*. Grundfärbung rötlichbraun, besonders an den Beinen; unterseits blasser. Im Gegensatz zu anderen Hasen und zu Kaninchen sind Felsenhasen laut, sie stoßen laute Schreie aus.
LEBENSRAUM: Felsige Gebiete oder Waldränder. Benutzen Felsblöcke als Aussichtsposten, verbergen sich häufig unter Felsen; weniger als die gewöhnlichen Hasen in oberirdischen Lagern (Sasse).
VERBREITUNG: Karte S. 22.

Buschmann-Hase *Bunolagus monticularis* (Thomas)
E – Bushman Hare

KENNZEICHEN: Ziemlich lange Ohren; sehr kurze, wollig behaarte Füße; dicker, runder Schwanz. Fell weich und fein, aber nicht wollig. Grundfärbung oben graubraun meliert, ohne rötlichbraunen Anflug. Seiten dunkelgraubraun. Intensiv gelblichbrauner Nackenfleck. Kinn gelblichweiß, durch schwärzlichen Streifen von den Wangen getrennt. Kehle blaß rötlichgelb; Bauch gelblichbraun. Schwanz rotbraun mit schwarzer Spitze.
LEBENSRAUM: Gestrüpp entlang von Erosionsschluchten.
VERBREITUNG: Karte S. 23.

LEBENSWEISE DER HASEN: Hasen kommen in offenen Lebensräumen und sogar Wüsten vor. Sie leben einzeln oder paarweise. Nachtaktiv, liegen tagsüber mit angelegten Ohren flach in „Sassen", seichten Vertiefungen unter Gras oder Buschwerk. Eine Ausnahme macht der südafrikanische Rote Felsenhase, der sich gewöhnlich unter Felsen verbirgt. Im Gegensatz zu den Kaninchen legen Hasen keine Baue an. Ihre langen und kräftigen Hinterbeine befähigen sie, sehr schnell zu laufen. Nur durch Schnelligkeit können sie ihren Feinden (Greifvögel, kleinere Raubtiere, Gepard) entkommen. Ernähren sich fast ausschließlich von Gras. W u r f g r ö ß e : 1, manchmal 2–4. Die Jungen werden in einer ungepolsterten Sasse geboren, sind bei Geburt behaart und nach kurzer Zeit selbständig; werden jedoch vom Muttertier noch eine Zeitlang gesäugt.

Afrikanisches Kaninchen *Poelagus marjorita* (St. Leger)   4
E – African Rabbit

KENNZEICHEN: Kleiner und gedrungener als Hasen; Ohren kurz; Fell ziemlich

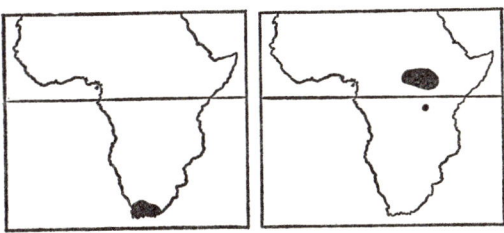

Buschmann-Hase   Afrikanisches Kaninchen

kurz und rauh. Oben graubraun, rötlichbrauner Nackenfleck. Seiten heller. Unterseite weiß. Schwanz kurz, oben bräunlich, an den Seiten und unten weiß.
LEBENSRAUM: Waldungen und Rodungsflächen.
VERBREITUNG: Karte S. 23.
LEBENSWEISE: Im Gegensatz zu Hasen leben Kaninchen in Höhlen, in denen auch die nackten Jungen geboren werden.

Nagetiere: Rodentia

Die Nagetiere bilden die artenreichste Säugetierordnung; sie sind – gemessen an der Individuenzahl – die bedeutendste Säugetiergruppe überhaupt. Viele Arten unterscheiden sich erheblich in Körpergröße, Gestalt und Lebensweise. Trotzdem besitzen alle Nagetiere einige gemeinsame Merkmale. An erster Stelle sind die großen, gekrümmten Nagezähne (Schneidezähne) zu nennen, die in je einem Paar im Ober- und Unterkiefer stehen. Diese Zähne wachsen zeitlebens, sie werden durch die Nagetätigkeit ständig abgenutzt. Niemals sind Eckzähne vorhanden; die Schneidezähne sind von den Backenzähnen (oft drei, selten weniger, manchmal bis zu fünf) durch eine breite Lücke getrennt (Diastema). Wegen dieser Besonderheiten ist die Nahrungsaufnahme sehr eigenartig: Die mit den Nagezähnen abgenagten Nahrungsteile werden in einer für Säugetiere einzigartigen Weise zerrieben (hauptsächlich Pflanzenteile, manchmal Insekten oder kleine Tiere).

Die meisten Nagetiere sind klein, höchstens ratten- oder hausmausgroß. Viele sind nachtaktiv, daher im Freiland sehr schwer zu beobachten. Eine Bestimmung kann selbst dann schwierig sein, wenn man die Tiere in der Hand hat, da sich die Arten im wesentlichen in anatomischen Merkmalen, besonders am Gebiß, unterscheiden. Die Nagetiere sind als eine sehr erfolgreiche Säugetiergruppe weltweit verbreitet. In Afrika südlich der Sahara kommen mehrere Hundert Arten vor, die hier nicht im einzelnen beschrieben werden. Im folgenden sind nur solche Arten aufgeführt, die wegen ihrer Größe, Färbung, Tagaktivität oder Zutraulichkeit im Freiland beobachtet und bestimmt werden können. Dazu gehören Flughörnchen, Hörnchen, Springhasen, einige größere Ratten und die Stachelschweine.

Hörnchen: Sciuridae

E – Squirrel   A – Eekhorinkie
F – Ecureuil   K – Kindi, kidiri

In Afrika gibt es zahlreiche Hörnchenarten, die auf ein Dutzend Gattungen verteilt werden. Diese allgemein bekannten Nagetiere sind leicht an ihrer äußeren Erscheinung zu erkennen: Körper langgestreckt, Beine kurz; kleine, dem Kopf anliegende Ohren; behaarter bis buschiger Schwanz. Es ist völlig unmöglich, hier alle Arten aufzuführen und zu beschreiben, zumal die meisten im Freiland nicht zu unterscheiden sind. Wir beschränken uns daher auf die Haupttypen, die in jeweils mehreren Arten in Afrika verbreitet sind. Nach ihrer Lebensweise werden Baum- und Erdhörnchen unterschieden.

Baumhörnchen

Die baumbewohnenden Hörnchen sind durch weiches Fell und durch gekrümmte, scharfe Krallen gekennzeichnet. Sie leben in bewaldeten Landstrichen oder – viele Arten ausschließlich – in dichten Wäldern. Es werden verschiedene Formen unterschieden.

Nagetiere

Riesen-Waldhörnchen (Ölpalmenhörnchen) *Protoxerus stangeri* 2
(Waterhouse)
E – Giant Forest Squirrel
Groß (Kopf-Rumpf-Länge bis 35 cm), großer Kopf; langer, sehr buschiger Schwanz (über 30 cm) mit weißen und schwarzen Ringen; ziemlich rauhes, gesprenkeltes Fell, olivbraun bis schwärzlich, auf dem Kopf grauer; unterseits dünn behaart, beinahe nackt, mit scharfer Begrenzung gegen behaarte Flanken. Regenwald, im Bereich der Uferwälder in die Feuchtsavanne vordringend (von Sierra Leone bis Kenia, Tansania und Angola). Dieses große, kräftige Hörnchen kann auch harte Früchte, z. B. die der Ölpalme, zerkleinern, die für kleinere Arten zu fest sind.

Großes Rotschenkelhörnchen *Epixerus ebii* (Temminck) 2
E – Palm Squirrel
Groß (Kopf-Rumpf-Länge 25–30 cm); oberseits rötlichbraun und schwarz gesprenkelt, an den Gliedmaßen lebhaft rötlichbraun gefärbt, unterseits nahezu nackt; Schwanz buschig behaart, schwarz und weiß. Regenwälder von Sierra Leone bis Ghana. Eine verwandte Art *(wilsoni)* kommt in Gabun und Kamerun vor.

Streifenhörnchen *Funisciurus*
E – Striped Squirrels
Klein oder mittelgroß (Kopf-Rumpf-Länge 15–20 cm); Fell sehr weich, oberseits mit wenigstens einem auffallenden Längsstreifen. Schwanz mäßig lang, nicht sehr buschig, manchmal kürzer als Kopf und Rumpf, wird S-förmig über dem Rücken getragen. Ein Dutzend Arten im Regenwald und in lichten Waldungen. Einige sind dunkel gefärbt, auf dem Rücken auffallende Zeichnung, olivgrün mit grau untermischt. Kopf und Gliedmaßen kastanienrot, Unterseite rein weiß: Rotfußhörnchen (E Red-footed Squirrel), *F. pyrrhopus* (Wälder von Guinea bis Kongo, Taf. 2); Weißfleckhörnchen (E White-spotted Squirrel), *F. leucostigma* (Regenwälder von der Elfenbeinküste bis Kamerun). Andere sind heller gefärbt, meistens olivgrün *(F. congicus)*. Die beiden Vierstreifenhörnchen *F. lemniscatus* (Taf. 2) und *F. isabella* haben auf dem Rücken vier auffallende schwarze Streifen, die sich deutlich von der bräunlichen oder olivgrünen Grundfärbung abheben (Regenwald von Nigeria bis Gabun). Diese beiden Arten können gemeinsam vorkommen, sind jedoch wegen übereinstimmender Zeichnung und Färbung im Freiland nicht zu unterscheiden.

Sonnenhörnchen *Heliosciurus*
E – Sun Squirrels
Mittelgroß (Kopf-Rumpf-Länge bis 25 cm); oberseits einfarbig, fein schwarz, braun, rötlich und weißlich gesprenkelt. Je nach Art oder Unterart Gesamteindruck grau bis grünlich und braun. Keine Seitenstreifen. Unterseite und Gliedmaßen in der Färbung manchmal deutlich von der Oberseite abgesetzt. Schwanz so lang wie Kopf und Rumpf oder länger, wie der Rücken gefärbt, im allgemeinen geringelt. Ungefähr 10 Arten im Regenwald und in lichten Waldungen. Das Graufußhörnchen (E Gambian Sun Squirrel), *H. gambianus* (Taf. 2), (Savanne von Senegal bis Angola und Moçambique) ist oben oft blaßgrau oder hellbraun gefärbt, unterseits weiß. Es ist das einzige echte Baumhörnchen, das in der Savanne vorkommt. Die kleinen Waldhörnchen (E Small

Forest Squirrels), *H. punctatus* und Verwandte (lichte, Sekundär- und Galeriewälder von Oberguinea bis ins östliche Afrika) sind dunkler gefärbt, oben braun oder dunkelgrau, ohne die warmen Farbtöne der anderen Arten. Rotfüßiges Sonnenhörnchen (E Red-legged Sun Squirrel), *H. rufobrachium* (Taf. 2) (Regenwälder von Sierra Leone bis Kenia und Angola), Färbung sehr variabel, Innenseiten der Gliedmaßen jedoch immer tiefrot oder orange, deutlich von der schwärzlichbraunen Oberseite abgesetzt. Von relativ hellen Formen (Isabell-Sonnenhörnchen, *H. r. isabellinus*, Nigeria) gibt es alle Übergänge bis zu sehr dunklen, bei denen die fast schwarze Oberseite stark mit den tiefroten Gliedmaßen kontrastiert (*H. r. maculatus*, Guinea; *H. r. undulatus*, Kilimandscharo; *H. r. nyanzae*, Umgebung der großen Seen). Die dunklen Farbtöne nehmen mit steigender Feuchtigkeit zu[9].

Mehrere zur Gattung *Aethosciurus* (Grünhörnchen) gehörende Arten bewohnen die Waldgebiete in Guinea und im Kongo (*Ae. poensis*, kleiner, olivbraun; langer, schlanker Schwanz) oder das östliche Afrika *(Ae. ruwenzorii, lucifer)*.

Zwerghörnchen *Myosciurus pumilio* (Leconte) 2
E – Pygmy Squirrel

Sehr klein (kleinstes Hörnchen der Welt, Kopf-Rumpf-Länge 75 mm); oben gelblichgrün mit rötlichbraunem Anflug, unten weißlich. Schwanz dünn. Regenwälder Kameruns und Gabuns.

Buschhörnchen *Paraxerus* 2
E – Bush Squirrel

Größe (Kopf-Rumpf-Länge 15–25 cm) und Färbung sehr variabel; verhältnismäßig kurzer, buschiger Schwanz. Im östlichen und südlichen Afrika nordwärts bis Äthiopien kommen etwa 7 Arten vor. Einige sind oben einfarbig, wie z. B. das Gelbfußhörnchen, *P. cepapi* (südliches Afrika, nördlich bis Moçambique, Tansania und Katanga), oberseits dunkelolivbraun oder grau, unterseits hell, Füße gelblich. Bei anderen Arten (Untergattung *Tamiscus*) ist die Oberseite auffallend schwarz-gelblich oder schwarz-grünlich gestreift. Alle *Paraxerus*-Arten leben in der Baumsavanne, weniger im dichten Wald[10].

LEBENSWEISE DER BAUMHÖRNCHEN: Trotz unterschiedlicher ökologischer Ansprüche sind alle oben genannten Hörnchen im wesentlichen Baumbewohner; zur Nahrungssuche gehen einige Arten auf den Boden. Leben einzeln oder paarweise. Ausschließlich tagaktiv, verbergen sich bei Einbruch der Dämmerung in Baumhöhlen oder manchmal unter dichter Vegetation. Einige Arten bauen Nester aus Blättern oder Pflanzenfasern, z. B. das Vierstreifenhörnchen. N a h r u n g vielseitig: verschiedene Früchte, sogar sehr harte, wie die der Ölpalme, und Nüsse; auch Blätter und junge Triebe; daneben auch tierische Nahrung wie Eier, junge Vögel, Eidechsen und Insekten. Hörnchen benagen sehr hartes Material, sogar Elfenbein, wahrscheinlich, um die Zähne abzuschleifen. Verursachen in Pflanzungen (Kakao- oder Ölpalmenplantagen) gelegent-

---

[9] Die oben erwähnten Sonnenhörnchen gehören vielleicht einer Spezies oder Superspezies an (s. INGOLDBY, Proc. zool. Soc. London 1927, p. 471. Anm. d. Übers.: Nach ROSEVEAR 1969 werden sie auf zwei Arten verteilt. Publ. No. 677 Brit. Mus. Nat. Hist. London.

[10] Das Amerikanische Grauhörnchen (*Sciurus carolinensis*), durch graue Färbung und buschigen, weißgeränderten Schwanz gekennzeichnet, wurde um 1900 aus dem östlichen Nordamerika nach Südafrika eingeführt. Es breitete sich in der südwestlichen Kap-Provinz in ihm zusagenden Lebensräumen (Nadelholz-Anpflanzungen) über einige Hundert Quadratkilometer aus.

lich viel Schaden, können sogar zur Plage werden. In Gegenden mit jahreszeitlich bedingten Klimaschwankungen scheinen einige Arten für die Trockenzeit Nahrung zu speichern, wie z. B. das Graufußhörnchen.

Borsten- oder Erdhörnchen

Alle afrikanischen Erdhörnchen gehören zur Gattung *Xerus*[11]. Sie sind von den baumbewohnenden Formen durch ein rauhes, borstiges und kurzhaariges Fell mit wenig Unterwolle und einen fast nackten Bauch leicht zu unterscheiden. Krallen lang und kräftig, nur wenig gebogen; Ohren sehr kurz. Ausschließlich grabende Bodenbewohner, klettern selten auf Bäume. Diese Gattung umfaßt mehrere Arten, einige mit auffallendem Seitenstreifen. Das gestreifte Erdhörnchen, *X. erythropus*, (Taf. 2) hat die weiteste Verbreitung (Savannen von Mauretanien bis Äthiopien, Kenia und Uganda). Groß (Kopf-Rumpf-Länge 22–30 cm), oben hell sandfarben bis rötlich und dunkelbraun (von der Feuchtigkeit des Lebensraumes abhängig), weißer Seitenstreifen, Unterseite weißlich. Schwanz sehr buschig, schwarz-weiß geringelt, so lang wie Kopf und Rumpf. Einziges Erdhörnchen Westafrikas[12].

Im südlichen Afrika kommen zwei verwandte Arten vor, beide bräunlich mit deutlichem weißen Seitenstreifen: das Kap-Erdhörnchen, *X. inauris*, (Südwestafrika bis nördliche Kap-Provinz) und das Kaokoveld-Erdhörnchen, *X. princeps*, (südliches Angola und Südwestafrika). Diese Arten unterscheiden sich in folgenden Merkmalen: Schneidezähne weiß *(inauris)* oder gelb *(princeps)*, lange Schwanzhaare mit zwei *(inauris)* oder drei *(princeps)* schwarzen Ringen.

Das helle Borstenhörnchen, *X. rutilus*, (Taf. 2) (östliches Afrika von Äthiopien und Somaliland bis Kenia und Uganda) ist wie die vorigen gefärbt, jedoch ohne weiße Seitenstreifen[13].

LEBENSWEISE DER ERDHÖRNCHEN: Die Erdhörnchen leben in offenen Landschaften. Ausschließlich tagaktiv, verbergen sich kaum, obwohl sehr vorsichtig. Leben gesellig in Kolonien, manchmal zusammen mit Mangusten und kleinen Nagetieren. Baue manchmal nur einfache Röhren, aber auch sehr große (1,2 bis 1,8 m lang) mit mehreren Eingängen, vor denen man sie gelegentlich beobachten kann. Eigenartig springende Fortbewegung, Schwanz etwas bogenförmig nach hinten getragen. N a h r u n g : verschiedene Pflanzenteile, besonders Wurzeln und Knollen, aber auch abgefallene Früchte. Für die Trockenzeit scheinen sie Nahrungsvorräte anzulegen. Können Ernteschäden verursachen, besonders an Mais, Erdnüssen, Yamswurzeln und Maniok. Haben selbst in der Regenwaldzone im Gefolge des Menschen die Anbauflächen besiedelt. Gebietsweise können sie zur Plage werden. W u r f g r ö ß e : 3–4. Die Jungen werden in den Bauen geboren. Die Eingeborenen einiger Gegenden halten die Erdhörnchen für giftig und glauben, daß ein Biß tödlich sein kann. Wahr daran ist, daß die Speicheldrüsen der Hörnchen Streptokokken enthalten, die eine Sepsis hervorrufen können.

---

[11] Hierzu wird auch die Gattung *Geosciurus* gerechnet.
[12] Dieses Hörnchen wird von den Franzosen „Rat palmiste" genannt; dieser Name ist irreführend, denn es ist weder eine Ratte, noch lebt es auf Palmen, sondern ist ausschließlich Bodenbewohner.
[13] In Nordafrika kommt ein anderes Erdhörnchen vor, *Atlantoxerus getulus*, in Marokko im Hohen und Mittleren Atlas und in der algerischen Sahara verbreitet.

Dornschwanzhörnchen: Anomaluridae

E – Scaly-tailed oder Flying Squirrel   F – Anomalure, Ecureuil-volant

Die Dornschwanzhörnchen bilden innerhalb der Nagetiere eine besondere Familie, deren einzige lebende Vertreter im tropischen Afrika vorkommen. Sie haben einige oberflächliche Ähnlichkeit mit den Flughörnchen (Petauristinae) Asiens und Nordamerikas, gehören aber nicht wie diese zur Familie der eigentlichen Hörnchen (Sciuridae). Die Ähnlichkeit beruht auf Anpassungen an den gleichen Lebensraum und auf Parallelbildungen. Dornschwanzhörnchen sind leicht an der Flughaut zu erkennen, einer behaarten Hautfalte an den Körperseiten zwischen Hand- und Fußgelenk und zwischen Fußgelenk und Schwanzwurzel (mit Ausnahme einer Art). Körpergröße wie große Hörnchen, schlank, Schwanz sehr lang und ziemlich buschig; Fell dicht, lang und sehr weich. An der Unterseite der Schwanzwurzel zwei Reihen scharfkantiger, nach hinten gerichteter Hornschuppen; daher der Name Dornschwanzhörnchen. Mehrere Arten werden unterschieden:

Beecroft-Dornschwanzhörnchen *Anomalurops beecrofti* (Fraser)   3
Groß (Kopf-Rumpf-Länge 30–40 cm). Oben grauolivbraun, unten orange bis rötlich. Trocken- und Regenwald vom Casamance bis Nordost-Kongo.

Fraser-Dornschwanzhörnchen *Anomalurus derbianus* (Gray)   3
Groß (Kopf-Rumpf-Länge 30–40 cm). Oben düstergrau, gelblich untermischt, unten weiß. Wälder von Sierra Leone bis zum Kongo, Angola, Sambia, Tansania und Moçambique.

Pel-Dornschwanzhörnchen *A. peli* (Schlegel und Müller)   3
Groß (Kopf-Rumpf-Länge 43 cm). Oben dunkelschwarzbraun, unten weiß, Schwanz weiß. Regenwald in Liberia, Elfenbeinküste und Ghana.

Rotes Dornschwanzhörnchen *A. fulgens* Gray   3
Groß (Kopf-Rumpf-Länge 35 cm). Rötlichbraun, Unterseite heller. Regenwälder, Gabun.

Rotrücken-Dornschwanzhörnchen *A. erythronotus* Milne-Edwards   3
Groß (Kopf-Rumpf-Länge 35 cm). Kopf grau mit schwärzlichen Seiten, Nakken und Rücken dunkelkastanienbraun, Flughäute schwärzlichgrau; Unterseite weiß. Regenwälder von Kamerun bis zum Kongo.

Zwerg-Dornschwanzhörnchen *A. pusillus* Thomas   3
Kleiner (Kopf-Rumpf-Länge 20–25 cm). Oberseits olivbraun, unterseits gelblich. Regenwald von Kamerun bis zum Kongo.

Gleitbilche *Idiurus*   3
Mehrere Arten im Regenwald von Sierra Leone bis zum östlichen Kongo. Die kleinsten der hier aufgeführten Arten (Kopf-Rumpf-Länge 7–12 cm). Oben bräunlich oder gräulich, unten heller, sogar weißlich. Schwanzbehaarung einzigartig: oben lange weiche, unten jederseits eine Reihe kurzer, borstenartiger Haare.

Dornschwanzbilch *Zenkerella insignis* Matschie 3

Klein (Kopf-Rumpf-Länge 20 cm). Einzige Art dieser Familie ohne Flughäute; daher „flugunfähig". Hornschuppen auf der Schwanzunterseite vorhanden. Oben bräunlichgrau, Unterseite heller. Schwanz schwarz mit langen steifen Haaren. Erinnert an Siebenschläfer, von dieser Art aber leicht durch die Hornschuppen zu unterscheiden. Regenwald von Kamerun bis zum Kongo.

LEBENSWEISE DER DORNSCHWANZHÖRNCHEN: Im Urwald und dichteren Waldungen; mit Ausnahme des Dornschwanzbilches nachtaktiv, tagsüber in Baumhöhlen oder in dichtem Blattwerk. Zahlreiche Anpassungen an die baumbewohnende Lebensweise, am auffallendsten die Flughaut. Können nicht wirklich fliegen, überwinden aber im Gleitflug von Baum zu Baum annähernd bis zu 100 m. Nach Absprung werden die Beine gespreizt, auf diese Weise die Flughaut wie ein Fallschirm ausgebreitet; steuern mit dem Schwanz. Höhenverlust während des Gleitfluges gering. Landen gewöhnlich mit aufrecht gestelltem Körper und allen vier Füßen gleichzeitig an senkrechten Stämmen. Hornschuppen der Schwanzunterseite werden gegen den Stamm gedrückt, geben dem Tier zusätzlichen Halt. Ruhende Tiere drücken die Flughäute dicht an den Ast und vermeiden dadurch verräterische Schattenbildung. Die größeren Dornschwanzhörnchen leben einzeln oder paarweise, nur die Gleitbilche gesellig in Kolonien, bis zu einem Dutzend in einer Baumhöhle oder unter Rinde, manchmal gemeinsam mit Fledermäusen oder Schläfern. N a h r u n g : Früchte (sogar die der Ölpalme), Blätter, Blüten und wahrscheinlich auch Insekten, Larven und Raupen. W u r f g r ö ß e : 1–2.

Springhasen: Pedetidae

Springhase *Pedetes capensis* (Forster) *(= cafer)* 4

E – Spring Hare A – Springhaas
F – Lièvre sauteur K – Kamendegere

KENNZEICHEN: Kopf-Rumpf-Länge bis 45 cm; Gewicht bis 3,6 kg. Eigenartiges großes Nagetier; känguruhartige Erscheinung, kurze Vorderbeine, außerordentlich lange und kräftige Hinterbeine. Kopf kurz; ziemlich lange, zugespitzte Ohren, Augen groß. Fell lang und ziemlich weich. Oben gelblichbraun mit schwärzlichem Anflug auf Kopf und Rücken. Unten gelblichweiß. Schwanz so lang wie Kopf und Rumpf oder länger, sehr buschig, wie Hinterrücken gefärbt. Endquaste dunkelbraun oder schwarz.

LEBENSRAUM: Offene, trockene Gebiete, vorwiegend auf sandigem Boden.

VERBREITUNG: Karte S. 30.

LEBENSWEISE: Nachtaktiv, gelegentlich tagaktiv. Tagsüber in unterirdischen Bauen, Röhrensysteme mit mehreren Öffnungen, die in der Regel von innen verstopft werden. Verlassen Baue bei Dämmerung, dabei oft plötzlich herausspringend, vermutlich um Feinden zu entgehen, die ihnen am Eingang der Höhle auflauern könnten. Fortbewegung sehr schnell, gewöhnlich wie ein Känguruh auf den Hinterfüßen hüpfend. Sollen bis zu 8 m weit springen. Kön-

Springhase

nen in einer Nacht mehrere km zurücklegen, bei Wassermangel manchmal bis 30 km. N a h r u n g : ausschließlich vegetarisch, Knollen und Wurzeln, auch Körner und junge Pflanzentriebe; möglicherweise auch Insekten. Verursachen gelegentlich Ernteschäden (Mais, Erdnüsse). W u r f g r ö ß e : 1–2. Die Jungen werden in den Höhlen geboren.

Große Ratten: Cricetidae[14]

Riesen-Hamsterratte *Cricetomys* spp. 4

E – Giant Rat   A – Reuserot
F – Rat de Gambie   K – Buku

KENNZEICHEN: Kopf-Rumpf-Länge bis 40 cm; Gewicht bis 1 kg. Die größten afrikanischen Ratten, Gliedmaßen schlank, große, auffallende Ohren; langer nackter Schwanz (länger als Kopf und Rumpf), weiße Endhälfte in scharfem Kontrast zum vorderen dunklen Schwanzabschnitt. Fell kurz und dünn, relativ glatt *(C. emini)* oder lang und rauh *(C. gambianus)*. Oberseite dunkelgrau *(C. gambianus)* bis braun *(C. emini)*, mit rötlichem Anflug; an den Flanken heller. Unterseite weiß, manchmal scharf von der dunkleren Oberseite abgesetzt. Sehr große Backentaschen.

LEBENSRAUM: Von Gambia ostwärts bis zum Sudan und Kenia, südlich bis zum nördlichen Transvaal *(C. gambianus:* Baumsavanne; *C. emini:* dichter Wald). Auch in menschlichen Siedlungen.

LEBENSWEISE: Riesen-Hamsterratten kommen oft auf Kulturflächen und in Gärten vor, nur selten in Häusern. Vorwiegend nachtaktiv; graben Baue, oft mit mehreren Eingängen; Nestkammern mit Pflanzenmaterial gepolstert; Seitenkammern dienen als Vorratsräume. Tragen in ihren Backentaschen nicht nur Futter ein, sondern auch andere Gegenstände wie Münzen und kleine glänzende Objekte. N a h r u n g : rein vegetarisch (Wurzeln, Knollen, junge Triebe, Früchte). Männchen leben oft einzeln, Weibchen und Jungtiere dagegen zusammen in Gruppen bis zu 30 in einem Bau. T r a g z e i t : 42 Tage; W u r f g r ö ß e : in der Regel 2–4. In Gefangenschaft werden Riesen-Hamsterratten zahm und anhänglich; sie sind dann reizende Hausgenossen. Die Afrikaner schätzen ihr Fleisch.

Mähnenratte *Lophiomys imhausi* Milne-Edwards 4

E – Maned Rat

KENNZEICHEN: Kopf-Rumpf-Länge 25–35 cm. Größe wie ein Meerschweinchen, dem sie in der Kopfform ähnlich ist. Fell am ganzen Körper sehr lang, dicht und weich; Ohren sehr kurz. Kopf vorwiegend schwärzlich mit einem breiten weißen Stirnband. Auf Nacken, Rücken und Schwanzbasis eine aufrichtbare Mähne steifer Haare. Unterhalb der Mähne verläuft jederseits von den Ohren bis zum Kreuz ein schmaler Streifen kurzer weißlicher Haare (Drüsenzone). Unterseite grau bis schwarz. Beine kurz, völlig schwarz. Schwanz lang, sehr buschig, schwärzlich mit auffallender weißer Spitze. Dieses sonderbare Tier kommt in dichten Wäldern vor (Sudan, Äthiopien, Somalia, Kenia). Nachtaktiv, lebt in selbstgegrabenen Bauen, erklettert mühelos Bäume (Zehen gut

---

[14] Anmerk. der Übersetzer: Die Familie der Cricetidae (Wühler) umfaßt in Afrika eine große Fülle verschiedener Arten und Gattungen, von denen hier nur die größten angeführt werden.

entwickelt, große Zehe opponierbar). Ernährt sich von Blättern und jungen Trieben. Lautäußerung: Schnaufen und Knurren.

Rohrratten: Thryonomyidae

E – Cane Rats A – Rietmuis
F – Aulacode K – Ndezi

Große Nagetiere, bis zu 60 cm Kopf-Rumpf-Länge und bis zu 7 kg Gewicht. Massig, kurze, gedrungene Beine; kurzer, rattenähnlicher Schwanz; Haarkleid rauh, borstig, sogar stachelartige Haare. Färbung oberseits braun, gelblich oder grau gesprenkelt, an den Seiten heller, unterseits grau oder weißlich (Taf. 4). Es werden zwei Typen unterschieden:

Große Rohrratte *Thryonomys swinderianus* (Temminck)
Größer, Kopf-Rumpf-Länge 50–60 cm; Schwanz ziemlich lang. Senegal bis Südafrika.

Kleine Rohrratten *Thryonomys gregorianus* (Thomas) und Verwandte
Kleiner, Kopf-Rumpf-Länge 40–45 cm. Kürzerer Schwanz. Verbreitungsgebiet kleiner: vom Tschad und Sudan südwärts bis Rhodesien.

LEBENSWEISE DER ROHRRATTEN: Gewöhnlich einzeln oder paarweise, seltener in kleinen Gruppen. Leben in Schilf und Dickichten an Sümpfen oder Seen, gelegentlich zwischen Büschen oder Felsen, manchmal sogar in trockenen Gebieten. Schwimmen gut. Verbergen sich gewöhnlich tagsüber in selbstgegrabenen Bauen, Erdferkel- oder Stachelschweinhöhlen oder unter dichtem Buschwerk. Nahrung: ausschließlich vegetarisch (Wurzeln, harte Gräser, Strauchwerk, Baumrinde, Früchte). Können Ernteschäden verursachen. Benagen oft harte Materialien wie Kalkstein, Knochen oder selbst Elfenbein (wahrscheinlich um die Nagezähne abzuschleifen). Wurfgröße: 2–4. Die Jungen werden in dichtem Buschwerk oder in Höhlen sehend und behaart geboren; Nestflüchter. Rohrratten werden von Afrikanern und Europäern geschätzt: In manchen Gegenden Afrikas werden sie „eßbare Ratten" genannt[15].
Feinde: Leoparden und Schlangen.

Stachelschweine: Hystricidae

Große Nagetiere. Die eigentlichen Stachelschweine sind die größten und schwersten afrikanischen Nager. Oberseits mit langen (bis zu 30 cm), zylindrischen, starken und sehr spitzen Stacheln dicht bedeckt, die bei Beunruhigung aufgerichtet werden. Stacheln (besonders die des Schwanzes) erzeugen bei ihrer Bewegung ein charakteristisches Geräusch (Rasseln), das auch beim Laufen der Tiere hörbar ist, ein Warnlaut, oft zusammen mit Grunzlauten vernehmbar. Stachelschweine greifen mit gesträubten Stacheln rückwärts an (Stacheln bedecken vor allem die hintere Körperhälfte). Bei Berührung mit festen Gegenständen lösen sich die nur lose in der Haut stehenden Stacheln leicht, werden jedoch nicht „abgeschossen". Kön-

---

[15] Von Europäern manchmal fälschlich „Agoutis" genannt. Beruht auf einer Verwechslung mit diesen auf die Tropen Südamerikas beschränkten Nagetieren.

Stachelschweine

nen bei einem Angreifer ernsthafte Verletzungen verursachen. Diese ungewöhnliche Körperbedeckung schützt die Tiere wirksam.

Die afrikanischen Stachelschweine gehören zwei gut unterscheidbaren Gruppen an:

Die eigentlichen Stachelschweine *(Hystrix)*[16]: drei Arten; im ganzen tropischen Afrika von Senegal bis zum Kap. Gekennzeichnet durch Größe (Kopf-Rumpf-Länge bis zu 85 cm, Gewicht bis zu 20 kg), kräftigen Körper und lange Beine. Auf Kopf und Nacken eine abstehende Mähne langer dünner, nach hinten gekrümmter Borsten. Rücken und Schwanz mit langen schwarz, braun und weiß gebänderten Stacheln. Schwanz kurz, zwischen den Stacheln verborgen (Taf. 4).

Die Quastenstachler *(Atherurus)*[17]: mehrere Arten. Kennzeichen: Geringere Größe (Kopf-Rumpf-Länge unter 50 cm), gestreckter Körper, kurze Beine. Haarkleid fast durchweg borstig, Borsten des Mittelrückens am längsten, mit wenigen dicken Stacheln untermischt. Schwanz lang, an der Basis mit Stacheln bedeckt, dann schuppig, am Ende mit einem auffallenden dicken Busch merkwürdiger Pergamentstreifen ähnelnden Borsten (Taf. 4).

Nachtaktiv, tagsüber in selbstgegrabenen Bauen, Erdferkelbauen, in Höhlen oder Spalten unter Felsen. Paarweise oder in Gruppen. Gruppenbildung besonders bei Quastenstachlern: bis zu 8 Tiere in einem Bau. Quastenstachler klettern gut auf Bäume. Nahrung: ausschließlich vegetarisch, Knollen und Wurzeln, Rinde, Beeren und Früchte. Können auf Feldern großen Schaden verursachen. Wurfgröße: 2–4. Die Jungen werden in Felsspalten oder Höhlen geboren. Verlassen die Nester erst im Alter von 2 Wochen, wenn die Stacheln fest und hart geworden sind.

---

[16] E – Crested Porcupines F – Porc-épic A – Ystervark K – Nungu
[17] E – Brush-tailed Porcupines F – Athérure

Schuppentiere: Pholidota

Schuppentiere: Manidae

Schuppentiere (E Scaly Anteaters oder Pangolins)[18] bilden eine eigene Ordnung mit nur einer Familie und nur einer Gattung. Sie gehören zu den eigentümlichsten Säugetieren. Oberseite und Schwanzunterseite mit großen, sich tannenzapfenartig überlappenden, gepanzerten Hautschuppen; erinnern dadurch an Reptilien. Langgestreckte Gestalt, kleiner, schmaler Kopf ohne deutlich ausgeprägte Ohrmuscheln. Zahnlos, Zunge lang, vorstreckbar. Ernähren sich von Insekten (Termiten, Ameisen), die sie mit ihrer von Speichel klebrigen Zunge aufnehmen. Bewegen sich sehr langsam, oft nur auf den Hinterbeinen (kräftiger als die Vorderbeine), Schwanz dient dabei als Gegengewicht. Krallen gekrümmt, sehr kräftig. Schuppentiere können sich zu einem „Ball" zusammenrollen und so die nicht von Schuppen geschützten Körperteile verbergen. Dieses Verhalten ist ihre einzig mögliche Verteidigung. Die Schuppen können durch starke Muskeln bewegt werden und so einen Feind, der Finger oder Schnauze zwischen die Schuppen steckt, verletzen. Sehvermögen schlecht, Gehör, Geruchs- und Geschmackssinn jedoch sehr gut.

Schuppentiere leben einzeln, nur während der kurzen Fortpflanzungszeit paarweise. W u r f g r ö ß e : 1. Die Schuppen erhärten zwei Tage nach der Geburt. Die Mutter trägt das Junge auf der Schwanzwurzel mit sich herum. Das Jungtier findet zwischen Schwanz und Körper der locker aufgerollten Mutter Schutz.

In Waldgebieten und Baumsavannen Afrikas kommen vier Arten vor, die zu zwei gut unterscheidbaren Gruppen gehören: eine bodenbewohnende und eine baumbewohnende Gruppe. Im tropischen Asien sind andere Arten verbreitet.

 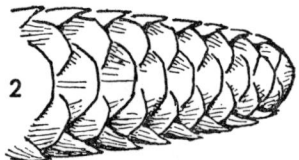

Abb. 1. Schwanzspitze des Riesen-Schuppentieres *(Manis gigantea)* (1) und des Steppen-Schuppentieres *(M. temmincki)* (2)

Riesen-Schuppentier *Manis (Smutsia) gigantea* Illiger 1
E – Giant Pangolin   F – Pangolin géant

KENNZEICHEN: Gesamtlänge bis zu 150 cm. Groß, kräftig gebaut; nur drei gut entwickelte Krallen (1. und 5. Zehe stark reduziert). Schuppen abgerundet und breit (bis zu 10–12 cm), einfarbig graubraun. Bauch und Beininnenseiten nackt. Verhältnismäßig kurzer Schwanz, kürzer als Kopf und Rumpf; Schwanzbasis

---

[18] Werden manchmal fälschlicherweise Gürteltiere (E – Armadillos) genannt; Gürteltiere sind jedoch eine ganz andere Säugetiergruppe im tropischen Südamerika (Edentata, Dasypodidae).

dick, Schwanzende zugespitzt, unterseits vollständig mit Schuppen bedeckt; jederseits am Schwanz 15–19 Seitenschuppen.
LEBENSRAUM: Wälder und Savannen.
VERBREITUNG: Karte S. 35.
LEBENSWEISE: Bodenbewohnend, klettern nie auf Bäume. Laufen manchmal nur auf den Hinterfüßen. Nachtaktiv. Tagsüber in selbstgegrabenen Bauen. Reißen mit den starken Krallen Termitenbaue auf, fressen aber auch Ameisen.

Steppen-Schuppentier *Manis (Smutsia) temmincki* Smuts
E – Cape Pangolin A – Ietermagog
F – Pangolin terrestre du Cap K – Kakakuona
KENNZEICHEN: Gesamtlänge 100 cm; Gewicht bis zu 8 kg. Ein kleineres, aber kräftig gebautes Schuppentier; nur drei gut entwickelte Krallen (1. und 5. Zehe stark reduziert). Schuppen breit und abgerundet. Verhältnismäßig kurzer Schwanz, kürzer als Kopf und Rumpf, Schwanzbasis sehr breit; Schwanzspitze abgerundet, unterseits vollständig mit Schuppen bedeckt; jederseits am Schwanz 11–13 Seitenschuppen.
LEBENSRAUM: Trockenes Buschland, bevorzugt sandiger Boden.
VERBREITUNG: Karte S. 35.
LEBENSWEISE: Nachtaktiv, gelegentlich tagaktiv; tagsüber gewöhnlich in Höhlen oder unter dichtem Buschwerk. Bodenbewohnend; N a h r u n g : hauptsächlich Ameisen, auch Termiten.

Weißbauch-Schuppentier *Manis (Phataginus) tricuspis* Rafinesque
E – Tree Pangolin F – Pangolin à écailles triscuspides
KENNZEICHEN: Gesamtlänge 75 cm. Ziemlich klein, mäßig langer Schwanz (weniger als 1¹/₂mal so lang wie Kopf und Rumpf). Schuppen kleiner und zahlreich mit drei kleinen Spitzen; bräunlich gefärbt. Unterseite mit weißlichen Haaren (Name!). Augen relativ groß.
LEBENSRAUM: Regenwald.
VERBREITUNG: Karte S. 36.
LEBENSWEISE: Baumbewohnend; klettern vorzüglich mit Hilfe des langen beweglichen Schwanzes: können sich mit dem Schwanzende festhalten und sogar frei an ihm hängen. Das Weißbauch-Schuppentier kann nur die weichen Nester von Baumtermiten öffnen; ernährt sich auch von Baumameisen, die leichter zu erbeuten sind und vielleicht die Hauptnahrung darstellen. Pro Nacht werden im Durchschnitt 150–200 g Insekten aufgenommen.

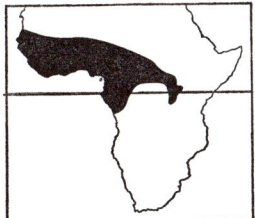
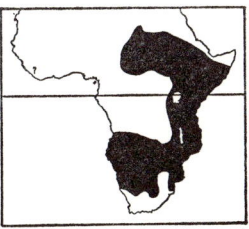

Riesen-Schuppentier   Steppen-Schuppentier

Langschwanz-Schuppentier *Manis (Uromanis) tetradactyla* L.
(= longicaudata) 1
E – Long-tailed Pangolin F – Pangolin à longue queue

KENNZEICHEN: Gesamtlänge 90 cm. Klein, sehr langer Schwanz (zweimal so lang wie Kopf und Rumpf). Schuppen groß, weniger zahlreich, an den Rändern abgerundet, dunkelbraun, am Außenrand gelblich. Unterseite mit dunkelbraunen Haaren („Schwarzbauch-Schuppentier"). Augen verhältnismäßig klein.
LEBENSRAUM: Regenwald.
VERBREITUNG: Karte S. 36.
LEBENSWEISE: Baumbewohnend mit einer Reihe entsprechender Anpassungen, z. B. langer Greifschwanz. Nachtaktiv, bis zu einem Grade auch tagaktiv, sonst tagsüber in Erdbauten oder in Baumhöhlen. N a h r u n g : wie vorhergehende Art.

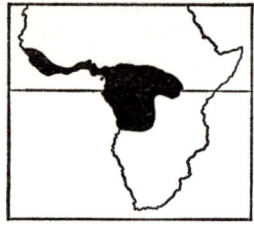 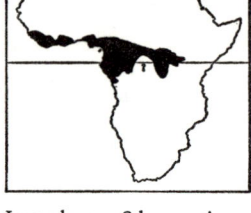

Weißbauch-Schuppentier   Langschwanz-Schuppentier

Herrentiere: Primates

Halbaffen: Prosimiae

Loris und Galagos: Lorisidae und Galagidae

Niedere Primaten mit einer Anzahl charakteristischer anatomischer Merkmale, z. B. einer spitzen Schnauze, einem feuchten Nasenspiegel und scharfen Zähnen, die den Zähnen der Insektenfresser ähnlich sind. Über die wärmeren Regionen der Alten Welt verbreitet, besonders zahlreich auf Madagaskar, wo die höheren Primaten fehlen. Die afrikanischen Halbaffen sind alle klein; sie werden auf zwei Gruppen verteilt.

Die Pottos bilden gemeinsam mit den asiatischen Loris die Familie der Lorisidae. Es sind kleine, bärenähnliche Tiere; Schwanz stark rückgebildet oder fehlend, runder Kopf, kleine Ohren, verschieden lange Vorder- und Hinterbeine. Bewegen sich sehr langsam; beim Klettern setzen sie bedächtig eine Extremität vor die andere.

Galagos oder Buschbabys bilden eine eigene Familie (Galagidae), die auf Afrika beschränkt ist. Sie haben große Ohren, stark verlängerte Hinterbeine, einen sehr langen, manchmal buschigen Schwanz. Bewegen sich springend fort, sind sehr aktiv und flink. Pottos und Galagos sind nachtaktive Baumbewohner, die nur selten auf den Boden kommen. Nur in Waldgebieten.

Potto *Perodicticus potto* (P. L. S. Müller)   **5**
E – Bosman's Potto   F – Potto de Bosman

KENNZEICHEN: Kopf-Rumpf-Länge 30–40 cm. So groß wie eine kleine Katze, kräftig und robust. Runder Kopf; kurze, breite Schnauze, kleiner Mund; kurze, stämmige Beine. Die verlängerten Dornfortsätze der Nackenwirbel bilden unter der nackten Haut eine Reihe stumpfer Höcker. Sehr kurzer Schwanz[19]. Dicker wolliger Pelz, warm rot und braun bis schwärzlich gefärbt, mit langen, borstigen Haaren untermischt. Unterseite heller, oft gräulich. Färbung und Größe variieren individuell, zwischen Unterarten, zwischen den Geschlechtern und den Altersgruppen sehr stark.
LEBENSRAUM: Regenwald.
VERBREITUNG: Karte S. 38.
LEBENSWEISE: Ausschließlich nachtaktiv. Schläft tagsüber in einer Baumhöhle oder in dichtem Laubwerk, gewöhnlich in einer Kauerstellung mit dem Kopf zwischen den Beinen sitzend. Klammert sich dabei sehr fest. In dieser Stellung ragen die verlängerten Dornfortsätze der Nackenwirbel hervor, sie bewirken möglicherweise eine zusätzliche „Verankerung" des Tieres am Stamm. Die Höcker dienen aber wohl auch der Verteidigung: Der Potto stößt damit gegen Feinde; er beißt außerdem heftig zu. Nachtaktiv; kommt selten auf den Boden, klettert mit sehr langsamen Bewegungen. Lebt einzeln, Paarbildung nur von kurzer Dauer. N a h r u n g : Wurzeln, Samen, junge Triebe, auch verschiedene Insekten, Larven und Schnecken. H a u p t f e i n d : Pardelroller.

---

[19] Dieser Potto wird von einigen Pidgin-Englisch sprechenden Afrikanern „half a tail" genannt.

Herrentiere

Bärenmaki (Calabar-Potto) *Arctocebus calabarensis* (Smith) 5
E – Golden Potto oder Angwantibo   F – Potto de Calabar

KENNZEICHEN: Kopf-Rumpf-Länge 25–30 cm. Kleiner als der Potto (wie eine sehr kleine Katze), ziemlich schlank; dreieckiges Gesicht, spitzere, mehr vorstehende Schnauze, breiter Mund, breite, aus dem Fell hervorragende Ohren, schlanke Glieder. Dornfortsätze der Nackenwirbel nicht verlängert. Pelz dicht und wollig, aber nicht im Gesicht und an Händen und Füßen. Oben gelblichbraun bis rostfarben, unten heller und grauer. Jungtiere dunkler, werden mit zunehmendem Alter heller. Schwanz winzig, vollständig im Pelz verborgen.
LEBENSRAUM: Regenwald.
VERBREITUNG: Karte S. 38.
LEBENSWEISE: Ausschließlich nachtaktiv, Baumbewohner. Selten zu beobachten; schläft tagsüber mit dem Rücken nach unten an einem Ast hängend; dabei umfassen die Hände den Ast hinter den Füßen; der Kopf wird auf die Brust gelegt. In dieser Schlafstellung kann man seine Beine berühren, ohne daß das Tier reagiert: Durchblutung und nervöse Versorgung der Gliedmaßen scheinen vermindert zu sein. N a h r u n g : Pflanzenteile, weiche Insekten, Raupen und Würmer. R u f e : „Wimmerndes Klagen", heiseres Schreien.

Riesengalago *Galago crassicaudatus* E. Geoffroy 5
E – Thick-tailed Galago   A – Bosnagaap
F – Galago à queue épaisse   K – Komba

KENNZEICHEN: Kopf-Rumpf-Länge 35 cm. Kaninchengroß, relativ lange und kräftige Schnauze, sehr große abgerundete Ohren. Oberseits silbergrau bis rotbraun, unterseits weiß. Dicker, buschiger Schwanz, länger als Kopf und Rumpf, wie der Rücken gefärbt oder unten weißlich oder vollständig weiß. Wird oft über dem Rücken getragen.
INNERARTLICHE VARIABILITÄT: Die Unterarten des Riesengalago lassen sich in eine nördliche und in eine südliche Gruppe gliedern: Die nördliche ist von Somalia (Juba-Fluß) bis Tansania (Uluguru-Berge) verbreitet, etwas kleiner, Gesicht und Stirn ähnlich gefärbt; die südliche Gruppe ist von den Ostufern des Victoria- und Tanganjikasees und Angola bis ins südliche Afrika verbreitet, größer, Stirn deutlich dunkler als das Gesicht.
LEBENSRAUM: Buschland und Baumsavanne.
VERBREITUNG: Karte S. 39.

Senegal-Galago *Galago senegalensis* E. Geoffroy 5
E – Lesser Galago   A – Nagapie
F – Galago du Sénégal   K – Komba

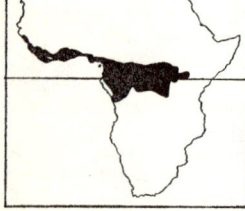   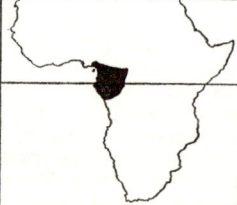

Potto   Bärenmaki

KENNZEICHEN: Kopf-Rumpf-Länge 18–20 cm. Klein; kurzer Gesichtsteil, sehr große, spitzere Ohren. Lange Hinterextremitäten mit kurzen Zehen. Fell weich und wollig, grau mit gelblichem Anflug, niemals rötlich. Schwanz lang und dünn, kurzhaarig, manchmal dunkler als der Körper, besonders am Ende.

INNERARTLICHE VARIABILITÄT: Es werden zahlreiche Unterarten unterschieden: Die nördliche (*senegalensis;* von Senegal bis Äthiopien) ist grau ohne braunen Anflug. Andere, wie *braccatus* (Gelbschenkelgalago; Hochland von Kenia und Tansania) und *gallarum* (Somalia und Gallaland), haben deutlich gelbe Beine, die sich von dem grauen Körper abheben. Die östlichen Unterarten (*zanzibaricus*, Sansibar und das gegenüberliegende Festland; *granti*, Moçambique) haben einen deutlich zimtfarbenen oder bräunlichen Anflug, während die südafrikanische Unterart *(moholi)* mehr dem typischen *senegalensis* gleicht mit einem otterbraunen Anflug auf dem Hinterrücken.

LEBENSRAUM: Buschland und Baumsavanne.

VERBREITUNG: Karte S. 39.

Allens-Galago *Galago alleni* Waterhouse 5
E – Allen's Galago   F – Galago d'Allen

KENNZEICHEN: Kopf-Rumpf-Länge 20–23 cm. Klein, dunkel gefärbt (der dunkelste Galago); lange Schnauze, lange Finger. Schwarze Gesichtsmaske. Oberseite dunkel rötlichbraun, Beine rostrot. Unterseite grau mit gelblichem Anflug, manchmal mit einem rötlichbraunen Bruststreifen. Schwanz lang, leicht buschig, fast schwarz.

LEBENSRAUM: Regenwald; auch im Sekundärbewuchs und Kulturland.

VERBREITUNG: Karte S. 39.

Kielnagel-Galago[20]   *Euoticus elegantulus* (Le Conte)   5
E – Needle-Clawed Galago   F – Galago élégant, Galago mignon

KENNZEICHEN: Kopf-Rumpf-Länge 23 cm. Klein, abgerundeter Kopf; sehr große Augen, relativ kurze Ohren, kurze, breite Schnauze. Fell sehr dicht, weich und wollig. Oberseite zimtfarben, Unterseite grau mit zimtfarbenem Anflug. Schwanz sehr lang und dick, buschig, ähnlich wie die Oberseite gefärbt.

INNERARTLICHE VARIABILITÄT: Die südliche Unterart (*elegantulus;* Nieder-Guinea zwischen dem Sanaga, Ubangi und Kongo und dem Golf von Guinea) ist dunkler (zimtorangefarben) mit weißer Schwanzspitze. Die nördliche Unterart

[20] Der Name bezieht sich auf ein besonderes Merkmal dieser Art: Mit Ausnahme des Daumens und der ersten und zweiten Zehe befindet sich auf den Nägeln ein Kiel, der in eine nadelscharfe Spitze ausläuft, die über den Rand des Nagels hervorragt.

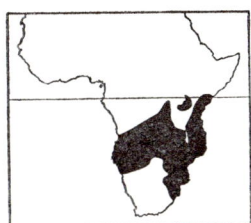

Riesengalago   Senegal-Galago

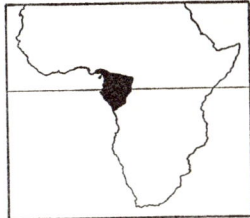

Allens-Galago

(*pallidus*; Ober-Guinea bis zum Sanaga; Fernando Po) ist blasser (mattzimtgrau) ohne weiße Schwanzspitze[21].
LEBENSRAUM: Regenwald.
VERBREITUNG: Karte S. 40.

Zwerggalago *Galagoides demidovi* (Fischer)

E – Dwarf Galago   F – Galago de Demidoff

KENNZEICHEN: Kopf-Rumpf-Länge 15–20 cm. Sehr klein (kleinster Galago), nicht größer als eine Ratte; breiter Kopf, kurze Schnauze, sehr große Augen; relativ kurze, nackte Ohren. Oberseite bräunlich, Unterseite und Beine gelb, oft sehr lebhaft gefärbt[22]. Schwanz sehr lang, länger als der Körper, nicht sehr buschig, wie die Oberseite gefärbt.
INNERARTLICHE VARIABILITÄT: Eine große Zahl von Unterarten, hauptsächlich durch Größe und Färbungsintensität unterschieden. Die meisten sind nicht gut abgrenzbar, ihre Merkmale überschneiden sich. Die einzige gut unterscheidbare Unterart ist *thomasi* (Nordost-Kongo, ostwärts bis zum Victoriasee).
LEBENSRAUM: Regenwald, auch Bergwald. In den oberen Schichten des Laubdaches, die anderen Galagos in den unteren Schichten.
VERBREITUNG: Karte S. 40.

LEBENSWEISE DER GALAGOS: Die Galagos werden hier gemeinsam behandelt, obwohl gewisse Unterschiede in der Lebensweise bestehen. Galagos sind sehr aktive Tiere; sie unterscheiden sich in dieser Hinsicht auffallend von den Pottos. Besonders der Zwerggalago ist sehr flink. Sie sind gut an das Baumleben angepaßt. Die Füße sind vorzügliche Greiforgane, der Schwanz dient zur Balance. Sie springen sehr geschickt im Geäst umher, nur gelegentlich kommen sie auf den Boden. Hier bewegen sie sich in aufrechter oder halbaufrechter Haltung wie ein kleines Känguruh hüpfend fort. Kleinere Arten, wie der Senegal-Galago, können bis zu 3 m weit springen. Die größeren, schwerfälligeren Galagos bewegen sich überwiegend vierfüßig fort. Zum Beutefang und zur Nahrungsaufnahme werden die Hände benutzt. Die meisten Galagos sind nachtaktiv („Nachtaffen"; die großen Augen sind eine entsprechende Anpassung); manche, besonders der Zwerggalago und wohl auch der Kielnagel-Galago, können tagsüber aktiv sein. Am Tage schlafen oft mehrere Individuen gemeinsam

---

[21] Aus dem Bergland westlich des Albertsees im Kongo wurde eine andere Art beschrieben: *E. inustus* (Schwarz), die sich von *elegantulus* durch eine braune Färbung und einen dünneren Schwanz unterscheidet. Die systematische Stellung dieser Form ist noch unsicher.
[22] Diese lebhaften Farben verblassen nach dem Tode.

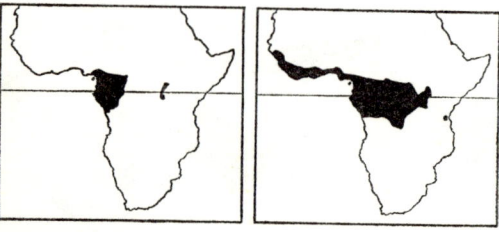

Kielnagel-Galago   Zwerggalago

(Paare oder Familien) in Baumhöhlen, selbst angelegten Nestern oder in verlassenen Hörnchennestern. Galagos haben eine umfangreiche Lautgebung. Vom Senegal-Galago sind mindestens 8 verschiedene Rufe bekannt, darunter ein Alarmruf und ein durchdringendes Geschrei mit einer hohen und tiefen Tonlage, das bis zu einer Stunde oder länger anhalten kann. Einige Rufe sind vergleichsweise wohltönend, andere erinnern an Babygeschrei. N a h r u n g : hauptsächlich Insekten (Nachtfalter, Grillen, geflügelte Termiten) und Spinnen; die größeren Arten erbeuten auch kleine Vögel und Eidechsen und plündern Vogelnester. Außerdem Pflanzenkost, vorwiegend Früchte, auch Blätter, junge Triebe, Pflanzensäfte und Rinde. T r a g z e i t : 4 Monate, bei größeren Arten wahrscheinlich länger. W u r f g r ö ß e : 2 (1). Die Jungen werden in Nestern geboren. Die Mutter trägt sie auf ihren nächtlichen Streifzügen nicht mit sich herum. Nach Gefangenschaftsbeobachtungen wird 3½ Monate gesäugt. Galagos sind in Gefangenschaft mit einem Futter aus Früchten und Milch unter Zugabe von Insekten leicht zu halten.

Affen: Simiae

Hundskopfaffen und Meerkatzen: Cercopithecidae

Paviane, Mandrill und Drill

Große Primaten mit einem charakteristischen, hundeähnlichen Kopf; einer nackten, vorstehenden Schnauze, an deren Spitze die Nasenöffnungen liegen (Ausnahme Dschelada); lange, scharfe Eckzähne. Rücken abfallend. Nacken- und Schulterhaare gut entwickelt, bilden manchmal eine Mähne, die den Vorderkörper mantelartig umhüllen kann. Schwanz verhältnismäßig kurz, mitunter zu einem Stummel reduziert, erreicht niemals den Boden. Hinterteil weitgehend nackt, Gesäßschwielen gut entwickelt. Weibchen viel kleiner als Männchen, etwa nur halb so schwer (im Mittel ca. 15 kg gegen 35 kg). Alle vorwiegend Bodenbewohner, können aber auch auf Bäume klettern.

Paviane kommen in Savannen und sogar Halbwüsten vor; einige Arten sind Felsenbewohner. Mandrill und Drill leben im Regenwald.

Mantelpavian oder Hamadryas *Papio hamadryas* (L.)   6

E – Hamadryas   F – Hamadryas

KENNZEICHEN: Kopf-Rumpf-Länge bis zu 75 cm. Relativ klein, massige Erscheinung, abfallender Rücken. Um Schultern und Rücken eine gut entwickelte Mähne (Tiere ähneln Pudeln in Standardschur = französische Schur). Gesicht rosa, Schnauze sehr lang, nicht gegen Hirnschädel abgewinkelt. Backenbart dicht und lang. Fell der Männchen aschgrau, schwach bräunlich untermischt. Schwanz sanft geschwungen, niemals stark abgeknickt. Gesäßschwielen sehr gut entwickelt, leuchtend rötlich. Weibchen und Jungtiere graubraun, ohne Mähne.
LEBENSRAUM: Trockene Felsengebiete.
VERBREITUNG: Karte S. 42. Auch in Arabien. Der heilige Affe der alten Ägypter.

Herrentiere

Sphinx- oder Guinea-Pavian *Papio papio* (Desmarest) 6
E – Western Baboon   F – Babouin de Guinée
KENNZEICHEN: Kopf-Rumpf-Länge bis zu 75 cm. Relativ klein, massige Erscheinung, abfallender Rücken. Um Schultern und Rücken eine gut entwickelte Mähne, deutlich vom kurzen Fell der Beine und des Hinterteils abgesetzt. Schnauze gegen Hirnschädel deutlich abgewinkelt. Backenbart sehr dick und dicht. Fell olivrötlichbraun gesprenkelt. Schwanz ziemlich kurz, niemals scharf abgeknickt, sondern leicht geschwungen. Gesäßschwielen breit, purpurrot (bei Erwachsenen).
LEBENSRAUM: Savannen, vorwiegend in zerklüfteten Felsgebieten.
VERBREITUNG: Karte S. 42.

Anubis-Pavian *Papio anubis* (J. P. Fischer) *(=doguera)* 6
E – Anubis Baboon   F – Babouin doguera   K-Nyani
KENNZEICHEN: Kopf-Rumpf-Länge bis zu 100 cm. Groß, sehr kräftig gebaut, Rücken sanft abfallend. Mäßig entwickelte Mähne um die Schultern, nicht deutlich vom übrigen Fell abgesetzt. Schnauze nur schwach gegen Gesichtsschädel abgewinkelt, Nasenöffnungen ragen über die Oberlippe vor. Dichter Backenbart, verleiht dem Kopf runde Form. Fell olivgrün-bräunlich gesprenkelt. Hände und Füße schwärzlich. Schwanz erst ansteigend, dann in einem scharfen Winkel nach unten abgeknickt. Gesäßschwielen breit, purpurgrau (bei Erwachsenen).
LEBENSRAUM: Savannen.
VERBREITUNG: Karte S. 42.

Gelber Babuin *Papio cynocephalus* (L.) 6
E – Yellow Baboon   F – Babouin jaune
KENNZEICHEN: Kopf-Rumpf-Länge bis zu 100 cm. Groß, schlank gebaut (ausgenommen alte Männchen), Rücken nur wenig abfallend, fast horizontal; Gliedmaßen dünn und schlank. Schultermähne schwach. Fell hell, oberseits gelblichbraun bis grau, Backenbart und Unterseite cremefarbig weiß; Schwanz lang und dünn, nahe der Wurzel abgeknickt. Gesäßschwielen breit, purpurgrau (bei Erwachsenen).
LEBENSRAUM: Savannen und offene Waldungen.
VERBREITUNG: Karte S. 43.

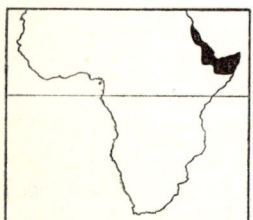
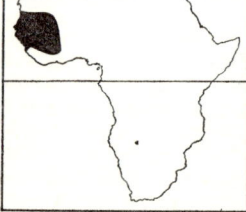
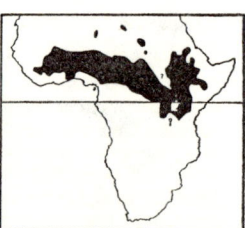

Mantelpavian   Sphinx-Pavian   Anubis-Pavian

Tschakma- oder Bären-Pavian *Papio ursinus* (Kerr) 6

E – Chacma Baboon   F – Chacma   A – Bobbejaan

KENNZEICHEN: Kopf-Rumpf-Länge bis zu 100 cm. Gewicht bis zu 40 kg. Groß und schlank, Rücken schwach abfallend. Schnauze gegen Hirnschädel deutlich abgewinkelt. Backenbart schwach entwickelt. Fellfärbung mehr oder weniger dunkelolivbraun; Unterseite heller, fast nackt; Hände schwärzlich. Schwanz nahe der Wurzel scharf abgeknickt, schwärzliches Ende. Gesäßschwielen klein und schmal, seitlich nicht bis zur Schwanzwurzel hochreichend, schiefergrau.

LEBENSRAUM: Savannen, meist in zerklüfteten Felsgebieten, in der Nähe kleiner Hügel.

VERBREITUNG: Karte S. 43.

LEBENSWEISE DER PAVIANE: Alle Pavianarten stimmen in ihrer Lebensweise im wesentlichen überein. Sie bewohnen von der Halbwüste bis zum lichten Wald alle offenen Lebensräume, auch Galeriewälder und Lavafelder in größeren Höhen. Diese großen, bodenbewohnenden Affen leben gesellig in Trupps von 10 bis zu 200 Tieren, im Durchschnitt 40–80. Die Herdengröße ist abhängig vom Sozialverhalten und vom Nahrungsangebot, sie wird mit zunehmender Vegetationsdichte größer. Die Herden sind sehr stabile, beständige Einheiten mit einer ausgeprägten Sozialstruktur; sie können sich zeitweise in kleinere Gruppen auflösen. Bei Rast und Nahrungssuche bilden die ranghöchsten Männchen mit den Müttern und ihren Kindern das Zentrum der Herde. Um dieses Zentrum gruppieren sich die untergeordneten Männchen, die trächtigen und brünftigen Weibchen und die Spielgruppen der Jungtiere. Diese können umherstreifen und sich auch wohl für einige Zeit entfernen. Bei Wanderungen der Herde gehen die rangniederen Männchen voran. Ihnen folgen die Weibchen und die Jungtiere, anschließend die erwachsenen Männchen mit den Müttern und Kindern. Die Nachhut bilden die Halbwüchsigen. Bei Begegnung mit Raubtieren wird durch Bellen gewarnt, die Herde wird durch alle erwachsenen Männchen aktiv verteidigt. Dabei sind Paviane ungestüme Kämpfer, deren mächtige Eckzähne Feinde ernsthaft verletzen können. Diese kollektive Verteidigung macht sie zu sehr gefährlichen Gegnern, denen viele Raubtiere aus dem Wege gehen. In größter Not flüchten Paviane auf Bäume. Im Verlauf eines Tages kann eine Pavianherde bis zu 11 km wandern. Die Größe der Wohngebiete ist abhängig von Jahreszeit und Lebensraum. In offenen Savannen durchstreift eine Herde ein Areal von durchschnittlich 27 qkm, in Waldgebieten ist die Fläche sehr viel kleiner. Die Wohngebiete verschiedener Herden können sich überschneiden, in die häufiger benutzten Bezirke mit den Schlafbäumen, den Wasser- und Nahrungsquellen und den Rastplätzen dringen

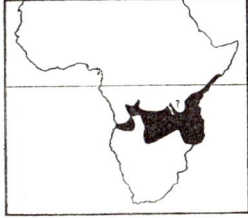
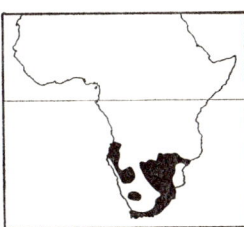

Gelber Babuin   Bären-Pavian

andere Herden jedoch selten ein. Während der Trockenzeit können sich verschiedene Herden ohne Streitigkeiten an Wasserstellen versammeln. Kein Teil des Wohngebietes scheint als Revier verteidigt zu werden. Die Nahrungsaufnahme erfolgt etwa 2–3 Stunden lang am Morgen, dann wieder am späten Nachmittag. Während der heißen Tageszeit ruhen die Paviane im Schatten, abends ziehen sie sich auf die Schlafbäume zurück (hauptsächlich Akazien). In offeneren Landschaften suchen sie felsige Anhöhen auf, besonders Mantelpavian und Anubis-Pavian. N a h r u n g : hauptsächlich Pflanzenkost, vorwiegend Gras (Samen, junge Triebe und saftige Stengelteile). Während der trockenen Jahreszeit graben sie Wurzelstöcke und Knollen aus. Gefressen wird auch von verschiedenen Büschen, Blütenpflanzen und Akazien (Knospen, Blüten, Schoten, Saft). Außerdem haben besonders Feigen und die Früchte der *Kigelia*, *Parkia* und des Affenbrotbaumes für die Ernährung Bedeutung. Blätter werden niemals aufgenommen. Paviane können in Pflanzungen Schaden verursachen. Die vegetarische Kost wird durch tierische Nahrung ergänzt: verschiedene Insekten, besonders Heuschrecken, Raupen und Ameisen (regelmäßig Ameisengallen der *Acacia drepanolobium*). Auch Fleisch ist ein ständiger, jedoch sehr geringer Teil ihrer Nahrung. Sie sind allerdings keine sehr erfolgreichen Räuber: Sie jagen nicht, sondern erbeuten nur solche Tiere, deren Verteidigung im „Totstellen" besteht, wie z. B. junge Vögel, Hasen und junge Gazellen. Das Fortpflanzungsverhalten der Paviane wird vom Genitalzyklus der Weibchen bestimmt, die monatlich etwa für die Dauer einer Woche paarungsbereit sind. Sie fordern die Männchen durch Präsentieren der Gesäßschwielen und der nackten Hinterteile zur Paarung auf, die sie zuerst mit den rangniederen, dann mit den dominanten Männchen vollziehen. Paarbildung kommt vor, dauert jedoch nur wenige Tage. Es gibt weder Familienbildung noch Harems. Das Sexualverhalten ist für die Sozialstruktur von geringerer Bedeutung als bei den meisten anderen Säugetieren. T r a g z e i t : artlich verschieden, 154 bis 193 Tage. W u r f g r ö ß e : 1, selten 2. Die Jungen werden anfangs unter dem Bauch der Mutter getragen; später reiten sie auf deren Rücken. F e i n d e : Leoparden, Löwen und andere große Raubtiere.

Dschelada   *Papio (Theropithecus) gelada* (Rüppell)   6
E – Gelada Baboon   F – Gelada

KENNZEICHEN: Kopf-Rumpf-Länge bis zu 75 cm; Gewicht bis zu 20 kg. Unverwechselbar. Sehr charakteristischer, abgerundeter Kopf, Schnauze leicht aufgebogen. Von den äußeren Augenwinkeln bis zur Nase verlaufen große Längswülste. Nasenöffnungen auf dem Schnauzenrücken, weisen nach oben. Faltiges Gesicht dunkelbraun. Sehr langer Backenbart, dessen hellgefärbte Haarbüschel sichelförmig rückwärts und abwärts weisen. Drei nackte rote Zonen: eine halbmondförmige an der Kehle, ein Paar dreieckige auf der Brust. Mähne um Nacken und Schultern erreicht bei alten sitzenden Männchen fast den Boden, hell- bis dunkelbraun gefärbt. Übriger Körper heller, gräulichbraun. Schwanz lang, bräunlich, mit einem Endbüschel langer Haare. Gesäßschwielen viergeteilt, purpurgrau. Weibchen viel kleiner, etwa halb so groß wie die Männchen; Mähne viel schwächer entwickelt.
LEBENSRAUM: Felsiges Hochland bis hinauf zu alpinen Matten.
VERBREITUNG: Karte S. 45.
LEBENSWEISE: Dscheladas bevorzugen besonders die Ränder und Steilhänge von Abgründen und Schluchten. Ziehen sich bei Gefahr dorthin zurück. Bei Nahrungssuche bleiben die Weibchen mit den Jungen in der Nähe der Schluchten, um sie herum verteilen sich die Männchen. Kleinere Gruppen schließen sich zu

Herden bis zu 400 Tieren zusammen. Soziale Einheit ist die Einmännchengruppe: ein großes, erwachsenes Männchen, Weibchen mit Säuglingen und Jungtiere. Daneben kleine Männchenverbände. Innerhalb der Herde vermischen sich die Gruppen, allerdings nicht bei Wanderungen. Aggressives Verhalten der Männchen nur zur Sicherung des Harems. Sozialstruktur ähnlich wie beim Mantelpavian, deutlich von der anderer Paviane verschieden. Dscheladas können an einem Tage bis zu 7 km zurücklegen. Ziehen morgens aus den Felswänden zur Nahrungsaufnahme auf Hochgebirgsmatten; steigen bei Dämmerung wieder in die Schluchten hinab. Kehren nicht jeden Abend, sondern erst nach mehreren Tagen zum gleichen Schlafplatz zurück. Die täglich zurückgelegten Entfernungen, Ausbreitung und Größe der Herden werden von Nahrungsangebot und Lebensraum bestimmt. Sehr hohe Stimme, keine heiseren Bellaute wie die anderen Paviane. N a h r u n g : fast rein vegetarisch (Gras, Wurzeln, Knollen, Samen, Früchte), daneben kleine Mengen tierischer Nahrung, besonders Insekten.

Mandrill *Papio (Mandrillus) sphinx* (L.) 6
E – Mandrill   F – Mandrill
KENNZEICHEN: Kopf-Rumpf-Länge bis zu 100 cm. Körpergewicht bis 40 kg. Unverwechselbar. Groß. Erwachsene sehr kräftig gebaut, langes, nacktes, tiefgefurchtes Gesicht, in Abhängigkeit von Geschlecht und Alter sehr variabel gefärbt, manchmal auffallend. Bei erwachsenen Männchen Nasenrücken, Nase und Lippen hellscharlachrot, Längsleisten an den Nasenseiten hellkobaltblau. Bei jungen Männchen nur die Nasenöffnungen rot, die Längsleisten bläulich. Färbungsintensität nimmt mit dem Alter zu. Erwachsene Weibchen sehr viel kleiner, dunkler, mit schwärzlichem Gesicht, rötlichem Anflug auf die Nase und blaugrauen Nasenseiten. Ohren hell fleischfarben. Kopf und Nacken dicht behaart, um den Kopf gut entwickelte olivbraune Mähne, Scheitel dunkler. Bart gelb oder orange. Oberseite und Flanken olivbraun, Unterseite heller, gräulich mit gelblichem Anflug. Erwachsene Männchen mit nacktem und leuchtend gefärbtem Hinterteil. Analregion scharlachrot, Gesäßschwielen blaßrosa und violett; Geschlechtsorgane rosa, lila und scharlachrot. Entsprechende Regionen der Weibchen dunkel. Schwanz zu einem Stummel reduziert.
LEBENSRAUM: Regenwald.
VERBREITUNG: Karte S. 45.

Drill *Papio (Mandrillus) leucophaeus* (F. Cuvier) 6
E – Drill   F – Drill
KENNZEICHEN: Kopf-Rumpf-Länge bis zu 90 cm. Groß, etwas kleiner als der

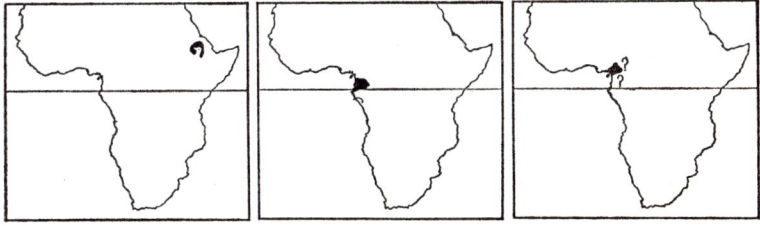

Dschelada   Mandrill   Drill

Mandrill, kräftig gebaut; kürzere Schnauze, Gesicht gefurcht, aber nicht leuchtend gefärbt, sondern schwarz. Erwachsene Männchen mit quer über die Unterlippe verlaufendem hochroten Streifen. Ohren schwarz, hinten mit einem nackten rosa Fleck. Um das Gesicht ein Kranz langer dünner Haare, wie der Bart weißlich. Schultermähne aus langen Haaren. Fell olivbraungrau. Unterseite heller, gräulich bis weißlich. Bei adulten Männchen Hinterteile nackt und leuchtend gefärbt. Analregion schwarz; die verwachsenen Gesäßschwielen rosa, darunter eine tyndallblaue Zone, am Rand tief hellviolett. Männliche Geschlechtsorgane mit scharlachroten Flecken. Bei Weibchen sind die entsprechenden Teile schieferschwarz. Schwanz zu einem Stummel reduziert.
LEBENSRAUM: Regenwald.
VERBREITUNG: Karte S. 45.

LEBENSWEISE: Mandrill und Drill leben vorwiegend im primären Regenwald mit geringem Unterwuchs, wo sie sich am Boden leicht fortbewegen können. Der Mandrill sucht auch offene, felsige Orte auf. Beide Arten halten sich am Boden auf, dort auch Nahrungssuche. Klettern auf Bäume nur bei Gefahr oder zum Schlafen. Leben in Herden bis zu 50 Tieren, streifen nicht sehr weit umher. Sehr laut: knurren, grunzen, brüllen, bellen und schreien schrill. N a h r u n g : Allesfresser; Samen, Nüsse, herabgefallene Früchte, gelegentlich Pilze, auch Wurzeln und Knollen, Insekten, Spinnen, Larven, Schnecken, Würmer und kleine Wirbeltiere. Fallen in Pflanzungen ein. Können besonders in Maniokkulturen ebenso großen Schaden verursachen wie Pinselohrschweine. H a u p t f e i n d : Leopard.

Mangaben, Meerkatzen und Husarenaffen

Mittelgroße oder kleine Primaten; Kopf abgerundet, Gesicht nackt. Hände mit fünf Fingern. Schwanz lang, in der Regel nicht zum Greifen geeignet, wird artweise unterschiedlich getragen. Weibchen ähneln den Männchen, aber viel kleiner. In ganz Afrika in bewaldeten Gebieten verbreitet. Vorwiegend Baumbewohner. Im tropischen Asien andere Gattungen dieser Unterfamilie.

Die afrikanischen Formen gliedern sich in drei Gruppen[23]:

Mangaben *(Cercocebus)*. Körper gestreckt und schlank, Schnauze ziemlich lang, Rücken nicht abfallend. Schwanz verhältnismäßig lang, manchmal lang behaart; gelegentlich fast senkrecht nach oben getragen oder sogar spitzwinklig nach vorn über den Rücken gestellt. Färbung im allgemeinen dunkel, wenig kontrastreich. Waldbewohner.

Meerkatzen *(Cercopithecus, Allenopithecus, Miopithecus)*. Kleiner als Mangaben, im allgemeinen nach vorn abfallender Rücken. Schwanz lang, nie spitzwinklig über dem Rücken getragen. Färbung sehr variabel, oft leuchtend und kontrastreich. Im allgemeinen Waldbewohner, manchmal in Savannen.

Husarenaffe *(Erythrocebus)*. Größer als Meerkatzen, schlank. Rücken nicht abfallend; Beine verhältnismäßig sehr lang. Färbung wenig variabel, vorwiegend leuchtend rötlichbraun. Savannen und offene Landschaften: vorwiegend Bodenbewohner.

---

[23] Nach Gestalt und Fellzeichnung sind die verschiedenen Arten der baumbewohnenden Affen gut voneinander zu unterscheiden, wenn man sie bei guter Beleuchtung oder auf kurze Entfernung beobachten kann. Oft sieht man sie aber nur flüchtig in dichter Vegetation oder als dunkle Silhouette gegen den Himmel. Dann sind zur Bestimmung andere Merkmale heranzuziehen wie Körperumriß, allgemeine Erscheinung und Schwanzhaltung.

Rotkopfmangabe *Cercocebus torquatus* (Kerr) 7
E – White-Collared Mangabey F – Cercocèbe à collier blanc

KENNZEICHEN: Kopf-Rumpf-Länge 65 cm, Körpergewicht bis zu 11 kg. Groß, schlank, aber kräftig gebaut, lange Gliedmaßen; Schwanz mäßig lang, steif, spitzwinklig nach vorn über den Körper gestellt. Fell ziemlich kurz. Kopf und Oberseite rauchgrau. Unterseite ebenso gefärbt oder weiß (s. unten).

INNERARTLICHE VARIABILITÄT: Diese Art gliedert sich in drei, auch im Freiland unterscheidbare Unterarten: *atys* (= *fuliginosus*), rauchgraue Mangabe (Guinea bis zum Sassandra, Elfenbeinküste); vollständig grau, unten etwas heller; Backenbart mit dunklem Rand; *lunulatus*, Weißscheitelmangabe (vom Sassandra bis Ghana); Oberseite rauchgrau mit halbmondförmiger weißer Nackenzeichnung, Unterseite reinweiß; *torquatus*, Halsband- oder Rotkopfmangabe (von Nigeria bis zum Kongo); oben dunkelrauchgrau, Scheitel leuchtend kastanienbraun, deutlich vom übrigen Kopf abgesetzt; Nacken rein weiß, Unterseite weiß, Schwanz grau mit weißer Spitze.

LEBENSRAUM: Regenwald, auch Lichtungen.
VERBREITUNG: Karte S. 47.

Kappenmangabe *Cercocebus galeritus* Peters 7
E – Crested Mangabey F – Cercocèbe agile

KENNZEICHEN: Kopf-Rumpf-Länge 65 cm. Groß, schlank, aber kräftig gebaut; Beine lang; Schwanz mäßig lang, steif, spitzwinklig nach vorn über den Körper getragen. Allgemeine Färbung dunkel gelblichbraun, oliv schattiert; keine besondere Scheitelzeichnung, manchmal mit einem Haarschopf über der Stirn. Unterseite weißlich oder gelblich.

INNERARTLICHE VARIABILITÄT: Mehrere gut unterscheidbare Unterarten: *galeritus* (unterer Tanafluß, Kenia[24]); Unterseite weißlich, Haarschopf über der Stirn; *agilis* (von Gabun bis zum östlichen Kongo); etwas dunkler; *chrysogaster* (südlicher und zentraler Kongo); kein Haarschopf über der Stirn, Backenbart und Unterseite goldgelb.

LEBENSRAUM: Regen- und Galeriewälder.
VERBREITUNG: Karte S. 47.

Schopfmangabe *Cercocebus aterrimus* (Oudemans) 7
E – Black Mangabey F – Cercocèbe noir

KENNZEICHEN: Kopf-Rumpf-Länge 70 cm. Groß, schlank und zierlich gebaut,

---

[24] Diese Unterart ist durch starke Kultivierungsmaßnahmen in ihrem Lebensraum sehr bedroht.

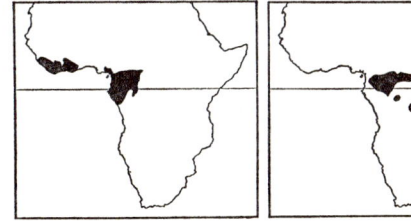
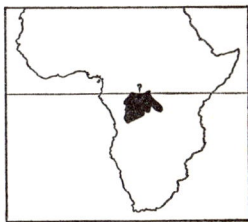
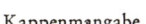

Rotkopfmangabe   Kappenmangabe   Schopfmangabe

lange Gliedmaßen. Langer, geschmeidiger und beweglicher Schwanz, langbehaart, pinselartig. Scheitelschopf. Gesicht schieferschwarz. Allgemeine Färbung rein schwarz, Fell locker und glänzend.
INNERARTLICHE VARIABILITÄT: Zwei Unterarten: *aterrimus* (Sumpfwälder, Kongo); langer, aufrechtstehender Scheitelschopf, Backenbart sichelförmig, rauchbraun; *opdenboschi* (Südwestkongo, Angola); Scheitelschopf seitlich abgeflacht, nach hinten gerichtet; Backenbart nicht sichelförmig, reinschwarz.
LEBENSRAUM: Regenwald.
VERBREITUNG: Karte S. 47.

Mantel- oder Grauwangenmangabe   *Cercocebus albigena* (Gray)   7
E – Grey-Cheeked Mangabey   F – Cercocèbe à joues grises

KENNZEICHEN: Kopf-Rumpf-Länge 65 cm; Körpergewicht 10 kg. Groß, schlank und zierlich; außerordentlich langer, beweglicher und geschmeidiger Schwanz, gelegentlich zum Festhalten an Zweigen benutzt, lang behaart, besonders buschig an der Wurzel, verjüngt sich zum Ende pinselartig. Kein Backenbart, über den Augen zwei Haarbüschel (wie zwei kleine Teufelshörner; einziger afrikanischer Affe mit diesem Merkmal). Lange Schulter- und Brustmähne. Körper schwärzlich, Mähne heller.
INNERARTLICHE VARIABILITÄT: Drei Unterarten: *zenkeri* (Kamerun); Schultern rauchgrau. *albigena* (Gabun, Kongo Brazzaville); Schultern bräunlich; *johnstoni* (Kongo Kinshasa, Uganda); Schultern dunkelbraun.
LEBENSRAUM: Dichter Regenwald mit Lianen.
VERBREITUNG: Karte S. 49.

LEBENSWEISE DER MANGABEN: Mangaben leben in kleinen Gruppen (4–12, manchmal mehr). Bewohnen die unteren Stockwerke des Waldes. Rotkopf- und Kappenmangaben sind viel auf dem Boden; fliehen oft von den Bäumen auf die Erde. Alle klettern jedoch sehr gut, dabei kann der Schwanz zum Festhalten benutzt werden. Im Vergleich zu den Meerkatzen bewegen sie sich in den Bäumen sehr viel langsamer und bedächtiger. Sehr laut, kreischen, heulen und stoßen kichernde Alarmlaute aus. Scheinen sich untereinander durch vielfältige Mimik zu verständigen; dabei spielen offenbar die hell gefärbten Augenlider und die nackte Haut um die Augen eine Rolle. N a h r u n g : vorwiegend Früchte und Samen, sogar harte Früchte (Ölpalmennüsse) und Kerne. In geringem Maße auch tierische Nahrung. Die Rotkopfmangabe soll Aas fressen. F e i n d e : Kronenadler und Leoparden.

Sumpfmeerkatze   *Allenopithecus nigroviridis* (Pocock)   9
E – Allen's Monkey   F – Cercopithèque noir et vert

KENNZEICHEN: Kopf-Rumpf-Länge 45–50 cm. Mittelgroß, einem Makaken ähnlich, kräftig und untersetzt; runder Kopf, vorspringende Schnauze, verhältnismäßig kurze Gliedmaßen; relativ kurzer, steifer, an der Basis verdickter Schwanz. Gesicht schwärzlich. Backenbart nach hinten gerichtet, grau, mit schwarzer Begrenzung. Oben und Außenseiten der Gliedmaßen dunkelolivgrün, unten vom Kinn bis Bauch schmutzigweiß, Bauch rosa schattiert. Unter dem Schwanz ein roter, nackter Hautfleck. Schwanz oben dunkelolivgrün, unten weißlich.
LEBENSRAUM: Sumpfwald.
VERBREITUNG: Karte S. 49.
LEBENSWEISE: Über die Lebensweise dieser Meerkatze ist fast nichts bekannt. Kommt mit Zwergmeerkatze und Brazza-Meerkatze im gleichen Lebensraum

vor. Die Sumpfmeerkatze lebt in Trupps. Wahrscheinlich spezielle pflanzliche Ernährung, worauf einige anatomische Besonderheiten des Magens hindeuten. Auch kleine Fische, Krebse, Schnecken und andere Wassertiere werden neben Früchten, Samen und Insekten aufgenommen.

Zwergmeerkatze *Miopithecus talapoin* (Schreber)   **8**
E – Talapoin   F – Talapoin

KENNZEICHEN: Kopf-Rumpf-Länge 35 cm; Körpergewicht bis zu 1,4 kg. Sehr klein (kleinster afrikanischer Affe, nicht größer als ein Hörnchen), schlank, mit rundem Kopf, sehr großen, abgerundeten Ohren. Rücken fällt deutlich nach vorn ab. Gesicht rosa, Schnauze zum Teil mit schwärzlichen Haaren. Backenbart goldgelb, gut entwickelt. Oberseite gelblich olivgrün, Gliedmaßen heller. Unterseite cremefarbig weiß. Schwanz lang, graubraun, am Ende dunkler, unten gelblich.

INNERARTLICHE VARIABILITÄT: Mehrere Unterarten, im Freiland nicht unterscheidbar.

LEBENSRAUM: Niederungssumpfwälder; Küsten- und Flußmangroven.

VERBREITUNG: Karte S. 49.

LEBENSWEISE: Die Zwergmeerkatze lebt in Trupps, die wahrscheinlich aus Familieneinheiten zusammengesetzt sind (60–80 Tiere, gewöhnlich aber sehr viel weniger). Ausschließlich auf Bäumen, tagaktiv, nachts in dichtem Bewuchs verborgen, vor allem in überschwemmten Waldungen. Scheu, flink und lebendig. Verhältnismäßig ruhig, bei Gefahr pfeifende Laute. N a h r u n g : verschiedene Früchte und Samen, Palmnüsse, Blätter und Blüten; auch Kulturfrüchte, z. B. die des Melonenbaumes. Wahrscheinlich auch Insekten und kleine Wirbeltiere. Während der Brunst Genitalschwellung beim Weibchen. Zykluslänge 27–43 Tage, saisonbedingte Geschlechtsruhe, zumindest in Gefangenschaft.

Blaumaul- oder Schnurrbartmeerkatze *Cercopithecus cephus* (L.)   **8**
E – Moustached Monkey   F – Moustac

KENNZEICHEN: Kopf-Rumpf-Länge 48–55 cm; Körpergewicht 4–5 kg. Mittelgroß. Gesicht blau, direkt unter der Nase auffallender weißer Streifen auf der Oberlippe; kein Nasenfleck. Backenbart buschig, aber einfach, nach unten und hinten gerichtet; leuchtendgelb. Großer dreieckiger schwarzer Fleck an den Schnauzenseiten zwischen Backenbart und aschgrauer Kehle. Auf den Ohren oft ein auffallendes gelbes Haarbüschel. Oberseite rötlichbraun, schwacher oliver Anflug. Unterseite aschgrau.

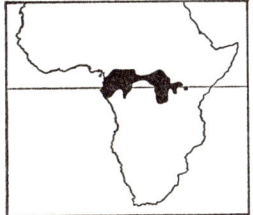

Mantelmangabe   Sumpfmeerkatze   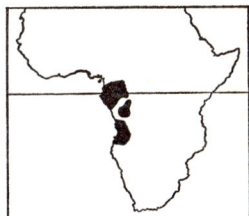

Zwergmeerkatze

INNERARTLICHE VARIABILITÄT: Bei der Unterart *cephus* (Kamerun bis zum Kongo, mit Ausnahme Westgabuns) ist der Schwanz größtenteils rot; bei der Unterart *cephodes* (Südwestgabun) ist er gräulich.
LEBENSRAUM: Wälder und Galeriewälder.
VERBREITUNG: Karte S. 50.

Rotnasen- oder Rotohrmeerkatze   *Cercopithecus erythrotis* (Waterhouse)   8
E – Red-Eared, Nose-Spotted Monkey   F – Moustac à oreilles rousses

KENNZEICHEN: Kopf-Rumpf-Länge 35–50 cm. Verhältnismäßig klein. Gesicht vorwiegend blau, an der Schnauze rosa. Keine weiße Oberlippenzeichnung, aber auffallender dreieckiger Nasenfleck, ziegelrot oder weiß mit ockerfarbigem Anflug. Backenbart einfach, nach hinten gerichtet, gelb gefärbt, oben und unten schwarz begrenzt. Oberseite dunkelolivgrün, hinten mit rötlichem Anflug. Unterseite aschgrau. Schwanz leuchtendrot, zumindest an der Wurzel.
INNERARTLICHE VARIABILITÄT: Die Unterart *erythrotis* (Fernando Po) hat einen ziegelroten bis orange gefärbten Nasenfleck wie die Unterart *camerunensis* (Nordwestkamerun), die oben heller gefärbt ist; Schwanz vollständig rot. Die Unterart *sclateri* (Nigeria) hat einen weißen, ockerfarbig schattierten Nasenfleck; Schwanz rot, dann weißlich.
LEBENSRAUM: Wälder- und Galeriewälder.
VERBREITUNG: Karte S. 50.

Rotbauchmeerkatze   *Cercopithecus erythrogaster* Gray[25]   8
E – Red-Bellied Monkey   F – Cercopithèque à ventre rouge

KENNZEICHEN: Kopf-Rumpf-Länge 45 cm. Mittelgroß. Gesicht sehr dunkel, blaugrau; mit Nasenfleck, manchmal weiß wie bei *C. nictitans*, aber oft pechschwarz, vom Gesicht deutlich abgesetzt. Schwarzer Streifen zieht ringförmig von der Stirn über die Kopfseiten zum Nacken. Backenbart rückwärts gerichtet, vorn schwarz-weiß gesprenkelt, hinten reinweiß. Ohne schwarzen Wangenstreifen, aber schwarzer Mundseitenfleck, erreicht nicht das Ohr. Scheitel hellzitronengelb, schwarz gesprenkelt, deutlich vom schwarzen Schläfen- und Nackenband abgesetzt. Oberseite einheitlich olivbraun, Unterseite rötlichbraun oder grau. Schwanz oben olivgrün, zum Ende hin dunkler. Unterseite weiß.
LEBENSRAUM: Sekundäre Urwälder.
VERBREITUNG: Karte S. 50.

[25] Eine seltene Art, von der nur wenige Felle bekannt sind.

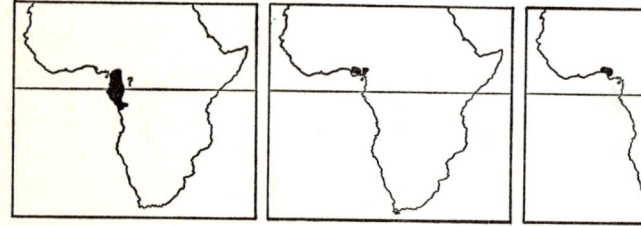

Blaumaulmeerkatze   Rotnasenmeerkatze   Rotbauchmeerkatze

Schwarzbackige Weißnase *Cercopithecus ascanius* (Audebert) 8
E – Black-Cheeked White-Nosed Monkey   F – Cercopithèque ascagne

KENNZEICHEN: Kopf-Rumpf-Länge 45–50 cm, Körpergewicht bis 6,5 kg. Mittelgroß, verhältnismäßig langer Schwanz, in Rückenhöhe getragen, Ende hängt bei Fortbewegung herab. Gesicht bläulich; auffallender herzförmiger weißer, gelblicher oder schwarzer Nasenfleck. Dunkles Stirnband von Ohr zu Ohr. Backenbart mit Wirbeln, cremefarbig weiß, schwarzer Wangenstreifen vom Mundwinkel bis unters Ohr. Oberseite dunkeloliv mit rötlichem Anflug; Unterseite reinweiß. Unterarme, untere Beinteile, Hände und Füße schieferschwarz. Schwanz vorwiegend hell rötlichbraun, jedoch graue oder weiße Schwanzwurzelunterseite.

INNERARTLICHE VARIABILITÄT: Mehrere Unterarten, unterscheiden sich in Form des Backenbartes, Farbe des Nasenflecks, Ausdehnung der rötlichbraunen Rückenfärbung und der Farbe der Schwanzwurzelunterseite: *schmidti* (nördlich des Kongo), *whitesidei* (Zentral-Kongo), *ascanius* (Südwest-Kongo, Angola), *atrinasus* (Nordost-Angola), *katangae* (Katanga). Im Freiland nicht zu unterscheiden.

ÄHNLICHE ARTEN: Wegen des roten Schwanzes Verwechslung mit *C. cephus* möglich; diese hat aber keinen Nasenfleck, jedoch eine auffallende Oberlippenzeichnung.

LEBENSRAUM: Wälder und Galeriewälder.

VERBREITUNG: Karte S. 51.

Helle Weißnase *Cercopithecus petaurista* (Schreber) 8
E – Lesser White-Nosed Monkey   F – Pétauriste

KENNZEICHEN: Kopf-Rumpf-Länge 35–45 cm; Körpergewicht 3 kg. Klein bis mittelgroß. Gesicht dunkel schieferblau bis schwärzlich; auffallender ovaler weißer Nasenfleck. Schwarzer Stirnstreifen von Ohr zu Ohr. Backenbart gut entwickelt, nach rückwärts gerichtet, ohne Wirbelbildung, reinweiß mit einem schwarzen Streifen vom Auge bis unters Ohr. Oberseite dunkel grünlichbraun. Unterseite weiß. Unterteile der Beine kräftig grau schattiert. Schwanz lang, zweifarbig: oben bräunlich, zur Spitze hin schwarz werdend, unten weißlich.

INNERARTLICHE VARIABILITÄT: Zwei Unterarten; *buttikoferi* (Guinea bis zum Sassandra, Elfenbeinküste), kein schwarzes Nackenband; *petaurista* (östlich vom Sassandra), mit schwarzem Nackenband.

ÄHNLICHE ARTEN: Verwechslung mit anderen Meerkatzen mit weißem Nasen-

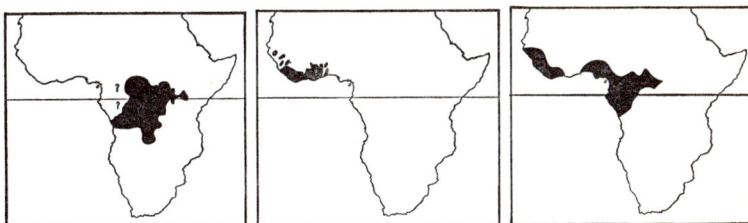

Schwarzbackige Weißnase   Helle Weißnase   Dunkle Weißnase

fleck möglich. Aber *C. ascanius* hat einen roten Schwanz und *C. nictitans* einen schwarzen.

LEBENSRAUM: Wälder, besonders Sekundärwälder, auch Sumpfgebiete, Dickungen und Waldungen in der Feuchtsavanne. Besonders in den unteren Regionen des Laubdaches.

VERBREITUNG: Karte S. 51.

Dunkle Weißnase *Cercopithecus nictitans* (L.) 8
E – Greater White-Nosed Monkey   F – Hocheur

KENNZEICHEN: Kopf-Rumpf-Länge 45–65 cm; Körpergewicht bis 8 kg. Groß, kräftig. Gesicht schieferschwarz, auffallender ovaler weißer Nasenfleck. Kein Stirnband. Backenbart gut entwickelt, ohne Wirbel, nach hinten weisend. Kopfseiten und Oberseite einheitlich dunkel olivgrün. Unterseite schieferschwarz, vorn manchmal weiß *(martini)*. Gliedmaßen schwarz, Schwanz lang und schwarz.

INNERARTLICHE VARIABILITÄT: Im Freiland können zwei Unterarten unterschieden werden: *martini* (von Kamerun und Fernando Po westwärts), Unterseite weiß, ausgenommen hinten; *nictitans* (Zentralafrika), dunkler, Unterseite schieferschwarz.

ÄHNLICHE ARTEN: Verwechslung möglich mit *C. mitis (stuhlmanni)*, dieser fehlt aber der auffallende weiße Nasenfleck, und mit *C. petaurista*, aber bei *C. nictitans* Nasenfleck anders geformt, kein weißer Backenbart, Schwanz vollständig schwarz.

LEBENSRAUM: Wälder (diese Art vertritt im Westen *C. mitis*).
VERBREITUNG: Karte S. 51.

Diademmeerkatze *Cercopithecus mitis* Wolf (einschließlich der *albogularis*-Gruppe) 9
E – Blue Monkey   K – Kima, Nchima
F – Cercopithèque à diadème

KENNZEICHEN: Kopf-Rumpf-Länge 50–65 cm; Körpergewicht bis 7 kg. Relativ groß, kräftig. Rücken nicht abfallend; ziemlich langer, dicker Schwanz, wird in sanftem, nach unten offenem Bogen getragen; beim Laufen Schwanzspitze höher als Rücken. Gesicht purpurschwarz, schmal und lang. Kein weißer Nasenfleck, aber Schnauze mehr oder weniger weißhaarig. Kein Bart. Backenbart lang, dicht, rückwärts gerichtet. Dichte Stirnhaare diademartig nach vorn gestellt, ihre Färbung variabel, weicht manchmal deutlich von Scheitelfärbung ab. Kehle oder Halsband weiß. Fell im allgemeinen dicht und dick, sehr unterschiedlich gefärbt (s. unten). Untere Teile der Gliedmaßen schwarz. Diademmeerkatzen haben eine ziemlich ruhige Gangart, deutlich von den raschen Bewegungen der kleineren Meerkatzen verschieden.

INNERARTLICHE VARIABILITÄT: Wegen großer Zeichnungs- und Färbungsvariabilität ist die artliche Zusammengehörigkeit dieser Formen umstritten. Nach Färbung und geographischer Verbreitung lassen sich zwei natürliche Gruppen unterscheiden (manchmal als verschiedene Arten angesehen). K o n g o g r u p p e *(mitis)*. Einzige Meerkatze mit vollständigem schwarzen Schulterband: Vorderextremitäten und Schultern schwarz, heben sich so vom Rücken ab. Scheitel rein schwarz (bei *opisthostictus*, Katanga und Sambia, Scheitel gelblich gesprenkelt). Färbung der Oberseite je nach Unterart dunkelgrau bis bläulich und grünlich, in Ausnahmefällen rötlich. Unterseite dunkelgrau bis schwarz. Beine dunkler als Körper. Mehrere Unterarten: *mitis* (Angola), oben grau mit einem

auffallenden weißen Stirnband; *stuhlmanni* (vom östlichen Kongo bis zum westlichen Kenia), silberblaugrau, oben mit Oliv vermischt, Unterseite aschgrau; *kandti* (Kivu; Bambus- und Hageniawälder in großen Höhen), oben goldenrotbraun bis olivgrün, unten rostfarbig (andere Unterarten: *maesi, schautedeni,* Kongo; *dogetti,* Rwanda, Burundi, südliches Uganda; *boutourlini,* Äthiopien). Ö s t l i c h e G r u p p e (östlich des Ostafrikanischen Grabens, *albogularis*). Scheitel, Nacken und Schultern nicht schwarz. Arme schwarz. Kehle ausgedehnt weiß, deutlich abgehoben (Weißkehlmeerkatze). Oberseite grünlich bis rötlich, Rücken oft mit rotem Anflug. Unterseite hell. Im Freiland können mehrere Unterarten unterschieden werden: *zammaranoi* (Somalia), kleiner, Rücken einheitlich olivgrün; *kolbi* (Hochland von Kenia), *albotorquatus* (Flachland, Kenia), *albogularis* (Sansibar) und *moloneyi* (Tansania), allgemeine Färbung tief rötlich, Kehle und Halsband weiß; *nyasae* (südlich des Nyasa-Sees), oben grüner; *erythrarchus* (Moçambique), oben hell grünlichgrau, Schwanzwurzel leuchtend rotbraun; *labiatus* (Samango-Meerkatze; Südafrika, vom Zululand bis zur östlichen Kapprovinz), dunkelgrün, Unterseite schmutzigweiß.
LEBENSRAUM: Regen- und Galeriewälder, auch bewaldete Savannen; von Meereshöhe bis 3000 m.
VERBREITUNG: Karte S. 53.

Monameerkatze *Cercopithecus mona* (Schreber) und Verwandte[26] 9
E – Mona Monkey F – Mone

KENNZEICHEN: Kopf-Rumpf-Länge 45–55 cm; Körpergewicht 3–6 kg. Mittelgroß, robust gebaut; mäßig bis sehr langer Schwanz, wird oft über dem Rücken getragen. Gesicht oben schieferblau, Schnauze fleischfarben. Weißes oder weißliches Stirnband kontrastiert mit dunklem Scheitel. Backenbart dicht, schwarzer Streifen vom Auge zum Ohr. Scheitel und Schultern olivgrünlich oder gelblich (gelb und schwarz gesprenkelt). Arme außen schwarz. Oberseite im allgemeinen leuchtend gefärbt, Hinterteile dunkler als übriger Rücken. Unterseite hell. Oberseitenfärbung grau bis rötlich (s. unten). Schwanz oben immer dunkel, unten weiß oder gelb.
INNERARTLICHE VARIABILITÄT: Diese Meerkatzengruppe variiert sehr stark. Mehrere Unterarten können im Freiland unterschieden werden. *mona*-Gruppe: Kein Scheitelschopf; *campbelli* (von Senegal bis zum Sassandra, Elfenbeinküste) und *lowei* (vom Sassandra bis Ghana) mit gelblichen Köpfen und Schul-

---

[26] Diese Meerkatzengruppe wird neuerdings in mehrere Arten aufgeteilt. Diese Auffassung basiert auf morphologischen Unterschieden, sie scheint berechtigt, zumal sich die Verbreitungsgebiete verschiedener Formen gelegentlich überschneiden. Wir behandeln sie jedoch hier aus praktischen Gründen als eine Art.

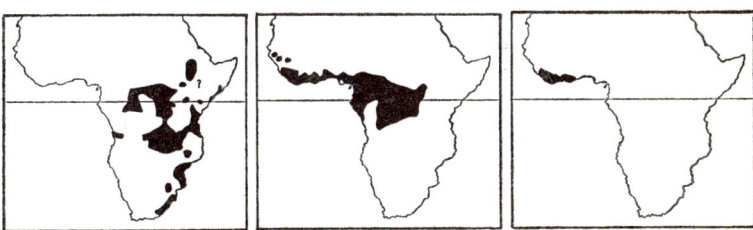

Diademmeerkatze   Monameerkatze   Dianameerkatze

tern, Rücken grau oder schwärzlich, *campbelli* heller als *lowei; mona* (Ghana bis Kamerun) mit leuchtend kastanienbraunem Rücken und – einmalig unter Meerkatzen – zwei auffallenden weißen Flecken seitlich der Schwanzwurzel. *wolfi*-Gruppe: Kein Scheitelschopf, aber weißes Stirndiadem; Bauchfärbung reicht bis zur Flanke, scharf von der Rückenfärbung abgesetzt. *wolfi* (Sumpfwälder des Kongo) mit rötlichem Rücken und schwarzem Flankenstreifen, Bauch verwaschen orange, Beine rotbraun; *pyrogaster* (Kasai, südlicher Kongo), wie *wolfi* gefärbt, aber intensiver; *denti* (Nordost-Kongo), Rücken dunkelbraun, Bauch cremefarbig weiß, Beine rötlichbraun. *pogonias*-Gruppe: Mit Scheitelschopf (Schopfmeerkatzen), weiße Stirnzeichnung, goldgelbe Unterseite; *grayi* (Kamerun bis Nordost-Gabun und zum Ubangi), Rücken leuchtend rotbraun, Beine rötlichgelb; *nigripes* (West-Gabun), Rücken rötlich, Gliedmaßen eisengrau; *pogonias* (Fernando Po, Kamerun), Rücken dunkelgrau mit breitem schwarzen Streifen, Gliedmaßen rötlichgelb.

LEBENSRAUM: Regen- und Galeriewälder. Bevorzugt die unteren und mittleren Stockwerke.

VERBREITUNG: Karte S. 53.

Dianameerkatze *Cercopithecus diana* (L.) 9
E – Diana Monkey F – Cercopithèque diane

KENNZEICHEN: Kopf-Rumpf-Länge 40–53 cm. Mittelgroß, schlank gebaut, Rücken nach vorn abfallend; Schwanz wird oft in auffälliger Weise in nach unten offenem Bogen getragen. Gesicht schwarz, schmales, aber auffallendes weißes Stirnband. Spitzer weißer Bart. Kopfseiten, Kinn, Kehle, Brust und Innenseiten der Arme rein weiß, deutlich vom übrigen Körper abgesetzt. Scheitel beinahe schwarz; Vorderrücken und Flanken grau gesprenkelt, verdunkeln sich zum schwarzen Bauch hin. Vom Mittelrücken bis Schwanzwurzel großer, dreieckiger, leuchtend kastanienbrauner Fleck. Gliedmaßen ansonsten schwarz; auffälliger, schräger weißer Oberschenkelstreifen. Gesäß und Beininnenseiten leuchtend rötlichbraun bis cremefarbig weiß. Schwanz vollständig schwarz.

INNERARTLICHE VARIABILITÄT: Zwei Unterarten: *diana* (westlich vom Sassandra, Elfenbeinküste), Bart kürzer, Innenseiten der Beine tief leuchtend rötlichbraun; *roloway* (östlich vom Sassandra), Bart sehr lang, Innenseiten der Beine gelblich bis cremefarbig weiß. Fragliche Unterart: *dryas* (Sankuru, Kongo), nur ein Exemplar bekannt.

LEBENSRAUM: Dichter Regenwald, hauptsächlich in den oberen Stockwerken.

VERBREITUNG: Karte S. 53.

Brazza-Meerkatze *Cercopithecus neglectus* Schlegel 9
E – Brazza's Monkey F – Cercopithèque de Brazza

KENNZEICHEN: Kopf-Rumpf-Länge 40–60 cm; Körpergewicht bis zu 8 kg. Mittelgroß, stämmig und untersetzt. Rücken nach vorn abfallend. Verhältnismäßig kurzer, aber dicker Schwanz, in abfallendem Bogen getragen oder beim Laufen herabhängend. Stirn mit breitem, hellem, rötlich ockerfarbigem Diadem, dahinter ein pechschwarzes Querband. Gut entwickelter, reinweißer Bart. Backenbart, Oberseite und Flanken olivgrau gesprenkelt. Unterseite schwärzlich (bei Jungtieren weißlich). Unterarme schwarz; auffallender schräger weißer Oberschenkelstreifen. Gesäß weiß, Schwanz schwarz.

LEBENSRAUM: Sumpf- und Flußwälder; untere Stockwerke.
VERBREITUNG: Karte S. 55.

Hundskopfaffen und Meerkatzen 55

Vollbartmeerkatze *Cercopithecus l'hoesti* Sclater 9
E – L'Hoest's Monkey F – Cercopithèque de l'Hoest
KENNZEICHEN: Kopf-Rumpf-Länge 45–55 cm. Mittelgroß, schlank, zierlich gebaut, dunkel gefärbt; nach vorn abfallender Rücken, sehr beweglicher Schwanz, wird hoch über dem Rücken getragen, Spitze hakenförmig gebogen. Einzige afrikanische Meerkatze, die Schwanz zum Greifen benutzen kann. Gesicht rosafarben oder gräulich, Schnauze schwärzlich. Kein Stirnband. Backenbart gut entwickelt, flaumig, rückwärts weisend, reinweiß oder grau, deutlich von dunkler Körperfärbung abgehoben. Oberseite dunkelgrau gesprenkelt, auffallende ovale (nicht wie bei *diana* dreieckige) rostbraune Sattelzeichnung von Schulter bis Schwanzwurzel. Unterseite dunkel schieferschwarz. Gliedmaßen schwarz. Schwanzbasis wie übriger Körper, Ende schwarz.
INNERARTLICHE VARIABILITÄT: Die typische Unterart (östlicher Kongo) mit rosafarbenem Gesicht und reinweißem Backenbart; *preussi* (Kamerun-Berg, Fernando Po) mit grauem Gesicht und grauem Backenbart, kontrastiert mit der weißen Kehle, Rückenfleck rot mahagoni.
LEBENSRAUM: Bergwälder.
VERBREITUNG: Karte S. 55.

Eulenkopfmeerkatze *Cercopithecus hamlyni* Pocock 9
E – Owl-Faced Monkey F – Cercopithèque à tête de hibou
KENNZEICHEN: Kopf-Rumpf-Länge 55 cm. Mittelgroß, dicht behaart, sehr dunkel, mit merkwürdigem eulenartigen Gesichtsausdruck. Gesicht groß, rund, abgeflacht; sehr große, von kreisförmigen Falten umgebene Augen. Gesicht purschwarz, auffallender schmaler weißer Streifen auf dem Nasenrücken. Blaßgelbes Stirnband. Gesicht von rückwärtsgerichteten langen, dichten dunkelgrünen Haaren eingefaßt, Ohren darin vollständig verborgen. Oberseite dunkel olivgrün. Unterseite und Gliedmaßen schwarz. Nackte Haut um die Gesäßschwielen leuchtend himmelblau. Schwanz kurz, dick, an der Basis konisch, aschgrau, mit dicker schwarzer Endquaste.
LEBENSRAUM: Dichte Waldungen bis zu einer Höhe von 4200 m; wahrscheinlich nachtaktiv.
VERBREITUNG: Karte S. 55.

LEBENSWEISE DER WALDBEWOHNENDEN MEERKATZEN: Die Meerkatzen der Gattung *Cercopithecus* bilden eine ziemlich einheitliche Gruppe baumbewohnender Affen, in der Regel kommen sie niemals auf den Boden. Sie sind tagaktiv, *C. hamlyni* möglicherweise nachtaktiv. Auf den tropischen Waldgürtel be-

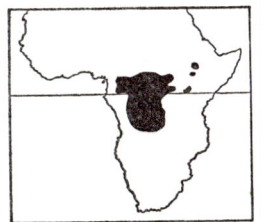 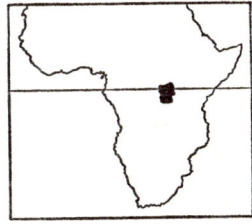

Brazza-Meerkatze Vollbartmeerkatze Eulenkopfmeerkatze

schränkt. Nur eine Art *(aethiops)* lebt in der Savanne. Sie haben alle Stockwerke des Waldes mit Ausnahme des Bodens besiedelt. Die verschiedenen Arten zeigen zweifellos unterschiedliche morphologische und verhaltensmäßige Anpassungen an jeweils besondere Lebensräume. Die Sumpfwälder werden von *C. neglectus* bewohnt (gemeinsam mit *Allenopithecus* und *Miopithecus*). Das untere Stockwerk des Waldes ist der Lebensraum von *C. mona* und *petaurista*, das mittlere der von *C. diana* und *mona;* das oberste Stockwerk wird von der *pogonias*-Gruppe, von *C. erythrotis, diana* und *nictitans* gemeinsam mit braunen Guerezas bewohnt. Darüber hinaus haben die verschiedenen Arten unterschiedliche Nahrungsansprüche, so daß sie kaum miteinander konkurrieren. Dennoch haben – soweit bekannt – alle Meerkatzen viele gemeinsame Verhaltensweisen. Meerkatzen sind sehr gesellig; sie leben in Trupps bis zu 40–50 Tieren. Herden bis zu 200 Tieren sind in Anpflanzungen oder bei örtlich großem Nahrungsangebot beobachtet worden. Solche Großherden sind jedoch nicht typisch; sie entstehen durch den Zusammenschluß kleiner Familiengruppen (4–5 Tiere), die sich in Abhängigkeit vom Nahrungsangebot tagsüber zu größeren Trupps vereinigen. Trupps verschiedener Arten (z. B. *mona, nictitans* und *cephus*) können sich in einer Herde zusammenfinden, dazu sogar Mangaben und Guerezas. Manchmal schließen sich einer Gruppe nur einzelne Individuen einer anderen Art an. Die Trupps werden gelegentlich von Nashornvögeln oder Papageien begleitet. Es gibt offensichtlich in jeder Population auch Einzelgänger. Meerkatzen streifen zur Nahrungssuche gemeinsam innerhalb eines bestimmten Gebietes umher; dieses Gebiet wird von den Angehörigen der Gruppe verteidigt, ist aber kein ihr Revier anzusehen. Sie scheinen, jeweils zur gleichen Tageszeit, bestimmte „Wechsel" zu benutzen. Im allgemeinen ortstreu, wandern manchmal in Abhängigkeit von Nahrungsangebot und Fruchtreife. Jede Familieneinheit scheint von einem dominanten Männchen angeführt zu werden; allerdings sind die Dominanzverhältnisse nicht deutlich ausgeprägt. Das Sozialverhalten zwischen Mitgliedern einer Gruppe beschränkt sich auf gegenseitige Hautpflege; die bei Pavianen häufigen Gebärden, wie das Präsentieren der Genitalregion, wurden bei Meerkatzen nicht beobachtet, wahrscheinlich, weil äußere Zeichen geschlechtlicher Aktivität (Brunftschwellungen bei Weibchen) fehlen. Meerkatzen haben umfangreiche Lautäußerungen, im allgemeinen verschiedene grunzende und krächzende Laute. Viel Erfahrung ist notwendig, um die Stimmen der verschiedenen Arten zu unterscheiden. Der Ruf von *C. diana* ist als gellender Schrei beschrieben worden, *C. ascanius* und *mona* äußern vogelartiges Zwitschern, durchsetzt mit pfeifenden Lauten. Die Warn- und Drohrufe variieren von scharfem Zirpen bis zu lautem Bellen. Einige Arten, wie *C. mitis* und *neglectus*, sind ziemlich ruhig, kleinere Arten, wie *mona*, viel lauter. Mimik und Gebärden sind sehr vielfältig (Aufwerfen und Schütteln des Kopfes, Herabziehen der Augenbrauen, Drohgebärde mit weit geöffnetem Mund usw.), dienen der Verständigung untereinander. Das Sehvermögen ist sehr gut, wahrscheinlich auch das Farbsehen. Das Gehör ist ausgezeichnet. Der Geruchssinn ist nicht gut entwickelt, dient aber wie der Geschmackssinn auf kurze Entfernung zur Nahrungsprüfung. Meerkatzen sind nach Sonnenaufgang, später am Vormittag und am späten Nachmittag sehr aktiv. Abends ziehen sie sich auf bestimmte Schlafbäume zurück, die sie längere Zeit benutzen. Große Trupps spalten sich dann in die Familieneinheiten auf; jede hat eine eigene Schlafstatt, es können sich jedoch mehrere Gruppen im selben Baume zum Schlafen niederlassen. N a h r u n g : hauptsächlich verschiedene Pflanzenteile; Blätter der Bäume (besonders *C. petaurista*), junge Triebe, Blüten und Samen; wichtig sind Früchte (z. B. von *Markhamia, Ficus,*

Cyanometra, Irvingia, Pachylobus, Musanga), auch Früchte der Ölpalme (besonders *C. cephus* nimmt diese gern auf, ist daher häufig in alten Ölpalmenplantagen anzutreffen). Neben der pflanzlichen Kost spielt tierische Nahrung eine gewisse Rolle, insbesondere Insekten (Ameisen), sehr selten kleine Wirbeltiere und Vogeleier. Meerkatzen fallen oft in Pflanzungen ein (besonders Mais, Bananen, Maniok und Süßkartoffeln). Trinken vermutlich nur in trockenen Lebensräumen (wasserarme Nahrung). Fortpflanzung scheint jahreszeitlich nicht begrenzt. Paarungen finden meistens abends statt; kein Vorspiel. Tragzeit ungefähr 6 Monate, vielleicht etwas länger. Im allgemeinen wird nur ein Jungtier geboren, gelegentlich Zwillinge. Die Mutter trägt das Jungtier, das sich an ihr festklammert, mit sich herum. Das Säuglingskleid unterscheidet sich auffallend von dem der Jungtiere. Die Bedrohung eines Säuglings durch Menschen oder Raubtiere ruft eine heftige Reaktion der erwachsenen Tiere, besonders des dominanten Männchens hervor. Mit Drohgebärden und -lauten versucht es den Feind zu vertreiben. Für die Auslösung dieses Verteidigungsverhaltens ist offensichtlich das Säuglingskleid von Bedeutung, da nach dem Wechsel in das Jugendkleid, das sich nur wenig von dem Fell der Erwachsenen unterscheidet, diese Verteidigungsreaktion unterbleibt. Die potentielle Lebensdauer beträgt mehr als 20 Jahre, auch 30 Jahre. Meerkatzen haben nur wenige Feinde: große Raubvögel, besonders Kronenadler *(Stephanoaetus coronatus)*, auch große Schlangen, wie die Pythons, und gelegentlich Leoparden.

Grüne Meerkatze *Cercopithecus aethiops* (L.) (und Verwandte) 9
E – Vervet und Grivet Monkey   A – Blauaap
F – Vervet, Grivet   K – Tumbili; Ngedere

KENNZEICHEN: Kopf-Rumpf-Länge 45–65 cm; Körpergewicht 4,5 kg oder mehr. Mittelgroß oder groß; Rücken nicht oder wenig nach vorn abfallend; ziemlich

Abb. 2. Köpfe von Grünen Meerkatzen *(Cercopithecus aethiops)*
1 Gelbgrüne Meerkatze *(sabaeus)*, 2 Tantalusmeerkatze *(tantalus)*, 3 Weißgrüne Meerkatze *(aethiops)*, 4 Lalandes-Meerkatze *(pygerythrus)*, 5 Malbrouk *(cynosurus)*

langer, steifer Schwanz, wird beim Laufen mit gekrümmter Spitze schräg nach oben getragen. Gesicht im allgemeinen vollständig schwarz (einzige Meerkatze mit einem schwarzen Gesicht, außer der im übrigen völlig anders gefärbten Dianameerkatze). Allgemeine Färbung hell gräulich oder gelblicholiv, manchmal rotbraun verwaschen. In der Regel weißes oder helles Stirnband. Backenbart mehr oder weniger entwickelt, rückwärts und aufwärts weisend, im allgemeinen weiß. Unterseite weißlich.

INNERARTLICHE VARIABILITÄT: Verschiedene gut umschriebene Gruppen, wahrscheinlich eigene Arten. Hier aus praktischen Gründen zusammengefaßt. Sind ebenso wie einige der Unterarten im Freiland bestimmbar. G e l b g r ü n e M e e r k a t z e (Callitrix). Kein weißes Stirnband, Backenbart gelblich, nach vorn weisender Wirbel in der Schläfenregion. Oberseite stark gelblich verwaschen, Schwanzende gelb. *sabaeus* (Senegal bis Ghana). T a n t a l u s m e e r k a t z e. Weißes Stirnband, sehr auffällig, durch schwarzen Streifen von den Wangen getrennt. Backenbart weiß, scharf gegen Scheitelfarbe abgesetzt. Weißes Haarbüschel auf der Schwanzwurzel. Analregion orange, Schwanzspitze weißlich. *tantalus* (Ghana bis Zentralafrikanische Republik); *marrensis* (Jebel Marra, Sudan); *budgetti* (Ostkongo bis Uganda). W e i ß g r ü n e M e e r k a t z e (Grivet). Backenbart rein weiß, sichelförmig, lang und flaumig, scharf gegen Scheitel abgesetzt. Undeutliches weißes Stirnband, vom Backenbart nicht durch schwarzen Streifen getrennt. Weißes Haarbüschel auf der Schwanzwurzel. Schwanzende weißlich. *aethiops* (Sudan, Nordäthiopien), oben aschgrau mit grünem Anflug; *hilgerti* (Süd- und Südostäthiopien), dunkler; *ellenbecki* (Südwestäthiopien), mit rötlichem Anflug. L a l a n d e s - M e e r k a t z e (Vervet). Auffallendes weißes Stirnband, seitlich in den Backenbart übergehend; Backenbart kurz, Färbung nicht scharf vom Scheitel abgesetzt. Füße auffallend schwarz. Rötliches Haarbüschel unter der Schwanzwurzel. Schwanzspitze schwarz. Vom äußersten Süden Äthiopiens und Somalias bis Südafrika verschiedene Unterarten, z. B.: *johnstoni* (Kenia, Tansania), blaßgefärbt; *rufoviridis* (Moçambique), rötlichgrün; *pygerythrus* (Südafrika), dunkelgrün. M a l b r o u k (Malbrouck). Einzige grüne Meerkatze mit blassem Gesicht, fleischfarben mit dunklen Flecken. Deutliches Stirnband; Backenbart schmutzigweiß. An der Schwanzwurzel rötliches Haarbüschel. Schwanzspitze schwarz. *cynosurus* (vom Südrand des Kongo-Urwaldes und Angola bis nach Nordwest-Rhodesien).

LEBENSRAUM: Waldland und Savannen; Waldausläufer und Buschland. Niemals im Regenwald oder in der Halbwüste.

VERBREITUNG: Karte S. 59.

LEBENSWEISE: Die grüne Meerkatze ist sehr anpassungsfähig und daher weit verbreitet und sehr häufig. Im Unterschied zu den anderen Meerkatzen lebt sie in offenerem Gelände. Galeriewälder und dichtes Buschland sind bevorzugte Zufluchts- und Schlafstätten; zur Nahrungssuche geht sie bis zu 500 m weit in die offene Savanne; charakteristische, eilige Gangart. Leben in Trupps von 6–20, durchschnittlich 12 Tieren, jedoch auch große Ansammlungen bis zu 100 Tieren. Mischgruppen mit *C. mitis* sind ungewöhnlich. Ziemlich ruhig; Männchen stoßen ein rauhes Kek-kek-kek aus. N a h r u n g : vorwiegend vegetarisch; bevorzugt Blätter und junge Triebe, daneben Rinde, Blüten, Früchte, Knollen, Wurzeln und Grassamen; außerdem Insekten, Larven, Raupen, Spinnen, Eier und Nestjunge bodenbrütender Vögel, gelegentlich auch größere Beutetiere (Nagetiere, Hasen). Können auf Feldern und in Obstgärten großen Schaden anrichten. Trinken selten. F e i n d e : Leopard, Karakal, Serval und große Raubvögel.

Husarenaffe *Erythrocebus patas* (Schreber)   7
E – Patas oder Red Monkey   F – Patas, Singe rouge

KENNZEICHEN: Kopf-Rumpf-Länge 50–60 cm; Körpergewicht bis 10 kg. Groß, sehr schlank und hochbeinig (der „Windhund" unter den Affen); Rücken nicht abfallend; kurzes rauhes Fell; Gesicht blaßrosa oder schwärzlich. Schwarzes Stirnband. Backenbart gelblich; Oberseite ziegelrot, auf dem Scheitel leuchtender, manchmal mit einem grauen Anflug auf den Schultern (bei erwachsenen Männchen). Unterseite und untere Gliedmaßenteile weiß; bei Jungen und Weibchen Beine mit gelblichem Anflug. Schwanz lang, beim Laufen hoch getragen, rötlichbraun, am Ende heller. Weibchen den Männchen ähnlich, aber viel kleiner (halb so schwer).

INNERARTLICHE VARIABILITÄT: Zwei Unterarten: Westafrikanischer Husarenaffe *(patas)*, Senegal bis Tschad, rosa Gesicht und schwarzer Nasenfleck; ostafrikanischer Husarenaffe *(pyrrhonotus)*, Sudan bis Tansania, graues Gesicht und weißer Nasenfleck.

LEBENSRAUM: Sehr trockene Savannen, Ränder von Wäldern und Dickungen; dichter Bewuchs wird gemieden. Geht weiter nach Norden als Paviane und Meerkatzen; in Air (Sahara) bewohnen sie felsiges Gelände.

VERBREITUNG: Karte S. 59.

LEBENSWEISE: Sehr scheu und heimlich, gut an das Bodenleben angepaßt; können aber auch gut klettern. Sicher die schnellsten Affen, erreichen Geschwindigkeiten bis zu 55 km/h. Stehen beim Sichern aufrecht auf den Hinterbeinen. Sehr gesellig, in Trupps von 9–30, im Durchschnitt 15 Tieren; im westlichen Afrika gelegentlich Ansammlungen von mehr als 100 Tieren. Bis zu 12 Weibchen mit ihren Jungen und ein erwachsenes Männchen bilden eine Gruppe. Das Männchen übernimmt die Sicherung und bleibt während des ganzen Jahres bei seinem Harem. Die Gruppe bewohnt ein großes Gebiet (bis zu 50 qkm), in dem sie ständig umherstreift. Nie mit anderen Affen vergesellschaftet. Verständigung innerhalb der Gruppe in erster Linie durch Gesten und Mimik. Lautäußerungen so mannigfaltig wie bei Pavianen, umfassen rauhe und jammernde Laute; Rufe werden selten ausgestoßen. Die hohen Bellaute erwachsener Männchen (höher als bei Pavianen) kündigen die Annäherung einer anderen Gruppe von Husarenaffen an. Täglich zwei Aktivitätsphasen (Futtersuche) Ruheperiode während der heißen Tageszeit. Bei Einbruch der Dunkelheit verteilen sich die Tiere auf verschiedene Bäume; selten ist die Gruppe in aufeinanderfolgenden Nächten im gleichen Gebiet. N a h r u n g : Gras, Früchte, Bohnen (z. B. der Tamarinde), Samen, dazu tierische Nahrung wie Insekten, selten kleine Wirbeltiere wie Eidechsen. Trinken selten. T r a g z e i t : 160 Tage; Wurfzeiten örtlich verschieden, entsprechend auch die Paarungszeit. Husaren-

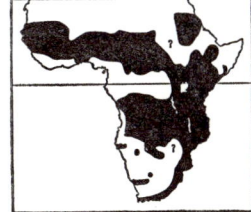
Grüne Meerkatze

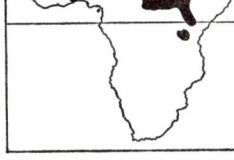
Husarenaffe

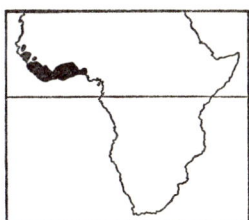
Weißbart-Stummelaffe

affen unterscheiden sich im Verhalten deutlich von den Pavianen, die den gleichen Lebensraum bewohnen. Paviane bilden größere Gruppen mit jeweils mehreren erwachsenen Männchen; außerdem sind sie sehr viel lauter und aggressiver.

Stummelaffen: Colobidae

Groß, schlank, aber kräftig gebaut; Hand nur mit 4 Fingern, Daumen zu einem Stummel reduziert oder fehlend[27]. Schwanz lang, nicht zum Greifen geeignet. Gesäßschwielen groß. Magen groß, seine Wand mit Falten und Taschen; Anpassung an die Ernährung: vorwiegend Blätterfresser.

Nach der Färbung können zwei Gruppen unterschieden werden: die schwarzweißen und die braunen Guerezas, auf Afrika beschränkt; sie sind mit der asiatischen Form *Semnopithecus* verwandt. Baumbewohner, leben ausschließlich in bewaldeten Gebieten.

Weißbart-Stummelaffe *Colobus polykomos* (Zimmermann)[28] 10
E – Western Black-and-White Colobus F – Colobe blanc et noir d'Afrique occidentale

KENNZEICHEN: Kopf-Rumpf-Länge bis 65 cm. Groß, kräftig gebaut; schwarzweiß gezeichnet; lange glänzende Haare auf der Oberseite, ohne Rückenmähne (vgl. Guereza). Gesicht nackt, schieferschwarz. Allgemeine Färbung pechschwarz. Backenbart reinweiß oder gräulich. Schwanz vollständig weiß, ohne Endquaste.

1 2 3 4

Abb. 3. Köpfe von schwarz-weißen Stummelaffen
1 Weißbart-Stummelaffe *(C. pol. polykomos)*, 2 Weißbart-Stummelaffe *(C. pol. vellerosus)*, 3 Mantelaffe *(C. ang. angolensis)*, 4 Guereza *(C. ab. abyssinicus)*

INNERARTLICHE VARIABILITÄT: Zwei Unterarten: *polykomos* (von Senegal bis zum Sassandra, Elfenbeinküste), Backenbart, um das Gesicht und Schultervorderseiten gräulich, Schenkel nicht weiß; *vellerosus* (vom Bandama bis Nigeria), Bart und Backenbart kräftig entwickelt, reinweiß; Schenkel zum großen Teil auffallend weiß; *dollmani* (zwischen Sassandra und Bandama) ist eine Zwischenform.

[27] Anmerkung der Übersetzer: Daher der deutsche Name Stummelaffe.
[28] Alle schwarzweißen Guerezas wurden früher oft in einer Art vereinigt, trotz auffallender Unterschiede in Zeichnung und Anordnung der langen Haare. Sie bilden jedoch drei natürliche Gruppen, die als eigene Arten anzusehen sind.

Lebensraum: Regenwald, Feuchtsavanne entlang der Flußufer und sogar kleine trockene Waldungen.
Verbreitung: Karte S. 59.

Mantelaffe *Colobus angolensis* P. L. Sclater 10

E – Angolan Black-and-White F – Colobe blanc et noir d'Angola
Colobus K – Mbega

Kennzeichen: Kopf-Rumpf-Länge bis 75 cm. Groß, kräftig gebaut, schwarz-weiß gezeichnet; lange weiße Schulterhaare mehr oder weniger stark entwickelt, keine Rückenmähne wie beim Guereza. Allgemeine Färbung pechschwarz. Backenbart im allgemeinen gut entwickelt, weich, sichelförmig, immer weiß. Schwanzende in unterschiedlicher Ausdehnung weiß, selten Schwanz ganz weiß. Jungtiere weiß, werden mit zunehmendem Alter dunkler.

Innerartliche Variabilität: Zahlreiche Unterarten, Unterscheidung nach dem Ausmaß der weißen Schwanz- und Schulterfärbung. Hauptgruppen: *cottoni, cordieri, prigoginei* (Ostkongo); weiße Schulterbehaarung spärlich, Hinterteil vollständig schwarz; Schwanz ohne Endquaste, dunkel *(cottoni)*, grau *(cordieri)* oder weiß *(prigoginei)*. *angolensis, palliatus* (= *sharpei*) (südlich des Kongoflusses bis Angola und Tansania); weiße Schulterbehaarung gut entwickelt, Hinterteil mit weißem Streifen, hintere Schwanzhälfte buschig und weiß. *adolfi-frederici* (= *ruwenzorii*), (Rwanda); Fell sehr lang; Hinterteil mit großem weißen Fleck, Schwanz schwarz, nicht buschig.

Lebensraum: Wälder und Galeriewälder.
Verbreitung: Karte S. 61.

Guereza *Colobus abyssinicus* (Oken) 10

E – Abyssinian Black-and-White F – Colobe Guereza
Colobus, Guereza K – Mbega

Kennzeichen: Kopf-Rumpf-Länge bis 75 cm. Kräftig gebaut, schwarz-weiß gezeichnet. Backenbart und Bart weiß. Allgemeine Färbung pechschwarz. Auffallende, gut entwickelte weiße Mähne an Schultern, Flanken und Hinterrücken. Um die Gesäßschwielen breiter Ring weißer Haare. Auf den Schenkeln unscharf begrenzter weißer Fleck. Schwanz an der Wurzel reinschwarz oder gesprenkelt, dann weiß, in unterschiedlichem Ausmaß stark buschig. Jungtiere weiß, werden mit zunehmendem Alter dunkler.

Innerartliche Variabilität: Große Variabilität; verschiedene Unterarten, Unterscheidung nach Entwicklung der Mähne und nach der Schwanzfärbung. Die

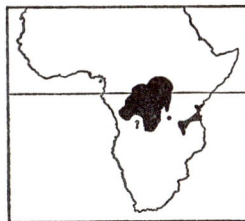
Mantelaffe

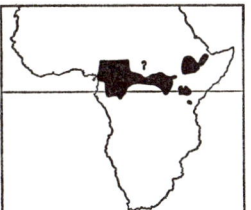
Guereza

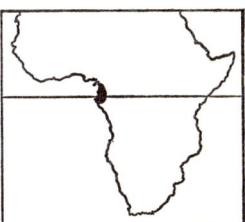
Satansaffe

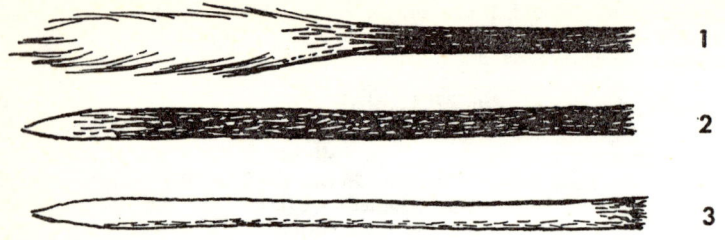

Abb. 4. Schwänze einiger Unterarten des Mantelaffen *(Colobus angolensis)*
1 *C. a. angolensis*, 2 *C. a. adolfi-frederici*, 3 *C. a. prigoginei*

Hauptgruppen: *abyssinicus* (Südost-Äthiopien), Mähne gut entwickelt, dunkler Schwanzabschnitt weiß untermischt, Schwanz in halber Länge buschig; *gallarum* (Ost-Äthiopien), wie die vorhergehende Unterart, aber basaler Schwanzteil rein schwarz; *matschiei* (Kenia, westlich des Ostafrikanischen Grabens), basale Schwanzhälfte schwarz, Endabschnitt weiß; *kikuyensis* (Kenia, östlich des Ostafrikanischen Grabens) und *caudatus* (Kilimandscharo), Mähne wie bei *abyssinicus*, aber Schwanz sehr buschig, fast in ganzer Länge weiß; *occidentalis* (von Kamerun durch Gabun und den Kongo bis Uganda), Mähne weniger gut entwickelt, Schwanz länger, vorwiegend schwarz, mit einer mäßig langen weißen Endquaste. Eine kleine Population vollständig weißer Guerezas kommt in der Nähe von Nanyuki, Mount Kenia, vor.
LEBENSRAUM: Wälder.
VERBREITUNG: Karte S. 61.

Satansaffe *Colobus satanas* Waterhouse 10
E – Black Colobus F – Colobe noir
KENNZEICHEN: Kopf-Rumpf-Länge bis 75 cm; Körpergewicht bis 10 kg. Kräftig gebaut, groß, vollständig pechschwarz. Schwanz nicht buschig, ohne Endquaste.
LEBENSRAUM: Regenwälder.
VERBREITUNG: Karte S. 61.

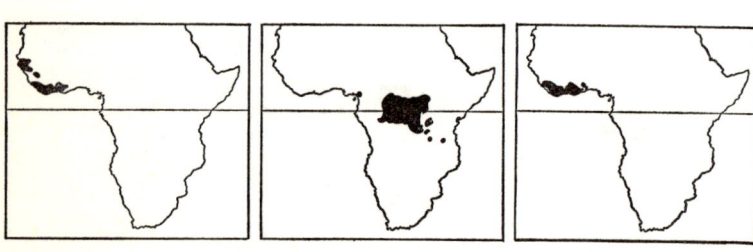

Westafrikanischer brauner Guereza   Brauner Guereza   Grüner Guereza

Westafrikanischer brauner Guereza *Colobus (Piliocolobus) badius* (Kerr)[29] 10
E – Western Red Colobus F – Colobe bai d'Afrique occidentale
KENNZEICHEN: Kopf-Rumpf-Länge bis 70 cm. Groß, nach vorn abfallender Rükken, sehr kleiner Kopf, verhältnismäßig lange Gliedmaßen. Nase an der Wurzel breit (bei Meerkatzen schmal), über einer wulstigen Oberlippe aufgebogen. Gesicht dunkel, um die Augen auffallende rosafarbene Brillenzeichnung. Backenbart leuchtend rot, rötlichbraun oder orange. Ohne Scheitelschopf. Oberseite vom Scheitel bis zur Schwanzwurzel pechschwarz bis rauchgrau, deutlich von der tief rötlichbraunen oder orangefarbenen Färbung der Flanken, Gliedmaßen und der Unterseite abgesetzt. Auf dem Hinterteil von den Gesäßschwielen bis zum Sprunggelenk ein weißer dreieckiger Fleck.
INNERARTLICHE VARIABILITÄT: Zwei Unterarten: *badius* (Guinea, Elfenbeinküste bis zum Bandama), Oberseite intensiv schwarz, übriger Körper tief rötlichbraun, Schwanz schwärzlichrot; *temmincki* (Senegal), heller, grau und orange.
LEBENSRAUM: Regenwald.
VERBREITUNG: Karte S. 62.

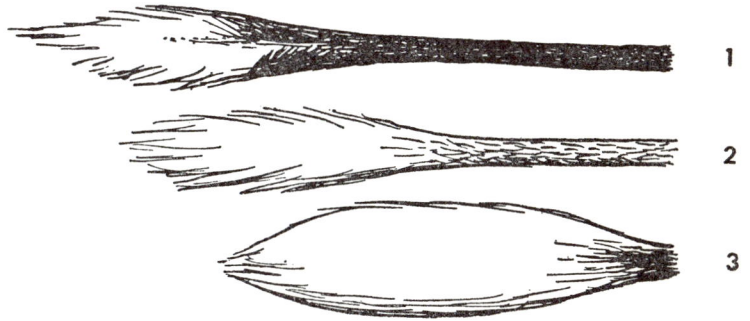

Abb. 5. Schwänze einiger Unterarten des Guereza *(Colobus abyssinicus)*
1 *C. a. occidentalis,* 2 *C. a. abyssinicus,* 3 *C. a. caudatus*

Brauner oder **Rotkopfguereza** *Colobus (Piliocolobus) pennanti* Waterhouse 10
E – Red Colobus F – Colobe bai
KENNZEICHEN: Kopf-Rumpf-Länge bis 70 cm; Körpergewicht bis 10 kg. Groß, kleiner als die schwarz-weißen Stummelaffen, aber kräftig gebaut; nach vorn abfallender Rücken, verhältnismäßig sehr kleiner Kopf, Nase „normal" (nicht aufgeworfen). Gesicht schiefergrau, manchmal mit rosa fleischfarbenen Flecken. Backenbart gut entwickelt (außer bei *kirki*). Kein Scheitelschopf. Färbung unterartlich sehr verschieden, aber immer in Rot- oder Brauntönen, mit schwärzlichem Anflug auf den Schultern. Unterseite gelblich-rötlichbraun bis rauchgrau oder reinweiß. Schwanz ziemlich dick, mäßig lang.
INNERARTLICHE VARIABILITÄT: Fellfärbung, Zeichnungsmuster und Form der

---

[29] Die Systematik der braunen Guerezas ist sehr kompliziert. Wahrscheinlich ist die „*badius*"-Gruppe in mehrere Arten aufzuteilen. Aus praktischen Gründen unterscheiden wir nur zwei Arten: *C. badius* hat andere Färbung und Nasenform als *C. pennanti*.

Haarschöpfe an den Kopfseiten variieren sehr stark. Möglicherweise in verschiedene Arten aufzuteilen. *pennanti* (Fernando Po), Backenbart reinweiß, kontrastiert mit dem schwarzen Scheitel; *preussi* (Kamerun), Mittelrücken dunkelbraun, Flanken orange-rötlichbraun, Unterseite cremefarbig weiß; *oustaleti* (Kongo-Brazzaville, Nordost-Kongo), Scheitel wie Rücken gefärbt, Backenbart gräulich; *tholloni* (Sumpfwälder südlich des Kongo), vollständig leuchtend rötlichbraun, auf Kopf und auf Schultern etwas dunkler, unten heller; *ellioti (Ituri, Kongo)*, die vordere Körperhälfte einschließlich der Arme leuchtend rötlich, die hintere Hälfte dunkel bräunlich; *foai* (vom oberen Kongo bis zum Tanganjikasee), sehr variabel, mit rotem Stirnschopf; *tephroscles* (vom Ruwenzori südwärts bis südöstlich des Tanganjikasees), oben dunkelbraun, rötlichbrauner Scheitel, Unterseite weißlich; *kirki*[30] (Jozani-Wald, Sansibar), sehr abweichend, deutlich dreifarbig gezeichnet: Schultern und Arme reinschwarz, Rücken leuchtend kastanienbraun, Unterseite und Innenseiten der Gliedmaßen reinweiß; auf der Stirn lange weiße Haarbüschel. Andere Unterarten: *gordonorum*[30] (Südwest-Tansania), *rufomitratus*[30] (Unterer Tana, Kenia), *waldroni* (Elfenbeinküste, Ghana), *bouvieri*[30] (südlicher Teil von Kongo-Brazzaville).

LEBENSRAUM: Regen- und Galeriewälder.
VERBREITUNG: Karte S. 62.

LEBENSWEISE DER GUEREZAS: Die am stärksten an das Baumleben angepaßten afrikanischen Affen; kommen selten auf den Boden. Die schwarz-weißen Guerezas leben in den mittleren und oberen Stockwerken des Waldes, die braunen Guerezas in den oberen. Klettern und springen mit großer Geschicklichkeit; die lange Behaarung und der Schwanz sollen bei weiten Sprüngen wie ein Fallschirm wirken. Trotz auffallender Zeichnung sind sie in ihrer natürlichen Umwelt, den Baumkronen, sehr schwer zu erkennen. Sitzen oft stundenlang ruhig in den Bäumen. Leben in Trupps bis zu 25 Tieren, vielleicht Zusammenschlüsse von Familieneinheiten. Bei Gefahr bellende Laute und auch krächzende Schreie. N a h r u n g : fast ausschließlich Blätter; ausgesprochene Nahrungsspezialisten; fressen manchmal auch Insekten. In Gefangenschaft schwer zu halten. Lebensweise noch wenig bekannt. Sind wegen ihrer Felle, die im vergangenen Jahrhundert hoch bezahlt wurden, intensiv gejagt worden.

Grüner Guereza   *Colobus (Procolobus) verus* Van Beneden   10
E – Olive Colobus   F – Colobe de Van Beneden

KENNZEICHEN: Kopf-Rumpf-Länge 55 cm; Körpergewicht 5,5 kg. Mittelgroß, kleinster Guereza; nach vorn abfallender Rücken, kleiner abgerundeter Kopf (ähnlich wie beim asiatischen *Semnopithecus*); Nasenrücken gerade; sehr dunkle Färbung ohne Kontrastzeichnung. Gesicht schiefergrau, Backenbart ziemlich lang; auf der Stirn zwei Wirbel, bilden zwei auffallende graue Flecken, auf der Scheitelmitte schmaler Haarschopf. Oberseite olivgrünlich, Rückenmitte mit braunem Anflug, an den Flanken in Oliv übergehend. Unterseite aschgrau. Gliedmaßen grauoliv verwaschen. Schwanz wie der Rücken, unten mehr gräulich. Weibchen ähneln den Männchen, aber ohne Schopf.
LEBENSRAUM: Dickungen in den Regenwäldern; Flußufer, Sumpfwälder und Palmensümpfe.
VERBREITUNG: Karte S. 62.
LEBENSWEISE: Lebt im dichten Blattwerk der unteren Stockwerke des Waldes, nur

---

[30] Die Unterarten *rufomitratus, gordonorum, bouvieri* und *kirki* sind durch die Zerstörung ihrer Lebensräume in ihren begrenzten Verbreitungsgebieten ernsthaft bedroht.

ausnahmsweise höher als 6 m über dem Boden. In kleinen Trupps von etwa 6–20 Tieren, im allgemeinen 10–15. Führung durch dominantes Männchen nicht beobachtet. Bei Nahrungsaufnahme oft in Gemeinschaft mit anderen Affen, besonders mit *Cercopithecus mona* und *petaurista*, möglicherweise eine Schutzmaßnahme, da diese aktiveren Arten Feinde früher wahrnehmen. N a h r u n g : fast ausschließlich Blätter, manchmal Blüten. Einmalig unter afrikanischen Affen ist der Jungentransport: In den ersten Lebenswochen trägt die Mutter das Jungtier aktiv mit den Zähnen mit sich herum.

Schimpanse und Gorilla: Pongidae

Nach anatomischen Merkmalen, besonders der Ausbildung des Gehirns, die am höchsten entwickelten Primaten. Leben auf Bäumen und am Boden; Arme länger als Beine. Schwanz fehlt. Langsames Wachstum, Geschlechtsreife wird spät erreicht. Zu den Menschenaffen werden 4 Formen gestellt. Die südostasiatischen Gibbons nehmen dabei eine Sonderstellung ein. Die echten Menschenaffen werden im tropischen Afrika durch zwei gut bekannte Arten vertreten: Schimpanse und Gorilla; ihr nächster Verwandter ist der Orang-Utan aus den Waldgebieten Malayas. Diese drei Arten bilden die Familie der Pongidae: Primaten von gedrungenen Proportionen, erinnern in mancher Hinsicht an Menschen, mit denen sie viele gemeinsame Merkmale haben. Leben alle in Waldgebieten, vom Regenwald bis zu Savannenwaldungen und Bergwäldern.

Gorilla *Gorilla gorilla* (Savage und Wyman)   **11**
E – Gorilla   F – Gorille

KENNZEICHEN: Männchen erreichen aufgerichtet eine Körpergröße von 170 cm und mehr und ein Körpergewicht von 200 kg (zumindest in Gefangenschaft noch mehr). Weibchen kleiner und zierlicher, Körpergröße bis 150 cm, Körpergewicht 70 bis 110 kg, in Ausnahmefällen 135 kg. Größter und kräftigster Primat. Kopf besonders massig, niedrige Stirn; sehr kleine, dicht anliegende Ohren, fast in den Haaren verborgen. Beim Männchen Kopf sehr hoch, da knöcherner Scheitelkamm gut entwickelt (Ansatzstelle für kräftige Kaumuskulatur). Gesichtsform sehr variabel: flach oder mit vorspringendem Kiefer, abgerundet oder lang. Gesicht immer schwarz, sogar bei Jungtieren. Nasenregion und Nasenöffnungen immer groß und auffallend. Rücken nach unten durchgebogen. Gliedmaßen sehr kräftig; Beine verhältnismäßig kurz, Hände kurz und sehr breit mit relativ kurzen Fingern, immer schwarz. Fell normalerweise schwarz; Länge, Färbung und Anordnung der Haare variieren jedoch stark in Abhängigkeit von Alter, Geschlecht und Lebensraum. Jungtiere spärlich, aber fast vollständig behaart; Haare weich, schwarz oder braun. Bis zu einem Alter von 4 Jahren Analregion mit weißem Haarbüschel. Mit zunehmendem Alter wird das Fell schwarz und besonders an Flanken, Seiten und Bauch grau. Alte Tiere fast vollständig grau. Vom 10. Lebensjahre an Männchen mit auffallend grauem Rücken („Silberrücken-Männchen"). Haare der verschiedenen Körperstellen unterschiedlich lang (außerdem große individuelle Variabilität, manche Gorillas wollig, andere glatt behaart). Armhaare verhältnismäßig lang, Brust oft kahl. In kälteren Lebensräumen Haare dichter. Einige Erwachsene mit kleinen Sitzschwielen.

INNERARTLICHE VARIABILITÄT: Zwei gut unterscheidbare Unterarten, hauptsächlich in anatomischen Merkmalen unterschieden (vor allem am Schädel). Westlicher Gorilla[31] [*gorilla* (Savage und Wyman)]. Haarkleid im allgemeinen schwächer entwickelt, brauner. Kopf bei alten Männchen niedriger, da Scheitelkamm kleiner. Kamerun, Gabun, nördlich des Kongo. Östlicher Gorilla [*beringei* (Matschie)]. Haarkleid im allgemeinen gut entwickelt, schwärzer. Kopf bei alten Männchen höher, da Scheitelkamm kräftiger. Östlicher Kongo von Lubutu im Nordwesten und Lubero im Nordosten bis Fizi im Süden; Uganda. Durch Zerstörung ihres Lebensraumes (landwirtschaftliche Maßnahmen und Einführung von Rindern) im Bestand bedroht.

LEBENSRAUM: Tiefland und Gebirgs-Regenwälder, gelegentlich in Bambuswäldern in den Gebirgen des östlichen Kongo bis zu 3500 m Höhe. Nicht auf den Primärwald beschränkt, auch in Sekundärwäldern und Anpflanzungen.

VERBREITUNG: Karte S. 67.

LEBENSWEISE: Die Gestalt des Gorillas, seine enorme Größe und Kraft, die rauhen Schreie und die zurückgezogene Lebensweise im Innern großer Waldgebiete gaben wie bei keinem anderen afrikanischen Tier Anlaß zu zahlreichen Legenden und Geschichten („wilder Waldmensch"). Erst in jüngster Zeit ist unser Wissen über diesen Menschenaffen vertieft worden. Gorillas sind in erster Linie Bodenbewohner; klettern und springen nur selten, da sie wegen ihrer Größe schwerfälliger sind. Jungtiere erklettern öfter Bäume als Erwachsene, Weibchen öfter als Männchen. Fortbewegung am Boden auf allen Vieren, stützen sich dabei vorn auf die mittleren Fingerglieder. Leben in Horden von 2–30 Tieren, selten Einzelgänger. Jede Horde besteht aus wenigstens einem alten Männchen, einem oder mehreren Weibchen und einer wechselnden Zahl von Jungtieren oder Halbwüchsigen. Das alte Männchen führt die Horde an: Die Rangordnung wird weitgehend von der Körpergröße bestimmt. Diese ziemlich stabilen Gruppen ziehen ständig in ihren Wohngebieten (jeweils 25–40 qkm) umher; ein Revier wird nicht verteidigt. Verständigung untereinander durch umfangreiche Stimmäußerungen; wenigstens 22 verschiedene Laute sind bekannt, acht davon werden regelmäßig benutzt. Gegenüber Menschen werden heftige Laute ausgestoßen: Männchen brüllen, Weibchen schreien. Trommeln mit den Fäusten auf die Brust, ein Drohverhalten, das dem Feind Angst einflößen soll. Gut entwickelte Mimik. Ausschließlich tagaktiv; erheben sich morgens zwischen 6 und 8 Uhr, fressen zwei Stunden, ruhen dann von 10–14 Uhr; zwischen 14 und 18 Uhr wieder aktiv. Schlafen in rohen, annähernd runden Nestern, die am Boden aus Kräutern und Sträuchern, in Bäumen aus Zweigen angefertigt werden. Alte Männchen bauen selten auf Bäumen. Die Nester einer Horde sind über eine Fläche von etwa 2000 qm verteilt. N a h r u n g : eine Vielzahl verschiedener Blätter, Rinde, Früchte (im östlichen Kongo mindestens 100 verschiedene Futterpflanzen). Einige der häufigsten Pflanzen werden nicht gefressen; Vorzugsnahrung örtlich verschieden. Die Nahrung wird mit den Händen ergriffen, Hände und Zähne legen die schmackhaften Teile frei. Bei ausreichendem Feuchtigkeitsgehalt der Nahrung trinken freilebende Gorillas anscheinend nicht. T r a g z e i t : in Gefangenschaft zwischen 251–289 Tagen; Weibchen gebären alle vier Jahre ein Junges. Säuglinge wachsen schnell, werden nach etwa 6 Monaten relativ selbständig. Mit 2½ Monaten beginnen sie pflanzliche Nahrung aufzunehmen, werden aber bis zu 1½ Jahren gesäugt. Weibchen werden vermutlich mit 6–7 Jahren geschlechtsreif, Männchen mit 9–10. In Gefangenschaft wurden Gorillas bis zu 33 Jahren alt, können aber wahrscheinlich viel länger leben.

---

[31] Die Bezeichnungen „westlicher" und „östlicher" Gorilla werden den gebräuchlicheren Namen „Flachlandgorilla" und „Berggorilla" vorgezogen, da beide Formen jeweils in verschiedenen Höhen vorkommen; besonders der „östliche" Gorilla ist von den Regenwäldern der Niederungen bis zu den feuchten Berg- und Bambuswäldern in Höhen bis zu 3500 m anzutreffen.

Schimpanse *Pan troglodytes* (Blumenbach)   11
E – Chimpanzee   F – Chimpanzé   K – Soko mtu

KENNZEICHEN: Aufrecht stehende Männchen erreichen eine Höhe von 100 cm; Weibchen geringfügig kleiner. Körpergewicht der Männchen im Durchschnitt 50 kg, der Weibchen 40 kg. Kräftige, gedrungene Gestalt, aber leichter gebaut als Gorillas. Kopf oben abgerundet, sogar abgeflacht, niemals hoch (kein Scheitelkamm). Ohren groß, deutlich abstehend. Nasenöffnungen kleiner, auf verlängerter, vorstehender Schnauze. Gliedmaßen kräftig, verhältnismäßig lang, besonders die Arme; Hände ziemlich lang, im allgemeinen rosafarbig. Rücken fällt sanft nach hinten ab. Fell normalerweise schwarz, ziemlich spärlich; Länge, Färbung und Verteilung der Haare variieren stark in Abhängigkeit von Alter, Geschlecht und Lebensraum. Haare der Säuglinge schwarz; Gesicht rosa, wird mit zunehmendem Alter dunkelbraun und schwärzlich, ist bei Erwachsenen vollständig dunkel. Stirn und Scheitel werden im Alter schütter, bei einigen Tieren fast kahl, das Fell wird besonders auf dem Rücken grau und braun. Einige alte Männchen haben silbergrauen Rücken. Die individuelle Variabilität ist erheblich.

INNERARTLICHE VARIABILITÄT: Die große Variabilität in Haut- und Fellfärbung hat zur Beschreibung einer Vielzahl von Schimpansenarten oder Unterarten geführt. Die meisten ungültig, da nur individuelle Varianten. In Gabun soll eine dritte Menschenaffenart existieren (von den Afrikanern Kulu Kamba oder Kulu-n'guia genannt), die manchmal als eine Kreuzung zwischen Schimpanse und Gorilla angesehen wird. Es kann sich dabei nur um Schimpansen oder nach neueren Untersuchungen um eine besondere Unterart *(koolokamba)* handeln, die auf die Gebirgswälder von Südkamerun, Gabun und Kongo beschränkt ist; gekennzeichnet durch kleinere Ohren, gorillaähnliche Nase und dunkles Gesicht. Heute werden vier Schimpansen-Unterarten anerkannt; der Zwergschimpanse ist wegen äußerer und anatomischer Merkmale und wegen Besonderheiten im Verhalten wahrscheinlich als eigene Art anzusehen. *P. t. verus:* untere Gesichtshälfte vermutlich immer hell; nur die Stirn wird mit zunehmendem Alter kahl; Männchen mit „Bart" (westliches Afrika). *P. t. troglodytes:* Gesicht hell, nur bei alten Tieren dunkler; Kopf sehr früh kahl; Männchen mit reduziertem „Bart" (von Kamerun bis Kongo und zum Ubangi); *P. t. schweinfurthi:* Gesicht dunkel; Haar sehr dicht (vom Ubangi und Kongo bis zu den großen Seen). Zwergschimpanse, Bonobo *(P. [t.] paniscus):* sehr abweichend, zierlicher gebaut, längliches Gesicht, lange und schlanke Gliedmaßen. Haut und Fell sehr dunkel, fast vollständig schwarz. Südlich des Kongobogens, in immergrünen Regenwäldern ohne Trockenzeit.

LEBENSRAUM: Regen-, Sumpf- und Bergwälder, bis zu 3000 m Höhe (am Ruwen-

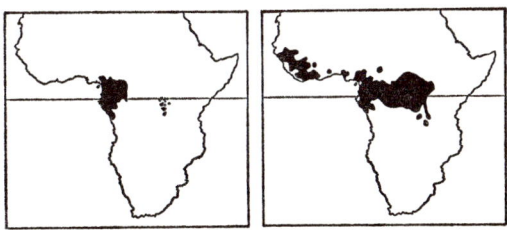

Gorilla   Schimpanse

zori), auch Trockenwälder, lichte Waldungen und Savannen mit lockerem Baumbestand. Können 3–5 km weit in offenes Grasland vordringen. Nördlich bis zur Mitte der Sudan-Vegetationszone (Trockensavanne) (z. B. im Nationalpark von Niokolo-Koba in Senegal). Höchste Populationsdichte in Wäldern mit mehr oder weniger offenem Blätterdach (Sekundärwälder, teilweise laubwerfende Wälder und Bergwälder) und in Gebirgslandschaften mit einem Mosaik von Wäldern und Savannenwaldungen. Im primären immergrünen Wald mit einem geschlossenen Blätterdach Populationsdichte sehr viel geringer.

VERBREITUNG: Karte S. 67.

LEBENSWEISE: Boden- und baumbewohnend. Klettern viel besser als Gorillas; sind viel am Boden, Fortbewegung hier vierfüßig. Finger halb umgeschlagen, Gewicht des Vorderkörpers ruht so auf den Fingergliedern. Können sehr schnell in einer Art Galopp laufen. Manchmal gehen sie aufrecht. Bei Wanderungen bleiben sie gewöhnlich am Boden; können jedoch Bäume geschickt erklettern, gelegentlich auch von Baum zu Baum oder auf den Boden springen. Streifen in Trupps umher, die sich jederzeit auflösen oder zusammenschließen können. Mit Ausnahme der Mutter-Kind-Beziehung anscheinend keine stabilen Einheiten. Geschlechtsaktive Gruppen – vorwiegend Männchen und Weibchen ohne Kinder – unterscheiden sich von Aufzuchtgruppen, hauptsächlich Mütter mit Kindern. Geschlechtsaktive Gruppen sind lauter, durchwandern größere Areale, kommen oft für kurze Zeit mit den Aufzuchtgruppen zusammen. Die Gruppen bestehen einschließlich der Jungtiere aus 2–50 Individuen; es gibt auch Einzelgänger. Verständigung untereinander durch umfangreiches Vokabular, große Zahl verschiedener Laute; sehr viel mitteilsamer und lauter als Gorillas oder irgendein anderes wildes Tier. Mimik und Gestik sehr lebhaft und vielfältig, verfügen von allen Tieren über die reichsten Ausdrucksmöglichkeiten. Werkzeuggebrauch bei gefangenen Schimpansen häufig nachgewiesen, auch bei freilebenden Tieren beobachtet. Hauptsächlich tagaktiv. Werden wie der Gorilla bei Morgendämmerung aktiv, streifen bis zum Mittag auf der Nahrungssuche umher, mittags ruhen sie. Erneute Aktivität und Nahrungssuche am Nachmittag und Abend; bei Dämmerung suchen sie ihre Nester auf. Können auch nachts aktiv sein, in mondhellen Nächten sogar fressen. In den meisten Gebieten Nester immer hoch in den Bäumen (4½–36 m über dem Boden); im östlichen Kongo regelmäßig Bodennester, sogar dort, wo Leoparden vorkommen. Schimpansennester leicht von großen Vogelnestern zu unterscheiden, da die Zweige gebogen, zum Teil gebrochen und miteinander zu einer Plattform verflochten sind. Nestmulde im allgemeinen ringförmig mit Zweigen umgeben. N a h r u n g : verschiedene Früchte und Nüsse, einige Blätter, junge Triebe, Rinde; auch Eier und Insekten. In einem Savannengebiet in Tansania beim Töten und Verzehren von Affen, jungen Antilopen und Vögeln beobachtet. Im Regenwald vermutlich niemals räuberisch. T r a g z e i t : durchschnittlich 236 Tage. Nur ein Junges; wird sehr lange gesäugt. Lebensdauer: in Gefangenschaft bis zu etwa 40 Jahren; im Freiland möglicherweise länger.

Raubtiere: Carnivora

Hunde: Canidae

Kleine bis mittelgroße Raubtiere, hundeartiges Aussehen, verlängerte Schnauze, zahlreiche Zähne. Gliedmaßen ziemlich lang und schlank, Krallen nicht rückziehbar. Weltweit verbreitet, in Afrika drei verschiedene Typen: S c h a k a l e , sehr hundeähnlich; F ü c h s e , kleiner, mit kürzeren Beinen; H y ä n e n h u n d , sehr auffallend, nur in Afrika. Alle weitverbreitet, aber nicht in dichten Wäldern.

Goldschakal *Canis aureus* L.   **12**

   E – Common Jackal   F – Chacal commun   K – Bweha[32]

KENNZEICHEN: Schulterhöhe 40 cm; Körpergewicht 9 kg. Verhältnismäßig große Ohren; ziemlich einfach gefärbt, ohne deutliche Zeichnungsmuster. Ohren hinten gelbbraun oder rötlichbraun. Allgemeine Färbung schmutziggelb mit rötlichem Anflug, oben unterschiedlich stark mit Schwarz vermischt. Schwanz rötlichbraun, mit schwarzer Spitze, in der Färbung nicht deutlich von Oberseite verschieden.
LEBENSRAUM: Offene und bewaldete Savannen.
VERBREITUNG: Karte S. 69. Auch im südlichen Europa und Asien bis Indien und Indochina.
LEBENSWEISE: Gewöhnlich nachtaktiv, besonders an kalten Tagen auch tagaktiv. Einzeln oder paarweise, manchmal in kleinen Rudeln. R u f : durchdringendes Heulen. N a h r u n g : verschiedene Tiere bis zu Hasen- oder Haushuhngröße, besonders Nagetiere, auch Insekten und Pflanzenteile (Früchte). Aasfresser, nimmt jede Art von Abfall, nagt Kadaver bis auf die Knochen ab. Kommt nachts in Dörfer und sogar in größere Städte.

Streifenschakal *Canis adustus* Sundevall   **12**

   E – Side-striped Jackal   A – Vaaljakkals
   F – Chacal à flanks rayés

KENNZEICHEN: Schulterhöhe 40 cm; Körpergewicht 9 kg. Groß, relativ kleine und kurze Ohren, stumpfere Schnauze, dadurch wolfsähnlicher. Ohren hinten dun-

---

[32] Offenbar ein für alle Schakale benutzter Name.

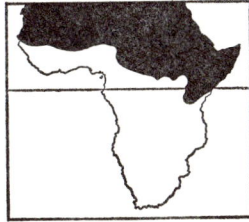 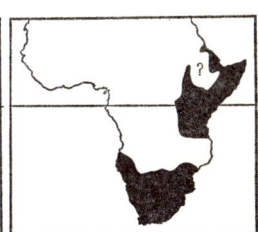

Goldschakal   Streifenschakal   Schabrackenschakal

kelbraun oder grau. Allgemeine Färbung gräulichbraun mit gelblichem Anflug, oben dunkler, an den Seiten heller. Von Schultern bis Schwanzwurzel unscharf abgesetzter heller oder weißlicher Flankenstreifen, unten manchmal schwarz begrenzt. Unterseite weißlich. Schwanz buschig, dunkler als der Körper, fast schwärzlich, gewöhnlich mit einer auffallenden weißen Spitze, bei einigen Tieren nur wenige weiße Haare am Schwanzende.

LEBENSRAUM: Offene Savannen, auch in Bergen.
VERBREITUNG: Karte S. 69.
LEBENSWEISE: Sehr scheu, ausgesprochen nachtaktiv, daher seltener als der Schabrackenschakal zu beobachten. Einzeln oder in kleinen Rudeln. Stimme nicht so hoch, am häufigsten einzelne Bellaute; insgesamt relativ ruhig. N a h r u n g : Aas (Reste der Löwenbeute), auch Kleinsäuger, Vögel, Eier, Reptilien, Insekten und Pflanzenteile, niemals größere Beute. Für Viehherden ungefährlich. T r a g z e i t : durchschnittlich 2 Monate. W u r f g r ö ß e : bis zu 6 Jungen; Wurfplatz in Dickicht oder Höhle.

Schabrackenschakal *Canis mesomelas* Schreber 12
E – Black-backed Jackal   A – Rooijakkals
F – Chacal à chabraque

KENNZEICHEN: Schulterhöhe 40 cm; Körpergewicht 9–14 kg. Leuchtend gefärbt, ziemlich fuchsähnlicher Kopf, lange, an der Basis breite, dann zugespitzte Ohren. Kopf gräulich, besonders Schnauze und Wangen sandfarben schattiert. Rücken mit breiter, auffallender dunkler Schabrackenzeichnung, scharf gegen rötlichbraune Seiten und Gliedmaßen abgesetzt. Schabracke auf der Schulter breit, hinten schmaler, schwarz, weiß getüpfelt, aus der Entfernung silbrig erscheinend. Unterseite weiß oder weißlich. Schwanz ziemlich lang, mäßig buschig, rötlichbraun, mit schwarzer Spitze. Jungtiere einheitlich düsterbraun, unten heller.

LEBENSRAUM: Offene Savanne und lichte Waldungen.
VERBREITUNG: Karte S. 69.
LEBENSWEISE: Vorwiegend nachtaktiv, jedoch oft am Tage zu beobachten. Gewöhnlich paarweise oder in kleinen Rudeln, manchmal einzeln. Ansammlungen an Kadavern (bis zu 30 Tieren). Gilt als sehr listig und findig. Sehr laut; Verständigung untereinander durch ausgeprägte Lautäußerungen, am häufigsten ist ein Heulen mit nachfolgenden Bellauten. Beim Auffinden eines Kadavers wird klagend, sirenenartig geheult. N a h r u n g : Hasen, Nagetiere, Vögel (Perlhühner, Frankoline), Reptilien (Schlangen bis Pythongröße), Insekten, Eier usw.; auch Früchte und Beeren. Tötet auch junge und kleine Antilopen bis zur Größe von Duckern oder Thomson-Gazellen, besonders Dikdiks Sammeln sich um die Beute von Löwen oder anderen großen Raubtieren an. Solange die Löwen fressen, wird Abstand gehalten. Um die Reste streiten sich dann die Aasfresser (Schakale, Geier, Hyänen). Der Schabrackenschakal kann Schafen und anderen kleinen Haustieren gefährlich werden und richtet so in manchen Gegenden (Südafrika) Schaden an. W u r f g r ö ß e : bis zu 6, sogar 9; Wurfplätze in Höhlen.

Abessinischer Fuchs *Canis (Simenia) simensis* Rüppell 12
E – Semien Fox (Abyssinian Wolf)   F – Loup d'Abyssinie

KENNZEICHEN: Schulterhöhe 60 cm. Groß; hundeähnlich, fuchsähnlicher Kopf, sehr lange, schlanke Schnauze; zugespitzte Ohren; lange Beine. Kopf rötlichbraun mit gelblicher Tönung, auf Schnauze und Ohrrücken wärmer. Oberlippe,

Kinn und Kehle reinweiß. Hals mit zwei rötlichbraunen Querbändern, durch weißlichen Fleck getrennt. Brust weißlich, rötlichbraun untermischt. Oberseite leuchtend rötlichbraun, auf dem Rücken etwas dunkler. Unterseite weißlich, rötlichbraun verwaschen. Untere Teile der Beine weißlich. Schwanz lang, sehr buschig, an der Wurzel oben rötlichbraun, unten und an den Seiten auffallend weiß, dann schwärzlich.

LEBENSRAUM: Hochplateaus.
VERBREITUNG: Karte S. 71.
LEBENSWEISE: Tag- und nachtaktiv; einzeln oder paarweise, manchmal in kleinen Rudeln. N a h r u n g : fast ausschließlich Nagetiere (werden nicht ausgegraben, sondern am Boden ergriffen); auch kleines Wild; selten Schafe. L a u t - ä u ß e r u n g e n : als Ruf ein hoher langer Schrei, bei Gefahr oder Auseinandersetzungen helle Bellaute. Sehr selten geworden, im größten Teil seines Verbreitungsgebietes ausgerottet, da er angeblich Haustiere reißt. Die Verwendung moderner Waffen beschleunigte die Bestandsverminderung.

Rotfuchs Vulpes vulpes (L.) 12
E – Red Fox F – Renard fauve

KENNZEICHEN: Schulterhöhe 30 cm; Kopf-Rumpf-Länge 65 cm. Groß; dem europäischen Fuchs ähnlich, aber kleiner und heller gefärbt. Kopf rötlichbraun, Mundränder, Kinn und Innenseiten der Ohren weiß. Ohren hinten dunkel schwärzlichbraun, deutlich von Kopf- und Nackenfärbung abgesetzt. Oberseite gräulichgelb, vom Kopf bis zur Schwanzwurzel auffallender, intensiv rostroter Streifen, auf Schultern und Vorderrücken besonders leuchtend. Seiten blaß gelblich, mit grauem Anflug. Kinn, Kehle, Brust und Bauch kräftig dunkel rauchgrau, manchmal fast schwärzlich. Gliedmaßen rötlichbraun, unten dunkler. Schwanz lang, rostfarben gelblich, an der Schwanzwurzel schwärzlicher Anflug, dann heller, Spitze weiß.

INNERARTLICHE VARIABILITÄT: Der nordafrikanische *(atlantica, barbara)* und ägyptische Rotfuchs *(aegyptiaca)* sind die afrikanischen Vertreter des eurasiatischen Fuchses, von dem sie sich nur wenig unterscheiden: geringere Größe, hellere Färbung, breitere Ohren. Eine Fundangabe aus Senegal *(dorsalis)* beruht wahrscheinlich auf einem Irrtum.

LEBENSRAUM: Steinige Wüsten, Flußbetten, niemals Sandwüsten.
VERBREITUNG: Karte S. 71. Auch in Europa und Asien.
LEBENSWEISE: In kleinen Familienverbänden, legt Baue an. N a h r u n g : in erster Linie Nagetiere. W u r f g r ö ß e : bis zu 7.

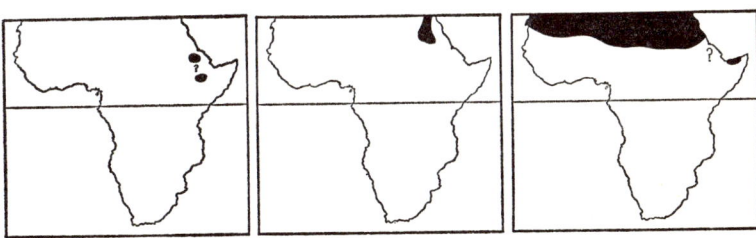

Abessinischer Fuchs   Rotfuchs   Sandfuchs

Sandfuchs *Vulpes rüppelli* (Schinz) 13
E – Rüppell's Fox   F – Renard famélique

KENNZEICHEN: Schulterhöhe 25 cm; Kopf-Rumpf-Länge 40–50 cm, Körpergewicht 3 kg. Sehr viel kleiner und zierlicher als Rotfuchs, einem großen Wüstenfuchs ähnlich, ziemlich kurze Beine; lange breite Ohren; hell gefärbtes, sehr weiches und dichtes Fell. Schnauzenmitte und Stirn gelblichbraun, rostfarbiger Anflug. Auffallender dunkelbrauner Fleck an der Schnauzenseite, erstreckt sich bis zum Auge; Lippen, Gesichtsseiten und Kinn weiß; Ohr innen weiß, hinten tief zimtfarbig rötlichbraun. Rücken tief zimtfarbig rötlichbraun. Fell wirkt wegen zahlreicher weißer Haare silbrig. Seiten gelblichgrau, Unterseite weißlich, Gliedmaßen rötlichbraun, außen mehr oder weniger schwärzlicher Anflug; untere Teile der Gliedmaßen einschließlich der Füße vorn und außen weißlich. Fußsohlen dicht behaart. Schwanz lang, sehr buschig, dunkelgelblich, mehr oder weniger mit schwarzen Haaren durchsetzt, Spitze reinweiß, auffallend.

ÄHNLICHE ARTEN: Verwechslung mit Fennek möglich (in manchen Teilen seines Verbreitungsgebietes wird er Fennek genannt), jedoch leicht durch Größe, verhältnismäßig kleinere Ohren, graue Flanken und eine weiße Schwanzspitze von ihm zu unterscheiden.

LEBENSRAUM: Steinwüsten.

VERBREITUNG: Karte S. 71. Auch in Arabien, Iran und Afghanistan.

LEBENSWEISE: Wenig bekannt. Vermutlich gesellig (Rudel von 3–5 Tieren sind beobachtet worden). N a h r u n g : vornehmlich Insekten.

Blaßfuchs *Vulpes pallida* (Cretzschmar) 13
E – Sand oder Pale Fox   F – Renard pâle, R. blond des sables

KENNZEICHEN: Schulterhöhe 25 cm; Kopf-Rumpf-Länge 45 cm; Körpergewicht 3 kg. Klein, verhältnismäßig kleine Ohren, an der Spitze abgerundet; zugespitzte Schnauze, sehr hell gefärbt; Kopf blaß gelblichbraun, schmaler, schwarzer Augenring, etwas nach vorn ausgezogen. Ohr innen weiß, außen rötlich gelbbraun mit deutlichem weißem Rand. Oberseite blaß sandfarbig bräunlichgelb, in unterschiedlichem Ausmaß mit schwärzlichem Anflug; Flanken heller, ohne Schwarz. Unterseite gelblichweiß. Gliedmaßen außen mehr oder weniger rostfarbig, innen weißlich. Schwanz lang und buschig, dunkelgelblich, oben mit schwarzem Anflug (manchmal an der Basis undeutlicher schwärzlicher Fleck), auffallende schwarze Schwanzspitze.

ÄHNLICHE ARTEN: Verwechslung mit Fennek möglich, aber größer, Ohren sehr viel kleiner, hochbeiniger, Fell rauher. Vom Sandfuchs durch kleinere Ohren und schwarze Schwanzspitze unterschieden.

LEBENSRAUM: Dornsavanne (Sahel-Zone) und Ränder der Trockensavanne (Sudan-Zone).

VERBREITUNG: Karte S. 73.

LEBENSWEISE: Fast nichts bekannt. Gesellig in Familienverbänden, in großen Bauen: 9–15 m lange Gänge münden in kleine, mit trockenem Pflanzenmaterial ausgepolsterte Kammern. N a h r u n g : Nagetiere, kleine Reptilien, Vögel, Eier und Pflanzenteile (wilde Melonen).

Kapfuchs, Kama *Vulpes chama* (A. Smith) 13
E – Cape Fox   F – Renard du Cap   A – Silwerjakkals

KENNZEICHEN: Schulterhöhe 30 cm; Kopf-Rumpf-Länge 55 cm; Körpergewicht

3,5–4,5 kg. Klein, große zugespitzte Ohren, ziemlich kurze, aber zugespitzte Schnauze. Ohren hinten gelblichbraun. Kopf und Oberseite wirken silbriggrau: Einzelhaare an der Wurzel dunkelgrau, in der Mitte gelblich, dann dunkel gelbbraun mit weißer und schwarzer Spitze. Unterseite blaß gelblich. Hinterbeine mit dunkelbraunem Fleck, von dem hellgefärbten unteren Beinabschnitt deutlich abgesetzt. Schwanz sehr buschig, blaß gelblichbraun, zum Ende hin schwärzer werdend, Spitze vollständig schwarz.

LEBENSRAUM: Trockene Gebiete, hauptsächlich offene Steppe und Karru-Veld; auch Kalahari-Savanne.

VERBREITUNG: Karte S. 73.

LEBENSWEISE: Einziger echter Fuchs im südlichen Afrika. Vorwiegend nachtaktiv, lebt einzeln oder paarweise; tagsüber unter Felsen oder in selbstgegrabenen Höhlen. R u f : gellender Schrei, nachfolgend mehrere Bellaute. N a h r u n g : Insekten, Kleinsäuger, Vögel, verschiedene Pflanzenteile; tötet manchmal Lämmer. W u r f g r ö ß e : 3–5. Junge werden im Bau geboren.

Fennek, Wüstenfuchs *Fennecus zerda* (Zimmermann) 13
E – Fennec   F – Fennec

KENNZEICHEN: Schulterhöhe 20 cm; Kopf-Rumpf-Länge 40 cm. Sehr klein, kleiner als eine Katze, sehr große dreieckige Ohren, kurze Schnauze. Fell lang, wollig und weich, durchweg sehr blaß. Kopf fast weißlich, mit gelblichem Anflug, vor den Augen undeutlicher brauner Fleck. Ohren außen gelblichbraun, innen reinweiß behaart. Oberseite blaß isabellfarben oder cremefarbig; Rückenmitte mit zimtfarbig rötlichbraunem Anflug. Flanken, Unterseite und Gliedmaßen fast weiß. Fußsohlen dicht behaart. Schwanz verhältnismäßig kurz, buschig und dick, rötlichbraun, oft mit schwärzlichem Fleck an der Wurzel, auffallende schwärzlichbraune Spitze.

LEBENSRAUM: Wüstengebiete, hauptsächlich Sanddünen.

VERBREITUNG: Karte S. 73. Auch Arabien.

LEBENSWEISE: In kleinen Gruppen bis zu 10 Tieren; legen im Sandboden Baue an. Wie die meisten Füchse nachtaktiv. Eine große Zahl verschiedener Rufe. N a h r u n g : vorwiegend Insekten (Heuschrecken), Nagetiere, Eidechsen, Vögel, auch Pflanzenteile (Wurzeln). Trinkt – wenn möglich – ausgiebig, kann aber auch lange Zeit ohne Wasser überdauern. W u r f g r ö ß e : 2–5.

Löffelhund *Otocyon megalotis* (Desmarest) 13
E – Bat-Eared Fox   A – Bakoorjakkals; Draaijakkals
F – Otocyon

KENNZEICHEN: Schulterhöhe 30 cm; Kopf-Rumpf-Länge 65 cm; Körpergewicht

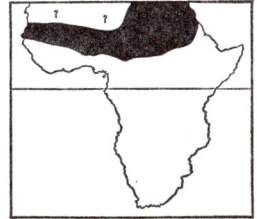

Blaßfuchs

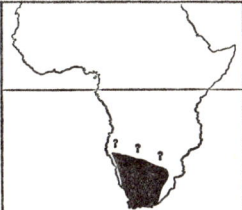

Kapfuchs

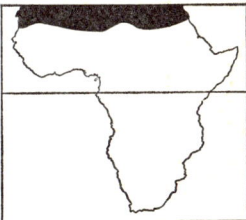

Fennek

bis zu 5 kg. Klein, hochbeinig, einem kleinen Schakal ähnlich, Schnauze kurz. Ohren sehr groß, breit, langoval, erinnern an Fledermausohren. Innen weiß, am oberen Rand schwarz. Gesicht schwärzlich. Oberseite silbriggelb gesprenkelt. Flanken heller. Unterseite gelblich. Gliedmaßen dunkler, unten schwarz. Schwanz buschig, oben und am Ende schwärzlich.
LEBENSRAUM: Savannen, sogar trockene offene Steppe.
VERBREITUNG: Karte S. 74.
LEBENSWEISE: Vorwiegend nachtaktiv; am Tage in Bauen oder in dichtem Busch, aber auch oft vor seinem Höhleneingang in der Sonne. Vornehmlich in kleinen Gruppen bis zu 7 Tieren, manchmal paarweise. N a h r u n g : hauptsächlich Insekten (Termiten, Käfer), Skorpione, auch kleine Nagetiere, Nestjunge und Eier bodenbrütender Vögel, Eidechsen, Früchte und Wurzeln. R u f : melancholisches Klagen und leise Töne. T r a g z e i t : ungefähr 2 Monate. W u r f g r ö ß e : 3–5, Jungen werden im Bau geboren. F e i n d e : größere Raubvögel.

Hyänenhund *Lycaon pictus* (Temminck) 20
E – Wild Dog   A – Wildehond
F – Lycaon, Cynhyène, Loup-peint   K – Mbwa mwitu

KENNZEICHEN: Schulterhöhe 75 cm; Körpergewicht 25–32 kg. Unverwechselbar. Ziemlich groß, Größe und Gestalt eines großen Hundes; massiger Kopf (fast wie eine Hyäne), schlanker Körper. Beine lang und dünn. Ohren sehr breit und abgerundet (fledermausähnlich). Schnauze im allgemeinen schwärzlich, medianer schwarzer Kopfstreifen; oft gelblichbrauner Nackenfleck. Rauhes, kurzes Fell, auffallendes Zeichnungsmuster: breite dunkelbraune, schwarze, gelbe und weiße Flecken. Zeichnung außerordentlich variabel, kein Tier gleicht dem anderen. Flecken unregelmäßig verteilt und unsymmetrisch. Schwanz reicht über das Fersengelenk hinaus, buschig, an seiner Wurzel gelblichbraun, dann schwarz, Ende auffallend weiß.
LEBENSRAUM: Offene oder bewaldete Savanne; bis in Hochgebirgsregionen (Gipfel des Kilimandscharo; am Mount Kenia bis etwa 3000 m); niemals im dichten Wald.
VERBREITUNG: Karte S. 74.
LEBENSWEISE: Tagaktiv; selten einzeln oder paarweise; in Rudeln von 6–20, manchmal bis zu 40 Tieren; sogar Rudel mit mehr als 90 Tieren sind beobachtet worden. Verständigung untereinander durch umfangreiche Lautäußerungen; am häufigsten sind ein kurzes Warnbellen, ein Sammelruf (huuu-huuu-huuu) und ein kurzes Klicken mit der Zunge. Jagen wie Wölfe organisiert in Rudeln. Beutetiere sind in erster Linie Antilopen von Ducker- bis Wasserbockgröße.

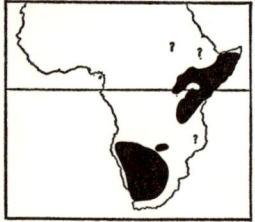
Löffelhund

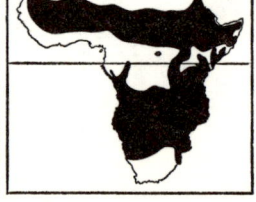
Hyänenhund

Impalas, Gazellen und Riedböcke werden bevorzugt. Hyänenhunde sind Hetzjäger; einige Tiere jagen dicht hinter der Beute her, die anderen folgen und übernehmen die Jagd, wenn die ersten ermüden. Wenn sie ihr Opfer erreichen, verbeißen sie sich, reißen Fleischstücke heraus, bis das Tier umfällt. Die Beute wird innerhalb weniger Minuten verzehrt (ein Impala wird in 10 Minuten vollständig aufgefressen). Fehlt größeres Wild, werden auch kleinere Säugetiere, sogar Ratten und Vögel erbeutet. Können auch in Haustierbeständen Schaden anrichten. Hyänenhunde sind für das Gleichgewicht in der Natur sehr wichtig, da sie wie alle Raubtiere die Populationsgrößen der Pflanzenfresser kontrollieren. Sie könnten die Bestände ihrer Beutetiere ernsthaft gefährden, jagen jedoch niemals lange Zeit an einem Ort, sondern wandern ständig umher. T r a g z e i t : etwa 2 Monate. Die Jungen werden in Verstecken unter dichtem Gras oder Buschwerk, in Höhlen oder Erdferkelbauen geboren. Die Weibchen eines Rudels sollen gemeinsame Wurfplätze haben. Die Rudelmitglieder tragen gemeinsam Nahrung zu. W u r f g r ö ß e : bis zu 12, normalerweise überleben nur wenige. Bei Geburt blind, schwarz-weiß gefärbt; Jungtiere folgen nach einer Woche ihrer Mutter; werden bald nach der Geburt mit vorgewürgtem, halbverdautem Fleisch gefüttert.

Marder: Mustelidae

Kleine bis mittelgroße Raubtiere, Sohlengänger; reduzierte Zahl hochspezialisierter Zähne; besondere Duftdrüsen in der Analregion. Diese Familie ist mit Ausnahme von Australien und Madagaskar weltweit verbreitet. Sie wird in Afrika durch drei verschiedene Formen vertreten[33]: Z o r i l l a s , wiesel- oder iltisähnliche Gestalt, auffallend schwarz-weiß gezeichnet (wie die nordamerikanischen Stinktiere); R a t e l o d e r H o n i g d a c h s , kräftig, dem europäischen Dachs ähnlich; O t t e r n , hochspezialisierte, amphibisch lebende Musteliden, langgestreckter Körper, kurzbeinig, glattbehaart, langer, am Ende zugespitzter Schwanz. Diese Arten besiedeln unterschiedliche Lebensräume, die meisten sind in Afrika weit verbreitet.

Streifenwiesel *Poecilictis libyca* (Hemprich und Ehrenberg) 19
E – Libyan Striped Weasel   F – Zorille de Libye

KENNZEICHEN: Kopf-Rumpf-Länge 25–30 cm. Klein, so groß wie ein großes Wiesel; lange weiche Haare, auffallende schwarz-weiße Zeichnung. Fußsohlen teilweise behaart. Kopf schwarz, weißer Stirnfleck; breiter weißer Streifen von der Stirn über die Wange und Kehlseite zum Kinn verlaufend (rechter und linker Streifen laufen am Kinn V-förmig zusammen). Scheitel und Nacken weiß, Rücken und Flanken abwechselnd schwarz-weiß, manchmal gelblich gestreift. Streifen nicht längsgerichtet, etwas schräg, bilden auf der Rückenmitte rautenförmiges Muster. Schwarze Streifen viel schmaler als die weißen, zum Teil unter langen weißen Haaren verborgen, so daß Oberseite weißlich wirkt. Unterseite und Gliedmaßen rein weiß. Schwanz buschig, kurz, hauptsächlich weiß (Einzelhaar jedoch mit dunklem Ring), oft eine schwarze Spitze.

ÄHNLICHE ARTEN: Verwechslung mit Zorilla möglich, aber kleiner, Fell weißer,

---

[33] Darüber hinaus sind die Musteliden in Nordafrika durch andere Formen vertreten, die sehr eng mit den entsprechenden europäischen Arten verwandt sind: Hermelin, *Mustela erminea (algirica)*, Wiesel, *M. nivalis (numidica)*, Frettchen, *M. putorius (furo)*, und europäischer Otter, *Lutra lutra (angustirostris)*.

weiße Streifen breiter, Oberseite von langen weißen Haaren bedeckt. Fell weicher, Haare länger.
LEBENSRAUM: Trockene Gebiete und Wüstenlandschaften.
VERBREITUNG: Karte S. 77.
LEBENSWEISE: Offenbar wie Zorilla.

Zorilla oder Bandiltis *Ictonyx striatus* (Perry)   19
E – Zorilla oder Striped Polecat   A – Stinkmuishond
F – Zorille commun   K – Kicheche

KENNZEICHEN: Schulterhöhe 10 cm; Kopf-Rumpf-Länge 30–35 cm; Körpergewicht 1,5 kg. Klein, Größe und Gestalt eines Iltis; Rücken beim Laufen schwach gekrümmt; Beine kurz, langes weiches Fell, auffallende kontrastreiche schwarz-weiße Zeichnung, Fußsohlen nackt. Kopf schwarz, Stirnfleck und Wangenstreifen weiß. Scheitel und Nacken weiß. Rücken und Flanken abwechselnd schwarz-weiß gestreift, weiße Streifen (4) breiter als schwarze. Unterseite und Gliedmaßen rein schwarz. Schwanz lang, sehr buschig (Haare rauher), oft aufgeplustert und über den Rücken gestellt; an der Wurzel schwarz, dann weiß.
INNERARTLICHE VARIABILITÄT: Mehrere Unterarten, im Freiland nicht bestimmbar. Einige Autoren unterscheiden nach Größe und Zeichnungsmuster verschiedene Arten. Gründliche Revision der Systematik notwendig.
LEBENSRAUM: Savannen und offene Landschaften; auch in Hochgebirgen.
VERBREITUNG: Karte S. 76.
LEBENSWEISE: Nachtaktiv, gelegentlich tagaktiv. Einzeln lebend; Bodenbewohner. Verbirgt sich in Felsspalten, in selbstgegrabenen oder fremden Bauen. W a r n r u f : ein hoher Schrei. N a h r u n g : Nagetiere bis zur Größe einer Rohrratte, Hasen, Reptilien (sogar größere Schlangen), Vögel, auch Insekten und Vogeleier. Ekelerregender moschusartiger Stoff wird bei Beunruhigung aus zwei gut entwickelten Analdrüsen mit großer Gewalt ausgestoßen (wie beim amerikanischen Stinktier). In Erregung laute hohe Schreie. W u r f g r ö ß e : 2–3. Jungtiere werden in Bauen geboren; sind wie Erwachsene gezeichnet, aber Fell kürzer.

Kappeniltis *Poecilogale albinucha* (Gray)   19
E – White-Naped Weasel (African   F – Poecilogale
Striped Weasel oder Snake   A – Slangmuishond
„Mongoose")

KENNZEICHEN: Schulterhöhe 8 cm; Kopf-Rumpf-Länge 30 cm; Körpergewicht 1,4 kg. Klein, Größe und Gestalt wie großes Wiesel; sehr langer schlanker

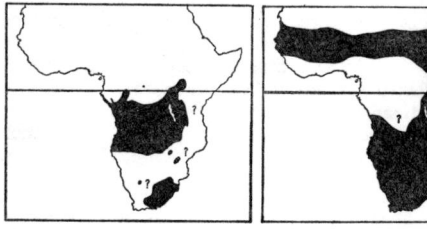

Kappeniltis   Zorilla

Körper, kurze Beine, auffallende schwarz-weiße Zeichnung. Kopf von Stirn bis hinter die Ohren weiß; weiße Zeichnung teilt sich im Nacken in zwei Streifen, die sich in Schulterhöhe erneut teilen. Oberseite so mit vier deutlichen schmalen weißen oder gelblichen Längsstreifen. Seiten, Unterseite und Gliedmaßen rein schwarz. Schwanz lang, buschig, vollständig weiß, normalerweise in Rückenhöhe getragen, bei Beunruhigung jedoch aufgestellt und aufgeplustert. Weibchen ähneln den Männchen, aber kleiner und oft gelblicher.

LEBENSRAUM: Savanne und offene Landschaften.

VERBREITUNG: Karte S. 76.

LEBENSWEISE: Ziemlich selten; einzeln, paarweise oder in kleinen Familiengruppen; tag- und nachtaktiv. Hauptsächlich Bodenbewohner, kann aber ziemlich gut klettern. Jagt oft in Gruppen; N a h r u n g : kleine Säugetiere, hauptsächich Nagetiere (Graumull *[Cryptomys]* anscheinend bevorzugte Beute), manchmal Springhasen, Vögel (bis zur Größe des Perlhuhns), Reptilien, Eier und Insekten. Auch für Geflügel gefährlich. Tötet viel mehr als zu seiner Sättigung nötig. Gut entwickelte Analdrüsen sezernieren übelriechende, ölige Flüssigkeit, nicht so stark riechend wie beim Zorilla. W u r f g r ö ß e : 2–3. Normalerweise ruhig. Bei Beunruhigung ein halb knurrendes, halb kreischendes Geräusch. Während der Paarungszeit lassen die Männchen ein rollendes Knurren hören.

Ratel oder Honigdachs *Mellivora capensis* (Schreber) **14**

E – Ratel, Honey badger   A – Ratel
F – Ratel   K – Nyegere

KENNZEICHEN: Schulterhöhe 25 cm; Kopf-Rumpf-Länge 70–80 cm; Körpergewicht bis zu 11 kg. Kräftig, untersetzt gebaut, Größe und Gestalt wie europäischer Dachs; massiger Kopf, kleine abgerundete Ohren, kurze Beine, mächtige Krallen; kurzer buschiger Schwanz, wird oft aufrecht getragen. Fell kurz und rauh mit einer auffallenden Kontrastzeichnung. Oberseite vom Scheitel bis zum Schwanz weißlich, besonders hinten manchmal grau, gelblich oder braun, selten schwarz verwaschen (s. unten). Diese helle Rückenfärbung ist deutlich vom übrigen rein schwarzen Körper abgesetzt. Schwanz vorwiegend schwarz. Jungtiere oben rostig-braun.

INNERARTLICHE VARIABILITÄT: Ausdehnung der hellen Rückenfärbung sehr variabel: bei manchen Unterarten vom Nacken bis zum Schwanz, bei anderen (besonders in dichten feuchten Wäldern) begrenzt, manchmal nur am Nacken. Kann auch vollständig fehlen, wahrscheinlich individuelle Variante (melanistische Form).

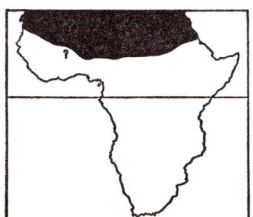 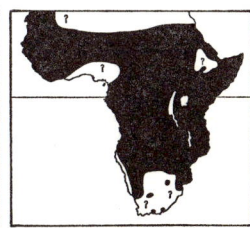

Streifenwiesel   Honigdachs

LEBENSRAUM: Alle Lebensräume, von ziemlich trockener offener Savanne bis zum dichten Wald.
VERBREITUNG: Karte S. 77. Auch Arabien bis Indien.
LEBENSWEISE: Nachtaktiv, auch tagaktiv. Kann mit den mächtigen Krallen gut graben; legt tiefe Baue an, benutzt auch Erdferkelhöhlen. Einzeln oder paarweise. Scheu und zurückgezogen; greift besonders während der Fortpflanzungszeit jeden Störenfried an (selbst Großwild, sogar Büffel). N a h r u n g : Allesfresser; kleine Tiere, Nagetiere, Spitzmäuse, Schlangen, große Insekten, Spinnen, gelegentlich junge und kleinere Antilopen, wahrscheinlich auch Aas; außerdem Wurzeln, Knollen und Früchte. Sehr begierig auf Honig und Larven der wilden Bienen, deren Nester er mit seinen Krallen aufbricht; die feste Haut und das dicke Unterhautfett schützen ihn gegen Stiche. Um an die Bienenstöcke zu gelangen, klettert er sogar auf Bäume. Eigenartig ist eine Zusammenarbeit zwischen Honigdachs und einem kleinen Vogel, dem Schwarzkehl-Honiganzeiger *(Indicator indicator)*: Der Honiganzeiger führt den willig folgenden Honigdachs durch besondere Verhaltensweisen und Rufe zu Bienenstöcken. Durch das Aufbrechen des Stockes gelangt auch der Vogel an seine Nahrung. Der Honigdachs ist jedoch durchaus in der Lage, Bienenstöcke ohne fremde Hilfe zu finden. T r a g z e i t : 180 Tage. W u r f g r ö ß e : gewöhnlich 2. In einem Jahr zwei Würfe möglich. Die Jungen werden in unterirdischen Bauen oder unter Felsen geboren.

Kongo-Weißwangenotter *Aonyx (Paraonyx) congica* Lönnberg   **14**
E – Congo Clawless Otter   F – Loutre à joues blanches du Congo
KENNZEICHEN: Kopf-Rumpf-Länge bis 95 cm; Gewicht 20 kg. Groß, ohne Schwimmhäute, keine Krallen. Allgemeine Färbung einheitlich dunkelbraun, auffälliger silbriger Glanz (Haarenden weiß), besonders am Vorderkörper. Wangen, Kehle und Hals gräulich oder weißlich, allmählich in die Brustfärbung übergehend, sonst mit scharfer Grenze deutlich von dunkler Oberseite abgesetzt.
LEBENSRAUM: Kleine, reißende Flüsse in dichten Wäldern; auch weit entfernt vom Wasser zu beobachten.
VERBREITUNG: Karte S. 79.
LEBENSWEISE: In Familiengruppen. Nachtaktiv, gelegentlich auch tagaktiv. Vermutlich stärker landbewohnend als der Weißwangenotter. N a h r u n g : Fische, auch Frösche, Eidechsen, Wasservögel und Krebse (die Backenzähne sind schwächer, aber schärfer als beim Weißwangenotter, daher zum Zerlegen von Fischen besser geeignet).

Weißwangenotter *Aonyx capensis* (Schinz)   **14**
E – Cape Clawless Otter   A – Groototter
F – Loutre à joues blanches   K – Fisi maji
KENNZEICHEN: Kopf-Rumpf-Länge bis 90 cm; Gewicht bis 18 kg, manchmal darüber. Groß, ohne Schwimmhäute (nur kleine Hautverbindungen an der Basis der Zehen); keine Krallen. Allgemeine Färbung dunkel schokoladenbraun, Unterseite heller. Oberlippe, Wangen, Hals und Kehle weiß, allmählich in die dunkle Körperfärbung übergehend. Ohrränder weiß.
LEBENSRAUM: Große Flüsse in Savannengebieten, hauptsächlich ungestörte, stehende oder langsam fließende Gewässer. Auch weit entfernt vom Wasser anzutreffen.
VERBREITUNG: Karte S. 79.

LEBENSWEISE: Weniger streng ans Wasser gebunden als Krallenotter. Nachtaktiv; in ungestörten Gebieten auch tagaktiv, sonnt sich gerne auf Felsen oder Sandbänken. Einzeln, paarweise oder in kleinen Familiengruppen. N a h r u n g : alle Wassertiere, besonders Fische, Frösche, auch Krebse und Muscheln, die er unter Steinen findet (Backenzähne groß und kräftig, zum Knacken harter Schalen gut geeignet). Jagt in sumpfigen Gebieten und Dickungen nahe am Wasser auch kleine Säugetiere, z. B. Rohrraten, und Wasservögel. T r a g z e i t : ungefähr 2 Monate. W u r f g r ö ß e : 2–5. W u r f p l ä t z e : Baue, Höhlungen zwischen Baumwurzeln, dichte Vegetation. Legen anscheinend keine eigenen Baue an. S t i m m e : ein durchdringendes Pfeifen.

Krallenotter *Lutra maculicollis* Lichtenstein 14
E – Spotted-Necked Otter   A – Kleinotter
F – Loutre à cou tacheté   K – Fisi maji

KENNZEICHEN: Kopf-Rumpf-Länge 65 cm; Gewicht bis 9 kg. Klein, vollständige Schwimmhäute zwischen den Zehen, kurze scharfe Krallen. Oberseite dunkelbraun bis kastanienbraun. Unterseite heller. Gesichtsseiten, Kinn und Innenseite der Vorderbeine blaßgelblich, deutlich braun gefleckt.
LEBENSRAUM: Größere Bäche und Flüsse, Seen; auch Gebirgsbäche mit starker Strömung.
VERBREITUNG: Karte S. 79.
LEBENSWEISE: Einzeln, manchmal in kleinen Gruppen bis zu 10 Tieren. Hauptsächlich nachtaktiv, wenn ungestört auch tagsüber aktiv. Strenger ans Wasser gebunden als Weißwangenotter; auch scheuer und seltener zu beobachten. N a h r u n g : hauptsächlich Fische, auch Amphibien und Süßwassertiere. Keine direkte Nahrungskonkurrenz mit Weißwangenotter.

Schleichkatzen: Viverridae

Klein bis mittelgroß, langgestreckter Körper, zugespitzte Schnauze, kurze Beine, Schwanz im allgemeinen lang, gut behaart. Zahnzahl gewöhnlich hoch. Die meisten Arten mit Duftdrüsen in der Analregion, manchmal Drüsentasche außerhalb des Anus; sondern streng riechendes oder stinkendes Sekret ab. Hauptsächlich räuberisch, nehmen aber auch Früchte auf.
Verbreitung: Wärmere Zonen der alten Welt; im tropischen Afrika durch drei Formen vertreten. Die meisten sind Waldbewohner, auch im dichten Busch.

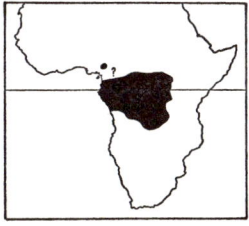
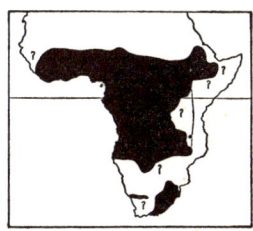

Kongo-Weißwangenotter   Weißwangenotter   Krallenotter

Zibetkatze: Ziemlich langbeinig, bodenbewohnend; hundeähnliche Merkmale; kurze, halbrückziehbare Krallen.

Pardelroller und Ginsterkatzen[34]: Klein, langgestreckt, kurzbeinig, langer geringelter Schwanz, wird beim Laufen gerade nach hinten getragen; Ohren groß. Fell kurz, weich und dicht, ganzer Körper gefleckt. Boden- und baumbewohnend; kurze, gekrümmte, rückziehbare Krallen.

Mangusten oder Ichneumons: Untersetzter gebaut, Kopf konisch, Körper langgestreckt. Keine rückziehbaren Krallen; grabende Bodenbewohner. Ohren klein, Schwanz niemals geringelt, kürzer als bei Ginsterkatzen[35].

Zibetkatze *Viverra civetta* (Schreber)   **14**

E – African Civet   A – Siwetkat
F – Civette   K – Fungo

KENNZEICHEN: Schulterhöhe 40 cm; Kopf-Rumpf-Länge 90 cm; Gewicht 9–20 kg. Ziemlich groß, kräftig gebaut, langgestreckter Körper, lange Beine. Die größte und hundeähnlichste Schleichkatze. Rücken gewöhnlich gewölbt, Kopf niedrig getragen. Fell lang, rauh und borstig. Hellgraue Stirn, weiße Schnauze, breiter schwarzer Augenstreifen. Ohren ziemlich lang, abgerundet, Rand weiß, ragen aus dem Fell. Vom Nacken bis zum Schwanz aufrichtbare Rückenmähne aus zottigen schwarzen Haaren. Grundfarbe gräulich oder gelblich. Zwei schwarze Halsbänder beginnen hinter dem Ohr, das vordere zu großem Kehlfleck verbreitert. Auffälliges und sehr variables schwarzes Fleckenmuster, an den Seiten mehr oder weniger in Querreihen, auf dem Hinterteil in Längsreihen angeordnet. Unterseite und Unterteile der Beine rein schwarz. Schwanz an der Basis buschig, dann dünner, schwarz, mit 3–4 breiten weißlichen Ringen. Rein schwarze Tiere kommen vor.
LEBENSRAUM: Alle Savannenformen; manchmal dichter Wald.
VERBREITUNG: Karte S. 81.
LEBENSWEISE: Rein bodenbewohnend; einzeln, nachtaktiv; während des Tages in Dickichten, in hohem Gras oder in alten Bauen von Erdferkeln oder Stachelschweinen. N a h r u n g : Allesfresser; Aas, Nagetiere, Vögel, Vogeleier, kleines Wild, Eidechsen, Frösche, Schnecken, Wegschnecken und Insekten (Termiten, Heuschrecken). Daneben auch pflanzliche Nahrung (Beeren, Früchte, junge Triebe von Büschen). Kann unter Geflügel Schaden anrichten. Kot wird oft an bestimmten Plätzen abgesetzt, kann zu Exkrementanhäufungen führen. W u r f g r ö ß e : 2–4. Jungtiere wie Erwachsene gefärbt, aber dunkler. Gut entwickelte Duftdrüsen in der Analregion, deren stinkendes, öliges Sekret der Reviermarkierung dient. Dieses Sekret wird für die Parfümherstellung verwendet. In West- und Ostafrika werden die Tiere zur Gewinnung von Moschus (Zibet) in Gefangenschaft gehalten. Stimme klingt wie tiefer Husten oder ist ein Knurren.

Pardelroller *Nandinia binotata* Gray   **15**

E – Two-Spotted Palm Civet,   F – Nandinie
Tree Civet   A – Palmsiwet

KENNZEICHEN: Kopf-Rumpf-Länge 45–55 cm; Gewicht 2,5 kg. Mittelgroß, einer

---

[34] Die Systematik der Gattung *Genetta* bedarf dringend einer gründlichen Revision, die Stellung vieler Formen ist ungewiß (*lehmanni*, Liberia; *deorum*, Somalia; etc.). Die hier vertretene Auffassung ist nur vorläufig.

[35] Zwei asiatische Arten sind in Afrika eingeführt worden: die indische *Viverricula indica* (Sansibar, Pemba und einige Gebiete Tansanias) und der kleine indische Mungo, *Herpestes auropunctatus* (Insel Mafia).

untersetzten Ginsterkatze ähnlich; abgerundeter Kopf, kurze Ohren, kurze Beine, scharfe, gekrümmte Krallen. Fell dicht, wollig, ziemlich rauh. Allgemeine Färbung gelblichgrau mit kastanienbraunem Anflug; zahlreiche verschwommene, dunkle bräunlichschwarze kleine Flecken, auf der Oberseite in Reihen angeordnet: eine auf der Rückenmitte, 4–6 an den Körperseiten. Aus einiger Entfernung dunkel wirkend. Auf den Schultern zwei cremefarbige Flecken. Unterseite heller, grau mit gelblichem Anflug. Schwanz sehr lang (mindestens so lang wie Kopf und Rumpf), ziemlich dick, etwas dunkler als der Körper, mit ungefähr 12 schmalen schwärzlichen Ringen.

LEBENSRAUM: Wälder und bewaldete Savannen.
VERBREITUNG: Karte S. 81.
LEBENSWEISE: Vorwiegend baumbewohnend. Nachtaktiv, verbirgt sich tagsüber zwischen Bäumen oder Schlingpflanzen. N a h r u n g : sehr mannigfaltig, Pflanzenteile, hauptsächlich Früchte, aber auch baumbewohnende Nagetiere, Vögel, Vogeleier und sogar Pottos, auch Insekten. W u r f g r ö ß e : 2–3. S t i m m e : erinnert an das Miauen einer Katze.

Ginsterkatze *Genetta genetta* (L.)[36]   16

E – Common Genet   A – Kleinkolmuskejaatkat
F – Genette commune   K – Kanu[37]

KENNZEICHEN: Kopf-Rumpf-Länge 40–50 cm; Gewicht 2,5 kg. Verhältnismäßig lange Beine; kurzes Gesicht. Fell lang, rauh; gut entwickelter Rückenkamm. Grundfarbe gräulich bis gelblichbraun (Färbung tendiert mehr nach Grau als bei den anderen Arten), mit deutlichem schwarzen Rückenstreifen. Dunkelbraune oder schwärzliche Flecken auf Oberseite und Flanken im allgemeinen klein, mehr oder weniger länglich und in Längsreihen angeordnet. Schwanz gut behaart, beinahe buschig, mit 9–10 dunklen Ringen, Spitze weißlich, gelegentlich dunkel.

LEBENSRAUM: Trockene Savanne und offene Landschaften. Einzige Ginsterkatze in offenen trockenen Savannen.
VERBREITUNG: Karte S. 81. Auch in Nordafrika, im südlichen und westlichen Europa, im Nahen Osten und in Arabien.

---

[36] Einschließlich *felina, dongolana, pulchra, senegalensis*. Der taxonomische Status verschiedener südafrikanischer Formen ist noch unsicher.
[37] Offenbar ein Name für alle Ginsterkatzen.

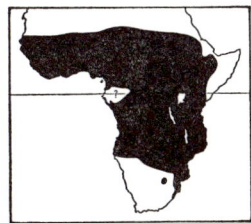
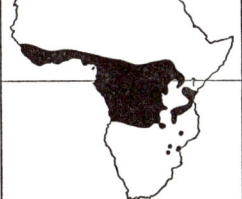
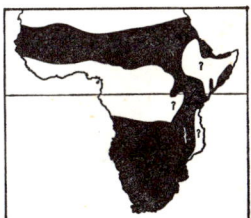

Zibetkatze   Pardelroller   Ginsterkatze

Raubtiere

Tiger-Ginsterkatze *Genetta tigrina* (Schreber)[38]   **16**
E – Large-Spotted Genet   A – Grootkolmuskejaatkat
F – Genette tigrine

KENNZEICHEN: Kopf-Rumpf-Länge 40–50 cm. Kurze Beine, verhältnismäßig kurzes Gesicht. Fell ziemlich weich und kurz; deutlicher dunkler Rückenstreifen, Rückenkamm fehlt oder nur sehr undeutlich. Grundfarbe bräunlichgrau bis blaßgelblich oder gelblichweiß; mit dunklen Flecken (braun oder kastanienbraun, seltener schwärzlich), im allgemeinen groß, länglich, jederseits in 3–4 mehr oder weniger deutlichen Längsreihen angeordnet. Schwanz mit 8–9 dunklen Ringen, Ende dunkel.
LEBENSRAUM: Buschland, Waldland, Wälder, aber nicht in Regenwald.
VERBREITUNG: Karte S. 82.

Serval-Ginsterkatze *Genetta servalina* Pucheran[39]   **16**
E – Small-Spotted Genet   F – Genette servaline

KENNZEICHEN: Kopf-Rumpf-Länge 40–53 cm. Beine lang, langes Gesicht. Fell weich, kurz, ohne Rückenkamm. Grundfarbe grau bis ockerfarben gelb, oft tief dunkelgelb. Dunkle, im allgemeinen schwarze Flecken der Oberseite sehr dicht stehend, ziemlich klein, nicht länglich, beinahe viereckig; niemals in Längsreihen. Unterseite schwärzlich, nicht hell wie bei anderen Ginsterkatzen. Schwanz lang, gewöhnlich mit 10–12 dunklen, sehr regelmäßig angeordneten, breiten, scharf begrenzten, deutlichen Ringen.
LEBENSRAUM: Dichter Wald.
VERBREITUNG: Karte S. 82.

Panther-Ginsterkatze *Genetta pardina* I. Geoffroy[40]   **16**
E – Forest Genet   F – Genette pardine

KENNZEICHEN: Kopf-Rumpf-Länge 40–50 cm. Verhältnismäßig lange Beine. Fell kurz, ziemlich weich, kurzer Rückenkamm. Grundfarbe gräulich bis gelblich. Schwarze Zeichnungselemente sehr auffällig, Gesamteindruck sehr dunkel. Deutlicher schwarzer Rückenstrich. Oberseits fließen die dunklen, schwarzen oder braunen, länglichen Flecken fast zusammen, bilden so deutliche Längsstreifen. An den Flanken Flecken besser getrennt (bei Populationen aus dich-

---

[38] Einschließlich *G. rubiginosa* (wahrscheinlich eine Farbvariante mit rostroten Zeichnungen, südliches Afrika) und *mossambica*.
[39] Einschließlich *bettoni*.
[40] Synonym: *maculata*.

 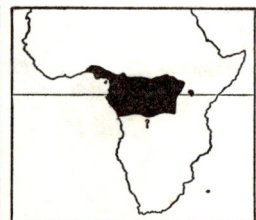 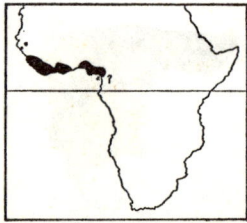

Tiger-Ginsterkatze   Serval-Ginsterkatze   Panther-Ginsterkatze

Schleichkatzen

ten Regenwäldern mehr und kleinere Flecken, bei Populationen aus trockenen Wäldern weniger und größere). Schwanz beinahe schwarz, nur 3–4 schmale helle Ringe an der Basis.
LEBENSRAUM: Dichter Wald.
VERBREITUNG: Karte S. 82.

Riesen-Ginsterkatze *Genetta victoriae* Thomas 16
E – Giant Genet   F – Genette géante
KENNZEICHEN: Kopf-Rumpf-Länge 50–55 cm. Groß (die größte Ginsterkatze), langes Gesicht, sehr lange Beine. Fell dicht und weich; gut entwickelter Rückenkamm, besonders auf dem Nacken. Grundfarbe gelblich bis ockerfarben. Schwarze Flecken auf der Oberseite sehr dicht; daher aus einiger Entfernung beinahe schwarz wirkend, mit leichtem ockerfarbigen Anflug. Auf den Flanken zahlreiche kleine schwarze Flecken. Gliedmaßen schwarz. Schwanz lang, dick und buschig, mit 6–7 breiten dunklen Ringen, Spitze schwarz; insgesamt überwiegend schwarz mit nur schmalen hellen Ringen.
LEBENSRAUM: Dichter Wald.
VERBREITUNG: Karte S. 83.

Sennar-Ginsterkatze *Genetta abyssinica* (Rüppell) 15
E – Abyssinian Genet   F – Genette d'Ethiopie
KENNZEICHEN: Kopf-Rumpf-Länge 38–48 cm. Ziemlich klein, kurze Beine, kurzes Gesicht. Fell ziemlich rauh, Rückenkamm schwach entwickelt, hellgefärbte Rückenlinie. Allgemeine Färbung: blaß sandfarben grau. Auf dem Rücken jederseits zwei deutliche schwarze Streifen; an den Flanken zwei Reihen schwarzer, langer Flecken, wirkt daher mehr gestreift als gefleckt. Schwanz mäßig lang, mit 6–7 dunklen Ringen und einer dunklen Spitze.
LEBENSRAUM: Hochland.
VERBREITUNG: Karte S. 83.

Villiers-Ginsterkatze *Genetta villiersi* (Dekeyser) 15
E – Villiers' Genet   F – Genette de Villiers
KENNZEICHEN: Kopf-Rumpf-Länge 45 cm. Beine kurz; ziemlich rauhes Fell. Grundfärbung gräulich gelblichbraun, zahlreiche von kastanienbraun bis schwärzlich variierende Flecken; allgemeiner Eindruck oft bräunlich oder rostig gelblichbraun. Flecken verschwommen, besonders auf Schultern und Vorderteilen. Rücken mit 3–4 Längsstreifen, entstehen aus Verschmelzung der verlängerten Flecken; Flanken mit abgerundeten Flecken. Unterseite gelblichgrau.

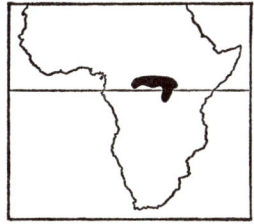

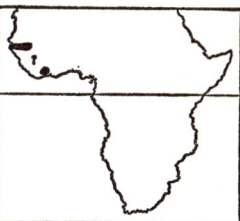

Riesen-Ginsterkatze   Sennar-Ginsterkatze   Villiers-Ginsterkatze

Schwanz sehr lang, gut behaart, mit 7–9 dunklen Ringen, die mit hellen Ringen abwechseln. Erster dunkler Ring leuchtend rötlichbraun, die folgenden werden dunkler, schließlich schwarz; daher Schwanz dreifarbig: gräulich, rötlichbraun und schwarz.
LEBENSRAUM: Wälder.
VERBREITUNG: Karte S. 83.

LEBENSWEISE DER GINSTERKATZEN: Alle Ginsterkatzen ähneln sich in ihren Lebensgewohnheiten sehr, obwohl sie verschiedene Lebensräume bevorzugen. Boden- oder baumbewohnend; alle klettern sehr geschickt. Bewegungen sehr graziös; der lange Schwanz wird gerade nach hinten getragen. Ausschließlich nachtaktiv, tagsüber in Höhlungen zwischen Felsen, in von anderen Tieren angelegten Bauen, in Baumhöhlen oder auf großen Zweigen verborgen. Kehren vermutlich täglich zum gleichen Platz zurück. Einzeln oder paarweise. Beute wird vorwiegend am Boden gejagt, klettern aber auch auf Bäume, um Nester auszunehmen oder schlafende Vögel zu ergreifen. Drücken sich beim Anschleichen flach auf den Boden. Zwängen sich durch jede Öffnung, die gerade noch den Kopf durchläßt. Töten häufig mehr, als zur Sättigung notwendig ist, verzehren oft nur Kopf und Brust der Beute. N a h r u n g : kleine Tiere bis zu Hasengröße, vorwiegend Nagetiere, Vögel, Schlangen, Eidechsen, auch Insekten und Pflanzenteile (z. B. Früchte). Sind berüchtigte Geflügelräuber. W u r f g r ö ß e : 2–3, selten 4; Jungtiere werden in Bauen geboren. Bei Bedrohung fauchen und knurren sie wie Katzen; stoßen auch helle, metallene Laute aus.

Afrikanischer Linsang *Poiana richardsoni* (Thomson) 15
E – African Linsang   F – Poiane

KENNZEICHEN: Kopf-Rumpf-Länge 33 cm. Klein; große Ohren, sehr langgestreckter Körper, kurze Beine, sehr weiches Fell. Grundfarbe gelblichbraun, manchmal mit gräulichem Anflug. Nacken mit dunklen Längsstreifen (die Flecken vereinigen sich zu Bändern oder Streifen). Rücken und Seiten mit abgerundeten bräunlichschwarzen Flecken in undeutlichen Reihen. Unterseite cremefarbig gelblich. Beine unten fast einfarbig gelblich. Schwanz sehr lang (länger als Kopf und Rumpf), abwechselnd dunkelbraun und hellgelblich geringelt (bis 12 dunkle Ringe).
LEBENSRAUM: Dichter Wald, vorwiegend immergrüner und Bergwald.
VERBREITUNG: Karte S. 85.
LEBENSWEISE: Nachtaktiv; tagsüber in runden Nestern aus verflochtenen Schlingpflanzen mehrere Meter über dem Boden. Benutzen ein Nest einige Tage, ziehen dann weiter. N a h r u n g : Allesfresser; Insekten, Vögel, Eier und Pflanzenteile. W u r f g r ö ß e : wahrscheinlich 2.

Wasserschleichkatze *Osbornictis piscivora* J. A. Allen 15
E – Aquatic Civet   F – Genette aquatique

KENNZEICHEN: Kopf-Rumpf-Länge 50 cm. Ziemlich groß, ginsterkatzenähnlich, kurzes Gesicht; langes und dichtes Fell, auffallend gefärbt. Schnauze und Stirn dunkelbraun; auffälliger länglicher weißer Überaugenfleck; Kopfseiten weißlich, unter dem Auge fast weiß; Kinn und Kehle weiß. Ohren hinten schwärzlich, Rand mit langen weißlichen Haaren. Scheitel, Hals, Körper und Gliedmaßen gleichmäßig leuchtend kastanienrot, auf dem Mittelrücken dunkler; Unterseite heller, Füße oben dunkler. Schwanz ziemlich lang, dick, sehr dicht behaart, vollständig schwarz.

Schleichkatzen 85

LEBENSRAUM: Dichter Wald.
VERBREITUNG: Karte S. 85.
LEBENSWEISE: Selten. In der Nähe von Flüssen und Bächen. N a h r u n g : vermutlich ausschließlich Fische. Verschiedene Anpassungen an diese Lebensweise, z. B. kleines Nasenfeld, verkürzte Schnauze, nackte Hand- und Fußsohlen (Konvergenz zu den Ottern).

Weißschwanzmanguste *Ichneumia albicauda* (G. Cuvier) 17
E – White-Tailed Mongoose A – Witstertmuishond
F – Mangouste à queue blanche K – Nguchiro[41]
KENNZEICHEN: Kopf-Rumpf-Länge 55–60 cm; Gewicht 3–5 kg. Groß; hochbeinig, ziemlich zugespitzter Kopf, rauhes, zottiges Fell. Fußsohlen behaart. Allgemeine Färbung: grau oder bräunlichgrau meliert mit unterschiedlichem Anteil langer schwarzer Haare, besonders auf dem Hinterteil. Unterseite und Gliedmaßen dunkelbraun oder schwarz. Schwanz verhältnismäßig kurz, buschig, aber spitz auslaufend, an der Basis dunkel, dann gewöhnlich weiß oder gelblichweiß, in deutlichem Kontrast zur Körperfärbung; bei manchen Tieren Schwanz vollständig schwärzlich. Jungtiere brauner, nicht gesprenkelt.
LEBENSRAUM: Savanne; dichter Busch, besonders in Wassernähe.
VERBREITUNG: Karte S. 85. Auch in Arabien.
LEBENSWEISE: Gewöhnlich einzeln, nachtaktiv; in ungestörten Gebieten zum Teil tagaktiv. Bodenbewohner, aber auch auf Bäumen beobachtet. Häufig in dichtem Busch, besonders entlang der Flüsse. N a h r u n g : kleine Tiere (Frösche, Nagetiere, Reptilien, Insekten, Larven, Eier), auch Mollusken und Krebse (kräftige Zähne ermöglichen Knacken hartbeschalter Beute), pflanzliche Nahrung (Beeren, Früchte). A n g s t r u f : lautes Bellen. W u r f g r ö ß e : 2–3; Jungtiere werden in Höhlungen zwischen Felsen geboren; brauner als Erwachsene.

Buschschwanz-Ichneumon *Bdeogale nigripes* Pucheran 17
E – Black-Legged Mongoose F – Mangouste à pattes noires
KENNZEICHEN: Kopf-Rumpf-Länge 63 cm. Groß, kräftig gebaut, in mancher Hinsicht otter- oder dachsähnlich; dicker, massiger Kopf; breite, aufgeblähte Nase; kurze Beine; Fell außer am Schwanz dicht, kurz und weich. Fußsohlen gut behaart, besonders die hinteren. Oberseite vom Kopf bis zur Schwanzwurzel, Kinn und Nacken sehr hellgrau, beinahe weißlich, sehr fein gesprenkelt.

[41] Offenbar ein Name für alle Mangusten.

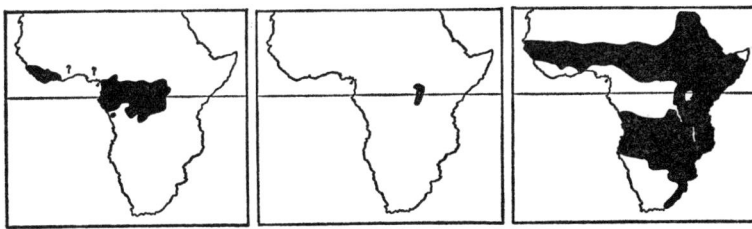

Afrikanischer Linsang   Wasserschleichkatze   Weißschwanzmanguste

Bauch weißlich oder gräulich. Kehle, Brust und Gliedmaßen schwarz, deutlich vom übrigen Körper abgesetzt. Schwanz ziemlich kurz, mit langen rauhen Haaren, vollständig weiß, mehr oder weniger gelblich verwaschen.
ÄHNLICHE ARTEN: Im Freiland Verwechslung wohl nur mit der Weißschwanzmanguste möglich. Das kurze Fell, die Färbung und der vollständig weiße Schwanz sind gute Unterscheidungsmerkmale.
INNERARTLICHE VARIABILITÄT: Jackson's Manguste (*jacksoni*, Ost-Afrika) von *nigripes* (von Südost-Nigeria bis zum Kongo) durch tiefgelbe Halsseiten und Kehle, längeres Fell und geringere Größe unterschieden.
LEBENSRAUM: Dichter Regenwald.
VERBREITUNG: Karte S. 86.
LEBENSWEISE: Über die Lebensweise dieser Manguste ist anscheinend nichts bekannt. Soll sich von Nagetieren und Insekten ernähren.

Iltis-Ichneumon *Bdeogale crassicauda* Peters   18

E – Bushy-Tailed Mongoose   F – Mangouste à queue touffue
A – Dikstertmuishond

KENNZEICHEN: Kopf-Rumpf-Länge 40–50 cm. Ziemlich klein, schlank gebaut, dunkel gefärbt, langes, rauhes Fell. Oberseite sehr dunkel, schwärzlich; die dunkelgelbliche Unterwolle wird durch zahlreiche, schwarz-weiß gebänderte Haare verdeckt. Unterseite heller. Gliedmaßen schwarz. Schwanz sehr buschig, vollständig schwarz.
LEBENSRAUM: Waldungen.
VERBREITUNG: Karte S. 86.
LEBENSWEISE: Über die Lebensweise dieser seltenen Art ist sehr wenig bekannt; N a h r u n g : Insekten (Termiten), Nagetiere, wahrscheinlich auch Wassertiere (Krebse). Soll sich in Baumhöhlen verbergen.

Mellers-Manguste *Rhynchogale melleri* (Gray)   17

E – Meller's Mongoose   F – Mangouste de Meller
A – Mellerse Muishond

KENNZEICHEN: Kopf-Rumpf-Länge 50 cm; Körpergewicht 2,8 kg. Ziemlich groß, langes, rauhes Fell. Kehle und Hals mit nach vorn weisenden Haaren, die so auf jeder Seite zwischen Ohr und Schulter einen deutlichen Haarkamm bilden. Allgemeine Färbung rötlichbraun meliert, auf dem Rücken dunkler, auf Kopf und Unterseiten grauer und heller. Beine dunkler, Füße dunkelbraun. Schwanz sehr lang, sehr buschig, an der Wurzel wie Rücken gefärbt, zum Ende hin jedoch reinschwarz. Die schwarze Färbung erstreckt sich manchmal in Form eines undeutlichen Fleckens bis auf den Hinterrücken.

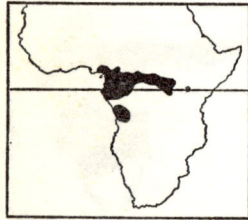
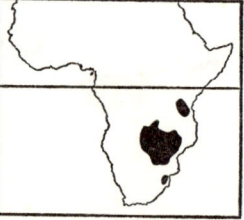

Buschschwanz-Ichneumon   Iltis-Ichneumon   Mellers-Manguste

INNERARTLICHE VARIABILITÄT: Kershaws Manguste (*Rh. caniceps*, Tansania), ursprünglich als eigene Art beschrieben, jedoch nur örtliche Form mit deutlich grauem Kopf und stärker melierter Unterseite.
LEBENSRAUM: Bewaldete Savanne.
VERBREITUNG: Karte S. 86.
LEBENSWEISE: Solitär; nachtaktiv, teilweise auch tagaktiv. Lebt am Boden; N a h r u n g : Insekten (Termiten), wahrscheinlich kleinere Wirbeltiere und Früchte. W u r f g r ö ß e : 2–3; die Jungen werden in Höhlungen zwischen Felsen geboren.

Wassermanguste *Atilax paludinosus* (G. Cuvier) 17

E – Marsh Mongoose, Water Mongoose A – Kommetjiegatmuishond;
F – Mangouste des marais Watermuishond

KENNZEICHEN: Kopf-Rumpf-Länge 60 cm; Körpergewicht 2,3–3,2 kg. Groß, kräftig gebaut, ziemlich kurze Beine; einheitlich dunkle Färbung, aus einiger Entfernung schwarz wirkend. Fell rauh und zottig. Fußsohlen vollständig nackt. Kopf massig und relativ kurz, auffallend gespenkelt, grauer als der Körper; um den Mund weißlich. Allgemeine Färbung dunkelbraun, manchmal fast schwärzlich, besonders auf dem Mittelrücken; Einzelhaar bräunlichschwarz und ockerfarben geringelt. Unterseite etwas heller, Gliedmaßen dunkler. Schwanz ziemlich kurz, an der Wurzel buschig und dick, wie der Rücken gefärbt, verjüngt sich zum Ende.
ÄHNLICHE ARTEN: Verwechslung mit dem Langnasen-Ichneumon leicht möglich, unterscheidet sich von ihm außer durch anatomische Merkmale (Zahnzahl) auch durch vollständig nackte Sohlen (besonders an den Hinterfüßen deutlich), durch unterschiedliche Körpergestalt (besonders viel kürzerer Kopf und kürzere Beine). Wegen Größe, Färbung und amphibischer Lebensweise manchmal für einen Otter gehalten.
LEBENSRAUM: Savanne und Wald. Dichtes Buschland und Sumpfvegetation, im allgemeinen am Wasser.
VERBREITUNG: Karte S. 88.
LEBENSWEISE: Nachtaktiv, oft solitär, aber auch paarweise oder in Familiengruppen bis zu 3–4 Tieren. Lebt amphibisch, ausgezeichneter Schwimmer. N a h r u n g : jede Art von Wassergetier, Frösche, Krebse, Fische, aber auch andere kleine Tiere wie Vögel, Reptilien, Nagetiere, Insekten und Larven. Ernährt sich zum Teil von Krokodileiern, kann daher zur Regulation von Krokodilpopulationen beitragen. Kann unter Geflügelbeständen Schaden anrichten. W u r f g r ö ß e : vermutlich 2–3. Jungtiere in Bauen unter überhängenden Ufern oder in dichter Vegetation verborgen. R u f : hohes Bellen.

Langnasen-Ichneumon *Herpestes naso* (De Winton)[42] 18

E – Long-Snouted Mongoose F – Mangouste à long museau

KENNZEICHEN: Kopf-Rumpf-Länge 50–60 cm. Groß, gedrungen gebaut, lange Beine, dunkle Färbung, langes Gesicht. Vom Nacken zur Schulter ein deutlicher Haarkamm. Hinterer Teil der Fußsohlen behaart. Kopf deutlich heller und grauer als der Körper. Allgemeine Färbung dunkel schwärzlichbraun. Einzelhaare ockerfarbig geringelt. Einige Tiere sind auf dunklem Grunde gelblich gesprenkelt. Unterseite etwas heller, stärker rötlichbraun verwaschen. Schwanz ziemlich kurz, an der Wurzel dick, etwas heller als der Rücken.

---

[42] Synonym: *Xenogale microdon* J. A. Allen.

ÄHNLICHE ARTEN: Siehe Wassermanguste.
LEBENSRAUM: Regenwald.
VERBREITUNG: Karte S. 88.
LEBENSWEISE: Über die Lebensweise dieser Manguste ist anscheinend nichts bekannt.

Ichneumon *Herpestes ichneumon* (L.)   17
E – Egyptian Mongoose, Greater Grey   F – Mangouste ichneumon
Mongoose, Ichneumon   A – Grootgrysmuishond

KENNZEICHEN: Kopf-Rumpf-Länge 55–65 cm; Körpergewicht 2,2–3,6 kg. Sehr groß (größte afrikanische Manguste), Haare ziemlich lang und borstig; Oberseite gleichmäßig schwarzweiß gesprenkelt (die langen Haare sind regelmäßig schwarzweiß geringelt); Unterwolle gelblich oder gelblichbraun, insgesamt bräunlichgraues Aussehen. Körperseiten heller. Unterseite gelblich, zum Teil kahl. Kopf und Gliedmaßen dunkler. Schwanz lang und schlank, an der Wurzel dicht behaart, verjüngt sich zur Spitze hin, wie der Rücken gefärbt, mit langer, auffallender, schwarzer, pinselartiger Endquaste.
LEBENSRAUM: Savanne, vorwiegend Savannenwaldungen in Wassernähe.
VERBREITUNG: Karte S. 88. Auch in Nord-Afrika, im südlichen Spanien und in Israel.
LEBENSWEISE: Vorwiegend nachtaktiv, auch tagaktiv; einzeln oder paarweise, manchmal in Familienverbänden; gelegentlich mehrere Tiere im Gänsemarsch beobachtet. Ausschließlich bodenbewohnend, lebt in Erdbauten und Höhlungen zwischen Felsen. Im alten Ägypten heilig. N a h r u n g : verschiedene Tiere, insbesondere Nagetiere, Hühnervögel und Reptilien, sogar Krebse und Fische; kann auch unter Haustieren Schaden anrichten. W u r f g r ö ß e : 2–4. Die Jungen werden ein paar Tage in verlassenen Erdferkelbauen oder in Baumhöhlen verborgen.

Kleinichneumon *Herpestes (Galerella) pulverulentus* Wagner   19
E – Cape Grey Mongoose   A – Kleingrysmuishond
F – Mangouste grise du Cap

KENNZEICHEN: Kopf-Rumpf-Länge 35 cm. Klein, schlank (aber kräftiger und gedrungener als der Rotichneumon); langes und ziemlich lockeres Haarkleid. Allgemeine Färbung: grau gesprenkelt; Haare schwarzweiß geringelt. Gesicht dunkler. Unterseite heller, schwächer gesprenkelt. Füße einheitlich dunkelbraun, aber nicht auffallend mit Körperfärbung konstrastierend. Schwanz lang

Wassermanguste   Langnasen-Ichneumon   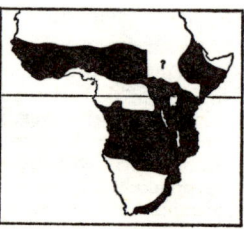 Ichneumon

Schleichkatzen 89

und gut behaart, wie der Rücken gefärbt; Schwanzspitze bräunlich, aber nicht schwarz (nur ausnahmsweise, siehe unten).

ÄHNLICHE ARTEN: Verwechslung mit dem Rotichneumon möglich, aber allgemeine Färbung grau, nicht rötlich; Schwanzspitze nicht auffallend schwarz. Aus dem südlichen Afrika sind zwei andere Formen beschrieben worden: *H. nigratus* (Kaokoveld, Süd-West-Afrika), sehr dunkel mit einem breiten schwarzen Rückenstreifen und einer schwärzlichen Schwanzspitze; *H. shortridgei* (südliches Angola), allgemeine Färbung kastanienrot, schwarze Schwanzspitze. Wahrscheinlich schwärzliche und rötliche Varianten von *pulverulentus*.

LEBENSRAUM: Savanne.

VERBREITUNG: Karte S. 89.

LEBENSWEISE: Vorwiegend tagaktiv; gewöhnlich einzeln oder paarweise, manchmal in kleinen Familiengruppen. Sonnt sich auf Felsen; findet zwischen Felsbrocken Unterschlupf. Gewöhnlich bodenbewohnend, kann auch auf Bäume klettern. N a h r u n g : verschiedene kleinere Tiere, z. B. Hasen, Erdhörnchen, Springhasen, kleine Nagetiere, Eidechsen, Schlangen, junge Vögel, Vogeleier und Insekten.

Rotichneumon *Herpestes (Galerella) sanguineus* Rüppell 19

E – Slender Mongoose, Lesser Mongoose
F – Mangouste rouge, M. naine
A – Rooimuishond

KENNZEICHEN: Kopf-Rumpf-Länge 30–38 cm; Körpergewicht 0,7 kg. Klein und schlank, hermelinähnlich; wirkt wie verkleinerter Ichneumon; zugespitzter Kopf, ziemlich rauhes, borstiges Fell. Erscheint aus einiger Entfernung gelblich oder rötlichbraun, ist aber tatsächlich gesprenkelt, da Einzelhaare schwarz und gelblichbraun geringelt. Kopf etwas grauer. Unterseite gelblich. Schwanz sehr lang, schlank, rötlichbraun mit auffallendem schwarzen Ende; wird oft aufrecht oder aufgewunden getragen.

INNERARTLICHE VARIABILITÄT: Große Variabilität. Einige Formen werden manchmal als eigene Arten angesehen, wie *cauui*, *ratlamuchi*, *ochraceus* und Verwandte. Es handelt sich aber wohl um Unterarten oder Farbvarianten einer weit verbreiteten Art.

ÄHNLICHE ARTEN: Könnte wegen der Schwanzhaltung beim Laufen für ein Erdhörnchen gehalten werden.

LEBENSRAUM: Sehr vielfältig, von der Wüste bis zum dichten Wald; besonders felsige Gebiete.

VERBREITUNG: Karte S. 89.

LEBENSWEISE: Einzeln oder paarweise; vorwiegend tagaktiv, daher wahrschein-

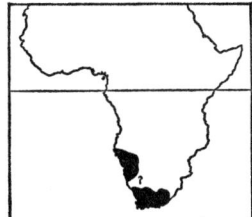
Kleinichneumon

Rotichneumon

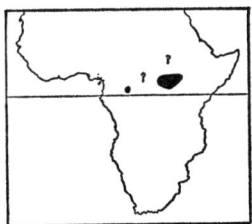
Listige Manguste

lich die am häufigsten zu beobachtende Manguste. Hauptsächlich bodenbewohnend, kann aber auch auf Bäume klettern. N a h r u n g : vorwiegend Nagetiere bis zu Erdhörnchengröße, auch Reptilien (Schlangen), Vogeleier, außerdem Insekten (Heuschrecken), Larven und Früchte. Kann unter Geflügel Schaden anrichten. W u r f g r ö ß e : 2–4; die Jungen werden in Baumhöhlen, Felsspalten oder in Erdhöhlen geboren. Leicht zu zähmen.

Listige Manguste   *Dologale dybowskii* (Poursargues)   19
E – Pousargues' Mongoose   F – Mangouste de Dybowsky

KENNZEICHEN: Kopf-Rumpf-Länge 25–35 cm. Sehr klein; kurze Schnauze; gleichmäßig gesprenkelt. Fell kurz, glatt und fein. Oberseite dunkelbraun, in unterschiedlichem Maße gelblich oder rötlichbraun meliert. Kopf dunkler, deutlich grauer als der Rücken. Unterseite heller, einheitlicher bräunlich. Gliedmaßen dunkler, Füße beinahe schwarz. Schwanz mäßig lang, an der Wurzel gut behaart, wie der Rücken gefärbt, ohne dunkle Spitze.
ÄHNLICHE ARTEN: Verwechslung mit der Gambia-Kusimanse möglich, aber keine weißliche Kehle und Brust; mit der Kusimanse, aber Fell viel kürzer, gesprenkelt und heller; mit der Zwergmanguste, aber größer, Oberlippe vollständig behaart und nicht durch senkrechte Furche geteilt; mit dem Rotichneumon, aber ohne schwarze Schwanzspitze.
LEBENSRAUM: Savanne.
VERBREITUNG: Karte S. 89.
LEBENSWEISE: Über die Lebensweise ist anscheinend nichts bekannt. Wenigstens teilweise tagaktiv, verbirgt sich in Baumhöhlen und Termitenbauten. N a h r u n g : wahrscheinlich Insekten (Termiten, Larven, Raupen).

Zwergmanguste   *Helogale parvula* (Sundeval) und Verwandte   19
E – Dwarf Mongoose, Pygmy   F – Mangouste naine
  Mongoose   A – Dwergmuishond

KENNZEICHEN: Kopf-Rumpf-Länge 20–30 cm; Körpergewicht 0,7 kg. Sehr klein (kleinste afrikanische Manguste), untersetzt gebaut, kurze Schnauze. Allgemeine Färbung gleichmäßig braun oder rötlich gesprenkelt (Einzelhaar braun und weißlich geringelt), aus einiger Entfernung dunkelbraun wirkend. Unterseite etwas heller. Füße dunkler braun. Schwanz ziemlich kurz, zugespitzt, nicht buschig, wie der Körper gefärbt, Spitze nicht schwarz.
VERWANDTE ARTEN: Von *Helogale* sind mehrere Arten und Lokalformen beschrieben worden: *hirtula* (Somalia, Äthiopien, Nord-Kenia), *percivali* (Kenia), *undulata* (Somalia, Kenia), andere von Uganda, Moçambique und Angola. Im Freiland nicht zu unterscheiden; vertreten in den Savannen des östlichen und südlichen Afrika den gleichen Mangustentyp.
LEBENSRAUM: Trockensavanne und Waldungen.
VERBREITUNG: Karte S. 91.
LEBENSWEISE: Sehr gesellig, in kleinen Kolonien bis zu 15 Tieren oder mehr, verbergen sich in Termiten- und Ameisenbauten, auch in Höhlungen zwischen Felsen und Baumhöhlen. Streifen viel umher, offensichtlich ohne festen Wohnsitz. Tagaktiv, nicht besonders scheu; können oft vor ihren Höhlen beobachtet werden. N a h r u n g : vornehmlich Insekten (Termiten, Heuschrecken, Käfer), Larven und Spinnen, aber auch kleine Nagetiere, Reptilien, Eier und Jungvögel. Greifen oft gemeinsam an. W u r f g r ö ß e : 2–4. Die Jungen werden in Höhlen oder Baumhöhlen geboren. L a u t ä u ß e r u n g e n : umfangreich, vogelartiges Gezwitscher und Gepfeife, bei Bedrohung knurren sie.

Kusimanse *Crossarchus obscurus* F. Cuvier 18

E – Dark Mongoose, Cusimanse   F – Mangouste brune, Crossarche brune

KENNZEICHEN: Kopf-Rumpf-Länge 40 cm. Klein, spitzes Gesicht, vorstehende, bewegliche Nase; kleine Ohren, kurze Beine, verhältnismäßig kurzer Schwanz; langes, borstiges und sehr rauhes Fell. Allgemeine Färbung gleichmäßig dunkelbraun, manchmal fast schwärzlich; auf dem Kopf und unten heller (Haarspitzen heller, Tiere dadurch schwach meliert wirkend).

VERWANDTE ARTEN: Zwei nahe verwandte Arten sind beschrieben worden: Alexanders-Kusimanse (*C. alexandri* Thomas und Wroughton). Größer (Länge 45 cm); allgemeine Färbung heller (Mischung aus schwarz, braun und blaß lehmfarben); Ubangi und östlicher Kongo. Angola-Kusimanse (*C. ansorgei* Thomas). Kleiner (Kopf-Rumpf-Länge 33 cm); Schnauze nicht besonders verlängert; allgemeine Färbung manchmal heller mit gelbbraunem Anflug; Gesicht zimtfarben gelblich; nur aus dem südlichen Kongo und dem nördlichen Angola bekannt. Bis heute ist nicht sicher, ob diese beiden Formen eigene Arten oder nur Unterarten der Kusimanse sind.

LEBENSRAUM: Dichter Regenwald.

VERBREITUNG: Karte S. 91.

LEBENSWEISE: Gesellig in Familienverbänden oder in kleinen Gruppen bis zu 12 oder mehr Tieren; wandern umher, kehren von Zeit zu Zeit an den gleichen Platz zurück. Sehr laut, viele grunzende und hohe zwitschernde Laute. Tagaktiv, nachts in Bauen; diese mit mehreren Eingängen, manchmal in Termitenhügeln angelegt. Können auf Bäume klettern. Jagen einzeln oder in Gruppen. N a h r u n g : kleine Tiere, Nagetiere (bis zur Größe der Rohrratte), Eidechsen, Vögel, Eier, in erster Linie aber Insekten und Larven; auch Beeren und andere Früchte.

Bemerkung zu *Liberiictis kuhni*

In jüngster Zeit sind in Liberien Schädel einer unbekannten Manguste entdeckt und unter dem Namen *Liberiictis kuhni* beschrieben worden. Schädelform und Zahnmuster entsprechen weitgehend denen von *Crossarchus*, aber jederseits oben und unten ein Prämolar mehr (4 an Stelle von 3); Schädel auffallend größer. Wegen der auffallenden Übereinstimmung in den Schädelmerkmalen mit *Crossarchus* ist zu erwarten, daß diese neue Art in ihrer äußeren Erscheinung ebenfalls einige Ähnlichkeit mit der Kusimanse hat. Nach der Art der Bezahnung handelt es sich wahrscheinlich um ein insektenfressendes Tier. Es bleibt zu hoffen, daß in der Zukunft ein vollständig erhaltenes Tier dieser Art gefunden wird. Diese Entdeckung zeigt, daß unser Wissen über afrikanische Tiere noch viele Lücken hat. (HAYMAN, Ann. Mag. Nat. Hist. 13, 1, 1958.)

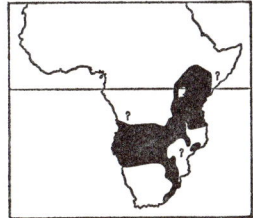
Zwergmanguste

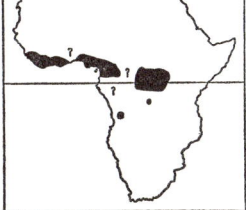
Kusimanse

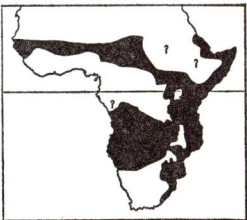
Zebramanguste

Zebramanguste oder Gestreifter Mungo *Mungos mungo* (Gmelin) **18**
E – Banded Mongoose   F – Mangue rayée   A – Gebande Muishond
KENNZEICHEN: Kopf-Rumpf-Länge 40 cm; Körpergewicht 1,3–2,2 kg. Klein; rauhes, borstiges Fell, auffallendes Streifenmuster, kurzer, spitz zulaufender Schwanz. Grundfärbung bräunlichgrau. Auf dem Rücken wechseln auffallende, dunkelbraune Querstreifen mit helleren Streifen gleicher Breite ab. Streifen hinten deutlicher als vorn. Gliedmaßen bräunlichgrau, auf den Füßen fast schwarz. Schwanz an der Wurzel buschig, verjüngt sich zum Ende hin, bräunlichgrau mit schwärzlicher Spitze.
INNERARTLICHE VARIABILITÄT: Mehrere Unterarten, bei denen Färbungsintensität und die Anteile brauner und grauer Töne variieren. In feuchteren Lebensräumen Färbung intensiver und rötlicher.
LEBENSRAUM: Trockensavanne und offene Waldungen, niemals dichter Wald; gewöhnlich nicht weit vom Wasser.
VERBREITUNG: Karte S. 91.
LEBENSWEISE: Sehr gesellig, in Gruppen von 12, manchmal 30–50 Tieren. Laufen oft in einer Reihe dicht hintereinander her. Sehr laut, Verständigung untereinander durch umfangreiche L a u t ä u ß e r u n g e n : summende Laute, hohe zwitschernde Schreie, bei Gefahr kreischender Laut; bei Bedrohung Knurren und Fauchen wie Katzen. Gesicht, Gehör und Geruchssinn gut entwickelt. Überwiegend tagaktiv, oft an sonnigen Plätzen. Nachts in Bauen (oft in alten Ameisenhaufen), in Baumhöhlen oder in Höhlungen zwischen Felsen; gelegentlich alle Tiere einer Gruppe in einem Unterschlupf. Innerhalb eines Wohngebietes mehrere Baue, die sie abwechselnd aufsuchen. Nahrungssuche unter Laub und Steinen. N a h r u n g : vorwiegend Insekten und Larven; auch Amphibien, Reptilien, Vögel, Vogeleier, Nagetiere, Mollusken, ebenso Früchte, Beeren und Wurzeln. T r a g z e i t : nicht genau bekannt; vermutlich etwa 2 Monate. W u r f g r ö ß e : 4–6. F e i n d e : in erster Linie Raubvögel, auch Löwen, Leoparden und Hyänenhunde. Angriffe von Schlangen werden gemeinsam abgewehrt. Oft wird die Schlange getötet. Wird in Gefangenschaft leicht zahm und anhänglich.

Gambia-Kusimanse *Mungos gambianus* (Ogilby) **19**
E – Gambian Mongoose   F – Mangue de Gambie
KENNZEICHEN: Kopf-Rumpf-Länge 35 cm. Klein, Nase nicht verlängert; Fell rauh, ziemlich kurz und dünn, keine Unterwolle. Unterseite fast nackt. Oberseite grau, gelblich und schwärzlich gesprenkelt. Deutlicher schwarzer Hals-

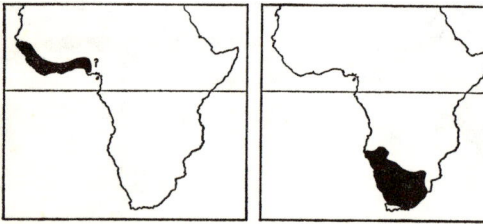

Gambia-Kusimanse   Fuchsmanguste

Schleichkatzen 93

seitenstreifen, scharf von der gelblichweißen Kehle abgesetzt (einzige afrikanische Manguste mit diesem Merkmal). Unterseite goldfarben bis intensiv rostfarbig. Schwanz mäßig lang.
ÄHNLICHE ARTEN: Verwechslung mit der Kusimanse möglich, aber heller und mit kürzerer Nase; mit der Zebramanguste, aber ohne Rückenstreifen. Halszeichnung sehr charakteristisch.
LEBENSRAUM: Bewaldete Savanne.
VERBREITUNG: Karte S. 92.

Fuchsmanguste *Cynictis penicillata* (G. Cuvier)   18
E – Red oder Bushy-Thailed Meerkat[43] F – Mangouste fauve
Yellow Mongoose A – Geelmeerkat; Rooimeerkat
KENNZEICHEN: Kopf-Rumpf-Länge 40 cm. Klein; kurze, zugespitzte Schnauze; große, über den Kopf hinausragende Ohren, dadurch Gesichtsform dreieckig. Fell ziemlich lang, dichte Unterwolle. Allgemeine Färbung bräunlichgelb oder orangegelb, hinten leuchtender, selten mit gräulichem Anflug. Kopf gräulichgelb, weißes Kinn. Vordergliedmaßen und Unterseite heller, gelblichbraun. Schwanz ziemlich kurz, dick und buschig, an der Wurzel wie der Rücken gefärbt, zum Ende hin auffallend weiß.
LEBENSRAUM: Offene Landschaften.
VERBREITUNG: Karte S. 92.
LEBENSWEISE: Sehr gesellig, in Kolonien, bis zu 50 oder mehr Tieren, gewöhnlich in offenem Gelände; seltener in Buschwerk oder zwischen Felsen. Gräbt gut, legt in lockerem Boden Baue an (Gänge und Kammern). Oft mit Surikaten und Erdhörnchen vergesellschaftet. Sitzen wie verwandte Arten oft aufrecht oder stellen sich sogar auf die Hinterbeine, um Ausschau zu halten. Nahrungssuche am Tage, an kalten Tagen auch während der Mittagsstunden. Jagen einzeln oder paarweise im Umkreis von etwa 1,5 km um ihren Bau, vorwiegend Insekten, aber auch kleine Wirbeltiere (bis zur Größe von Hasen und Hühnervögeln). Der Kot wird an bestimmten Plätzen abgesetzt. W u r f g r ö ß e : 2–4; die Jungen werden in Erdhöhlen geboren.

Trugmanguste *Paracynictis selousi* (De Winton)   18
E – Selous' Mongoose A – Kleinwitstertmuishond
F – Mangouste de Selous
KENNZEICHEN: Kopf-Rumpf-Länge 40–45 cm; Körpergewicht 2,7 kg. Ziemlich

---
[43] Dieser englische Name leitet sich von oberflächlichen Ähnlichkeiten mit den Meerkatzen ab: Gesichtsform, große Augen, abgerundete Ohren.

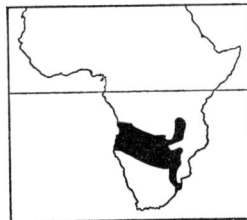
Trugmanguste

Surikate

klein, aber langgestreckt und schlank (erinnert etwas an eine Ginsterkatze); ziemlich langes, weiches Fell. Ohren tief angesetzt, breit. Beine ziemlich lang; laufen in geduckter Haltung. Oberseite gelblichgrau gesprenkelt, Einzelhaare weiß, braun und schwärzlich geringelt. Scheitel brauner als der Rücken, Gesichtsseiten und Stirn weißlich. Unterseite gelblich oder weißlich. Hände und Füße schwärzlich. Schwanz ziemlich lang und buschig, verjüngt sich zum Ende hin, weißlich, Spitze reinweiß.

LEBENSRAUM: Offene Landschaften, offene Waldungen.
VERBREITUNG: Karte S. 93.
LEBENSWEISE: Vermutlich hauptsächlich nachtaktiv, gelegentlich tagaktiv. Einzeln oder paarweise. Bodenbewohner, gräbt bevorzugt in sandigem Boden unterirdische Gänge und Kammern mit zahlreichen Eingängen, bis zu einer Tiefe von 1,5 m. N a h r u n g : vorwiegend Insekten, besonders Heuschrecken, aber auch kleine Wirbeltiere.

Surikate oder Erdmännchen *Suricata suricatta* (Erxleben) 18
E – Grey Meerkat, Suricate   A – Graatjiemeerkat;
F – Suricate   Stokstertmeerkat

KENNZEICHEN: Kopf-Rumpf-Länge 25–35 cm. Klein, gedrungen gebaut; schmale, zugespitzte Schnauze; Stirn über den Augen leicht vorgewölbt; sehr kleine, abgerundete Ohren, ragen nur wenig aus dem Fell, sehr tief angesetzt. Langes, weiches Fell; auffallendes Zeichnungsmuster. Kopf und Kehle weißlich, Ohren und auffallende Augenringe reinschwarz. Allgemeine Färbung; hell graubraun gesprenkelt, Rücken mit einer Reihe dunkelbrauner, unregelmäßiger Querbänder, netzartig. Unterseite blaß gelblich, hinten dunkler. Gliedmaßen gelblich. Schwanz gelblichbraun, verhältnismäßig kurz, nicht buschig, zugespitzt, auffallende schwarze Spitze.

ÄHNLICHE ARTEN: Verwechslung mit der Zebramanguste möglich, aber Kopfgestalt und -zeichnungsmuster sehr verschieden; bei Zebramanguste regelmäßige Rückenstreifen, bei Surikate unregelmäßiges Netzmuster.
LEBENSRAUM: Trockensteppe.
VERBREITUNG: Karte S. 93.
LEBENSWEISE: Sehr gesellig, in Kolonien, manchmal mit Fuchsmangusten oder sogar Erdhörnchen *(Geosciurus)* und kleinen Nagetieren vergesellschaftet. Graben mit ihren langen Krallen Baue, beziehen aber auch oft Hörnchenbaue. Gelegentlich werden auch Felshöhlen als Unterschlupf benutzt. Ausschließlich tagaktiv, sonnen sich gern vor ihren Bauen, können dort in größerer Zahl beobachtet werden. Sitzen oft aufrecht, erheben sich sogar auf die Hinterbeine. Äußern eine Vielzahl zwitschernder, wimmernder und bellender Laute (ihr Name in Transvaal Sotho ist letototo, gibt einen Eindruck von einem ihrer Rufe). Sind in ständigem Stimmkontakt. Gesichtssinn gut entwickelt. N a h r u n g : vorwiegend Insekten, Larven, Spinnen und Tausendfüßler; in geringerem Maße kleinere Vögel, Nagetiere und Reptilien, Schnecken; auch Wurzelknollen. T r a g z e i t : etwa 11 Wochen. W u r f g r ö ß e : 2–4. F e i n d e : Raubvögel. Als soziales Tier leicht zähmbar, daher oft als „Haustier" gehalten.

Hyänen: Hyaenidae

Ziemlich große Raubtiere; Körperbau und allgemeine Erscheinung erinnern an Hunde, Rücken jedoch stark nach hinten abfallend. Körper vorn massiger als hinten. Laufen in einer besonderen Gangart. Krallen kurz, stumpf, nicht rückziehbar.

Echte Hyänen kommen in ganz Afrika und in Asien vor. Ihr großer Kopf hat gewaltige Kiefer und Zähne; können selbst größere Knochen mit Leichtigkeit zerbeißen. Sie erbeuten kleine Säugetiere, auch Jungtiere größerer Arten, selbst große Säugetiere. Ihre Nahrung besteht jedoch vorwiegend aus Aas, besonders den Fraßresten von Löwen. Nahrungskonkurrenten am Aas sind Geier und Schakale.

Der Erdwolf ist auf Afrika beschränkt; wird oft als Vertreter einer eigenen Familie (Protelidae) angesehen. Eine kleinere Form mit weit auseinanderstehenden, sehr schwachen Backenzähnen, zum Zerkleinern von Fleisch völlig ungeeignet. In erster Linie Insektenfresser. Eine abgewandelte Hyäne mit einer besonderen Ernährungsweise.

Gefleckte oder Tüpfelhyäne Crocuta crocuta (Erxleben) 20
E – Spotted Hyaena   A – Gevlekte Hiena, Tierwolf
F – Hyène tachetée   K – Fisi

KENNZEICHEN: Schulterhöhe 76–90 cm; Körpergewicht 45–80 kg. Groß, kräftig gebaut, stark abfallender Rücken; breiter, massiger Kopf mit großen Augen und kurzen abgerundeten Ohren. Fell kurz; Grundfarbe sehr variabel, von gelblich bis dunkelgrau; der ganze Körper unregelmäßig mit schwärzlichen runden Flecken bedeckt; aus einiger Entfernung dunkel wirkend. Gesicht, Schnauze und untere Teile der Beine dunkelbraun. Kehle heller, ungefleckt. Kurze Nacken- und Schultermähne. Schwanz ziemlich kurz mit buschigem, schwarzem Ende. Jungtiere schwärzlich, werden im Alter heller; Haar zottig und rauh.

LEBENSRAUM: Alle Savannenformen, sogar Halbwüsten, von Meereshöhe bis zur Schneegrenze in den Hochgebirgen. Sehr selten in dichtem Wald.

VERBREITUNG: Karte S. 96.

LEBENSWEISE: Kommt überall in den afrikanischen Savannen südlich des nördlichen Wendekreises vor, bei dichtem Wildbestand in erstaunlich hoher Anzahl. Vorwiegend nachtaktiv, tagsüber in dichtem Busch oder hohem Gras, in Erdferkelhöhlen oder zwischen Felsbrocken; in Steppen ohne natürliche Höhlen werden große Baue angelegt (bis zu 60–90 cm unter der Oberfläche, Durchmesser bis zu 180 cm, Innenhöhe 150 cm). Folgt Wild- und Haustierherden auf den jährlichen Wanderungen, manchmal aber mehr oder weniger ortstreu. Einzeln oder paarweise; aber auch in kleinen Rudeln bis zu 8 Tieren, besonders an Aas oder während der Paarungszeit. Bis zu einem gewissen Grade gesellig; Anzeichen eines sozialen Verhaltens aber nur bei gemeinsamer Jagd. Jagdrudel von über 30 Tieren sind beobachtet worden. Sehr laut, verschiedene Rufe: bei Einbruch der Dunkelheit ein sehr charakteristisches, schauerliches Geheul, es beginnt mit einem tiefen heiseren Ton, steigt plötzlich zu einem hohen Kreischen an; beim Auffinden von Nahrung oder bei der Paarung das bekannte gräßliche Gelächter, das für die Tüpfelhyäne typisch ist. Geruchssinn sehr gut, sehr wichtig zum gegenseitigen Erkennen (in Verbindung mit gut entwickelten Analdrüsen) und zum Aufspüren von Aas oder anderer Nahrung. Gehör und Gesichtssinn ebenfalls gut entwickelt (erkennen an kreisenden Geiern Kadaverstellen). Vorwiegend Aasfresser. Folgt jagenden Löwen und Hyänenhunden, die sie manchmal von ihrer Beute vertreibt. Normalerweise halten Löwen aber Hyänen fern; nur die Reste der Löwenmahlzeit bleiben ihnen. Die Tüpfelhyäne jagt jedoch auch selbst; kann Wild bis zur Größe von Zebras reißen; die angriffslustigste Hyäne. Hetzen in Rudeln (dabei Geschwindigkeiten bis zu max. 65 km/h) junge, halberwachsene, selbst ausgewachsene Tiere, z. B. Gnus, Gazellen und Zebras; junge Löwen und junge Elefanten können angegriffen werden. Folgt trächtigen Antilopen, ergreift sofort nach der Geburt das Junge, tötet manchmal auch das hilflose Muttertier. Überfällt auch Haustiere. Verschlingt große Fleischstücke und Knochen; zermalmt mit ihrem mächtigen Gebiß selbst größere Knochen. Wegen der knochenreichen Nahrung besteht der Kot zum großen Teil aus Mineralien. Frisch abgesetzter Kot ist grün, getrockneter hart und reinweiß. Bestimmte Kotplätze, fallen schon aus einiger Entfernung auf, bedecken manchmal 1000 qm. Auch der Harn wird nach Angaben Einheimischer an bestimmten Stellen abgegeben; die Tiere sollen dabei wie ein Hund das Bein heben. Tüpfelhyänen sollen „feige und furchtsam" sein; können aber dem Menschen gegenüber dreist und gefährlich werden; haben im Freien schlafende Menschen angegriffen. Zur Paarungszeit größere Ansammlungen, besonders in hellen Mondnächten. Der Paarung geht ein unbeschreiblich scheußlicher Höllenlärm voraus. T r a g z e i t : etwa 110 Tage. W u r f g r ö ß e : 1–2, manchmal bis zu 4. Die Jungen werden im Bau geboren, beginnen mit 6 Wochen umherzulaufen, werden wenige Wochen später selbständig. Außer dem Menschen wenige Feinde (Löwen und Hyänenhunde). Früher wurden die Tüpfelhyänen wegen sehr ähnlicher äußerer Geschlechtsorgane bei Weibchen und Männchen irrigerweise für Zwitter gehalten.

Streifenhyäne *Hyaena hyaena* (L.) 20
E – Striped Hyaena K – Fisi
F – Hyène rayée

KENNZEICHEN: Schulterhöhe 68–76 cm; Körpergewicht 54 kg. Kleiner, mit nach hinten abfallendem Rücken; Kopf massig, lange, zugespitzte Ohren. Fell lang, rauh und ziemlich zottig; gut entwickelte aufrichtbare Rückenmähne. Grundfärbung gelblich bis grau; schwarze Querstreifen am ganzen Körper, zahlreiche an den Beinen. Kehle vorwiegend schwarz. Schwanz lang und sehr buschig. Jungtiere wie Erwachsene gefärbt.
LEBENSRAUM: Trockene Savannen.
VERBREITUNG: Karte S. 96. Auch Nordafrika (in geringer Zahl noch in Marokko), Südwest-Asien und Indien.
LEBENSWEISE: Einzeln oder paarweise, seltener in kleinen Rudeln. Nicht so laut und angriffslustig wie Tüpfelhyäne. Fast ausschließlich nachtaktiv. Tagsüber in dichtem Busch, vorzugsweise zwischen Felsblöcken oder in alten Erdferkelbauen. Wie die Tüpfelhyäne Aasfresser, nimmt alles Freßbare, tötet notfalls auch kleine Haustiere. Nimmt regelmäßig Wasser auf, streift weit umher.

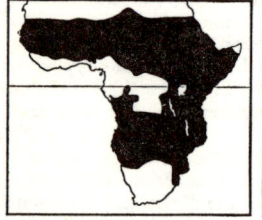
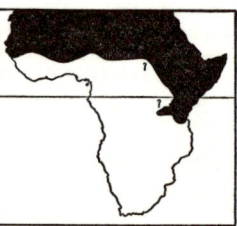

Tüpfelhyäne   Streifenhyäne

Braune oder Schabrackenhyäne *Hyaena brunnea* Thunberg 20
E – Brown Hyaena   A – Strandwolf, Strandjut
F – Hyène brune

KENNZEICHEN: Schulterhöhe 70–80 cm; Körpergewicht 56 kg. Groß, geringfügig kleiner als Tüpfelhyäne, mit einigen Merkmalen der Streifenhyäne. Schnauze kürzer; lange, sehr zugespitzte Ohren, deutlich abfallender Rücken. Fell rauh und sehr zottig, fast einfarbig, vollständig dunkel schwärzlichbraun; auf Nacken, Schultern und Vorderrücken bilden lange, helle gelbbraune Haare eine Art Mähne. Unauffällig und undeutlich gestreift, deutlicher an den Beinen. Schwanz buschig, ziemlich lang, vollständig dunkel.

LEBENSRAUM: Trockene Savanne.

VERBREITUNG: Karte S. 97.

LEBENSWEISE: Sehr scheu, ausschließlich nachtaktiv; Einzelgänger; verbirgt sich am Tage in Erdferkelhöhlen, zwischen Felsbrocken oder in dichter Vegetation. Wie die verwandten Formen Aasfresser; Ansammlungen an Kadavern. Ernährt sich im Küstenbereich auch von toten Meerestieren und angespülten Abfällen (daher der Name Strandwolf). Jagt aber auch (junge Antilopen), richtet ebenfalls unter Haustierbeständen Schaden an. Frißt außerdem Eier, Insekten (Heuschrecken), Früchte. L a u t ä u ß e r u n g : melancholischer Ruf (Uah-Uah-Uah), anscheinend niemals „Gelächter" wie Tüpfelhyäne. Streift wie die anderen Hyänen auf der Nahrungssuche weit umher. W u r f g r ö ß e : 2–4. Stark verfolgt, da sie als Gefahr für Haustiere angesehen wird; wie anderen Raubtieren droht ihr in allen bewohnten Gebieten die Ausrottung.

Erdwolf *Proteles cristatus* (Sparrman) 20
E – Aardwolf   A – Maanhaarjakkals, Erdwolf
F – Protèle   K – Fisi ndogo

KENNZEICHEN: Schulterhöhe 45–50 cm; Körpergewicht 11–13,5 kg. Ähnelt in gewisser Hinsicht einer verkleinerten Streifenhyäne; nicht größer als ein Schakal, schlanke Beine; schmale, lange, zugespitzte Ohren; gut entwickelte Rückenmähne, wird bei Gefahr oder Furcht aufgerichtet. Schnauze schmal und lang. Fell gelblich bis rötlichbraun, Kehle blasser, fast weiß. Körperseiten auffallend dunkelbraun quergestreift. Beine unregelmäßig schwarz gestreift, werden unten dunkler. Schwanz ziemlich lang und buschig, am Ende schwarz.

ÄHNLICHE ARTEN: Wird manchmal mit der Streifenhyäne verwechselt, aber auffallend kleiner. Unter ungünstigen Umständen Verwechslung mit Schakal möglich, aber Fell rauher, Kopf kleiner und deutlich dunkel gestreift.

LEBENSRAUM: Offene, trockene Steppen und Dornbusch; niemals Waldgebiete.

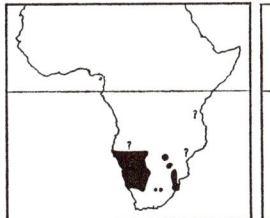
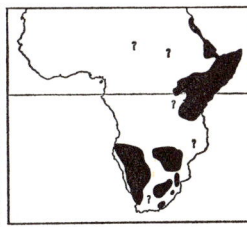

Braune Hyäne   Erdwolf

VERBREITUNG: Karte S. 97.
LEBENSWEISE: Nachtaktiv, selten am Tage zu beobachten. Einzeln, paarweise, manchmal in Familienverbänden. Sehr scheu und zurückgezogen, tagsüber in Erdferkelbauen verborgen. Zur Verteidigung wird ein nach Moschus riechendes Sekret abgesondert. N a h r u n g : Insekten, vorwiegend Termiten und Larven (Zähne klein, Kiefer schwach). Ungewiß, ob auch Aasfresser. Frißt möglicherweise Nagetiere und Eier. W u r f g r ö ß e : 2–4, im Durchschnitt 3. Die Jungen werden im Bau geboren. Mehrere Weibchen können ihre Jungtiere gemeinsam aufziehen.

Katzen: Felidae

Hochspezialisierte Raubtiere, die durch einen kurzen, abgerundeten Kopf und eine verringerte Zahnzahl gekennzeichnet sind. Eckzähne immer gut entwickelt; Backenzähne mit schneidenden Kronen. Katzen sind fast über die ganze Welt verbreitet; in Afrika können drei Gruppen (Unterfamilien) unterschieden werden. E c h t e K a t z e n (Felinae): Klein oder mittelgroß, untereinander sehr ähnlich, verknöcherter Zungenbeinapparat, nur schwache Laute möglich. L ö w e n u n d L e o p a r d e n (Pantherinae): Größer; können brüllen, da Zungenbeinapparat knorpelig und der Kehlkopf daher beweglich ist. G e p a r d (Acinonychinae): Mit für Katzen wenig charakteristischen Merkmalen, z. B. die nicht vollständig rückziehbaren Krallen. Katzen kommen in allen Lebensräumen vor; die einzelnen Arten sind jeweils an besondere Umweltbedingungen angepaßt. Reine Fleischfresser; unterscheiden sich in Jagdmethoden und anderen Verhaltensweisen.

Sahara-Katze *Felis margarita* Loche 21
E – Sand Cat F – Chat des sables

KENNZEICHEN: Schulterhöhe 25 cm. Klein, breites Gesicht, tief angesetzte, große Ohren; Fell ziemlich dicht und weich, fast einfarbig. Gesicht weißlich. Ohren hinten mit schwarzen Flecken, Innenseite mit langen weißen Haaren. Allgemeine Färbung sandfarben gelblich, auf dem Rücken dunkler, an den Seiten heller; Bauch weißlich mit gelblichem Anflug. Unauffälliges Zeichnungsmuster am ganzen Körper. Beine oben mit einigen dunkelbräunlichen Querstreifen; Schwanz hinten mit schwärzlichen Ringen. Fußsohlen mit langen grauen Haaren. Jungtiere deutlicher gezeichnet als Erwachsene.
LEBENSRAUM: Sandwüsten.
VERBREITUNG: Karte S. 99. Nahe verwandte Formen kommen in Arabien und Turkestan vor.
LEBENSWEISE: Nachtaktiv. Baue in Dünen unter Gesträuch. N a h r u n g : Nagetiere, manchmal Hasen und Vögel. W u r f g r ö ß e : bis zu 4.

Falbkatze oder Afrikanische Wildkatze *Felis (silvestris) libyca* Forster 21
E – African Wild Cat   A – Vaalboskat
F – Chat sauvage d'Afrique, Chat ganté   K – Paka pori, Kimburu

KENNZEICHEN: Schulterhöhe 35 cm; Körpergewicht bis 6,3 kg. Größe und Gestalt wie Hauskatze, manchmal geringfügig größer. Allgemeine Färbung gräulich bis gelblich oder ockerfarben, mit ziemlich undeutlichen dunklen Querstreifen und Flecken („getigert"). Unten heller. Ohren hinten rötlich bis rötlichbraun.

Gliedmaßen oben mit breiten dunklen Querstreifen. Schwanz verhältnismäßig lang, aber relativ kürzer als bei Hauskatze, mehrere dunkle Ringe, Spitze dunkel.

INNERARTLICHE VARIABILITÄT: Färbung sehr variabel: in der Regel in Wäldern und feuchten Lebensräumen dunkler als in trockenen Gebieten. Die Falbkatze und die Europäische Wildkatze (*Felis silvestris*, Europa und Asien) werden oft als Angehörige einer Art angesehen.

LEBENSRAUM: Alle Savannenformen.

VERBREITUNG: Karte S. 99.

LEBENSWEISE: Nachtaktiv, tagsüber in dichtem Busch, in hohem Gras oder zwischen Felsen verborgen. N a h r u n g : Vögel (besonders Perlhühner, Frankoline, Rallen), Nagetiere, Schlangen und Eidechsen, auch Hasen, Jungtiere kleiner Antilopen, ebenfalls Hausgeflügel und kleine Haustiere; außerdem Insekten und Früchte. L a u t ä u ß e r u n g : rauhes „Miau". T r a g z e i t : 56 Tage; W u r f g r ö ß e : 2–5. W u r f p l a t z : Fehlshöhlen, dichtes Buschwerk. Verpaaren sich auch mit Hauskatzen.

Rohrkatze *Felis chaus* Güldenstaedt 21
E – Swamp Cat F – Chat des marais

KENNZEICHEN: Schulterhöhe 40 cm. Ziemlich groß, beträchtlich größer als Falbkatze; kräftig gebaut, lange Beine, ziemlich kurzer Schwanz. Allgemeine Färbung sandfarbig gelbbraun gesprenkelt, ohne auffallende Zeichnung. Ohren rotbraun, an der Spitze lange schwarze Haare. Gesicht heller mit braunem Tränenstreifen. Rückenmitte intensiver rötlich gefärbt. Körperseiten sehr undeutlich gefleckt, unten mehr rötlichbraun. Beine oben mit undeutlichen dunklen Querbändern. Unterseite heller, gelblich. Schwanz grauer als der Rücken, am Ende mit zwei schmalen schwarzen Ringen, Spitze schwarz.

ÄHNLICHE ARTEN: Kann mit der Falbkatze verwechselt werden, aber größer und weniger auffallendes Zeichnungsmuster.

LEBENSRAUM: Sumpfgebiete, Rohrbestände, Zuckerrohrfelder.

VERBREITUNG: In Afrika nur im Nildelta und im Niltal bis südlich von Kairo, auch in den Ahaggar-Bergen und in Tassili N'Ajjer. Auch in Asien vom Kaukasus und Turkestan bis Indien und Indochina.

Schwarzfußkatze *Felis (Microfelis) nigripes* Burchell 21
E – Black-Footed Cat A – Swartpootwildekat
F – Chat à pieds noirs

KENNZEICHEN: Schulterhöhe 25 cm. Klein, geringfügig kleiner als Hauskatze;

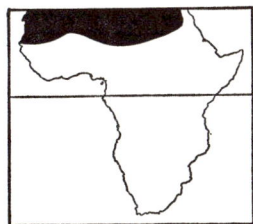
Sahara-Katze

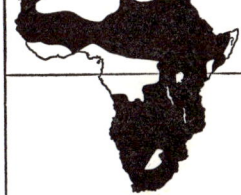
Afrikanische Wildkatze

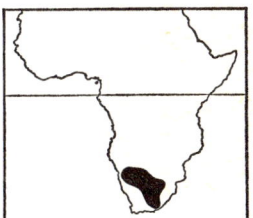
Schwarzfußkatze

eirunde, stumpfe Ohren; ziemlich kurze Beine. Allgemeine Färbung gelbbraun, unten heller. Fell mit großen schwarzen, mehr länglichen Flecken, die sich auf den Schultern zu Querstreifen anordnen. An den Beinen drei schwarze Querbänder. Fußsohlen schwarz. Schwanz verhältnismäßig kurz, buschig, gefleckt, Spitze schwarz.

ÄHNLICHE ARTEN: Kann mit der Falbkatze verwechselt werden, aber Zeichnungsmuster und große Flecken unterscheiden sie.

LEBENSRAUM: Trockene Landschaften.

VERBREITUNG: Karte S. 99.

LEBENSWEISE: Wenig bekannt; selten. Verbirgt sich in Erdhöhlen, manchmal in alten Termitenbauten (daher örtlich als Ameisenhügel-Tiger bezeichnet). N a h r u n g : wahrscheinlich Erdhörnchen, kleine Nagetiere, Vögel, kleine Reptilien, auch größere Beute. W u r f g r ö ß e : 2–3.

Serval *Felis (Leptailurus) serval* Schreber 22
E – Serval A – Tierboskat
F – Serval, „Chat-tigre" K – Mondo

KENNZEICHEN: Schulterhöhe 55 cm. Kopf-Rumpf-Länge 70 cm; Körpergewicht 14–18 kg. Groß, viel größer als Hauskatze. Ziemlich schlank, verhältnismäßig kleiner Kopf; große, ovale, aufrechtstehende Ohren; lange Beine, kurzer, schwarzgeringelter Schwanz. Fell gelblich; zahlreiche schwarze Flecken, Bänder und Streifen. Unterseite weißlich oder gelblich.

INNERARTLICHE VARIABILITÄT: Zwei gut unterscheidbare Formen. Der typische Serval hat auf Schultern und Rücken Streifen, die sich an den Seiten in Fleckenreihen und große Flecken auflösen. Unterarten (Zahl der Streifen und Flecken verschieden) im Freiland nicht zu unterscheiden.

Die Servalkatze oder der kleingefleckte Serval ist auf Westafrika beschränkt (manchmal *F. servalina* oder *brachyura* genannt); von gleicher allgemeiner Erscheinung, aber Fell grauer, mit kleinen Flecken und Punkten, wirkt daher gesprenkelt. Früher als eigene Art angesehen, aber nur eine Farbvariante; besonders häufig in Feuchtsavannen und am Rand von Waldgebieten. Beide Formen können in einem Wurfe vorkommen.

LEBENSRAUM: Offene Savannen, offenes Buschland bis Wälder, besonders in der Nähe sumpfiger Gebiete oder Flüsse. Auch Gebirgsheiden.

VERBREITUNG: Karte S. 101.

LEBENSWEISE: Nachtaktiv, manchmal auch tagaktiv. N a h r u n g : verschiedene kleine Tiere, Eidechsen, Nagetiere (Rohrratte), Hasen und Vögel (Perlhühner), selbst Ducker und Oribis (Bleichböckchen). Sollen auch Fische und Pflanzenteile fressen. Können unter Geflügel und kleinen Haustieren Schaden anrichten. Obgleich bodenbewohnend (lange Beine), können sie mühelos Bäume erklettern. W u r f g r ö ß e : 2–4. Die Jungen werden in alten Erdferkel- oder Stachelschweinbauten oder zwischen Felsen geboren. R u f : hoher, klagender Schrei „hau ... hau ... hau".

Goldkatze *Felis (Profelis) aurata* Temminck 22
E – Golden Cat F – Chat doré

KENNZEICHEN: Schulterhöhe 50 cm; Kopf-Rumpf-Länge 75 cm. Ziemlich groß, kräftig gebaut, etwa doppelt so groß wie eine Hauskatze; ziemlich kurze Beine, langer Schwanz. Ohren abgerundet, hinten schwärzlich. Fell kurz und weich, in der Färbung sehr variabel; im allgemeinen intensiv golden rötlichbraun, unten heller, manchmal fast weißlich; einige Tiere sind gräulichblau oder sogar schwärzlich. Bauch im allgemeinen dunkel gefleckt, manchmal undeutlich; ausnahmsweise ganzer Körper gefleckt.

ÄHNLICHE ARTEN: Unterscheidet sich vom Karakal und Serval deutlich durch Gestalt und Färbung, Ohrform und Schwanzlänge. Eng mit der asiatischen Goldkatze *(F. temmincki)* verwandt, wahrscheinlich eine Art.

LEBENSRAUM: Regenwälder und Rand der Feuchtsavannen, manchmal hoch in den Bergen.

VERBREITUNG: Karte S. 101.

LEBENSWEISE: Wenig bekannt; selten, sehr scheu und zurückgezogen. N a h r u n g : Nagetiere, Vögel und Klippschliefer.

Karakal *Felis (Lynx) caracal* Schreber   21

E – Caracal, African Lynx   A – Rooikat
F – Caracal   K – Simbamangu

KENNZEICHEN: Schulterhöhe 45 cm; Kopf-Rumpf-Länge 75 cm; Körpergewicht 16–18 kg. Ziemlich groß, kräftig gebaut; Proportionen wie Luchs; abgeflachter Kopf, lange Beine, hintere länger als vordere. Fell dicht und weich, gleichmäßig rötlichbraun bis ziegelrotbraun mit weinrotem Anflug, manchmal dunkler oder sogar vollständig schwärzlich. Ohne Streifen oder Flecken. Ohren lang, deutlich zugespitzt, hinten schwärzlich; langes, schwarzes Haarbüschel an der Spitze. Weiße Zeichnungsmuster des Gesichtes kontrastieren mit schwarzem Voraugenstreif und schwarzem Fleck an der Schnauzenseite. Unterseite heller, weißlich, schwache Anzeichen einer Fleckung. Schwanz kurz, auffallend kürzer als bei den anderen afrikanischen Katzen. Jungtiere dunkler und grauer.

LEBENSRAUM: Alle Savannenformen, niemals in dichtem Wald.

VERBREITUNG: Karte S. 101. Auch in Nordafrika, Arabien, dem Nahen Osten und in Indien.

LEBENSWEISE: Wenig bekannt; hauptsächlich nachtaktiv. In hügeligen Gebieten, tagsüber zwischen Felsblöcken verborgen. Klettert gut. N a h r u n g : Verschiedene Säugetiere, kleine oder junge Antilopen, Nagetiere, Hasen, Klippschliefer und Vögel (fängt oft fliegende Vögel im Sprung), auch Eidechsen. Kann kleinen Haussäugetieren und Geflügel gefährlich werden. Die Jungen werden in Fels- oder Baumhöhlen verborgen. W u r f g r ö ß e : 2–4, (5).

Löwe *Panthera leo* (L.)   23

E – Lion   A – Leeu
F – Lion   K – Simba

KENNZEICHEN: Schulterhöhe 100 cm; Kopf-Rumpf-Länge bis 250 cm; Körperge-

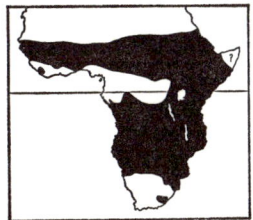

Serval

Goldkatze

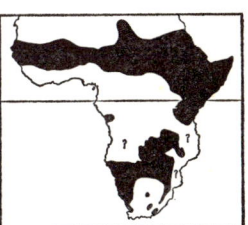

Karakal

wicht 120–205 kg. Unverwechselbar. Fell kurz und einfarbig, ockerfarbig silbergrau bis dunkel ockerbraun, auf dem Kopf etwas dunkler. Unterseite heller. Ohren hinten mit schwarzen Zeichen. Nur Männchen mit Nacken- und Schultermähne, in Ausdehnung und Stärke sehr variabel (manchmal kurze Bauchmähne); Mähnenfärbung variiert von hellblond über ockerfarbig und rötlichbraun bis schwärzlich. Mähne kann fehlen oder nur schwach entwickelt sein. An Ellbogen Büschel langer Haare. Schwanz ziemlich lang, schwarze Endquaste (unter Feliden nur beim Löwen)[44]. Löwin auffallend kleiner und zierlicher, mähnenlos; Unterseite fast weiß. Jungtiere mit ockerfarbigen, rosettenartigen Flecken und Streifen. Fell viel wolliger als bei Erwachsenen; Ohren verhältnismäßig groß. Flecken verschwinden mit zunehmendem Alter, bleiben aber bei Halbwüchsigen, besonders bei Weibchen auf Flanken und Gliedmaßen sichtbar. Junge Männchen mit Backenbart und Haarbüscheln auf Nacken und Schultern. Mähne erst nach 4–5 Jahren voll ausgebildet.

INNERARTLICHE VARIABILITÄT: Mehrere Unterarten, deren Berechtigung fraglich ist: schon innerhalb einer Population große individuelle Variabilität der Mähnenentwicklung, der Größe und der Fleckung bei Erwachsenen. Löwen aus kälteren Klimaten und größeren Höhen im allgemeinen größer, Mähne dunkler. Die ausgestorbenen Löwen Nord- und Südafrikas (Berber- und Kaplöwe) hatten gut entwickelte, sehr dunkle, fast schwarze Mähnen.

LEBENSRAUM: Offenes und licht bewaldetes Grasland, auch im Gebirge bis zu 3000 m; manchmal in Halbwüsten. Nur ausnahmsweise im dichten Wald.

VERBREITUNG: Karte S. 103. Früher auch von Nordafrika und Kleinasien bis Indien verbreitet; heute außerhalb Afrikas nur im Gebiet des Gir Forest, Kathiawar, Indien.

LEBENSWEISE: Sehr sozial, selten einzeln. Leben in Familienverbänden (Rudel): ein oder mehrere erwachsene Männchen, mehrere Weibchen, vorwiegend Halbwüchsige und Jungtiere. Rudel bis zu 30 Tieren sind beobachtet worden. Das Löwenrudel streift in seinem großen Wohngebiet regellos umher (in einer Nacht bis zu 30 km). Kein Revierverhalten. Jagen hauptsächlich nachts, jedoch tagsüber aktiver als andere Katzen, vor allem in ungestörten Gebieten. Ruhen während der Tageshitze unter Bäumen und Büschen, klettern (mit Ausnahme der Jungtiere) nur selten auf Bäume. Gesättigte Löwen sind friedlich; das Wild läßt sich durch sie nicht stören, sondern grast unbesorgt, manchmal dicht neben den ruhenden Raubtieren. Geruchssinn gut, Gehör und Gesicht ausgezeichnet. S t i m m e : das wohlbekannte Brüllen, das bis zu 8 km weit gehört werden kann, (hauptsächlich bei Sonnenuntergang und vor Morgengrauen, selten am Tage). N a h r u n g : verschiedene Pflanzenfresser von kleinen Antilopen und Impalas bis zu jungen Flußpferden, jungen Elefanten, Zebras, Kuhantilopen, Gnus; auch Krokodile und Schlangen. Ausgewachsene Giraffen und Büffel werden nur von mehreren Löwen gemeinsam angegriffen. Warzenschweine können aus ihren Bauen ausgegraben werden. Im allgemeinen reißen Löwen große Tiere; alte oder kranke Löwen erbeuten dagegen kleinere Säugetiere (sogar Ratten) und Vögel. Rinder, selbst Menschen können angefallen werden: manche Löwen werden zu „Menschenfressern". Die Auswahl der Beute hängt nicht nur von der Häufigkeit der Beutearten ab; die Löwen bevorzugen bestimmte Arten. Die Vorzugsbeute ist gebietsweise verschieden. Löwen orientieren sich bei der Jagd vorwiegend optisch und akustisch. Sie schleichen sich geduckt an (oft in der Nähe von Wasserstellen), springen dann aus kurzer Entfernung auf den Rücken des Opfers. Hetzen niemals wie der Gepard, ihre

---

[44] Ein eigenartiger Hornstachel ist in der Schwanzquaste verborgen.

Geschwindigkeit bleibt unter 65 km/h. Gelegentlich jagen Löwen einzeln, häufiger aber im Rudel. Treiben dabei die Beute in Windrichtung einem im Hinterhalt lauernden Löwen zu (in der Regel ein Weibchen). Sie machen nicht jeden Tag Beute; pro Jahr und Löwe werden im Durchschnitt manchmal nur 20 Tiere getötet. Nach dem Fressen wird gewöhnlich viel getrunken. Der Löwe ist polygam; Fortpflanzung während des ganzen Jahres; die Löwin wird in Abständen von einigen Wochen heiß. Durchschnittliche T r a g z e i t : 105 Tage; W u r f g r ö ß e : 2–4, manchmal 6. Die Jungen werden in Verstecken in trockenem Gras oder zwischen Felsen geboren. Geburtsgewicht etwa 0,5 kg. Junge Löwen sind sehr verspielt. Entwöhnung nach 10 Wochen, werden mit einem Jahr selbständig, bleiben aber normalerweise bis zu einem Alter von 18 Monaten bei ihrer Mutter. Hohe Sterblichkeit der Jungtiere bis zu 2 Jahren, besonders der Männchen. Erst mit 3 Jahren voll erwachsen; können 30 Jahre alt werden. Als größte Raubtiere stehen die Löwen am Ende einer Nahrungskette; sie haben keine natürlichen Feinde; nur Menschen (in sehr begrenztem Umfang Hyänenhunde) können ihnen gefährlich werden.

Leopard   *Panthera pardus* (L.)   23

E – Leopard   A – Luiperd
F – Léopard   K – Chui

KENNZEICHEN: Schulterhöhe 70 cm; Kopf-Rumpf-Länge bis zu 130 cm; Körpergewicht 50–80 kg. Unverwechselbar. Groß, geschmeidig, kräftig gebaut; Körper gestreckt, verhältnismäßig kurze, gedrungene Beine. Fell dicht und weich, ziemlich kurz, mit zahlreichen schwarzen, rosettenförmigen Flecken; Grundfärbung gelblich bis gelblichbraun. Auf der Brust unvollständige Querstreifen. Ohren hinten schwarz mit auffallendem weißen Fleck. Unterseite und Innenseite der Gliedmaßen reinweiß, weniger dicht gefleckt. Schwanz lang, gefleckt, ohne Endquaste. Einige Tiere vollständig schwarz. Weibchen ähneln Männchen, aber kleiner und zierlicher. Jungtiere mit dunklem, wolligem Fell; Flecken sehr dicht, ziemlich undeutlich.

INNERARTLICHE VARIABILITÄT: Viele Unterarten; im Freiland nicht zu unterscheiden. Große individuelle Variabilität. In offenen Landschaften Fell heller; in Wäldern Tiere oft kleiner, dunkler und intensiver gefleckt.

LEBENSRAUM: Sehr vielfältig; vom dichten Wald bis zur offenen trockenen Landschaft, sogar bis zur Sahara; auch in großen Höhen in den ostafrikanischen Gebirgen[45]. Häufig in ziemlich dichtem Busch in felsigen Gebieten.

VERBREITUNG: Karte S. 103. Auch in Nordafrika und Asien.

[45] Auf dem Kilimandscharo wurde ein im Eise eingefrorener Leopard gefunden.

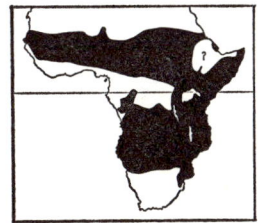

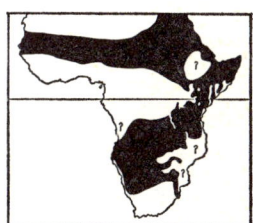

Löwe   Leopard   Gepard

LEBENSWEISE: Einzelgänger, nur während der Fortpflanzungszeit paarweise. Gelegentlich kleine Gruppen bis zu 6 Tieren. Jagen ausschließlich nachts; am Tage in dichtem Busch, zwischen Felsen, in Höhlen oder Warzenschweinbauen verborgen. Klettern gewandt wie Katzen auf Bäume, schlafen tagsüber oft im Geäst (bis 4½ m über dem Boden). Nicht so laut wie Löwen. N a h r u n g : verschiedene Vögel und Säugetiere; Frankoline, Perlhühner, große Nagetiere, Schildkröten, Hasen, Klippschliefer, Warzenschweine, Flußschweine, Antilopen, z. B. Impalas (Hauptnahrung im Krüger-Nationalpark), Wasserböcke, Gnus, Ducker, Gazellen, Steinböckchen usw.; besonders gern Meerkatzen und Paviane; auch Fische, Hühner, Haustiere, besonders Hunde. Springen oft von Bäumen auf ihre Opfer, die im allgemeinen durch Nackenbiß getötet werden. Schleppen die Beute gelegentlich auf Bäume. Trinken wie die meisten Raubtiere jeden Tag. T r a g z e i t : drei Monate. W u r f g r ö ß e : 2–3. Leoparden tragen bei ihren bevorzugten Beutetieren – besonders den Pavianen – zur Regulierung der Populationsdichte bei. Daher spielen sie eine wichtige Rolle für die Erhaltung des Gleichgewichtes in der Natur. Wegen der hohen Fellpreise wurden die Leoparden in ganz Afrika sehr stark verfolgt.

Gepard *Acinonyx jubatus* (Schreber) 23
E – Cheetah A – Jagluiperd
F – Guépard K – Duma

KENNZEICHEN: Schulterhöhe 80 cm; Kopf-Rumpf-Länge 130 cm; Körpergewicht 45–65 kg. Unverwechselbar. Der „Windhund" unter den Katzen. Groß, hohlrückig; ähnelt einem schlanken Leoparden mit sehr langen und dünnen Beinen und einem kleinen runden Kopf. Ohren kurz. Allgemeine Färbung gelbbraun bis hellgelblich; Bauch heller, beinahe weiß. Vom Auge zum Mund kennzeichnender schwarzer Streifen. Fell ziemlich rauh; vollständig mit kleinen runden, schwarzen Flecken bedeckt; Flecken nicht wie beim Leoparden rosettenartig angeordnet. Unterseite weniger deutlich gefleckt. Nacken- und Schulterhaar dichter, bildet schwache, borstige Mähne. Schwanz lang, zum größten Teil gefleckt, zum Ende hin mit schwarzen Ringen, Spitze ziemlich buschig, weiß. Weibchen ähneln Männchen, aber kleiner und Mähne schwächer entwickelt. Jungtiere anfangs rauchgrau mit langen Wollhaaren, kein Zeichnungsmuster; dann an Flanken und Gliedmaßen gelblich mit stärker hervortretenden Flecken.
INNERARTLICHE VARIABILITÄT: Aus Rhodesien ist der Königs- oder Streifengepard als eigene Art beschrieben worden *(A. rex)*. Gekennzeichnet durch unregelmäßige lange breite Streifen, die auf dem Rücken längs, auf den Flanken quer verlaufen. Es handelt sich nur um eine individuelle Variante.
LEBENSRAUM: Offene und halbtrockene Savannen, gelegentlich Randzonen der Feuchtsavanne, niemals in bewaldeten Gebieten.
VERBREITUNG: Karte S. 103. Auch in Asien von Turkmenien und dem Iran bis Arabien; früher auch in Indien, vermutlich dort ausgestorben.
LEBENSWEISE: Einzeln oder in kleinen Gruppen (bis zu 6 Tieren). Jagt am Tage, vorwiegend morgens und abends, auch in mondhellen Nächten (Gesichtssinn wichtigstes Sinnesorgan). Im Gegensatz zu anderen Katzen Hetzjäger: schleicht sich ruhig an seine Beute heran, die er dann niederhetzt. Das schnellste Säugetier der Welt (soll auf kurze Entfernung Geschwindigkeiten bis zu 120 km/h erreichen), im wesentlichen Kurzstreckenläufer[46]. Jagdtechnik: pirscht sich so nahe wie möglich an die Beute heran, dann schnelle Verfolgungsjagd, schließ-

---

[46] Anpassungen an das schnelle Laufen: lange Beine; stumpfe, nur schwach gekrümmte und nicht vollständig rückziehbare Krallen.

lich Überwältigung des Opfers im Seitenangriff. N a h r u n g : vorwiegend junge oder kleine Antilopen (Gazellen, Oribis, Impalas, Greisbock), Warzenschweine, Hasen, auch Vögel (Perlhühner, Trappen, Strauße). Größere Tiere (Wasserbock, Leierantilope, Gnu usw.) werden nur durch in Gruppen jagende Geparden erbeutet. Leoparden und Geparden haben die gleichen Beutetiere, sind aber keine Nahrungskonkurrenten, da der Leopard baum- oder buschbestandene Gebiete, der Gepard dagegen die offene Steppe bevorzugt. L a u t äußerungen : ziemlich ruhig; bei Erregung zwitscherartige Laute oder Knurren. Schnurren wie Katzen. T r a g z e i t : etwa 95 Tage; W u r f g r ö ß e : 2–4. Säuglingssterblichkeit anscheinend hoch. In Asien werden Geparden seit Jahrhunderten gezähmt und für die Jagd abgerichtet. Geparden reagieren auf Umweltveränderungen und Beunruhigung sehr empfindlich. Heute sind sie in weiten Teilen Süd- und Nordafrikas ausgerottet[47], im übrigen Verbreitungsgebiet nur noch örtlich anzutreffen.

---

[47] Seit 1948 in Indien nicht mehr beobachtet; vermutlich in ihrem früheren asiatischen Verbreitungsgebiet, außer im Iran, in Turkmenien und vielleicht Afghanistan, ausgestorben.

Seekühe: Sirenia

Gabelschwanzseekühe: Dugongidae
Rundschwanzseekühe: Trichechidae

Große, wasserbewohnende Säugetiere mit langem, spindelförmigem Körper; Vordergliedmaßen zu Flossen umgebildet, ohne Hintergliedmaßen. Keine Rückenflosse. Schwanz zu breitem, horizontal gestelltem Ruder umgewandelt. Kopf abgerundet, massig und schwer, ohne äußere Ohren, mit breiter, stumpfer Schnauze, die durch eine senkrechte Furche geteilt wird; Oberlippe bildet eine Lippenscheibe;

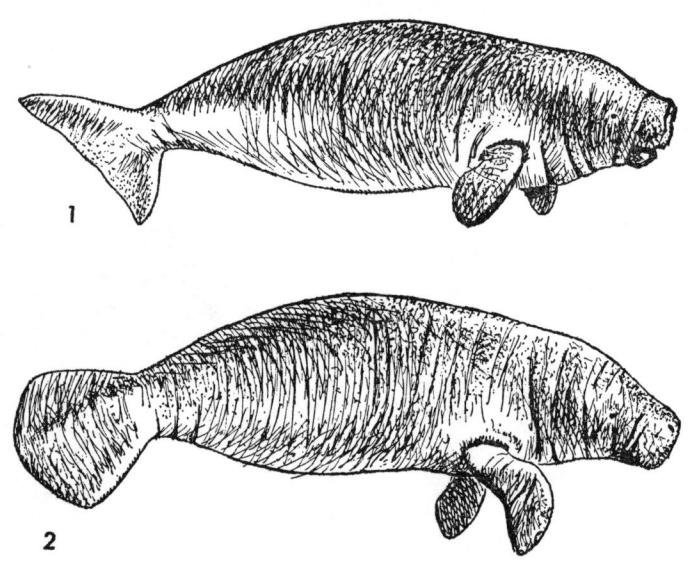

Abb. 6. Dugong *(Dugong dugon)* (1) und Manati *(Trichechus senegalensis)* (2)

Nasenöffnungen getrennt, mit Klappen. Brustständige Zitzen (gaben Anlaß zu der Sage von den Meerjungfrauen).

Können mit Robben verwechselt werden[48], aber völlig andere Kopfform; mit Walen, aber ohne Rückenflosse. Die Ähnlichkeiten beruhen auf Konvergenzerscheinungen bei diesen an das Leben im Wasser angepaßten Säugetieren.

---

[48] Zwei Robbenarten können an den Küsten Afrikas angetroffen werden: die Mönchsrobbe *(Monachus monachus,* Mauretanien) und der südafrikanische Seebär *(Arctocephalus pusillus,* Südafrika).

Seekühe 107

Die Ordnung Sirenia wird in zwei Familien gegliedert: Gabelschwanzseekühe oder Dugongs (Dugongidae) und Rundschwanzseekühe oder Manatis (Trichechidae). Kommen im Süßwasser und in Küstengewässern bestimmter tropischer Gebiete vor.

Dugong *Dugong dugon* (P. L. S. Müller)

E – Dugong   F – Dugong

KENNZEICHEN: Körperlänge 240–320 cm; Körpergewicht 180 kg oder mehr. Groß, Vordergliedmaßen zu Flossen umgebildet, ohne Nägel. Deutlich gegabelte Schwanzflosse. Männchen mit kurzen Stoßzähnen. Haut fast nackt, nur spärlich mit rauhen, kurzen Borsten besetzt; Lippen mit kurzen, dicken Borsten. Oben graubraun, unten weißlichgrau.
LEBENSRAUM: Küstengewässer und Flußmündungen.
VERBREITUNG: Karte S. 107. Im Pazifischen und Indischen Ozean weit verbreitet: vom Roten Meer bis zur Ostküste Afrikas und Madagaskar, von den Küsten Indiens bis Formosa, den Philippinen und Nordost-Australien.
LEBENSWEISE: Manchmal einzeln, öfters aber in Familiengruppen von 3–6 Tieren; gelegentlich Ansammlungen in großen Herden bis zu 100 und mehr Individuen im Flachwasser felsiger Küsten. Sehr friedfertig; ernähren sich vorwiegend nachts von Grünalgen (Dugonggras) und marinen Samenpflanzen *(Zostera)*, die im Flachwasser gedeihen. Fressen bevorzugt während der Flut. Die Pflanzen werden im Ganzen herausgerissen und zwischen den hornigen Gaumenplatte und den Zähnen zerkleinert. Dugongs sollen 5–10 Minuten tauchen können, Atmen nur durch die Nase. Gehör-, Tast-, vielleicht auch Geschmackssinn gut, Gesichtssinn schwach entwickelt. Haben einen strengen, eigenartigen Geruch. Dugongs sind intensiv bejagt worden (Nutzung von Fleisch, Öl und Haut). Trotz gesetzlichen Schutzes haben die Populationen in fast allen Teilen des Verbreitungsgebietes sehr rasch abgenommen.

Manati *Trichechus senegalensis* (Link)

E – African Manatee   F – Lamantin

KENNZEICHEN: Körperlänge bis zu 300 cm; Körpergewicht bis 450 kg. Groß, Vordergliedmaßen zu Flossen umgebildet, rudimentäre Nägel. Oberlippe tief gespalten. Schwanz zu einem horizontalen, abgerundeten Ruder umgewandelt. Keine Stoßzähne. Haut fast nackt, auf der Schnauze kräftige Borsten. Färbung dunkelgrau bis schwärzlich.
LEBENSRAUM: Süßwasserseen und Flüsse im westlichen Afrika, auch Flußmündungen und Küstengewässer.

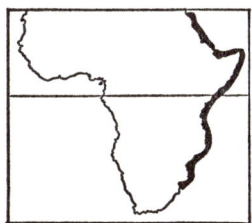
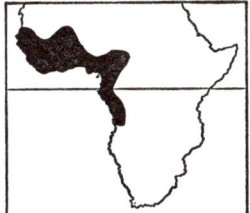
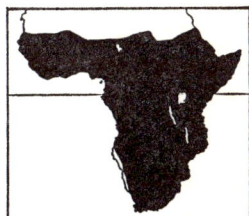

Dugong   Manati   Erdferkel

VERBREITUNG: Karte S. 107. Verwandte Arten in Amerika, vom Südosten der Vereinigten Staaten bis zum Nordosten Südamerikas.

LEBENSWEISE: Können sich an Land nicht fortbewegen, daher stets im Wasser. Der amerikanische Manati (Lamantin) kann bis zu 16 Minuten tauchen; die afrikanische Art vermutlich auch. Ruhen mit gewölbtem Rücken an der Wasseroberfläche. Manatis sind auch tagsüber aktiv, ernähren sich aber vorwiegend nachts. Reine Pflanzenfresser: Wasserpflanzen (besonders *Cynodocea, Polygonum* und die Wasserhyazinthe, *Eichhornia crassipes*) und Landpflanzen, die über das Wasser hängen *(Rhizophora)*. Benutzen zur Nahrungsaufnahme ihre Flossen. W u r f g r ö ß e : 1; Jungtier wird unter Wasser geboren; bleibt über ein Jahr bei der Mutter. Im gesamten Verbreitungsgebiet ernsthaft bedroht, obwohl gesetzlich geschützt. Wurden uneingeschränkt bejagt, da ihr Fleisch hohe Preise erzielte. Führt zu langsamer, aber ständiger Abnahme der Bestände.

Röhrenzähner: Tubulidentata

Erdferkel: Orycteropodidae

Die Erdferkel bilden eine eigene Ordnung (Tubulidentata); sie sind mit den Huftieren entfernt verwandt. Hochspezialisierte anatomische und biologische Merkmale. Gebiß reduziert; Schneide- und Eckzähne fehlen, Backenzähne säulenförmig, wachsen ständig. Erdferkel kommen nur in Afrika vor.

Erdferkel *Orycteropus afer* (Pallas)
 E – Aardvark, Antbear   A – Erdvark
 F – Oryctérope   K – Muhanga

KENNZEICHEN: Schulterhöhe 60 cm; Körpergewicht 70 kg. Unverwechselbar; so groß wie ein Schwein; massiger Körper, hochgewölbter Rücken. Kopf verlängert mit langer, röhrenförmiger, stumpf endender, schweineartiger Schnauze. Zunge weit vorstreckbar. Ohren sehr lang, schmal, zugespitzt. Schwanz ziem-

Abb. 7. Erdferkel *(Orycteropus afer)*

lich kurz, aber kräftig und muskulös, an der Wurzel dick, nach dem Ende hin konisch verjüngt (etwa wie ein Känguruhschwanz). Gliedmaßen kurz und kräftig, vorn vier, hinten fünf Zehen; alle mit hufartigen, kräftigen Klauen. Dicke Haut spärlich mit borstigen Haaren bedeckt, dunkel bräunlichgrau, an den Gliedmaßen dunkler, aber oft durch Erde verfärbt. Schwanz manchmal heller.
LEBENSRAUM: Offene Savannen, trockene Landschaften, lichte Waldungen; vorwiegend auf sandigem oder lehmigem Boden.
VERBREITUNG: Karte S. 107.
LEBENSWEISE: Einzelgänger; Jungtiere bleiben jedoch lange bei der Mutter. Sehr aktive, kraftvolle Gräber; können sich mit erstaunlicher Geschwindigkeit ein-

graben. Tagsüber in tiefen Bauen verborgen. Weibchen mehr oder weniger ortstreu; Männchen streifen mehr umher. Baue: einfache Höhlen mit nur einem Eingang oder kompliziertes Tunnellabyrinth (bis zu 20–30 Eingänge), das sich über eine Fläche bis zu 420 qm erstreckt. Röhren münden in große Kammern. Verlassene Baue werden von zahlreichen anderen Tieren als Unterschlupf benutzt (kleine Reptilien, Schlangen, Fledermäuse, kleine Raubtiere, Erdhörnchen, Eulen und Warzenschweine), haben daher beträchtliche ökologische Bedeutung. Erdferkel sind nachtaktiv (selten am Tage zu beobachten); kommen bei Dämmerung heraus. N a h r u n g : ausschließlich Termiten und Ameisen (angeblich einige Früchte). Reißen mit den mächtigen Klauen Termitenhügel auf und nehmen mit der langen vorstreckbaren, klebrigen Zunge die Insekten auf. In einer Nacht werden mehrere Termitenhügel aufgesucht (dabei bis zu 16 km zurückgelegt), selten die gleichen Baue in aufeinanderfolgenden Nächten. Fressen auch wandernde Termiten. Der Kot wird in einer Grube abgesetzt und sorgfältig mit Erde bedeckt. Gesichtssinn schwach, Gehör und Geruch gut entwickelt. Im allgemeinen langsame Bewegungen, können aber auch sehr schnell laufen. In die Enge getrieben verteidigen sie sich heftig. T r a g z e i t : etwa 7 Monate; W u r f g r ö ß e : 1. F e i n d e : Löwe und Leopard. Obgleich das Erdferkel in termitenreichen Gegenden häufig ist, wird es wegen seiner nächtlichen Lebensweise selten gesehen.

Schliefer: Hyracoidea

Schliefer: Procaviidae

Klein und kräftig gebaut; Körpergröße und einige Merkmale ähnlich wie bei Murmeltieren, großen Meerschweinchen oder großen Kaninchen (ein englischer Name ist „rock rabbit"). Kurzer Hals, kurze, zugespitzte Schnauze, kleine Ohren. Beine kurz; Zehen mit flachen Nägeln, die zweite Zehe am Hinterfuß mit einer langen gebogenen Kralle. Fußsohlen sehr gut zum Klettern geeignet: feste Ballen, werden durch Drüsensekret ständig feucht gehalten. Schwanz fehlt oder zu Stummel reduziert. Obere Schneidezähne gut entwickelt, zwischen ihnen und den Backenzähnen eine Lücke.

Fell dicht, mit langen Grannenhaaren. Rückendrüse, wird von abweichend gefärbten Haaren umgeben.

Die Schliefer bilden eine eigene Ordnung. Sie sind trotz ihres nagetierähnlichen Aussehens mit Elefanten und Seekühen enger verwandt als mit jedem anderen Säugetier. Es werden drei Gattungen unterschieden, zwei leben in felsigen Gebieten, die dritte ist baumbewohnend. Die Aufteilung der Gattungen in verschiedene Arten ist umstritten. Die sonst als Arten aufgefaßten Formen werden hier jeweils nur als geographische Vertreter einer der drei Gattungen angesehen; es werden also nur drei Arten angeführt; selbst diese sind manchmal im Freiland schwer zu unterscheiden.

Schliefer sind auf Afrika beschränkt, haben hier wahrscheinlich auch ihren Ursprung. Nur eine Gattung *(Procavia)* kommt auch im Nahen Osten (das Kaninchen der Bibel) und in Arabien vor.

Klippschliefer *Procavia capensis* (Pallas)   37
E – Rock Dassie   A – Klipdas, Dassie
F – Daman de rocher   K – Pimbi

KENNZEICHEN: Schulterhöhe 20–30 cm; Kopf-Rumpf-Länge 50 cm; Körpergewicht 2–4 kg. Kräftig gebaut; kurzes, rauhes Fell, gelblich oder gräulichbraun gefärbt, mehr oder weniger schwarz gesprenkelt. Seiten heller. Auf der Rückenmitte um den nackten Drüsenfleck ein Büschel aufrichtbarer Haare, schwarz (südliches Afrika) bis gelblich (östliches und westliches Afrika). Bei einigen Formen treten zwei Farbvarianten auf, eine dunkle und eine gelbliche. Unterseite gelblich.

LEBENSRAUM: Felsige buschbestandene Plätze in Savannen, manchmal in sehr trockenen Gebieten; niemals in dichtem Wald.

VERBREITUNG: Karte S. 112. Auch im Nahen Osten und Arabien.

LEBENSWEISE: Sehr sozial, in Kolonien bis zu 60 Tieren auf felsigen Hügeln oder zwischen Felsblöcken. Die Kolonie setzt sich aus Familieneinheiten (ein erwachsenes Männchen, Weibchen und Jungtiere) zusammen. Klettern und springen behende zwischen den Felsen umher. Füße mit halbelastischen, gummiartigen Ballen, geben den Tieren an steilen Hängen Halt. Tagaktiv, kommen aber auch in Mondnächten heraus. Sonnen sich gern auf Felsen. Einige Tiere – anscheinend alte Männchen – sichern und warnen bei Gefahr. Bei Beunruhigung verschwinden sie in Felsspalten oder unter Gestein. Gesichtssinn und Gehör sehr gut entwickelt. Verständigung durch vielfältige Lautäußerungen, hauptsächlich Warn- und Alarmrufe. Am häufigsten und schon auf große Entfernung ist ein hoher miauender Laut zu hören. N a h r u n g : ausschließlich Pflanzenfresser; vorwiegend Gras, aber auch Beeren, kleine Früchte, Rinde, Flechten und Blätter (sogar Feigenblätter). Nahrungssuche in unmittelbarer Umgebung des Wohnplatzes; bei Nahrungsknappheit auch weiter entfernt, jedoch immer in Nähe von Felsen, die ihnen bei Gefahr Zuflucht bieten. Trinken sehr wenig, können auf der Wassersuche bis zu 600 m zurücklegen. Gewöhnlich bestimmte Kot- und Harnplätze; dort Anhäufungen von Exkrementen[49]. T r a g z e i t : 7 Monate (für ein Tier dieser Größe außerordentlich lang). W u r f g r ö ß e : 2–3, manchmal bis 6. Jungtiere werden in Verstecken unter Felsen geboren. Bei Geburt voll behaart und sehend, bald selbständig. F e i n d e : Leoparden, Hyänenhunde, Adler und andere große Raubvögel; auch Mangusten. Die weitgehende Ausrottung ihrer natürlichen Feinde hat in einigen Gebieten zu einer starken Zunahme der Klippschliefer geführt, so daß sie stellenweise zur Plage geworden sind.

Busch- oder Steppenschliefer *Heterohyrax brucei* (Gray) 37
E – Yellow-Spotted Dassie A – Geelkoldas
F – Daman de steppe, Daman gris K – Pimbi

KENNZEICHEN: Schulterhöhe 30 cm; Kopf-Rumpf-Länge 45 cm; Körpergewicht 4 kg. Fell kurz und rauh, Färbung braun mit Schwarz und Weiß vermischt; Seiten heller. Gewöhnlich ein auffallender weißer Überaugenfleck. In Rückenmitte um das Drüsenfeld längere Haare, weiß bis gelblich und kastanienbraun gefärbt. Unterseite weißlich.
LEBENSRAUM: Felsige Plätze, Savannen und Gebirge bis zu 3300 m.
VERBREITUNG: Karte S. 112.
LEBENSWEISE: In Kolonien; in Felshöhlen und verlassenen Termitenhügeln. Vorwiegend tagaktiv; sonnen sich gern auf Felsblöcken. Sehr wachsam und flink; bei Beunruhigung durchdringende Schreie, flüchten sich zwischen Felsen. Bis zu einem gewissen Grade auch baumbewohnend. Gehör und Gesichtssinn gut entwickelt. Nahrungssuche vorwiegend am frühen Morgen und Abend: Gras, Knollen, Wurzeln, auch bestimmte Insekten (Heuschrecken). T r a g z e i t : etwa 7 Monate; Jungtiere bereits wenige Stunden nach Geburt selbständig. F e i n d e : Pythons, Leoparden, Mangusten und Raubvögel.

---

[49] Früher hatten diese Exkremente als Medikament (Hyraceum) Bedeutung: bei Epilepsie, Krämpfen und Frauenkrankheiten.

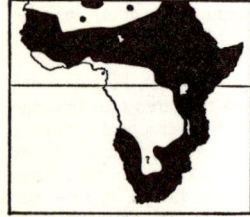 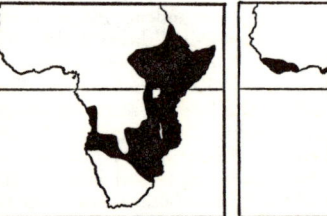 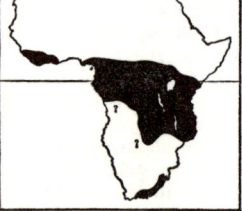

Klippschliefer Steppenschliefer Baumschliefer

Baumschliefer *Dendrohyrax arboreus* (A. Smith) **37**
E – Tree Dassie A – Bosdas
F – Daman d'arbre K – Perere

KENNZEICHEN: Schulterhöhe 30 cm; Kopf-Rumpf-Länge 40–60 cm; Körpergewicht 4 kg. Fell lang, dicht, oft weich; dunkelbraun, manchmal fast schwärzlich. Rückendrüse von weißem Haarbüschel umgeben.

ÄHNLICHE ARTEN: Die drei Schlieferarten sind sich so ähnlich, daß es sehr schwierig ist, sie im Freiland zu unterscheiden (gute Unterscheidungsmerkmale am Schädel und Skelett). Außerdem variiert die Färbungsintensität und die Farbe des Rückenflecks örtlich sehr. Im westlichen Afrika (Buschschliefer fehlen dort) Baumschliefer mit dunklerem Fell als Klippschliefer; im südlichen Afrika Klippschliefer mit schwärzlichem Rückenfleck, Busch- und Baumschliefer mit gelblichem; im östlichen Afrika (alle drei Arten nebeneinander) ist eine Unterscheidung lebender Tiere fast unmöglich; allerdings hat der Buschschliefer im allgemeinen einen auffallenden Überaugenfleck.

LEBENSRAUM: Wälder, bis zu 4500 m Höhe. Die im Hochgebirge vorkommenden Unterarten *(ruwenzorii, adolfi-friderici)* sind Felsenbewohner.

VERBREITUNG: Karte S. 112.

LEBENSWEISE: Von einigen Ausnahmen abgesehen (s. unten) baumbewohnend, nachtaktiv und weniger gesellig als die anderen Arten. In Baumhöhlen oder dichtem Laubwerk, manchmal sehr hoch über dem Boden; während des Tages versteckt. Am Boden bewegen sie sich schwerfällig, klettern aber sehr geschickt, obwohl besondere anatomische Anpassungen an das Baumleben fehlen. L a u t ä u ß e r u n g : laute Rufe (lauter und rauher als die des Buschschliefers), die sich bis zu einem durchdringenden Schrei steigern; besonders nach Einbruch der Dunkelheit und am frühen Morgen zu hören. Diese Laute werden vermutlich beim Besteigen von Bäumen oder beim Herabsteigen ausgestoßen. N a h r u n g : ausschließlich Pflanzenteile, vorwiegend Blätter von Leguminosen, aber auch bestimmte Früchte. Setzen anscheinend wie die Klippschliefer Kot und Harn an bestimmten Plätzen ab. T r a g z e i t : etwa 7 Monate. W u r f g r ö ß e : 1–2, selten 3. Junge sind frühreif. Am Ruwenzori und auf den Vulkanen des östlichen Kongo leben die Baumschliefer oberhalb der Baumgrenze an steilen Abhängen, in Höhlen und Felsgestein. Sie besetzen dort also die ökologische Nische, die in anderen Gebirgen vom Klippschliefer eingenommen wird. Ihre Lebensgewohnheiten entsprechen dann denen des Klippschliefers: zum Teil tagaktiv, können während des Tages auf den Felsen beobachtet werden.

Rüsseltiere: Proboscidea

Elefanten: Elephantidae

Elefanten bilden eine eigene Ordnung; sie sind so gut bekannt, daß eine Beschreibung nicht notwendig ist. Leicht erkennbar an der gewaltigen Größe, an der Körperhöhe (die fast der Länge entspricht) und an dem Rüssel (verlängerte Nase), der nicht nur zum Atmen und Riechen, sondern auch als hochempfindliches Greiforgan (z. B. bei der Nahrungsaufnahme) dient. Elefanten kommen in zwei Arten vor: eine im südöstlichen Asien, die andere in Afrika. Der Afrikanische Elefant ist größer, hat größere Ohren, eine flachere, nach hinten verlaufende Stirn, größere Stoßzähne und am Rüsselende zwei gegenständige fingerartige Fortsätze.

Afrikanischer Elefant *Loxodonta africana* (Blumenbach)

E – African Elephant   A – Olifant
F – Eléphant d'Afrique   K – Tembo, Ndovu

KENNZEICHEN: Schulterhöhe bis 4 m (Weibchen immer kleiner). Unverwechselbar. Auffallendstes äußeres Merkmal der bewegliche Rüssel. Gewaltiger Kopf, mit riesigen, flügelartigen Ohren (sehr viel größer als beim Indischen Elefanten); oberer Ohrrand kann bei älteren Tieren umklappen. Die Elefanten sind die größten lebenden Landsäugetiere. Sie können sich trotz ihrer Massigkeit und eines Körpergewichts von $3^1/_2$ bis $6^1/_2$ Tonnen (Bullen) „leichtfüßig" fortbewegen; das Gewicht ruht auf elastischen Sohlenpolstern. Gebiß hoch spezialisiert; obere Schneidezähne zu Stoßzähnen umgebildet, deren Länge stark variiert (bei Weibchen immer kleiner); der längste jemals vermessene Stoßzahn maß 340 cm, der schwerste wog 102 kg. Große Stoßzähne, die früher besonders in Ostafrika häufig waren, werden heute nur noch selten angetroffen; die Jagd nach Elfenbein hat in vielen Gegenden Afrikas infolge selektiven Abschusses zu einer allmählichen Größenabnahme der Stoßzähne geführt; Gewichte von mehr als 45 kg sind im allgemeinen Ausnahmen. Stoßzähne sind häufig ungleichmäßig abgenutzt, da einer oft stärker als Werkzeug beansprucht wird. Schwanz lang, am Ende ein langes Büschel borstenartiger Haare.

INNERARTLICHE VARIABILITÄT: Zwei Formen des Afrikanischen Elefanten können unterschieden werden (früher als eigene Arten angesehen): der Steppenelefant *(africana)*, größer (280–400 cm Schulterhöhe), große, breite, vorn spitz zulaufende Ohren; angelegte Ohren berühren sich über dem Rücken; Stoßzähne länger und gewöhnlich nach vorn gebogen. Der Waldelefant *(cyclotis)*, kleiner (Schulterhöhe 225–270 cm), kleinere, abgerundete Ohren, weniger gebogene, dünnere und kürzere Stoßzähne, zeigen gewöhnlich nach unten. Zweifellos kreuzen sich die beiden Formen miteinander. Eine dritte Form, der Zwergelefant *(pumilio)*, (gelegentlich als eigene Art angesehen), ist sehr umstritten. Auf die Sumpfwälder Gabuns und des Kongo beschränkt. Klein (Schulterhöhe nicht über 2 m), sehr kleine Stoßzähne. Soll in kleinen Herden leben, sehr angriffslustig sein. Abtrennung als eigene Art scheint nicht gerechtfertigt. Nach einigen Autoren handelt es sich um Gruppen junger Tiere; wahrscheinlich ist es aber nur eine ökologische Unterart, die in einem ungünstigen Lebensraum vorkommt, daher von kleiner Gestalt ist.

LEBENSRAUM: Vom Regen- und Bergwald (Bambuswald, *Hagenia,* bis 3000 m

Höhe) bis zu Halbwüsten, vorwiegend aber in bewaldeten Savannen. Gewöhnlich in der Nähe von Wasserstellen, da sie täglich trinken müssen.
VERBREITUNG: Karte S. 116. Noch zur Römerzeit auch in Nordafrika; heute dort durch Veränderung der Landschaft (Wüstenbildung) und Bejagung verschwunden. In Teilen von Mauretanien kommen noch sehr kleine Elefanten vor.
LEBENSWEISE: Gesellig, in Herden von durchschnittlich 10–20, manchmal bis zu 50 Tieren, werden von einem alten Weibchen angeführt. Zusammensetzung der Herden sehr variabel: gewöhnlich ein starker und ein oder zwei halbwüchsige Bullen, mehrere Kühe und Jungtiere unterschiedlichen Alters. Alte Bullen sind oft Einzelgänger. Bei großer Trockenheit manchmal Herden viel größer

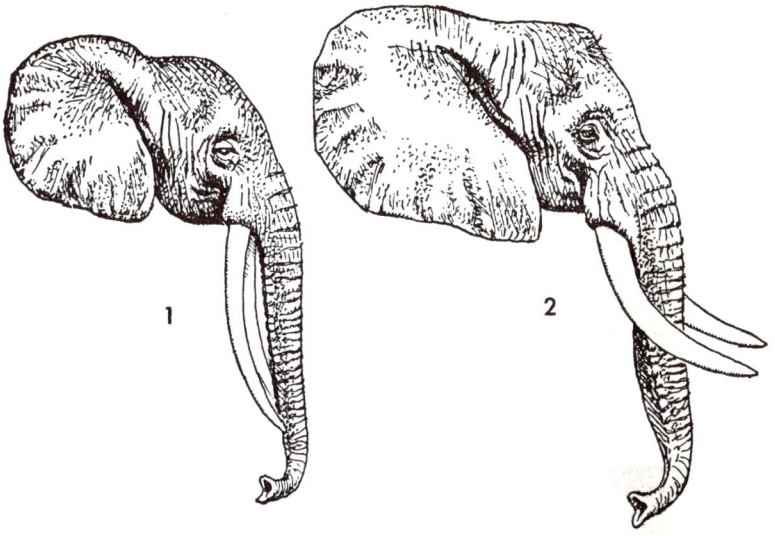

Abb. 8. Köpfe der Unterarten von *Loxodonta africana:*
Waldelefant *(cyclotis)* (1), Steppenelefant *(africana)* (2)

(bis zu mehreren hundert Tieren); es sind Zusammenschlüsse vieler kleiner Sozialverbände, aber niemals echte Herden. Als sehr soziale Tiere verfügen die Elefanten zur Verständigung untereinander über vielfältige Lautäußerungen: Warnlaute, Erkennungslaute, Stimmfühlungslaute und Klagelaute. Die meisten Signale sind polternde Töne, die durch den Rüssel oder den Mund ausgestoßen werden. Der alarmierendste Laut ist ein hoher trompetender Schrei (bei höchster Beunruhigung oder Furcht). Angreifende Elefanten stoßen oft einen schrillen Trompetenschrei aus, dem kurzes, heftiges Geschmetter folgt. Gelegentlich vernimmt man Geräusche, die durch den Magen und die Verdauungsprozesse hervorgerufen werden sollen (Magenknurren). Diese Laute werden jedoch von den Elefanten kontrolliert abgegeben; daher erscheint es wahrscheinlicher, daß sie durch die Stimmorgane erzeugt werden; es dürfte sich um Stimmfühlungslaute handeln. Neben Lautäußerungen verfügt der Elefant auch über andere Ausdrucksweisen wie z. B. Rüsselstellung, Ohrhaltung. Gesichtssinn nicht sehr gut entwickelt, aber Geruchssinn und Gehör vorzüglich. Elefanten sind in der Regel friedfertig, können aber auch reizbar und unberechenbar sein. Angreifende Elefanten können auf kurze Entfernungen Geschwindigkeiten von 40 km/h erreichen. Hochentwickelte soziale Bindungen mit komplizierten Verhaltensweisen: helfen verwundeten Herdenmitgliedern zu entkommen, indem sie sie stützen. Wegen ihres großen Nahrungsbedürfnisses ziehen sie ständig umher (vorwiegend nachts). Marschgeschwindigkeit etwa 6,5 km/h. Ihr Wasserbedarf ist außerordentlich hoch; trinken täglich gewaltige Mengen. Saugen das Wasser in den Rüssel, spritzen es dann in den Mund. Wälzen sich häufig im Staub, baden gern; durchqueren tiefe Flüsse. N a h r u n g : sehr vielseitig; Gras- und Laubfresser; verschiedene Pflanzenteile, vorwiegend Blätter, Zweige, Triebe, Rinde, Wurzeln, Früchte (z. B. die der Borassuspalme, *Irvingia, Pachylobus, Sclerocarya* oder bevorzugt Mugongo). Fällen Bäume bis zu einem Durchmesser von 125 cm; bei zu hoher Siedlungsdichte können Wälder vernichtet werden. (Zu hohe Populationsdichten haben im Tsavo Nationalpark in Kenia und im Albert Nationalpark im Kongo zu Verwüstungen geführt). Manchmal besteht die Nahrung zu 80 % aus Gras (besonders *Pennisetum*, Elefantengras). Zerstören auch Anpflanzungen (Bananen, Maniok, Mais und Zuckerrohr). Richten beim Fressen großen Schaden an: brechen oft Bäume um, von denen sie dann nur ein paar Blätter aufnehmen. Tägliche Nahrungsmenge 150–250 kg. Die Nahrung wird mit dem Rüssel zum Mund geführt. Elefanten suchen regelmäßig Salzlecken auf, lösen das Salz mit den Stoßzähnen, nehmen es dann mit Hilfe des Rüssels auf (?Abführmittel und Mittel gegen Parasiten). Fortpflanzung anscheinend während des ganzen Jahres. Kein Zusammenhang zwischen der Fortpflanzungszyklus und der Aktivität der Kopfseitendrüsen, die ein öliges Sekret absondern. Drüsenabsonderungen periodisch bei beiden Geschlechtern, sogar bei Jungtieren. Selten Paarungskämpfe; Auseinandersetzungen sind meistens Rangordnungskämpfe. T r a g z e i t : 22–24 Monate. Das trächtige Weibchen verläßt vor der Geburt mit ein oder zwei anderen die Herde, sucht einen ruhigen Wurfplatz auf. Wenn das Jungtier nach einigen Tagen kräftig genug ist, den Erwachsenen zu folgen, schließen sie sich der Herde wieder an. Geburtsgewicht etwa 120–135 kg, Schulterhöhe etwas unter 90 cm. Kälber sehr verspielt. Eine Kuh wirft etwa alle 4 Jahre. Jungtier mit 2 Jahren entwöhnt; wachsen bis zu 25 Jahren, manchmal länger; Stoßzähne wachsen zeitlebens; Wechsel der Backenzähne in besonderer Weise. Mit 10–12 Jahren Beginn der Pubertät, mit 18 voll geschlechtsreif. Lebenserwartung 60–70 Jahre, einige Tiere leben länger, möglicherweise bis zu 120 Jahren. Elefanten-Friedhöfe gibt es nicht; Überreste toter Tiere können überall im Busch gefunden werden, besonders in Wassernähe. Erwachsene Elefanten haben keine natürlichen Feinde, Jungtiere können von Löwen angegriffen werden.

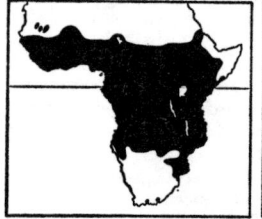
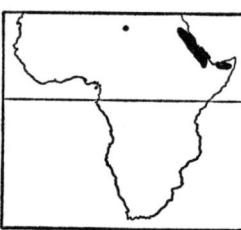

Afrikanischer Elefant   Afrikanischer Wildesel

Unpaarhufer: Perissodactyla

Pferde: Equidae

Pferdeartige Huftiere; Zehen bis auf eine reduziert (Anpassung an schnelle Fortbewegung auf hartem Boden). Zebras, die einzigen gestreiften Pferde, und Wildesel sind auf Afrika beschränkt. Wildpferde und Halbesel kommen in Asien vor. Alle in offenen Lebensräumen, manchmal sogar in Wüsten.

Afrikanischer Wildesel *Equus (Asinus) asinus* L. 24
E – Wild Ass F – Ane sauvage K – Punda

KENNZEICHEN: Schulterhöhe 110 cm. Kopf groß; Ohren lang, innen weiß. Allgemeine Färbung einfarbig gelblich oder gräulich; dunkler Aalstrich, dunkler Querstreifen auf den Schultern. Unterseite weiß. Beine mit oder ohne dunkle Streifen.

INNERARTLICHE VARIABILITÄT: Zwei Unterarten; der Nubische Wildesel *(africanus)*, gräulichgelb oder grau, ohne schwarze Beinstreifen. Der Somali-Wildesel *(somalicus)*, rötlich gelbbraun; Schulterband undeutlich oder fehlend, an den Beinen auffallende dunkle Querstreifen.

ÄHNLICHE ARTEN: Verwechslung mit verwilderten Hauseseln leicht möglich, die in den meisten Teilen des Verbreitungsgebietes und in der Sahara zahlreich sind. Wildesel einfarbig, größer, viel scheuer, klettern gut in felsigen Gebirgen.

LEBENSRAUM: Gebirge, zerklüftete Landschaften, offene Grassteppen. Ein nahe verwandter Wildesel lebte in Nordafrika bis zum 4. Jahrhundert v. Chr. Der Wildesel ist wahrscheinlich in Ägypten domestiziert worden.

VERBREITUNG: Karte S. 116.

LEBENSWEISE: Können gut klettern, bewegen sich mit Leichtigkeit zwischen Felsen und an Abhängen. Ziehen sich während des Tages in die Berge zurück, kommen nachts zum Grasen in die Täler. Einzeln oder in kleinen Herden bis zu 10 Tieren, manchmal bis zu 30. Während der letzten 50 Jahre starke Bestandsabnahme durch Überjagung, Verfolgung durch Viehzüchter und Nahrungskonkurrenz mit Haustieren in einem Lande, dessen Weideflächen begrenzt sind. Viele Wildesel sind in Hauseselbestände eingekreuzt worden. Umgekehrt vermischen sich die Wildbestände mit Hauseseln oder verwilderten Eseln, so daß örtlich die Wildform nicht mehr rein ist.

Grevy-Zebra *Equus (Dolichohippus) grevyi* Oustalet 24
E – Grevy's Zebra F – Zèbre de Grévy

KENNZEICHEN: Schulterhöhe 150 cm; Körpergewicht 350–430 kg. Groß, auffallend breite, abgerundete Ohren, innen dicht behaart, Spitze weiß, Rand sonst schwarz. Kopf lang und schmal, besonders die Schnauze. Auf der Schnauze brauner Fleck, von gestreifter Stirn durch weiße Zone getrennt. Steife Nackenmähne. Allgemeine Färbung weiß; zahlreiche schmale schwarze Streifen, an Hals und Rumpf senkrecht, auf dem Hinterteil bogenförmig; breiter schwärzlich-brauner Aalstrich, auf der Kruppe durch eine weiße Zone von den schwarzen Streifen abgesetzt. Unten reinweiß, ohne Streifen. Beine bis zu den Hufen mit zahlreichen schmalen Querstreifen.

ÄHNLICHE ARTEN: Unterscheidet sich von den Steppenzebras durch Größe, Gestalt, Ohrgröße und schmalere, engere Streifung.
LEBENSRAUM: Halbwüsten bis trockenes Buschland.
VERBREITUNG: Karte S. 119.
LEBENSWEISE: Gesellig, gewöhnlich in kleinen Herden (4–14 Tiere); Hengste manchmal einzeln. In Überschneidungsgebieten mit dem Grant-Zebra (im nördlichen Kenia) kommen gemischte Herden vor. N a h r u n g : Grasfresser; fressen auch Blätter. Können anscheinend mit weniger Wasser auskommen als Steppenzebras. R u f : ähnelt Eselsgeschrei.

Steppenzebra *Equus (Hippotigris) burchelli* Gray 24
E – Burchell's Zebra   A – Bontkwagga, Zebra
F – Zèbre de Burchell   K – Punda milia

KENNZEICHEN: Schulterhöhe 130–140 cm; Körpergewicht 225–320 kg. Pferdeähnliches Aussehen, ohne Wamme, mit kurzen Ohren. Aufrecht stehende Nackenmähne. Allgemeine Färbung weiß oder gelblich, mit dunklen, sehr breiten Streifen, auf dem Hinterteil schräg verlaufend. Flankenstreifen reichen sehr weit unter den Bauch; Längsstreifen auf der Kruppe. Fohlen, besonders auf dem Rücken, mit rauherem Fell; dunkle Streifen bräunlich.
INNERARTLICHE VARIABILITÄT: Erhebliche geographische Variabilität, mehrere Unterarten, einige im Freiland unterscheidbar. Auch individuelle Variabilität groß (es kommen sogar gefleckte Tiere vor); selbst innerhalb einer Herde gibt es keine vollständig übereinstimmend gezeichneten Tiere. Daher ist es schwierig, Unterarten abzugrenzen. Allgemeine Tendenz: von Norden nach Süden werden die Streifen auf dem Hinterteil undeutlicher. Danach Unterscheidung folgender Unterarten im Freiland möglich: B ö h m - o d e r G r a n t - Z e b r a (*böhmi* = *granti,* vom südlichen Sudan, Äthiopien und Somaliland bis zum oberen Sambesi und südlichen Tansania); schwarze und weiße Streifen breit, weniger zahlreich, scharf voneinander abgesetzt. Beine bis zu den Hufen gestreift. S e l o u s - Z e b r a (*selousi,* vom unteren Sambesi und nördlichen Moçambique bis zum Limpopo im Süden; östliches Sambia und Malawi); Streifung enger, Streifen zahlreicher. Beine bis zu den Hufen gestreift. C h a p m a n - Z e b r a (*antiquorum* = *chapmani,* von Benguela und Damaraland bis Transvaal und Zululand); Grundfärbung gelblich. Dunkle Streifen schmaler, dazwischen oft „Schattenstreifen"; Streifung auf dem Hinterteil undeutlicher. Beine unterhalb des Ellbogen und Knie unvollständig gestreift. B u r c h e l l - Z e b r a (*burchelli,* ursprünglich vom südlichen Betschuanaland bis zum Oranje). „Schattenstreifen" auf dem Hinterteil zahlreich, Streifung weniger kontrastreich, verschwommener. Bauch fast weiß. Beine unterhalb des Ellbogens und des Knies ohne Streifen. Aus einiger Entfernung erscheint das Hinterteil fast einheitlich bräunlich, Streifung nur auf dem Vorderteil deutlich. Das echte Burchell-Zebra ist wahrscheinlich ausgestorben. Das Q u a g g a (*quagga*) ist heute ausgestorben. Wird gewöhnlich als eigene Art angesehen, ist jedoch mit dem Burchell-Zebra eng verwandt. Gekennzeichnet durch: weitgehende Rückbildung der Streifung (nur an Kopf und Hals deutlich, am Körper andeutungsweise gestreift), gelbliche bis kastanienbraune Grundfärbung. War von der Kapprovinz bis zum Oranje-Freistaat verbreitet. Schon im vergangenen Jahrhundert ausgerottet; das letzte lebende Tier starb im Zoo von Amsterdam 1883.
ÄHNLICHE ARTEN: Siehe Bergzebra und Grevy-Zebra.
LEBENSRAUM: Offene Grassteppen und bewaldete Savannen.
VERBREITUNG: Karte S. 119.

LEBENSWEISE: Sehr gesellig, in Familienverbänden von 5–20 Tieren. In Trockenzeiten manchmal Ansammlungen von vielen hundert Tieren. Oft mit Gnu, Kuhantilope und Pferdeantilope vergesellschaftet, seltener mit Elenantilope oder Giraffe. Im nördlichen Teil des Verbreitungsgebietes (nördliches Kenia) Überschneidung mit Grevy-Zebra, aber unterschiedliche ökologische Ansprüche: bevorzugen Grasland und Hügellandschaften, Grevy-Zebra trockene Hochplateaus und felsige Hänge. Zählungen haben ergeben, daß hier bis zu zwei Drittel aller Zebras in gemischten Herden leben, in denen Grevy-Zebras im allgemeinen überwiegen. Diese Mischherden sind relativ konstant, bleiben selbst auf der Flucht beisammen, haben also einen größeren Zusammenhalt als die Zebra-Gnu-Vergesellschaftungen in anderen Teilen des Verbreitungsgebietes. In freier Wildbahn gibt es zwischen diesen beiden Zebra-Arten keine Bastarde. N a h r u n g : vorwiegend Gras, gelegentlich auch Blätter und Buschwerk. Graben während der Trockenzeit auch unterirdische Pflanzenteile aus. Weiden das Gras sehr kurz ab; können in Gebieten mit ärmlicher oder spärlicher Grasbedeckung leben. Hoher Wasserbedarf, daher niemals weit von Wasserstellen entfernt; trinken in der Regel täglich. Auch unter den schlechten Bedingungen bestimmter Jahreszeiten (Trockenzeit) bleiben sie, im Gegensatz zu den meisten Antilopen, in guter körperlicher Verfassung. Manchmal ortstreu, während der Trockenzeit aber auch weite Wanderungen auf der Suche nach Nahrungsplätzen. Sehr laut; S t i m m e : ein charakteristisches Bellen, auf pfeifendes Einatmen folgt eine Rufreihe wie „Kwaha-Kwahaha", daher der Name Quagga. Rivalisierende Hengste kämpfen heftig miteinander, schlagen aus und beißen. Scharen eine Gruppe von Stuten um sich. T r a g z e i t : etwa 12 Monate. Nur ein Fohlen wird geboren. Wälzen sich gern in Sand und Staub. Laufen sehr schnell und ausdauernd. F e i n d e : Löwen, seltener Hyänenhunde und Hyänen.

Bergzebra *Equus (Hippotigris) zebra* L. **24**
E – Mountain Zebra   A – Bergkwagga
F – Zèbre de montagne

KENNZEICHEN: Schulterhöhe 120–130 cm; Körpergewicht 270 kg. Eselähnliches Aussehen; kurzer, ziemlich plumper Kopf, verhältnismäßig lange, zugespitzte, kurzbehaarte Ohren; deutliche kleine Halswamme. Schnauzenspitze schwarz, oben mit einem kahlen, rötlichen Fleck. Allgemeine Färbung weiß oder gelblich, auffallende schwarze Streifen. Hals und Körper eng und schmal gestreift (wie Grevy-Zebra); Schenkel mit drei breiten Schrägstreifen (wie Böhm-Zebra); auf Kruppe und Schwanzwurzel kurze, schmale Querstreifen (Gittermuster). Unterseite nicht gestreift, weiß. Beine bis zu den Hufen mit Querstreifen.

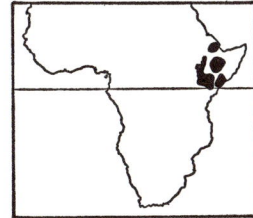
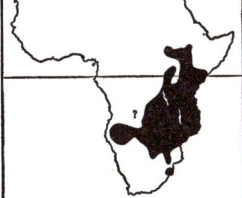
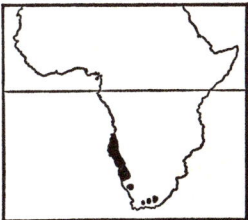

Grevy-Zebra   Steppenzebra   Bergzebra

ÄHNLICHE ARTEN: Ähnelt Steppenzebra, aber eselähnliche Kopf- und Körperproportionen und andere Streifung, besonders auf der Kruppe.
INNERARTLICHE VARIABILITÄT: Zwei Unterarten, das eigentliche oder Kap-Bergzebra (*zebra*, südliche Gebirge der Kapprovinz), Grundfärbung weißlich, schwarze Streifen breiter, deutlich abgehoben, Mähne kurz; das Hartmann-Zebra (*hartmannae*, Gebirge Südwest-Afrikas und Angolas bis Mossamedes), Grundfärbung cremefarbig oder gelblich, schwarze Streifen schmaler und zahlreicher, Mähne gut entwickelt.
LEBENSRAUM: Trockene Felsengebirge und Hügel. In Südwest-Afrika geht das Hartmann-Zebra weit in die sich nach Regenfällen begrünende Wüste.
VERBREITUNG: Karte S. 119.
LEBENSWEISE: Gesellig, selten aber in großen Herden, häufiger in kleinen Gruppen von 7–12 Tieren. Manchmal Ansammlungen bis zu 50 Tieren. Alte Hengste gelegentlich einzeln. Klettern sehr geschickt, bevorzugen trockene, zerklüftete Gebiete. Nahrung: Büschelgräser; grasen vorwiegend morgens und am späten Nachmittag, ruhen während der Tageshitze unter Dornbüschen. Trinken nicht regelmäßig, können etwa 3 Tage, jedoch nicht längere Zeit ohne Wasser auskommen; legen auf der Suche nach Wasserstellen große Entfernungen zurück. Graben in Flußbetten bis zu 90 cm tief nach Wasser. Lautäußerungen: tiefes, schnaufendes oder pferdeähnliches Wiehern, völlig vom Bellen der Steppenzebras verschieden. Das Verbreitungsgebiet überschneidet sich im zentralen und östlichen Kaokoveld mit dem des Steppenzebras. Die Arten können nebeneinander weiden, die Herden vermischen sich jedoch niemals. In freier Wildbahn keine Bastarde. Kap-Bergzebras (*zebra*) im größten Teil des früheren Verbreitungsgebietes ausgerottet. Durch Bemühungen einiger Grundbesitzer vor dem Aussterben bewahrt; heute streng geschützt im Bergzebra Nationalpark (bei Cradock) und auf einigen Farmen. 1965 lebten vermutlich nicht mehr als 75 Tiere. Hartmann-Zebra (*hartmannae*) in einigen Teilen des eng begrenzten Verbreitungsgebietes noch relativ häufig.

Nashörner: Rhinocerotidae

Unpaarhufer (drei Zehen), sehr massig, kurzbeinig. Hals kurz, Augen klein; auf Nasenrücken zwei massive Hörner (vorderes größer), Hautbildungen ohne knöcherne Einlage. Haut praktisch nackt, grau, sehr dick, an Schulter und Hinterteil gefaltet. Im tropischen Afrika zwei Arten; andere Formen in Südostasien, einige mit nur einem Horn.

Spitzmaulnashorn oder **Schwarzes Nashorn**   *Diceros bicornis* (L.)   **25**

E – Black Rhinoceros, Hook-lipped   A – Swartrenoster
Rhinoceros   K – Faru
F – Rhinocéros noir

KENNZEICHEN: Schulterhöhe 150 cm; Körpergewicht 1–1,5 t. Verhältnismäßig kurzer Kopf und schmale Schnauze. Kein Nackenhöcker; Rücken konkav. Oberlippe dreieckig, sehr beweglich, zum Greifen geeignet. Ohren relativ klein, fast haarlos. Zwei Hörner, Größe und Form individuell sehr variabel, bis 135 cm lang. Vorderes Horn zeigt manchmal nach vorn; hinteres in der Regel viel kleiner, stets seitlich abgeflacht. Weibchen ähneln Männchen, im allgemeinen längere und schlankere Hörner.
ÄHNLICHE ARTEN: Vom Breitmaulnashorn durch folgende Merkmale zu unter-

scheiden: geringere Größe, leichterer Bau, fehlender Nackenhöcker, kleinerer Kopf (hoch getragen, daher anderer Körperumriß), zugespitzte Oberlippe, deutlich von der rechteckigen Schnauze des Breitmaulnashorns verschieden.
LEBENSRAUM: Trockenes Buschland, besonders Dornbusch. Auch nebelfeuchte Bergwälder bis zu 3500 m (Mt. Kenia).
VERBREITUNG: Karte S. 122.
LEBENSWEISE: Ortstreu; gewöhnlich Einzelgänger, besonders die Männchen. Mutter und Kalb lange zusammen, manchmal Weibchen mit zwei Kälbern, ein halbwüchsiges und ein kleines. Weibchen geht dem Kalb voraus; beim Breit-

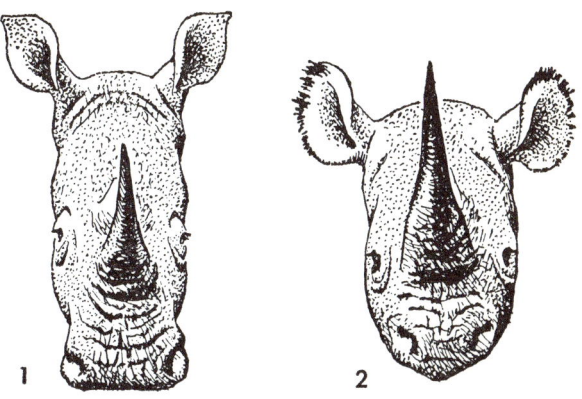

Abb. 9. Kopf des Breitmaulnashorns *(Ceratotherium simum)* (1) und des Spitzmaulnashorns *(Diceros bicornis)* (2)

maulnashorn folgt die Mutter dem Jungtier und lenkt es mit dem vorderen Horn. Männchen und Weibchen nur während der kurzen Paarungszeit zusammen. Selten Gruppen von vier oder mehr Tieren. Lautäußerung: sehr umfangreich; brummende, grunzende, auch leise, kurze schweineähnliche Quieklaute (stehen in keinem rechten Verhältnis zur Größe der Tiere). Häufigster Laut ein prustendes Schnauben; wird mehrmals wiederholt, hat Alarmfunktion, ist bei Beunruhigung und vor einem Angriff zu hören. Trotz ihrer Massigkeit sehr beweglich; können sich auf der Stelle drehen. Gewöhnliche Gangart ein rascher Schritt, auf der Flucht lebhafter Trab, bei Angriff Galopp. Auf kurze Entfernungen werden Geschwindigkeiten bis zu 50 km/h erreicht. Sehvermögen sehr schlecht, Geruchssinn und Gehör gut entwickelt. Nahrungsaufnahme am frühen Morgen und in der Abenddämmerung. Ruhen tagsüber im Schatten unter Bäumen. Trinken in der Regel einmal täglich (bei Sonnenuntergang oder nachts), bevorzugt an stehendem Wasser. In Halbwüsten decken sie einen Teil ihres Wasserbedarfs durch Aufnahme von Sukkulenten oder Wolfsmilchgewächsen. Suhlen sich sehr häufig und wälzen sich im Staub; dann wie der Boden weißlich, gelblich oder rötlich gefärbt (der Name „Schwarzes" Nashorn ist irreführend, da ihre Haut wie beim „Weißen" Nashorn grau gefärbt ist). Streifen innerhalb großer Wohngebiete umher, legen zwischen Wasserstellen und Nahrungsplätzen 8–24 km zurück. Regelmäßige, etwa 45 cm breite Wechsel. Wechsel folgen nicht so streng wie Elefantenwechsel den topographischen Gegebenheiten, steigen oft steil an. N a h r u n g : Zweige, Blätter und Rinde von Bäumen (Akazien, Euphorbien) und Büschen; Oberlippe wird zum Greifen verwendet; nur selten wird gegrast. Besondere Kotstellen, verteilen dort den Dung mit den Hinterfüßen. Bei Begegnung mit Nashörnern ist Vorsicht geboten. Besonders in Gegenden mit häufiger Beunruhigung kann es zu Angriffen auf Menschen kommen. Männchen sollen eine Art Revier verteidigen, dessen Grenzen durch Kothaufen, Harnstellen und Scheuerplätze markiert werden. Paarungen während des ganzen Jahres, häufig Rivalitätskämpfe zwischen Männchen. Beim Paarungsvorspiel oft zunächst aggressives Verhalten der Kuh dem Bullen gegenüber. T r a g z e i t : etwa 17–18 Monate; ein Jungtier. Entwöhnung mit 2 Jahren; mit 5 bis 7 Jahren geschlechtsreif. Nashornkühe kalben etwa alle drei Jahre. Das Spitzmaulnashorn ist wie die anderen Nashornarten ernsthaft in seinem Bestand gefährdet. Trotz gesetzlichen Schutzes wird es in vielen Gegenden gewildert. Die Erhaltung einer so großen Tierart mit ausgedehnten Wohngebieten und besonderen ökologischen Anforderungen ist fast unvereinbar mit der Erschließung des Landes und der damit verbundenen Veränderung der Lebensräume. Der Gesamtbestand an Spitzmaulnashörnern beträgt etwa 11 000 bis 13 500 Tiere. Wie das andere Großwild nur in großen Schutzgebieten zu erhalten.

Breitmaulnashorn oder **Weißes Nashorn**   *Ceratotherium simum* (Burchell)   **25**
E – White Rhinoceros, Sqare-Lipped   F – Rhinocéros blanc, Rh. de Burchell
Rhinoceros   A – Witrenoster

KENNZEICHEN: Schulterhöhe bis 180 cm; Körpergewicht 3½ t, bis zu 5 t. Viel größer (besonders Schulterhöhe) und schwerer als das Spitzmaulnashorn. Deutlicher Nackenhöcker; Mittelrücken schwach, aber deutlich durchgebogen. Kopf sehr lang, wird niedrig getragen; Schnauze breit, rechteckig. Ohren groß, zugespitzt, am Rand mit steifen Haaren. Hörner im allgemeinen länger (vorderes Horn bis zu 160 cm), schlanker und weniger gebogen als bei Spitzmaulnashorn. Weibchen ähneln Männchen; im allgemeinen längere und schlankere Hörner.
LEBENSRAUM: Grasland und offene Savannen mit Buschwerk.
ÄHNLICHE ARTEN: Siehe Spitzmaulnashorn.
VERBREITUNG: Karte S. 122.
LEBENSWEISE: Viel geselliger als Spitzmaulnashörner; in Familiengruppen von 2–5 Tieren; auch Verbände bis zu 10, sogar bis zu 24 Tieren beobachtet. Friedfertig, Annäherung bis auf 30 m relativ einfach möglich. Greifen sehr selten an. Während der Paarungszeit sehr heftige Rivalitätskämpfe; auch

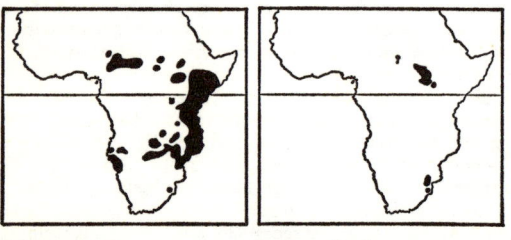

Spitzmaulnashorn   Breitmaulnashorn

brünftige Kühe greifen Artgenossen an. Ziemlich seßhaft, jede Familiengruppe hat eigene Weide- und Wasserstellen. Wechsel sehr regelmäßig begangen, daher tief ausgetreten. Bestimmte Kotplätze. Jahreszeitliche Wanderungen sehr begrenzt, nur während der Regenzeit werden etwas höher gelegene Gebiete aufgesucht. Im wesentlichen Grasfresser, weiden das Gras kurz ab. Nahrungsaufnahme morgens und abends, ruhen tagsüber im Schatten unter Bäumen. Sehvermögen schlecht, Gehör und Geruchssinn sehr gut entwickelt. S t i m m e : ein rauhes Schnauben. Kühe scheinen sich nur alle drei oder vier Jahre zu verpaaren. Das Breitmaulnashorn ist das größte Nashorn und nach dem Elefanten das größte lebende Landsäugetier.

GEGENWÄRTIGE VERBREITUNG UND BESTAND: Früher im tropischen Afrika in Gebieten mit Dauergrasland weit verbreitet; durch Überjagung weitgehend ausgerottet. Heute nur noch örtlich in Südost-Afrika und im nördlichen Zentral-Afrika in Schutzgebieten. Dort haben die Bestände in zufriedenstellendem Maße wieder zugenommen (Ausnahme: West Nile Bezirk, Uganda). In Natal so starke Zunahme, daß Umsiedlungen in andere Teile des ehemaligen Verbreitungsgebietes durchgeführt werden mußten, um den Populationsüberhang abzubauen. Mehrere hundert Tiere sind bereits vom Natal-Schutzgebiet in den Krüger Nationalpark und in andere Schutzgebiete gebracht worden. Der Gesamtbestand umfaßt jedoch noch nicht 4000 Tiere.

Paarhufer: Artiodactyla

Flußpferde: Hippopotamidae

Sehr große bis mittelgroße Säugetiere, sehr massig gebaut; großer Kopf, breite Schnauze, kurze Beine. Vier Zehen, die seitlichen fast ebensogut entwickelt wie die mittleren. Schneide- und Eckzähne wachsen ständig. Dreiteiliger Magen, aber kein Wiederkäuermagen. Im oder am Wasser. Auf Afrika beschränkt.

Flußpferd oder Nilpferd *Hippopotamus amphibius* L. 25
   E – Hippopotamus   A – Seekoei
   F – Hippopotame   K – Kiboko

KENNZEICHEN: Schulterhöhe 140–160 cm; Körpergewicht durchschnittlich 1130–1360 kg, manchmal bis 2600 kg. Unverwechselbar. Sehr groß; Beine kurz, Kopf groß, Schnauze sehr breit, Hals kurz; tonnenförmiger Körper, Bauch wird dicht über dem Boden getragen; Augen vorstehend, mit Ohren und Nasenöffnungen in einer Linie hoch am Kopf, ragen bei untergetauchten Tieren über die Wasseroberfläche hervor. Lange Stoßzähne (Eckzähne), stark gekrümmt; Schneidezähne verlängert, die unteren nach vorn, die oberen nach unten gerichtet. Haut fast nackt, nur an Schnauze und Schwanz deutliche Borsten. Faltenbildung an Hals und Schultern. Färbung gleichmäßig bräunlichgrau, um Schnauze, Augen und Kehle rosa. Körper manchmal durch Drüsensekret („Blutschweiß") rot gefärbt. Weibchen ähneln den Männchen, aber kleiner.

LEBENSRAUM: Flüsse, Seen und kleine Gewässer mit dauernder Wasserführung, die von Grasland umgeben sind; bis zu einer Höhe von 2400 m.

VERBREITUNG: Karte S. 125.

LEBENSWEISE: Sehr gesellig; ortstreu. In Trupps von 5–15, manchmal bis zu 30 Tieren, können zu bestimmten Jahreszeiten größere Herden bilden. In einigen Gebieten sehr hohe Populationsdichte (am oberen Semliki, Kongo, auf je 6 m Uferlänge ein Flußpferd). Weibchen und Jungtiere bilden eine Gruppe, um die sich die Bullen verteilen; die Ranghohen sind der Gruppe am nächsten. Diese Sozialordnung wird nicht immer streng eingehalten, nach einigen Beobachtungen soll die Herde einen Leitbullen haben. Flußpferde leben amphibisch; sind sehr gut an das Leben im Wasser angepaßt, in das sie bei Beunruhigung flüchten. Schwimmen sehr gut, tauchen durchschnittlich 2 Minuten, können aber auch länger unter Wasser bleiben (bis zu 6 Minuten). Ihr spezifisches Gewicht ist höher als das des Wassers, daher können sie auf dem Grunde laufen. Tagsüber schlafen und ruhen sie auf Sandbänken oder im Wasser; oft lassen sich verschiedene Vögel auf ihrem Rücken nieder (Kormorane, Reiher, Stelzen und andere). Verlassen das Wasser bei Dunkelheit (die erwachsenen Männchen zuletzt). Ziehen innerhalb der Grenzen ihres birnenförmigen Wohngebietes umher; benutzen deutliche, etwa 60 cm breite Wechsel, die als Rinnen an den Flußufern beginnen. Nur diese Stellen am Wasser – ihre Fluchtwege – scheinen als Revier verteidigt zu werden. Ihre Weideflächen sind manchmal mehrere Kilometer vom Wasser entfernt. Ausschließlich Pflanzenfresser, ernähren sich von Gräsern (*Themeda, Panicum, Heteropogon* usw.) und von

Wasserpflanzen *(Pistia stratiotes)*. Fressen auch die Früchte des Leberwurstbaumes *(Kigelia pinnata)*. Sehr gefräßig, nehmen während einer Nacht bis zu 60 kg Pflanzenteile auf. Urinieren und koten im Wasser oder an bestimmten Plätzen am Land, wobei sie die Exkremente mit dem Schwanz verteilen. Diese Verhaltensweise hat für die Reviermarkierung keine Bedeutung; sie dient wahrscheinlich der nächtlichen Orientierung am Land. An Ufern von Flüssen und Seen finden sich manchmal bis zu 60 cm hohe Exkrementlagen. T r a g z e i t : 233 Tage; ein Jungtier, wird am Land oder im Wasser geboren; Geburtsgewicht etwa 45 kg. Jungtier wird zunächst am Land, dann im Wasser gesäugt. Entwöhnung nach 4–6 Monaten. Geschlechtsreife mit vier Jahren oder später. Lebensdauer etwa 30 Jahre; in Gefangenschaft wurde ein Flußpferd 46 Jahre alt. S t i m m e : eine Art tiefes Wiehern; sie grunzen und brüllen auch. Flußpferde, besonders die Bullen, kämpfen sehr häufig und heftig miteinander. Fügen sich mit den Zähnen tiefe Wunden zu, die auf der dicken Haut deutliche Narben hinterlassen. Drohgebärde mit weit geöffneten Kiefern, präsentieren dabei das Innere des Mundes und die Zähne. Können auch Menschen gefährlich werden, die sich zwischen ihnen und dem Wasser befinden. Gereizte Tiere greifen gelegentlich auch kleine Boote an. Flußpferde beschädigen manchmal Fischnetze; insgesamt sind aber für die Fischerei nützlich, da durch ihre Bewegungen der Gewässergrund aufgewühlt und so Nährstoffe freigesetzt werden. Exkremente bilden einen wertvollen Dünger. Die Anwesenheit von Flußpferden scheint für eine ständige gute Fischausbeute Bedeutung zu haben. Flußpferde werden oft von einem bestimmten Fisch umgeben (Gattung *Labeo*), der sich von Pflanzenteilen und Exkrementen ernährt. F e i n d e : Löwen und Krokodile können für Jungtiere gefährlich werden.

Zwergflußpferd *Choeropsis liberiensis* (Morton)   **25**
E – Pygmy Hippopotamus   F – Hippopotame pygmée
KENNZEICHEN: Schulterhöhe 75 cm; Körpergewicht 270 kg. Einem verkleinerten Flußpferd ähnlich, aber deutliche Unterschiede vorhanden. So groß wie ein großes Wildschwein. Körper massig, aber relativ leicht gebaut. Rücken stark gewölbt, hinten etwas überbaut. Kopf verhältnismäßig klein, abgerundet, Augen nicht so vorspringend, nicht so hoch am Kopf. Gliedmaßen relativ länger, Füße schweineähnlicher, Zehen weiter spreizbar, mit scharfen Nägeln. Haut nackt, gleichmäßig schwärzlich, unten etwas heller.
LEBENSRAUM: Sumpfwälder und dichte Waldungen an großen und kleinen Flüssen.
VERBREITUNG: Karte S. 125.
LEBENSWEISE: Nicht gesellig, niemals in Herden; einzeln oder paarweise. Nacht-

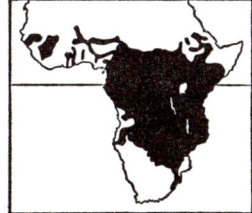

Flußpferd

Zwergflußpferd

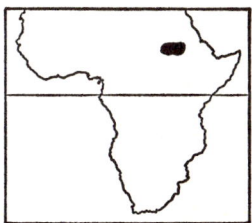

Wildschwein

aktiv, ziehen auf festen Wechseln durch den Unterwuchs; mit der Zeit entstehen so tunnelähnliche Pfade. N a h r u n g : verschiedene Pflanzen, Sukkulenten, weiche Triebe, Wurzeln, Gräser und herabgefallene Früchte. Gute Schwimmer, aber sehr viel weniger an Wasser gebunden als ihre großen Verwandten. Fliehen bei Beunruhigung nicht ins Wasser, sondern suchen in Dickungen Zuflucht. Niemals häufig; der Bestand dieser wenig bekannten Art hat trotz vollständigen Schutzes alarmierend abgenommen.

Schweine: Suidae

Mittelgroß; Füße mit vier Zehen, die mittleren länger, die seitlichen kürzer (erreichen den Boden nicht). Schnauze lang und beweglich, am Ende eine verbreiterte, abgestumpfte, nackte Rüsselscheibe. Eckzähne oft sehr lang (Hauer). Zweiteiliger Magen, nicht wiederkäuend. Mit Ausnahme der arktischen Regionen und Australiens weltweit verbreitet. Drei gut umschriebene und leicht erkennbare Formen im tropischen Afrika; im Norden Afrikas kommt das Europäische Wildschwein vor.

Wildschwein *Sus scrofa* L. 26
E – Wild Boar F – Sanglier

KENNZEICHEN: Schulterhöhe 80 cm; Körpergewicht 90 kg. Kopf verhältnismäßig lang und zugespitzt, ohne Warzen. Hauer verhältnismäßig klein; die oberen nach oben und außen gekrümmt, die unteren schleifen sich an den oberen scharfkantig ab. Fell rauh und borstig, ziemlich lang. Grundfärbung bräunlich, im Alter grauer. Weibchen ähneln den Männchen, kleiner, sehr viel kleinere Hauer. Jungtiere mit gelblichen Längsstreifen auf dunkelbraunem Grund. Werden im Alter einfarbig bräunlich, dann schwärzlich.

INNERARTLICHE VARIABILITÄT: Das ägyptische Wildschwein *(sennaarensis)* ist der afrikanische Vertreter des eurasiatischen Wildschweines, von dem es sich nur geringfügig unterscheidet: kleiner, Schnauze etwas länger, Fell kürzer und dünner. Kann mit verwilderten Hausschweinen verwechselt werden, die im Sudan in mehreren Bezirken vorkommen. Nach einigen Angaben soll es im Sudan ausschließlich verwilderte Hausschweine geben: die Verbreitung des Wildschweines wäre dann auf das nördliche (palaearktische) Afrika beschränkt; das erscheint zweifelhaft.

LEBENSRAUM: Wälder und dichter Unterwuchs.

VERBREITUNG: Karte S. 125. Südlich der Sahara nur im Sudan. Auch in Marokko, Algerien und Tunesien. Im nördlichen Ägypten ausgestorben.

LEBENSWEISE: Gesellig in kleinen Familienverbänden (Rotte); alte Keiler Einzelgänger. Nachtaktiv, tagsüber in dichter Vegetation oder im Schatten von Felsen. N a h r u n g : verschiedene Pflanzenteile, Gras, Triebe, Blätter, Früchte, auch kleine Tiere und Aas. W u r f g r ö ß e : 8–10.

Warzenschwein *Phacochoerus aethiopicus* (Pallas) 26
E – Warthog A – Vlakvark
F – Phacochère K – Ngiri

KENNZEICHEN: Schulterhöhe 75 cm; Körpergewicht 60–135 kg (Männchen), 50–70 kg (Weibchen). Langer Körper, sehr großer Kopf; Schnauze lang, vorn verbreitert. Jederseits zwei große Warzen, die obere unmittelbar unter dem Auge,

Schweine

die untere zwischen Auge und Hauer. Obere Eckzähne halbkreisförmig nach außen, dann aufwärts und einwärts gekrümmt; die unteren schleifen gegen die Basis der oberen, bilden so scharfkantige Waffen. Haarkleid sehr spärlich, borstig; Erwachsene fast nackt; an den Mundwinkeln mit hellgefärbtem, bürstenartigem Backenbart und von der Stirn bis zum Mittelrücken Mähne aus langen steifen Haaren. Haut gräulich oder schwärzlich, oft durch Suhlen rot oder gelb gefärbt. Schwanz dünn und lang, mit Endquaste; wird beim schnellen Laufen in charakteristischer Weise senkrecht nach oben getragen. Sau ähnelt dem Keiler, aber ohne deutliche Warzen; Hauer kleiner. Jungtiere einfarbig, in der ersten Woche graurosa, dann grau.

LEBENSRAUM: Offene Savannen, vor allem in Wassernähe (Trinken und Suhlen). Auch in sehr trockenen Lebensräumen der Trockensavanne (Sahel-Zone) (nur sechs Monate im Jahr Wasser).

VERBREITUNG: Karte S. 128.

LEBENSWEISE: Gesellig, alte Männchen Einzelgänger; vorwiegend in Familienrotten aus Keiler, Sau und den Jungtieren eines oder zweier aufeinanderfolgender Würfe. Rotten können sich zeitweise zu größeren Verbänden zusammenschließen, behalten dabei jedoch mehr oder weniger ihre Eigenständigkeit. Vorwiegend tagaktiv, aber manchmal auch in mondhellen Nächten Nahrungsaufnahme, und Ruhezeiten während der größten Tageshitze. Schlaf- und Wurfplatz oft in vergrößerten und hergerichteten Erdferkelbauen, sonst in geschützten Höhlen usw. Baue und Höhlen werden mit Gras ausgepolstert. Kriechen rückwärts in den Bau, damit der Kopf mit den Hauern dem Eingang zugewandt ist. Sehvermögen schlecht, aber Gehör und Geruchssinn sehr gut. L a u t ä u ß e r u n g e n : im allgemeinen ruhig, bei Beunruhigung grunzende Töne. N a h r u n g : vorwiegend kurze Gräser und Kräuter; „kniet" sich zum Fressen oft auf die Hornschwielen der Handgelenke nieder. Frißt auch Blätter und Früchte, gräbt in einigen Gebieten mit den Eckzähnen Wurzeln und Knollen aus (wie Buschschweine), besonders dort, wo Wasser knapp ist. Warzenschweine sind für die Landwirtschaft im allgemeinen nicht schädlich. D u r c h s c h n i t t l i c h e W u r f g r ö ß e : 3–4; eine Sau soll bis zu 8 Ferkeln aufziehen können (darunter adoptierte?). F e i n d e : Löwen und Leoparden.

Busch-, Fluß- oder Pinselohrschwein *Potamochoerus porcus* (L.) 26

E – Bush-Pig, Red River Hog   A – Bosvark
F – Potamochère   K – Nguruwe

KENNZEICHEN: Schulterhöhe 60–75 cm; Körpergewicht 55–80 kg. Hausschweinähnlich; langer Kopf, kurzer, seitlich abgeflachter Körper. Fell lang und borstig; lange, weißliche Rückenmähne, reicht oft bis zu den Ohren, wird bei Erregung aufgestellt. Ohren mit Endbüscheln langer Haare. Färbung variabel: leuchtend rötlichbraun bis dunkel bräunlichschwarz, Kopf schwärzlichweiß gezeichnet; auch sehr blaß gefärbte Tiere mit weißlichem Kopf. Alte Männchen haben auf der Schnauze zwei gut ausgebildete Warzen. Hauer sehr scharf, aber kurz. Schwanz lang und dünn, reicht bis zu den Sprunggelenken, hängt beim Laufen herab. Frischlinge dunkelbraun mit gelblichen Längsstreifen; werden nach kurzer Zeit gleichmäßig rötlichbraun mit schwarzweißer Rückenmähne.

INNERARTLICHE VARIABILITÄT: Fellfärbung variiert sehr stark altersabhängig (Tiere werden mit zunehmendem Alter dunkler) und geographisch. Die südlichen und östlichen Unterarten (*koiropotamus*, südliche Kapprovinz bis Natal; *nyassae*, Njassaland, und Verwandte) sind sehr dunkel, manchmal fast

schwarz; die westlichen Unterarten dagegen leuchtend rot oder rötlichbraun, Fell oft kürzer und dichter.
LEBENSRAUM: Regenwald bis dichtes Buschland; auch Bergwälder.
VERBREITUNG: Karte S. 128. Eine Unterart *(larvatus)* kommt als einzige wilde Schweineform auf Madagaskar vor (eingeführt?).
LEBENSWEISE: Gesellig, in Rotten, gewöhnlich 6–20 Tiere (auch bis 40) mit einem starken Keiler. Vorwiegend nachtaktiv; während der größten Tageshitze in sehr dichtem Buschwerk verborgen, niemals in Erdferkelbauen. Sehr flink, schwimmen sehr gut. Sehr großes Wohngebiet, streifen auf der Nahrungssuche oft weit umher. L a u t ä u ß e r u n g e n : schnauben und grunzen bei Beunruhigung oder beim Fressen wie Schweine. N a h r u n g : Allesfresser; vorwiegend Wurzeln und Knollen, auch Gras, Samen und Früchte; ebenso Insekten und Larven, Vogeleier, Reptilien und Aas. Wühlen mit der Schnauze ihre Nahrung aus dem Boden, reißen dabei auch Pflanzen und Büsche heraus; verursachen so in Kulturen (Kassavawurzeln, Erdnüsse, usw.) große Schäden. W u r f g r ö ß e : 3–6. Trotz Bejagung nehmen die Bestände zu; eine Ursache ist wohl die Dezimierung ihres Hauptfeindes, des Leoparden.

Riesen-Waldschwein *Hylochoerus meinertzhageni* Thomas 26
E – Giant Forest Hog   F – Hylochère

KENNZEICHEN: Schulterhöhe 100 cm; Körpergewicht bis 225 kg. Sehr groß, kräftig gebaut, langer Körper, verhältnismäßig lange Gliedmaßen, hinten überbaut. Kopf lang und massig; lange breite Schnauze, große schwammige Unteraugenwülste. Ohren zugespitzt, verhältnismäßig klein. Hauer deutlich sichtbar, aber kleiner als beim Warzenschwein. Fell lang und rauh, vollständig pechschwarz, bei alten Tieren schütter; am Hinterkopf und Nacken fast aufrecht stehende Borsten, Haut schwärzlichgrau. Schwanz lang, mit Endquaste, niemals aufrecht getragen. Jungtiere einfarbig, schwärzlichbraun, heller als die Erwachsenen.
LEBENSRAUM: Dichte Wälder; im östlichen Kongo auch Waldränder und angrenzende Steppe. Oft hoch im Gebirge.
VERBREITUNG: Karte S. 128.
LEBENSWEISE: In kleinen Familienrotten von 4–12 Tieren, manchmal Gruppen bis zu 30. Männchen in kleinen Trupps, alte Keiler Einzelgänger. Vorwiegend nachtaktiv, in Schutzgebieten auch tagaktiv. Durchstreifen den dichten Busch auf festen Wechseln (deutliche Tunnel). Graben kaum nach Nahrung, in einigen Gebieten gar keine Wühltätigkeit. N a h r u n g : Blätter, herabgefallene Früchte, Beeren, bestimmte Wurzeln; auch Gras und Kräuter. Können Ernteschäden verursachen. W u r f g r ö ß e : 2–6.

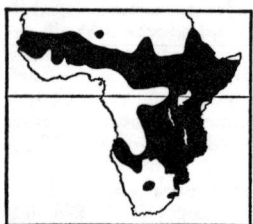
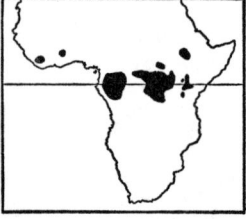

Warzenschwein   Buschschwein   Riesen-Waldschwein

Zwergböckchen: Tragulidae

Sehr kleine Huftiere, mit den Hirschen (Cervidae) verwandt, aber auch Beziehungen zu den Schweinen (Suidae). Kopf klein und zugespitzt, ohne Hörner oder Geweihe; Männchen mit gut entwickelten Eckzähnen, die über die Lippen herausragen. Beine lang und dünn, vier gut entwickelte Zehen. Wiederkäuer (Magen mit drei Abteilungen). In Afrika nur eine Art, andere Arten in Südost-Asien.

Zwergmoschustier, Wassermoschustier oder **Hirschferkel** *Hyemoschus aquaticus* (Ogilby)   42
E – Water Chevrotain   F – Chevrotain aquatique

KENNZEICHEN: Schulterhöhe 35 cm; Körpergewicht 14 kg. Unverwechselbar. Sehr klein, antilopenähnlich, kleiner, spitzer Kopf, kleine, runde Ohren; gewölbter Rücken, hinten überbaut; kurze, schlanke Beine. Ohne Hörner; obere Eckzähne bei erwachsenen Männchen außerordentlich lang, ragen über die Lippen hervor; werden als Waffen verwendet. Allgemeine Färbung tief dunkel rötlichbraun. Manchmal schwärzlicher, mehr oder weniger deutlicher Nasenstreifen bis unter das Auge. Weiße Kinn- und Kehlzeichnung erstreckt sich in zwei Streifen bis zur Halsseite. Auf Rücken und den oberen Flanken 6–7 undeutliche Längsreihen weißlicher oder gelblicher Flecken; von der Schulter bis zum Hinterteil ebenso gefärbter auffallender Flankenstreifen; darunter undeutliche Streifung. Unterseite von der Kehle an weiß, am Hals zwei dunkle Streifen. Schwanz sehr kurz. Weibchen ähneln den Männchen, ohne vorstehende Eckzähne.

ÄHNLICHE ARTEN: Durch die hellen Flecken und Streifen leicht von Duckern oder Böckchen zu unterscheiden.

LEBENSRAUM: Dichte Regen- und Galeriewälder an Gewässern.

VERBREITUNG: Karte S. 131.

LEBENSWEISE: Ziemlich häufig, aber sehr scheu und daher schwer zu beobachten. Einzeln, nur während der Fortpflanzungszeit paarweise; kleines Wohngebiet. Nachtaktiv. Streng an Wasser gebunden; schwimmt sehr gut, flieht ins Wasser. N a h r u n g : Früchte, Blätter, Samen und Wasserkräuter, ähnlich wie Ducker; aber auch hoher Anteil tierischer Kost (Fische, Insekten, Aas). L a u t ä u ß e r u n g e n der Männchen während der Paarungszeit: Serien kurzer Rufe.

Giraffen: Giraffidae

Sehr eigenartige Huftiere, auf Afrika beschränkt; hochspezialisierte anatomische Merkmale. Füße mit zwei huftragenden Zehen; keine Nebenzehen. Auf dem Kopf von Haut und Haaren bedeckte Knochenzapfen („Hörner", ohne Hornscheide). Hals mäßig bis sehr lang (wie bei anderen Säugetieren 7 Halswirbel, aber alle stark verlängert). Die beiden Arten, Giraffe und Okapi, sind unverwechselbar.

Giraffe *Giraffa camelopardalis* (L.)   27
E – Giraffe   A – Giraf, Kameelperd
F – Girafe   K – Twiga

KENNZEICHEN: Schulterhöhe 3–3,60 m, Scheitelhöhe 4,35–5,40 m; Körpergewicht bis 1200 kg. Sehr groß. Unverwechselbar durch Körperumriß, sehr langen Hals mit kurzer steifer Mähne, stark abfallenden Rücken und lange Gliedmaßen. Schwanz lang mit Endquaste. Netzwerk heller gelblicher Linien auf kastanienbrauner Grundfärbung; so entstehen in Größe und Umriß sehr variable Flecken. Unterseite hell, schwach gefleckt. Ein Paar kurze „Hörner" auf dem Scheitel, ein medianes „Horn" auf der Stirn (manchmal nur höckerartig), gelegentlich ein Paar sehr kleine „Hörner" auf dem Hinterhaupt. Weibchen kleiner, heller gefärbt, mit kleineren „Hörnern".

INNERARTLICHE VARIABILITÄT: Sehr große Variabilität. Viele Unterarten. Folgende Gruppierung ist möglich: Nördliche Giraffen: Beine unterhalb der „Knie" weiß. Medianes „Horn" gut entwickelt. Netzzeichnung wird von Ost nach West allmählich undeutlicher, Flecken immer verschwommener. Netzgiraffe (*reticulata*, Nordost-Afrika, Somaliland und nördliches Kenia): intensiv kastanienbraune Grundfärbung, sehr deutliches Netzwerk schmaler weißer Streifen, begrenzt große geometrische Flecken (manchmal als besondere Art aufgefaßt). Nubien-Giraffe *(camelopardalis)*: im Färbungsmuster der Netzgiraffe ähnlich, aber dunkle Flecken durch breitere, gelblichweiße Linien begrenzt (auch bei der Uganda- oder Rothschild-Giraffe, *rothschildi*). Tschad-Giraffe *(peralta)* und Verwandte: Tendenz zur Auflösung der Flecken in kleinere. Helle Zwischenräume intensiv gelblichbraun bis weiß. Südliche Giraffen (etwa vom Äquator an südwärts): Beine dunkler (braun oder gelbbraun). Medianes „Horn" sehr klein oder fehlend. Populationen in Kenia und Tansania (Massai-Giraffe, *tippelskirchi*) mit dunklen, unregelmäßig geformten (gekerbten) Flecken. Populationen in Süd-Afrika *(angolensis, wardi)* mit deutlicher Tendenz zu netzartiger Fleckung, mit großen, mehr oder weniger viereckigen, klar begrenzten Flecken. Zwischen den verschiedenen Zeichnungs- und Färbungstypen gibt es alle Übergänge.

LEBENSRAUM: Trockene, offene Landschaften mit Buschwerk und Akazien; auch in lichten Waldungen, aber niemals in dichtem Wald.

VERBREITUNG: Karte S. 131. Früher in Afrika weiter verbreitet. Vorkommen in der zentralen Sahara durch Felszeichnungen in Höhlen belegt; mit der Wüstenbildung aus diesem Gebiet verschwunden. Im größten Teil Westafrikas durch Überjagung ausgerottet.

LEBENSWEISE: Gesellig, in Herden von 2 oder 3, bis zu 40, manchmal bis zu 70 Tieren. Alte Bullen oft Einzelgänger. Auch Bullenherden, manchmal nur voll erwachsene Tiere, manchmal ein großer und jüngere Bullen. Gemischte Herden bestehen aus einem (manchmal bis zu 8) großen Männchen mit Kühen, Halbwüchsigen und Kälbern verschiedenen Alters. Lockere Verbindungen, ranghöchstes Tier der große Bulle, aber Leittier im allgemeinen ein Weibchen. Giraffen erreichen im Galopp eine Geschwindigkeit bis zu 55 km/h. Dabei werden die Hinterfüße vor und seitlich neben die Vorderfüße gesetzt; Hals und Kopf schwingen im Rhythmus mit, der Schwanz wird über den Rücken hochgestellt. Die Vorderbeine werden gleichzeitig bewegt, ebenso die Hinterbeine, abweichend von der diagonalen Bewegung wie z. B. beim Pferd. Langsame Fortbewegung im Paßgang. L a u t ä u ß e r u n g e n : Brummen, Blöken und Schnauben; zur Verständigung untereinander anscheinend ohne Bedeutung. Gehör und Gesichtssinn gut entwickelt, Geruchssinn vermutlich schwach. N a h r u n g : Blätter und Zweige vieler großer Bäume (besonders Leguminosen). Können bis zu einer Höhe von 6 Metern über dem Boden äsen; reißen mit der sehr beweglichen Oberlippe und der herausstreckbaren Zunge Blätter und Zweige ab (auch bedornte). Nahrungsaufnahme tagsüber, besonders am frühen Morgen und späten Nachmittag, teilweise nachts. Trinken, wenn möglich, viel, müssen dabei die Vorderbeine weit auseinanderspreizen, um mit der Schnauze ans Wasser zu gelangen. Männchen kämpfen das ganze Jahr über viel miteinander: stellen sich dicht nebeneinander, Köpfe in gleicher oder entgegengesetzter Richtung. Schlagen mit dem Kopf gegen Kopf oder Körper des Gegners. Schläge können sehr heftig sein, oft weit zu hören. Häufig auch Scheinkämpfe. Paarungsvorspiele wenig ausgeprägt; häufig prüft der Bulle den Urin des Weibchens mit Mund oder Zunge. Offensichtlich keine jahreszeitliche Begrenzung der Fortpflanzung. Kälber werden das ganze Jahr über geboren. T r a g z e i t : 450 Tage; gelegentlich Zwillingsgeburten. Junge nehmen schon mit etwa zwei Wochen feste Nahrung auf. V e r t e i d i g u n g : Schläge mit den Vorderbeinen. F e i n d e : Löwen, die besonders trinkende oder am Boden fressende Giraffen angreifen.

Okapi *Okapia johnstoni* (Sclater) 27
E – Okapi   F – Okapi

KENNZEICHEN: Schulterhöhe 160 cm; Körpergewicht 225 kg. Unverwechselbar. Groß, eigenartige Gestalt: Körper kurz und gedrungen, wie bei Giraffen mit abfallendem Rücken, aber Hals viel kürzer, nicht länger als bei Antilopen. Beine relativ lang. Ohren sehr breit. Kurze, rückwärts weisende „Hörner", mit Haaren bedeckt. Bei Jungtieren schwache Nackenmähne. Allgemeine Färbung samtartig dunkel kastanienbraun, fast purpurschwarz. Kopfseiten hellgrau. Obere Teile der Vorderbeine, Keule und Schenkel mit auffallenden schwarzweißen Querstreifen, scharf gegeneinander abgesetzt. Beine unten cremefarbig weiß, außer einem Längsstreifen an den Vorderbeinen unterhalb des „Knies" und breiter schwarzer Ringe oberhalb der Hufe. Schwanz ziemlich kurz, erreicht die Sprunggelenke nicht; mit kleiner Endquaste. Weibchen ähneln Männchen, aber hornlos.
LEBENSRAUM: Dichte Regenwälder, vorzugsweise im sehr dichten Unterwuchs in Sekundärwäldern oder in der Nähe von Flüssen.
VERBREITUNG: Karte S. 131.
LEBENSWEISE: Sehr zurückgezogen, daher erst spät entdeckt (zu Beginn dieses Jahrhunderts). Einzelgänger; sehr scheu; nachtaktiv, am Tage in Dickungen. N a h r u n g : Blätter, Zweige und Früchte; werden mit sehr langer, vorstreckbarer Zunge ergriffen. Gehör sehr gut.

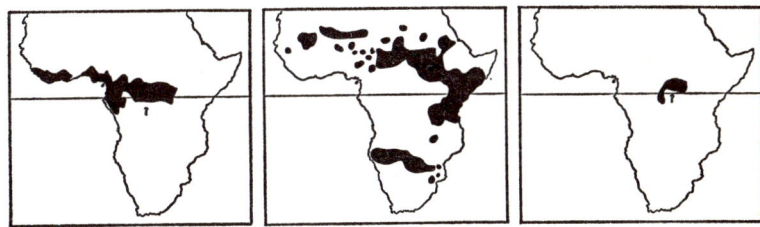

Zwergmoschustier   Giraffe   Okapi

Paarhufer

Hornträger: Bovidae

Drehhornantilopen: Tragelaphinae

Trotz erheblicher Unterschiede (besonders Körpergröße) besitzen die Drehhornantilopen sehr wichtige gemeinsame Merkmale: Körper fast immer mit Streifen und Flecken, gewöhnlich weißes Stirnzeichen. In der Regel kurze Mähne auf Nacken und Rücken, zumindest auf den Schultern. Manchmal eine Halsmähne. Hörner nur bei Männchen (außer Elenantilope und Bongo); spiralig gedreht, vorn und hinten gekielt, niemals geringelt. Leben vorwiegend in deckungsreichen Lebensräumen, manchmal sogar in dichten Waldungen. Stimme gewöhnlich ein Bellen oder tiefes Grunzen. Ausgeprägtes Paarungsvorspiel, unterscheiden sich darin von den meisten anderen horntragenden Wiederkäuern.

Riesen-Elenantilope *Taurotragus derbianus* (Gray)[50]   28
E – Giant Eland   F – Elan(d) de Derby

KENNZEICHEN: Schulterhöhe bis zu 175 cm; Körpergewicht 450–900 kg. Sehr groß, massig; rinderartige Erscheinung. Ohren breit und abstehend. Allgemeine Färbung rötlichbraun oder kastanienbraun, wird mit zunehmendem Alter bläulichgrau. Körperseiten mit etwa 14 weißen Streifen. Schwarzer Aalstrich. Erwachsene mit schokoladenbraunem Stirnschopf; auf Nacken und Schultern kurze dunkle Mähne. Hals mit schwärzlichen Haaren, hinten durch weißes Halsband begrenzt. Große, an der Kinnspitze beginnende Wamme. Hörner (im Mittel 89 cm; maximal 124 cm) sehr groß, massig, nicht gebogen; divergieren; enge schraubenartige Windung. Weibchen leichter gebaut, kleiner, ohne Stirnschopf; Hörner kleiner.

INNERARTLICHE VARIABILITÄT: Westliche Unterart (*derbianus*; früher von Senegal bis zum nördlichen Nigeria, heute nur verstreute Populationen, Bestand ernsthaft bedroht) mit leuchtend rotbrauner Grundfärbung und etwa 15 weißen Querstreifen. Zentralafrikanische Unterart (*gigas* und Verwandte; von Kamerun durch das südliche Tschad bis Bahr-el-Ghasal, Sudan und den Garamba Nationalpark, Kongo), etwas größer, mit sandfarbiger Grundfärbung und 12 Querstreifen.

ÄHNLICHE ARTEN: Siehe Elenantilope.

LEBENSRAUM: Lichte Waldungen und bewaldete Savannen; niemals weit von Wasser entfernt.

[50] Manchmal wird diese Form mit der Elenantilope in einer Art vereinigt.

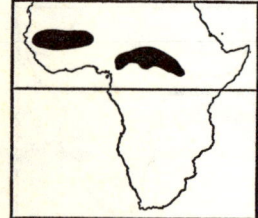
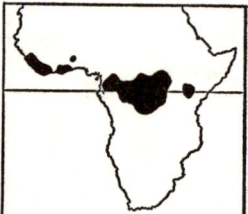

Riesen-Elenantilope   Elenantilope   Bongo

Hornträger 133

VERBREITUNG: Karte S. 132.
LEBENSWEISE: Gesellig, in Herden bis zu 60 Tieren, gewöhnlich 15–25. N a h ‑
r u n g : vorwiegend Blätter, Triebe, manchmal Gräser. Wanderungen richten
sich – zumindest während der Trockenzeit – nach dem Angebot ihrer be‑
vorzugten Nahrung (junge Blätter von Bäumen der Gattung *Isoberlinia*).
Nahrungsaufnahme vorwiegend nachts. Sehr scheu, wie die Elenantilope nicht
angriffslustig. Geruchs- und Gehörsinn sehr gut. Die Riesen-Elenantilope hat
sehr unter der Rinderpest gelitten. Unkontrollierte Bejagung (auch mit Feuer)
hat den Bestand ebenfalls reduziert; besonders in Westafrika ist sie in großen
Teilen ihres früheren Verbreitungsgebietes ausgerottet.

Elenantilope *Taurotragus oryx* (Pallas) 28
E – Cape/Livingstone's Eland A – Eland
F – Elan(d) du Cap K – Pofu, Mbunju

KENNZEICHEN: Schulterhöhe 175 cm; Körpergewicht 590–680 kg, manchmal bis
900. Sehr groß, massig, rinderartige Erscheinung. Ohren schmal, zugespitzt.
Allgemeine Färbung gelblichbraun, mit zunehmendem Alter gräulich oder
bläulichgrau (ausgenommen untere Teile der Beine). Körperseiten einfarbig
oder schwach gestreift. Erwachsene mit schokoladenbraunem oder schwarzem
Stirnschopf; kurze braune Nackenmähne. Schwarzer Aalstrich. Große Wamme,
beginnt an der Kehle (nicht am Kinn), unten mit schwarzem Haarbüschel.
Schwanz lang, erreicht die Sprunggelenke, schwarze Endquaste. Hörner (im
Mittel 73 cm; maximal 110 cm) groß, massig, schwach divergierend, in der
Stirnebene nach hinten gerichtet; untere Hälfte mit enger schraubenartiger
Windung. Weibchen wie Männchen, aber kleiner und leichter gebaut; allge‑
meine Färbung rötlichbraun; Stirn ohne Haarschopf; Hörner dünner, aber oft
länger.
INNERARTLICHE VARIABILITÄT: Nach Färbung und Zeichnungsmuster mehrere
Unterarten: Kap-Elenantilope (*oryx*, von Natal – Giants Castle Reserve – und
der nördlichen Kap-Provinz bis zum Sambesi und dem nördlichen Südwest-
Afrika) bei Erwachsenen ohne Streifung. Sambesi-Elenantilope (*livingstonii*,
vom Sambesi bis Zentral-Tansania; Angola) intensiver gefärbt, mit 6–10 deut‑
lichen weißen Querstreifen auf den Flanken. Ostafrika-Elenantilope (*patter‑
sonianus*, von Zentral-Tansania durch Kenia bis zum Tana, westwärts bis
Rwanda [Kagera] und Uganda) hell rotbraun, mit weißen Streifen; weißes
Stirnzeichen gewöhnlich unvollständig.
ÄHNLICHE ARTEN: Siehe Riesen-Elenantilope.
LEBENSRAUM: Offene Steppen und Savannen, auch trockene Mopane-Waldungen,
lichte Wälder und Berggrasland, manchmal Riesenheide und Bergwald bis zu
4200 m.
VERBREITUNG: Karte S. 132.
LEBENSWEISE: Gesellig, in Herden von wenigen bis zu 200 Tieren; gelegentlich
noch größere Ansammlungen (auf Wanderungen oder in Dürrezeiten); ge‑
wöhnlich 25–70 Tiere, mit einem oder zwei erwachsenen Bullen. Können sich
mit Pferdeantilopen, Spießböcken oder Zebras vergesellschaften. Alte Bullen
oft Einzelgänger. Erstaunliche Sprungkraft (bis 2,40 m). N a h r u n g : Blät‑
ter von Bäumen (sogar die derben Mopane-Blätter) und Büschen; auch Früchte,
wilde Melonen; graben mit den Hufen nach Zwiebeln und Wurzelknollen.
Brechen mit den Hörnern Zweige ab. Zu Beginn der Regenzeit wird, besonders
in gebirgigen Lebensräumen, auch Gras gefressen. Weitgehend vom Wasser un‑
abhängig, trinken aber regelmäßig, wenn Wasser vorhanden ist. Streifen das
ganze Jahr über viel umher, besonders in der Trockenzeit. Gehör- und Ge‑

ruchssinn gut entwickelt, Sehvermögen vermutlich schlecht. S t i m m e : tiefes Grunzen oder Schnauben. Sind ziemlich ruhig. Nicht aggressiv, können leicht gezähmt werden. Leichter als jede andere afrikanische Antilope zu mästen; Fleisch und Milch ausgezeichnet, daher verschiedentlich halb wild gehalten, sogar halb domestiziert (Südafrika, Rhodesien und Ascania Nova, UdSSR).

Bongo *Boocercus euryceros* (Ogilby) 28
E – Bongo F – Bongo

KENNZEICHEN: Schulterhöhe 130 cm; Körpergewicht 225 kg. Größte und schwerste Waldantilope; sehr lebhaft gefärbt; Rücken gekrümmt. Ohren sehr groß und breit. Allgemeine Färbung leuchtend kastanienrot, mit zunehmendem Alter dunkler. Kurze, schwarzweiße Rückenmähne, Körperseite mit 12–14 schmalen, aber deutlichen weißen Querstreifen. Schnauze schwärzlich; zwischen den Augen auffallende weiße Zeichnung, zwei große weiße Wangenflecken. Deutliches, halbmondförmiges weißes Halsband. Unterseite schwärzlich. Beine auffallend schwarzweiß gezeichnet. Schwanz lang, schwarze Endquaste. Hörner groß (im Mittel 76 cm; maximal 100 cm), sehr kräftig, glatt, locker spiralig gewunden; schwarz mit hellgelblichen Spitzen. Weibchen ähneln den Männchen, blasser, Hörner schlanker, kürzer, annähernd parallel verlaufend, manchmal abweichend geformt (wenigstens bei der östlichen Unterart). Jungtiere heller als Erwachsene.

INNERARTLICHE VARIABILITÄT: Westliche Unterart (*euryceros*, von Sierra Leone bis Katanga) zahlreiche weiße Seitenstreifen; östliche Unterart (*isaaci*, Kenia) angeblich weniger Streifen.

ÄHNLICHE ARTEN: Sitatunga, leicht zu unterscheiden durch: schlankere Gestalt, dunklere braune Färbung, weniger auffallende Streifung und (falls sichtbar) stark verlängerte Hufe.

LEBENSRAUM: Dichter Wald, sehr selten lichte Waldungen. Gelegentlich in isolierten Restwaldungen. In Ostafrika nur aus montanen Regen- und Bambuswäldern bekannt.

VERBREITUNG: Karte S. 132.

LEBENSWEISE: Vorwiegend nachtaktiv, auch tagaktiv; schwer auszumachen; paarweise oder in kleinen Gruppen, gelegentlich bis zu 35 Individuen. Alte Böcke Einzelgänger. Schlüpfen in geduckter Haltung mit Leichtigkeit durch dichten Unterwuchs, können dabei erhebliche Geschwindigkeiten erreichen (Kopf aufgeworfen, Hörner liegen dem Rücken an). N a h r u n g : Blätter, Triebe von Büschen und Schlingpflanzen; auch verrottetes Holz und Rinde; richten sich auf die Hinterbeine auf, um die Zweige zu erreichen. Bambus spielt anscheinend für die Ernährung keine Rolle. Sehr scheu, sehr gutes Hörvermögen; während der Tageshitze in dichter Vegetation. S t i m m e : ähnlich wie bei Elenantilope oder Hausrindkalb (Blöken). Ziemlich ruhig.

Großer Kudu *Tragelaphus strepsiceros* (Pallas) 29
E – Greater Kudu   A – Koedoe
F – Grand Koudou   K – Tandala mkubwa

KENNZEICHEN: Schulterhöhe 160 cm; Körpergewicht 270–315 kg (Männchen), 180–215 kg (Weibchen). Groß, schlank, sehr elegant wirkend. Ohren groß. Allgemeine Färbung bläulichgrau bis gräulichbraun und rötlichbraun. Körperseiten mit 6–10 senkrechten weißen Streifen. Kopf dunkler, zwischen den Augen weiße Zeichnung, drei weiße Wangenflecken. Kehle nicht weiß gezeichnet; deutliche Halsmähne mit 1–2 dunkelbraunen Bändern. Rückenmähne

Hornträger 135

vom Hinterhaupt bis zur Schwanzwurzel, auf Nacken und Schultern braun und lang, auf dem Rücken weiß und kürzer. Schwanz erreicht die Sprunggelenke nicht; buschig, weiße Unterseite, schwarze Spitze. Hörner lang (im Mittel 114–127 cm; maximal 181,6 cm), stattlich, stark divergierend, in 2–3 offenen Spiralen gewunden. Weibchen kleiner und schlanker, Grundfärbung gelblichbraun, hornlos. Jungtiere rötlicher.
INNERARTLICHE VARIABILITÄT: Südlicher Großer Kudu (*strepsiceros*, Südafrika bis Angola und Sambia) größer; Körper dunkler, bei alten Männchen grau, 9–10 Querstreifen. Ostafrikanischer Großer Kudu (*bea*, von Tansania bis Eritrea) leuchtender gefärbt, 6–8 Streifen. Westlicher Großer Kudu (*cottoni*, Tschad bis Äthiopien) heller, weniger Streifen.
ÄHNLICHE ARTEN: Kleiner Kudu, kleiner und graziler gebaut; zwei deutliche weiße Kehlflecken, ohne Halsmähne; enger und kontrastreicher gestreift; kleinere Hörner, enger gewunden, divergieren schwächer.
LEBENSRAUM: Lichte Waldungen oder ziemlich dichter Busch, oft in felsigem Bergoder Hügelland; selten weit vom Wasser, trinken in den meisten Gebieten regelmäßig. Manchmal jedoch auch in wasserlosen Gebieten. Während der Regenzeit auch in der Steppe, meiden gewöhnlich die offene Landschaft.
VERBREITUNG: Karte S. 136.
LEBENSWEISE: In der Regel in kleinen Herden oder Familiengruppen von 4–5 Tieren, oft ohne erwachsene Männchen; auch Ansammlungen von 30 und mehr Tieren. Während der Regenzeit kleinere Herden. Bullen oft Einzelgänger, manchmal in Junggesellenherden. Vorwiegend nachtaktiv, ruhen während der heißen Tageszeit im Schatten von Bäumen; Nahrungssuche vom späten Nachmittag bis zum frühen Morgen. N a h r u n g : in der Hauptsache Triebe und Blätter verschiedener Pflanzen (sogar als giftig geltende Pflanzen werden ohne Schaden gefressen), Samen, zu Beginn der Regenzeit und nach Steppenbränden auch junges Gras. In den Trockengebieten Südwest-Afrikas wird der Flüssigkeitsbedarf weitgehend aus wilden Wassermelonen gedeckt. Springen vorzüglich; Zäune von über 2,10 m Höhe sind zum Schutz der Felder notwendig. Laufen schwerfällig, Schwanz dabei hochgestellt, so daß weiße Unterseite sichtbar. Gegenüber Geräuschen sehr empfindlich. S t i m m e : laute, heisere Bellaute. Bullen röhren während der Fortpflanzungszeit.

Kleiner Kudu *Tragelaphus imberbis* Blyth 29
E – Lesser Kudu   K – Tandala ndogo
F – Petit Koudou

KENNZEICHEN: Schulterhöhe 100 cm; Körpergewicht 55–105 kg. Mittelgroß, schlank. Allgemeine Färbung bräunlichgrau, mit zunehmendem Alter blaugrau. Körperseiten mit 11–15 schmalen deutlichen weißen Querstreifen. Kopf intensiver gefärbt; weißer V-Fleck zwischen den Augen nicht vollständig. Je ein auffallender weißer Fleck an Kehle und Hals. Vom Nacken zur Schwanzwurzel kurze Rückenmähne; auf Hals und Schultern braun, länger, auf Rücken schwach entwickelt, weiß. Keine Halsmähne. Schwanz erreicht die Sprunggelenke nicht; buschig, weiße Unterseite, schwarze Spitze. Hörner lang (im Mittel 76 cm; maximal 91 cm), mäßig divergierend, gewöhnlich in zwei, manchmal in drei engen Spiralen gewunden. Weibchen hornlos, kleiner, heller gefärbt, rötlich gelbbraun, nur grauer Anflug, weiße Kehlzeichnungen weniger deutlich.
ÄHNLICHE ARTEN: Siehe Großer Kudu.
LEBENSRAUM: Akaziengebüsch, dichtes Buschwerk und trockenes Buschland. Niemals in der offenen Grassteppe.

VERBREITUNG: Karte S. 136.
LEBENSWEISE: Gewöhnlich paarweise, oft mit Jungtieren. Manchmal kleine Weibchenherden. Sehr scheu; während der Tageshitze in dichtem Buschwerk, hauptsächlich in der Dämmerung und am frühen Morgen aktiv. N a h r u n g : Blätter, junge Triebe und Zweige. Trinken, wenn möglich, regelmäßig, können aber während der Trockenzeit länger ohne Wasser auskommen; oft in trockneren Gebieten als der Große Kudu. S t i m m e : ein lauter Bellaut, ähnlich wie bei Schirrantilope. Können wie der Große Kudu gut springen.

Bergnyala *Tragelaphus buxtoni* (Lydekker) 29
E – Mountain Nyala F – Nyala de montagne

KENNZEICHEN: Schulterhöhe 130 cm; Körpergewicht 200–225 kg. Groß, ähnelt dem Großen Kudu. Fell ziemlich rauh. Ohren groß. Allgemeine Färbung gräulich kastanienbraun. Zwischen den Augen weißer V-Fleck, zwei weiße Wangenflecken. Großer weißer Kehlfleck, halbmondförmiger weißer Halsfleck. Rücken und Flanken mit etwa vier undeutlichen kurzen weißen Querstreifen; einige weiße Flanken- und Schenkelflecken. Kurze dunkelbraune Nackenmähne, setzt sich in kürzere braune und weiße Rückenmähne fort. Schwanz erreicht Sprunggelenke nicht, buschig, Unterseite weiß, Spitze schwarz. Hörner lang (im Mittel 86 cm; maximal 118,7 cm), kräftig, stark divergierend, in zwei offenen Spiralen gewunden. Weibchen hornlos, wie Männchen gefärbt. Jungtiere heller.
LEBENSRAUM: Gebirgswälder (Hagenia) und Bergheiden über 2800 m (bis zu 3800 m). Vermeidet offene Landschaften.
VERBREITUNG: Karte S. 136.
LEBENSWEISE: Erst 1908 entdeckt. Einzeln oder in kleinen Herden bis zu 15 Tieren, gewöhnlich 5–10. Weibchen zahlreicher als Männchen. Alte Männchen in der Regel Einzelgänger. Herden wandern ständig umher. Sehr scheu und wachsam, drücken sich bei Beunruhigung, lassen Menschen bis auf kurze Entfernung herankommen. Vorwiegend nachtaktiv. Nahrungssuche abends und am frühen Morgen, gelegentlich auch am frühen Nachmittag. N a h r u n g : Heide und Blätter, aber auch Gras und Kräuter. S t i m m e : tiefes Grunzen. In Teilen des Verbreitungsgebietes (Arussi) Bestand stark verringert; offensichtlich niedrige Fortpflanzungsrate. In den Bale-Gebirgen noch immer häufig, Gesamtbestand nur etwa 4500 Tiere.

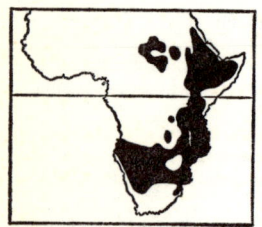
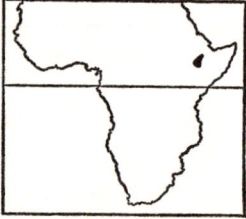

Großer Kudu   Kleiner Kudu   Bergnyala

Nyala *Tragelaphus angasi* Gray 29
E – Nyala F – Nyala A – Nyalabosbok, Inyala

KENNZEICHEN: Schulterhöhe 105 cm; Körpergewicht 100–125 kg. Groß; schlank gebaut, Gestalt ähnelt der einer großen Schirrantilope. Ziemlich zottiges Fell, besonders an der Unterseite stark entwickelt (unterscheidet sich in diesem Merkmal von allen anderen Antilopen). Ohren groß. Allgemeine Färbung: dunkel schieferbraun mit purpurnem Anflug, auf Stirn und um die Augen etwas rötlich. Zwischen den Augen weißer V-Fleck, 2–3 Wangenflecken. Körperseiten mit 8–14 weißen Querstreifen, einige weiße Schenkelflecken. Auffallende Rückenmähne von Nacken bis zur Schwanzwurzel, auf Nacken braun, auf Rücken weiß. Sehr lange schwarze Halsmähne, setzt sich am Bauch fort. Halbmondförmiger weißer Halsfleck. Hinterteil und Schenkel mit sehr langen schwarzen Haaren. Beine unten orange-kastanienbraun, kontrastieren deutlich mit dem dunklen Fell. Schwanz sehr buschig, dunkelbraun, Unterseite weiß. Hörner gut entwickelt (im Mittel 71 cm; maximal 83,5 cm), gewöhnlich mit nur einer offenen Windung, dunkelbraun oder schwarz, elfenbeinfarbene Spitze. Weibchen unterscheiden sich deutlich von Männchen: viel kleiner, hornlos, viel heller gefärbt (leuchtend kastanienbraun), zahlreiche auffallende weiße Querstreifen; kein V-Fleck zwischen den Augen; unterseits keine Mähne; kurzer dunkler Haarkamm von Schulter bis Kruppe. Jungtiere wie Weibchen. Schon sehr junge Männchen mit weißem V-Fleck zwischen den Augen, nehmen allmählich die Färbung erwachsener Männchen an. Weibchenfärbung bei erwachsenen Männchen beobachtet.

ÄHNLICHE ARTEN: Junge Männchen können mit der Schirrantilope verwechselt werden, aber Beine unten orangefarben.

LEBENSRAUM: Flachland, dichter Busch und Grassteppe, niemals weit vom Wasser entfernt.

VERBREITUNG: Karte S. 138.

LEBENSWEISE: Gewöhnlich in kleinen Gruppen, manchmal nur Weibchen und Jungtiere, gelegentlich mit einem oder mehreren Männchen. Herden bis zu 30 Tieren kommen vor. Einzelgänger nicht ungewöhnlich. Nahrungssuche vom späten Nachmittag bis zum frühen Morgen, aber nicht ausschließlich nachtaktiv. N a h r u n g : Blätter, Zweige, Schoten und Früchte („Natal Orangen" [*Strychnos*], wilde Feigen); auch junge zarte Gräser. S t i m m e : tiefer, röhrender Laut, heiseres Grunzen. Gangart ähnlich wie beim Großen Kudu; Schwanz wird ebenfalls hochgestellt, weiße Unterseite sichtbar. In der Lebensweise Übereinstimmung mit Kleinem Kudu, weniger mit Bergnyala.

Sitatunga, Wasserkudu oder **Sumpfbock** *Tragelaphus spekei* Sclater 30
E – Sitatunga A – Waterkoedoe
F – Sitatunga, Guib d'eau K – Nzohe

KENNZEICHEN: Schulterhöhe 115 cm; Körpergewicht 45–110 kg. Groß, stark an Wasser gebunden; hinten überbaut, dadurch geduckt wirkend. Fell sehr strähnig, ziemlich lang. Allgemeine Färbung schokoladenfarbig bis dunkel graubraun; weiße Zeichnungen, manchmal schwache Streifen. Weißer V-Fleck zwischen den Augen unvollständig, einige weiße Wangenflecken. An Hals und Kehle je ein weißer Fleck. Lange, zugespitzte Hufe, weit spreizbar. Schwanz nicht sehr buschig, nur mit schwacher Quaste. Hörner lang (im Mittel 63 cm; maximal 92,4 cm). Weibchen kleiner, hornlos, braun oder leuchtend kastanienbraun, auffallender gestreift.

INNERARTLICHE VARIABILITÄT: Ziemlich variabel. Westafrika-Sitatunga *(gratus)*:

Männchen tief schokoladenbraun, zahlreiche weiße oder weißliche Flecken und Streifen; Weibchen rötlichbraun. Ostafrika-Sitatunga *(spekei)*: Männchen gräulichbraun, schwache Streifung; Weibchen leuchtend kastanienbraun. Südliche Unterart (Sambesi-Sitatunga, *selousi*): Männchen fast einheitlich düster graubraun; Weibchen ebenso, mit weniger Weiß an der Kehle, manchmal rötlich oder sogar gelblich.

ÄHNLICHE ARTEN: Unterscheidet sich von der Schirrantilope durch größere Gestalt und längere, stärker gedrehte Hörner.

LEBENSRAUM: Streng an Sumpfgebiete gebunden, in der Hauptsache Papyrus- und Schilfsümpfe; auch überschwemmte Waldungen.

VERBREITUNG: Karte S. 138.

LEBENSWEISE: Streng an Wasser gebunden (daher auch Sumpfbock genannt). Die langen Hufe verhindern tiefes Einsinken der Tiere in den weichen, sumpfigen Boden und in die Sumpfvegetation; die Beweglichkeit der Knöchelgelenke erlaubt eine weite Spreizung der Hufe und das Aufsetzen der ganzen Zehen bis zum Fesselgelenk (Fesselrückseite nackt und hornig). Das Gewicht des Tieres ruht also auf einer stark vergrößerten Fläche. Bewegt sich sehr geschickt durch Schilf, schwimmt sehr gut. Bei Gefahr Flucht ins Wasser, taucht vollständig unter, nur die Nasenöffnungen ragen über die Wasseroberfläche hinaus. Tagsüber oft im Wasser. Laufen auf trockenem Boden wegen der langen Hufe schwerfällig. Nachtaktiv; in ungestörten Gebieten auch tagaktiv. Scheu, schwer auffindbar; einzeln oder paarweise, manchmal in Herden bis zu 15 Tieren. N a h r u n g : Blätter, Zweige und Früchte von Sumpf- und Wasserpflanzen, manchmal zartes Gras. L a u t ä u ß e r u n g : Warnruf ein Bellaut und rauhes Schnauben; Verständigung untereinander durch blökende Rufe.

Schirrantilope *Tragelaphus scriptus* (Pallas) 30

E – Bushbuck A – Bosbok
F – Guib harnaché K – Mbawala, Pongo

KENNZEICHEN: Schulterhöhe 65–93 cm; Körpergewicht 35–80 kg. Klein, zierlich, aber kräftig gebaut; hinten etwas überbaut, daher geduckt laufend. Ohren groß und breit. Allgemeine Färbung leuchtend kastanienbraun bis dunkelbraun, geht unten bei erwachsenen Männchen in Schwarz über. Kopf und Hals heller, gelblichbraun; schwärzlicher Streifen auf Nasenrücken; weißer Wangenfleck. Zwischen den Augen keine weiße Zeichnung. Zwei weiße Halsflecken. Gestreifte Unterarten an den Körperseiten weiße oder weißliche Quer- und Schrägstreifen und Flecken (Schirr-Zeichnung). Kurze Rückenmähne aus weißen oder dunklen Haaren. Manchmal schwärzliches Halsband. Beine mit

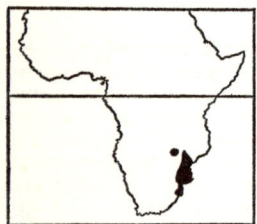
Nyala

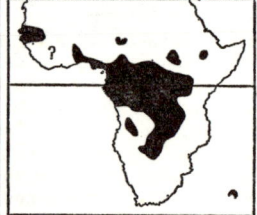
Sitatunga

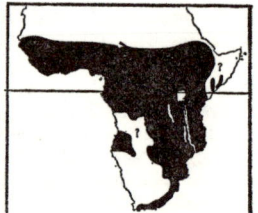
Schirrantilope

schwarzweißer Kontrastzeichnung. Schwanz buschig und lang, erreicht aber nicht die Sprunggelenke; unten weiß, Spitze schwarz. Hörner kurz (im Mittel 33 cm; maximal 57,1 cm), fast gerade, nur schwach divergierend, scharf gekielt, bilden eine spiralige Windung. Weibchen kleiner, hornlos; heller als Männchen und auffallender gestreift (westliche Formen) oder dunkler und rötlicher (östliche und südliche Formen).

INNERARTLICHE VARIABILITÄT: Färbung und Größe sehr variabel. Mehr als 40 Unterarten nach Intensität der Streifung und Färbung unterschieden. Westliche und nördliche Formen *(scriptus, pictus, bor)* leuchtend kastanienrot mit auffallenden weißen Streifen und Flecken (Zeichnungsmuster hat zum Namen

Abb. 10. Hufe von Schirrantilope *(Tragelaphus scriptus)* (1) und Sitatunga *(T. spekei)* (2)

„Schirrantilope" geführt); östliche Schirrantilopen *(massaicus* und Verwandte) größer und brauner; Streifen in weiße Fleckenreihen aufgelöst, sind bei einigen Formen undeutlich. Südliche Formen *(sylvaticus* und Verwandte) dunkelbraun oder sogar schwärzlich, manchmal fast einfarbig, ohne weißes Zeichnungsmuster, außer einigen undeutlichen Flecken hinter Schultern und auf Hinterteil. Andere, wie *ornatus* (Angola, Betschuanaland), wieder auffallend gefleckt und gestreift. Formen in Äthiopien *(meneliki, powelli)* viel dunkler, manchmal fast schwarz, weniger gefleckt.
LEBENSRAUM: Walddickichte und dichtes Buschwerk, gewöhnlich in Wassernähe; aber auch in wasserlosen Gebieten, können ohne Wasser auskommen. In sehr verschiedenen Lebensräumen: vom dichten Regenwald bis zur Dornsavanne (Sahel-Zone), in die sie entlang der Galeriewälder vordringen.
VERBREITUNG: Karte S. 138.
LEBENSWEISE: Einzeln oder paarweise, manchmal in kleinen Familiengruppen (Weibchen und Jungtiere). Nachtaktiv, während der Tageshitze gewöhnlich in dichtem Busch; sehr ortstreu, kleiner Aktionsradius. N a h r u n g : Blätter, zarte Triebe, Akazienschoten, auch junges Gras; graben nach Knollen und Wurzeln. In großen Teilen ihres Verbreitungsgebietes noch immer zahlreich. Sehr zurückgezogen und scheu. In die Enge getriebene oder verwundete Tiere greifen auch Menschen an. F e i n d e : Leoparden und Pythonschlangen. S t i m m e : lautes, klares Bellen, manchmal mehrsilbig (ähnlich wie beim Pavian), auch eine Folge von Grunzlauten.

Pferdeböcke: Hippotraginae

Große Antilopen; Hörner in beiden Geschlechtern gut entwickelt, fast gerade oder nach hinten gebogen, bei der Mendes-Antilope spiralig gewunden. Nackter Nasenspiegel sehr klein. Nackenmähne aus aufrechten (Rappen- und Pferdeantilope) oder nach vorn gerichteten Haaren (Spießbock); fehlt bei Mendes-Antilope. Schwanz lang, mit Endquaste. In offener Landschaft und lichten Waldungen, sogar in Wüstengebieten.

Mendes-Antilope *Addax nasomaculatus* (Blainville)
E – Addax F – Addax

KENNZEICHEN: Schulterhöhe 105 cm; Körpergewicht 80–125 kg. Unverwechselbar. Groß, ziemlich kräftig und plump. Kopf hell rauchgrau, vor den Augen auffallende weiße Querbinde über den Nasenrücken. Kinn, Lippen und Ohrinnenseiten reinweiß. Perückenartiger, dichter dunkelbrauner Stirnschopf. Schwache Halsmähne. Hals, Rücken und Flanken im Frühling und Sommer gräulichweiß, im Herbst und Winter dunkler. Hinterteil, Unterseite und Gliedmaßen reinweiß. Schwanz ziemlich lang, erreicht aber nicht die Sprunggelenke, „rinderartig", mit schwarzer Endquaste. Starke Variabilität der Färbungsintensität, ohne Beziehung zu Geschlecht, Alter oder geographischer Herkunft; einige Tiere können vollständig weiß sein. Hörner lang (im Mittel 89 cm; maximal 109 cm) ziemlich dünn, divergieren, spiralig gewunden, untere Hälfte auffallend geringelt. Hufe beträchtlich vergrößert (Anpassung an das Laufen auf weichem, sandigem Boden). Weibchen ähneln Männchen, aber dünnere Hörner.

LEBENSRAUM: Typische Wüstenbewohner, in den trockensten Gebieten der Sahara, weit von Wasserstellen entfernt; Sand- und Steinwüsten.

VERBREITUNG: Karte S. 140. Früher in der ganzen Sahara, im Norden bis ins südliche Algerien und Tunesien.

LEBENSWEISE: In Herden von durchschnittlich 20 Tieren, manchmal bis 200. Ständige Wanderungen auf der Nahrungssuche. Nach den seltenen, zeitlich und örtlich unregelmäßigen Niederschlägen kommt es zu raschem Wachstum der Wüstenpflanzen (einschließlich von Arten der Gattungen *Aristida, Boerhavia, Cornulaca*). Solche Weideplätze werden von der Mendes-Antilope aufgesucht (sollen sie mittels eines besonderen Sinnes auffinden). Sie benötigen anscheinend kein freies Wasser; der Wasserbedarf wird durch die Nahrung gedeckt (sukkulente Pflanzen). Wahrscheinlich besondere physiologische Einrichtungen für einen sparsamen Wasserhaushalt. Eine der am stärksten bedrohten Antilopen-Arten; Bestand nimmt sehr rasch ab, außer in einigen völlig unbewohnten Gebieten. Werden von Nomaden, Ölsuchtrupps und Soldaten bejagt, oft vom Auto aus.

Säbelantilope oder Nordafrikanischer Spießbock *Oryx dammah* (Cretzschmar)[51]
(= *algazel; tao*)

E – Scimitar-Horned Oryx, F – Oryx algazelle
White Oryx

KENNZEICHEN: Schulterhöhe 120 cm; Körpergewicht 205 kg. Groß, ziemlich

---

[51] Nach Auffassung einiger Autoren gehören alle Spießböcke zu einer Art.

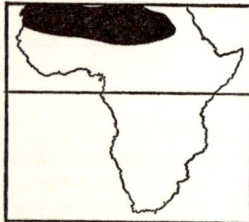

Mendes-Antilope Säbelantilope 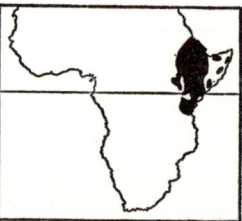 Eritrea-Spießbock

kräftig; sehr hell, ohne auffallendes Zeichnungsmuster. Kopf weiß, Nasenrücken und Stirn mit je einem bräunlichen Fleck, ein ebenso gefärbter Augenstreifen. Hals und Brust rötlichbraun. Körper weiß, mehr oder weniger rotbraun verwaschen, besonders an den Flanken und oberen Teilen der Gliedmaßen. Schwacher Längsstreifen am Flankenunterrand. Schwanz lang, große dunkelbraune Endquaste, reicht bis unter die Sprunggelenke. Hörner säbelförmig nach hinten gebogen, sehr lang (im Mittel 100 cm; maximal 127,3 cm), parallel gestellt. Hufe vergrößert (nicht so stark wie bei Mendes-Antilope). Weibchen ähneln Männchen, Hörner aber schlanker.

LEBENSRAUM: Dornsavanne und Halbwüste, niemals in der eigentlichen Wüste oder in der Trockensavanne.

VERBREITUNG: Karte S. 140. Früher im größten Teil Nordafrikas, nördlich bis zum südlichen Tunesien.

LEBENSWEISE: Gewöhnlich in Herden von etwa 12, manchmal bis zu 60 Tieren und mehr, selten einzeln. Alte Männchen können sich Herden der Damagazelle anschließen. Schließen sich während der zeitlich und örtlich begrenzten Regenfälle zu riesigen Herden zusammen, die Tausende von Tieren umfassen. Äußerst nomadisch, durchwandern auf der Nahrungssuche große Gebiete. N a h r u n g : gewöhnlich Gräser, Leguminosen, Akazienschoten, Sukkulenten und einige Früchte. S t i m m e : Grunzlaute und eine Art Gebrüll. Säbelantilopen wurden im alten Ägypten in Gefangenschaft wie Haustiere gehalten; heute wie die Mendes-Antilope von Wüstenstämmen, Ölsuchtrupps und Soldaten so stark gejagt, daß sie gebietsweise fast ausgerottet sind. Gehören zu den am stärksten gefährdeten Antilopen, besonders im Norden ihres Verbreitungsgebietes.

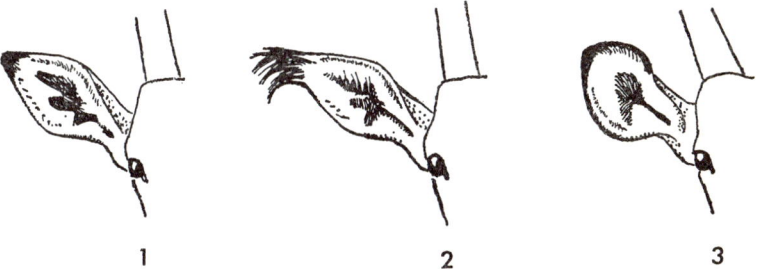

Abb. 11. Ohrform einiger Spießböcke

1 Eritrea-Spießbock *(Oryx b. beisa)*, 2 Büschelohr-Spießbock *(Oryx b. callotis)*, 3 Südafrikanischer Spießbock *(Oryx gazella)*

Eritrea-Spießbock Oryx beisa (Rüppell) 31

E – Beisa Oryx   F – Oryx beisa   K – Choroa

KENNZEICHEN: Schulterhöhe 120 cm; Körpergewicht 130–205 kg. Groß, deutliches Zeichnungsmuster auf Kopf und Körper. Kopf weiß, vor der Hornbasis schwarzer Stirnfleck, durch schmalen schwarzen Streifen mit großem schwarzem Nasenfleck verbunden. Schwarze Streifen von der Hornbasis über das Auge bis zur unteren Wange und über die Kehle von Ohr zu Ohr. Ohren ziemlich groß mit schwarzer Spitze. Körper sandfarben gelblichbraun, schwarzer Aalstrich. Schmaler schwarzer Streifen von Kehle bis Brust, gabelt sich in zwei Flankenstreifen, die jederseits die weiße Unterseite begrenzen. Kruppe und Schenkel ohne dunkle Zeichnung; Hinterbacke weiß. Vorderbeine weiß, schmaler schwarzer Ring oberhalb der „Knie"; Hinterbeine weißlich, ohne schwarze Zeichnung. Schwanz lang, erreicht die Sprunggelenke, mit schwarzer Quaste. Hörner fast gerade, leicht nach hinten gebogen, sehr lang (im Mittel 75 cm; maximal 105,2 cm), kräftig geringelt, fast parallel. Weibchen ähneln Männchen, Hörner aber schlanker, oft jedoch länger.

INNERARTLICHE VARIABILITÄT: Zwei Unterarten; Eritrea-Spießbock (*beisa*, Eritrea bis Tanafluß) grauer und dunkler, Ohren ohne Fransen und Büschel. Büschelohr-Spießbock (*callotis*, Tanafluß bis Tansania), tiefer braun, Ohren mit sehr deutlichem schwarzem Haarbüschel; Hörner kräftiger als beim Eritrea-Spießbock.

ÄHNLICHE ARTEN: Verwechslung mit der Pferdeantilope wegen ähnlicher Kopfzeichnung möglich; aber Hörner völlig verschieden.

LEBENSRAUM: Trockenes offenes Buschland, Kurzgrassavanne; oft weit von Wasser entfernt.

VERBREITUNG: Karte S. 140.

LEBENSWEISE: In Herden von 6–40 oder mehr Tieren, oft mit Grant-Gazelle und Zebra vergesellschaftet. Böcke oft Einzelgänger. N a h r u n g : vorwiegend harte Gräser; äsen auch an Dornbüschen. Trinken, wenn möglich, täglich, können aber auch lange ohne Wasser auskommen. Sehr angriffslustig, die langen scharfen Hörner sind wirksame Waffen; senken während des Kampfes den Kopf zwischen die Vorderbeine, so daß die Hornspitzen nach vorn weisen. Verteidigen sich so selbst gegen Löwen. S t i m m e : Schnauben oder Grunzen. Gesichtssinn sehr gut entwickelt.

Südafrikanischer Spießbock *Oryx gazella* (L.) 31

E – Gemsbok   F – Gemsbok   A – Gemsbok, Gensbok

KENNZEICHEN: Schulterhöhe 120 cm; Körpergewicht 205 kg. Groß, auffälliges Zeichnungsmuster an Kopf und Körper. Kopf weiß mit auffallender schwarzer Zeichnung (halfterartig). Vor der Hornbasis schwarzer Stirnfleck, durch schmalen schwarzen Streifen mit großem schwarzem Fleck auf Nasenrücken verbunden. Schwarzer Streifen von Hornbasis über das Auge bis zum Mundwinkel, vereinigt sich hier mit dem Nasenfleck und zieht auf die Kieferunterseite; schwarzer Kinnstreifen. Hals und Körper blaß-gelblich braungrau. Von Kehle bis Brust schmaler schwarzer Streifen; Kehle mit schwacher Wamme. Dunkler Aalstrich, auf der Kruppe zu auffallendem dunklem Fleck erweitert. Breiter schwarzer Flankenstreifen begrenzt den weißen Bauch. Beine oben schwarz, unten weiß, vorne mit schwarzem Längsfleck. Schwanz lang mit gut entwickelter Quaste, erreicht beinahe den Boden. Hörner fast gerade und sehr lang (im Mittel 106 cm; maximal 121,9 cm), geringelt, divergieren, von vorn gesehen V-förmig gestellt. Weibchen ähneln Männchen, aber kleiner, längere und schlankere Hörner, gelegentlich leicht gebogen.

LEBENSRAUM: Trockensteppen, sogar Halbwüsten, manchmal Savannen und Mopane-Wälder.

VERBREITUNG: Karte S. 143. Früher in ganz Südafrika, vom Karru-Gebiet nordwärts bis in den trockenen Westen.

LEBENSWEISE: Gesellig in Herden bis zu 30–40 Tieren, manchmal auch Ansammlungen von mehreren Hundert. Alte Böcke mitunter Einzelgänger. N a h r u n g : vorwiegend Gräser (*Aristida, Panicum, Schmidtia*), auch

Früchte, besonders wilde Melonen und Gurken, auch Knollen und Zwiebeln. Wasserreiche Nahrung erlaubt ihnen, lange Trockenperioden zu überstehen. Trinken, wenn Wasser vorhanden ist; suchen weit entfernte Wasserstellen auf. Nomadisch, Ansammlungen in nach Regenfällen begrünten Gebieten. Häufig an Salzlecken.

Pferdeantilope *Hippotragus equinus* (Desmarest) 31

E – Roan Antelope
F – Hippotrague, Antilope chevaline, Antilope rouanne
A – Bastergemsbok
K – Korongo

KENNZEICHEN: Schulterhöhe 125–160 cm; Körpergewicht 225–275 kg. Groß (nach Elenantilope und Kudu größte afrikanische Antilope). Gestalt etwas pferdeähnlich. Schwarzweiße Gesichtszeichnung; sehr lange, schmale, zugespitzte Ohren, dunkelbraune Haarbüschel an der Spitze; mäßig lange Hörner, stark nach hinten gekrümmt. Allgemeine Färbung dunkel rötlichbraun bis hell rötlich gelbbraun. Unterseite weiß. Nasenrücken und Gesichtsseiten schwarz, vor den Augen breiter, reinweißer Streifen von Hornbasis zur Wange. Hinter den Augen weniger auffallendes weißliches Feld. Schnauze und Schnauzenunterseite reinweiß. Gut entwickelte steife Nacken- und Schultermähne, gelblichbraun mit dunklem Rand. Halsunterseite mit schwacher dunkler Mähne. Beine bräunlich mit schwarzen Flecken. Hörner stark, schwach divergierend, nach rückwärts gebogen, an der Basis deutlich geringelt, relativ kurz (im Mittel 75 cm; maximal 99 cm). Weibchen ähneln Männchen, aber Hörner schwächer und weniger stark geringelt.

INNERARTLICHE VARIABILITÄT: Westliche Unterart (*koba*, Gambia bis Kamerun und Zentralafrika), blaßbraune Grundfärbung; ostafrikanische Unterart (*langheldi*, Uganda bis Sambia), blaß rötlichbraun bis rötlichgrau; südliche Unterart (*equinus*, südlicher Kongo und Uganda bis Südafrika), grauer; Angola-Unterart *(cottoni)*, intensiv rötlichbraun.

ÄHNLICHE ARTEN: Siehe Rappenantilope.

LEBENSRAUM: Offene oder licht bewaldete Gebiete, oft in unebenem Gelände und in grasigen Tälern, niemals weit vom Wasser. Nie in dichten Waldungen.

VERBREITUNG: Karte S. 143.

LEBENSWEISE: In kleinen Herden bis zu 20, bei Wasser- und Nahrungsknappheit manchmal bis zu 50 Tieren. Herden werden von einem starken Männchen angeführt. Während der Fortpflanzungszeit paarweise. Nach der Geburt Weibchen mit Jungtier einige Tage abseits der Herde. Während der Trockenzeit Zusammenschluß vieler Herden zu großen Verbänden. Sehr kampflustig und

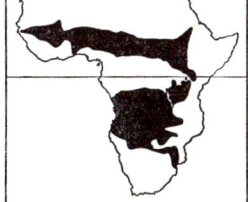
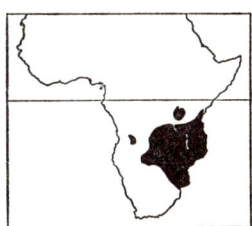

Südafrikanischer Spießbock   Pferdeantilope   Rappenantilope

aggressiv. Stimme: keuchendes Schnauben. Nahrung: hauptsächlich Grasfresser (90 %) ihrer Nahrung besteht aus Gras), selten Blätter und Früchte. Wandern während der Trockenzeit weit umher, bei günstigen Lebensbedingungen sehr ortstreu.

Rappenantilope *Hippotragus niger* (Harris) 31
E – Sable Antelope   A – Swartwitpens
F – Hippotrague noir   K – Palahala, Mbarapi

KENNZEICHEN: Schulterhöhe 110–140 cm; Körpergewicht 180–250 kg. Groß, sehr dunkel, auffallende Kopfzeichnung. Allgemeine Färbung glänzend schwarz. Unterseite reinweiß, scharf von dunkler Oberseite abgesetzt. Gesicht

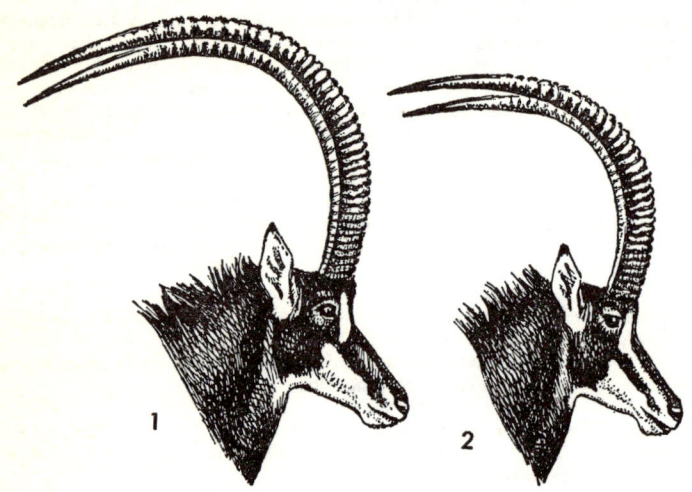

Abb. 12. Köpfe der Unterarten der Rappenantilope *(Hippotragus niger)*: Riesen-Rappenantilope *(variani)* (1), gewöhnliche Rappenantilope *(niger)* (2)

weitgehend weiß; breiter, schwarzer Nasenrückenstreifen, schwarzer Wangenstreifen. Gut entwickelte steife Nacken- und Schultermähne. Ohren lang und schmal, außen hell kastanienbraun, innen weiß, ohne Haarbüschel an den Spitzen. Hörner sehr lang (im Mittel 100 cm; maximal 164,8 cm), fast parallel, stark geringelt, an der Basis senkrecht, dann in einem weiten Bogen nach hinten geschwungen. Weibchen ähneln Männchen, aber blasser, dunkel kastanienbrauner Anflug mehr oder weniger stark; manchmal leuchtend golden kastanienbraun; Hörner schwächer, kürzer und weniger gekrümmt. Kälber gelblichbraun, mit undeutlicher Gesichtszeichnung.

ÄHNLICHE ARTEN: Verwechslung mit Pferdeantilope möglich, aber gekennzeichnet durch: schwarze Färbung, starken Kontrast zwischen dunklen Seiten und weißem Bauch, abweichende Kopfzeichnung, fehlende Haarbüschel an den Ohren und längere, kräftigere Hörner. Die Rappenantilope bevorzugt bewal-

Hornträger 145

dete Gebiete, die Pferdeantilope offenes Grasland, können aber im gleichen Gebiet vorkommen.
INNERARTLICHE VARIABILITÄT: Die Riesen-Rappenantilope (*variani*, Angola, zwischen oberem Kuanza und dem Nebenfluß Luando) wird manchmal als eigene Art angesehen: dunkles, fast schwarzes Gesicht, Hörner sehr viel kräftiger und länger als bei der typischen Unterart.
LEBENSRAUM: Trockene, lichte Waldungen oder Busch- und Grasland, nie weit vom Wasser entfernt. Vermeidet ausgedehnte offene Grassteppen.
VERBREITUNG: Karte S. 143.
LEBENSWEISE: In Herden, gewöhnlich 10–20 Tiere, gelegentlich bis 80. Herden bestehen im allgemeinen aus einem führenden Männchen, Weibchen, Jungtieren und Halbwüchsigen. Männchen oft Einzelgänger oder in kleinen Gruppen. Männchen holen sich paarungsbereite Weibchen aus der Herde (wie die Pferdeantilopen). Kämpfen viel miteinander, können sich auch gegen Raubtiere, sogar gegen Löwen, verteidigen. N a h r u n g : Grasfresser (90 % ihrer Nahrung besteht aus Gras), bis zu einem gewissen Grade auch Blätter. Jahreszeitliche Wanderungen auf festen Routen[52].

Wasserböcke: Reduncinae

Kleine bis große Antilopen, im allgemeinen kräftig gebaut; gut entwickelte Hörner (nur bei Männchen), erst rückwärts, dann aufwärts gebogen, nach vorn weisende Spitzen, nie gewunden, aber stark geringelt. Muffel nackt. Die meisten Arten in Sumpfgebieten oder in Wassernähe. Vorwiegend Grasfresser. Drei Gruppen nach allgemeinem Erscheinungsbild, Hornform und Lebensweise leicht zu unterscheiden: Echte Wasserböcke, Riedböcke (nackter Hautfleck unter dem Ohr) und Rehbok.

Defassa-Wasserbock   *Kobus defassa* (Rüppell)[53]   32

E – Defassa Waterbuck   A – Tropiese Waterbok
F – Cobe defassa, Cobe onctueux   K – Kuru

KENNZEICHEN: Schulterhöhe 120–135 cm; Körpergewicht 160–270 kg. Groß, kräftig gebaut. Fell grau, zottig. Allgemeine Färbung rötlichbraun bis gräulichbraun. Gesichtsseiten heller, Schnauze dunkler. Langer Überaugenstreifen und Schnauzenspitze weiß. Ohren abgerundet, breit und groß, stark behaart, Innenseite weiß, Spitzen schwarz. Manchmal weißer Kehlfleck. Keulenrückseite reinweiß. Gliedmaßen dunkler (außer bei jüngeren Tieren), über den Hufen weißer Ring. Schwanz mäßig lang, mit dunkler Spitze. Hörner lang (im Mittel 75 cm; maximal 99,7 cm), kräftig, stark geringelt, divergieren, in halbmondförmigem Bogen rückwärts und aufwärts geschwungen. Weibchen ähneln Männchen, im allgemeinen etwas heller, hornlos.
ÄHNLICHE ARTEN: Verwechslung mit Ellipsen-Wasserbock möglich, aber mit breitem weißen Keulenfleck, beim Ellipsen-Wasserbock ellipsenförmige Zeichnung. Wo ihre Verbreitungsgebiete zusammenstoßen, kreuzen sich die beiden

---

[52] Früher lebte in Südafrika (Swellendam Distrikt) eine dritte *Hippotragus*-Art, der Blaubock (*Hippotragus leucophaeus*), offensichtlich mit der Pferdeantilope verwandt. Allgemeine Färbung bläulichgrau ohne auffallende Kopfzeichnung, schwach entwickelte Mähne, kleiner als Pferde- und Rappenantilope. Der Blaubock war das erste afrikanische Säugetier, das durch den Menschen ausgerottet wurde. Der zahlenmäßig kleine Bestand war bereits um 1800 durch Überjagung vernichtet.
[53] Nach Auffassung einiger Autoren gehört dieser Wasserbock mit dem Ellipsen-Wasserbock zu einer Art.

Formen (zumindest im Nairobi-Nationalpark und in der Nähe des Ngorongoro-Kraters). In Mischpopulationen große Variabilität der Keulenzeichnung.

INNERARTLICHE VARIABILITÄT: Die Population von Äthiopien durch Kenia bis Zentral-Tansania *(defassa* und Verwandte) leuchtend rötlichbraun, ausgedehnte weiße Zeichnung im Gesicht und an der Kehle; vom südlichen Sudan bis zum westlichen Tansania und Sambia *(harnieri, crawshayi* und Verwandte) grau, sogar dunkel eisengrau, ohne rötlichbraunen Anflug; vom südlichen Gabun bis Angola *(penricei)* dunkel schwärzlichbraun mit bläulichem Anflug; von Senegal bis zur Zentralafrikanischen Republik und dem Kongo (Senegal-Wasserbock, *unctuosus*), hell rötlichbraun, weiße Gesichtszeichnung weniger ausgedehnt. Hörner bei westlichen Formen durchschnittlich kleiner als bei östlichen.

LEBENSRAUM: Offene Waldungen, Lichtungen, überflutetes Gelände, auch steiniges Hügelland.

VERBREITUNG: Karte S. 146.

LEBENSWEISE: Gewöhnlich in Wassernähe, fliehen in Wasser oder Schilfbestände; nicht so streng an Wasser gebunden wie Sitatunga oder Litschi-Moorantilope. Entfernen sich bei Nahrungssuche weit vom Wasser; nicht nomadisch, da ihr Lebensraum das ganze Jahr über hinreichend Deckung und Gras bietet. Fell mit öligem Sekret aus Hautdrüsen eingefettet (Franz.: Cobe onctueux). Eigenartiger Moschusgeruch, sogar dort wahrnehmbar, wo das Tier gestanden hat. Fleisch alter Männchen kann den gleichen Geruch haben, wird daher vielfach als ungenießbar angesehen. Beim Zerlegen des Tieres darf das Fleisch mit dem Fell oder dem öligen Sekret nicht in Berührung kommen. Gesellig, in kleinen Herden von 5–25 Tieren, manchmal mehr; bestehen gewöhnlich aus Weibchen, Jungtieren und Halbwüchsigen. Erwachsene Männchen polygam; verteidigen gegen andere Männchen Reviere. Junge Männchen bilden eigene Herden. N a h r u n g : fast ausschließlich Gras, zarte Triebe; trinken sehr häufig. Ziemlich ruhig. Geruchssinn anscheinend schwach entwickelt (wie bei Litschi-Moorantilope und Gelbfuß-Moorantilope). F e i n d e : vorwiegend Löwen.

Ellipsen-Wasserbock *Kobus ellipsiprymnus* (Ogilby) 32

E – Common Waterbuck A – Waterbok, Kringgat
F – Cobe à croissant K – Kuru

KENNZEICHEN: Schulterhöhe 120–135 cm; Körpergewicht 205 kg. Groß, sehr ähnlich wie Defassa-Wasserbock. Allgemeine Färbung grau meliert oder braun, Rücken manchmal fast schwärzlich, Flanken heller. Langer Überaugenstreifen und Schnauzenspitze weiß. Ohren abgerundet, breit und groß, innen weiß, Spitze schwarz. Weißes Kehlband. Auf dem Hinterteil sehr auffälliger, weißer,

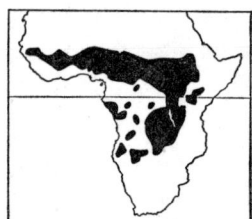

Defassa-Wasserbock Ellipsen-Wasserbock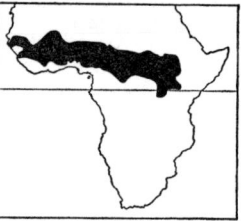

Schwarzfuß-Moorantilope

ellipsenförmiger Ring (einzige Antilope mit diesem Zeichnungsmuster), deutlich von dunkler Kruppe und Hinterteil abgesetzt. Gliedmaßen dunkler, weißer Ring oberhalb der Hufe. Schwanz mäßig lang, Spitze schwarz. Hörner lang (im Mittel 75 cm; maximal 99,7 cm), kräftig, stark geringelt, divergieren, in halbmondförmigem Bogen rückwärts und aufwärts geschwungen. Weibchen ähneln Männchen, im allgemeinen etwas heller, hornlos.
ÄHNLICHE ARTEN: Siehe Defassa-Wasserbock.
LEBENSRAUM: Offenes Waldland und Lichtungen, niemals weit vom Wasser entfernt.
VERBREITUNG: Karte S. 146.
LEBENSWEISE: Wie Defassa-Wasserbock.

Schwarzfuß-Moorantilope *Kobus (Adenota) kob* (Erxleben) 32
E – Kob   F – Cobe de Buffon, C. de Thomas

KENNZEICHEN: Schulterhöhe 100–110 cm; Körpergewicht 70–90 kg. Mittelgroß, kräftig aber grazil; Fell kurz und glänzend, niemals rauh. Allgemeine Färbung leuchtend golden gelbbraun bis dunkelbraun. Um das Auge weißliches Feld, erstreckt sich manchmal bis zum Ohransatz. Weißer Kehlfleck. Unterseite weiß, scharf gegen Flanken abgesetzt. Vorderseiten der Beine mit schwarzen Zeichnungen; weißer Ring oberhalb der Hufe, hinter den Hufen nackter Fleck. Schwanz mäßig lang, reicht nicht bis zum Sprunggelenk, schwarze Endquaste. Hörner (im Mittel 50 cm; maximal 69 cm) dick, stark geringelt, S-förmig, flach nach hinten und oben, dann aufwärts geschwungen. Weibchen ähneln Männchen, aber kleiner, unbehornt.
INNERARTLICHE VARIABILITÄT: Färbung sehr variabel: Senegal-Moorantilope (*kob*, von Gambia bis Tschad und Zentralafrikanische Republik) geringfügig kleiner, kürzere Hörner; allgemeine Färbung leuchtend gelbbraun, weißer Überaugenfleck, Ohrrücken rötlichbraun. Weißohr-Moorantilope (*leucotis*, vom Sudan bis Äthiopien) größer, Hörner länger; junge Männchen wie Weibchen kastanienrot, im allgemeinen mit zunehmendem Alter dunkler. Erwachsene Männchen in der Regel dunkelbraun, fast schwarz. Um die Augen auffallender weißer Ring; Ohren der Männchen vollständig weiß, bei Weibchen und Jungtieren gelblich mit dunkleren Spitzen. Victoriasee-Moorantilope (*thomasi*, vom südlichen Bahr-el-Ghasal bis zum Mount Elgon in Kenia und den Rwindi-Rutshuru-Steppen) größer; allgemeine Färbung leuchtend rötlichbraun, weiße Gesichtszeichnung weniger ausgedehnt; Ohren gelblich.
LEBENSRAUM: Savannen, überschwemmte Gebiete, nie weit vom Wasser entfernt.
VERBREITUNG: Karte S. 146.
LEBENSWEISE: In Herden von 20 bis 40 Tieren, manchmal bis zu 100; in früheren Zeiten zu Tausenden; solche Ansammlungen heute noch während der Trockenzeit in bestimmten Gebieten (südlicher Sudan). Eine der häufigsten afrikanischen Antilopen; weniger nachtaktiv als Wasserbock. Leicht zu beobachten; während der Tageshitze oft nicht in Deckungen, sondern in der Sonne ruhend; geht jedoch während der Mittagszeit auch ins Wasser. Frißt dort Wasserpflanzen. Bei hoher Populationsdichte mehr oder weniger kreisförmige Männchenreviere (Durchmesser 10–50 m). Liegen gemeinsam auf Anhöhen oder in sanft ansteigendem Gelände mit einem Zentrum von etwa 15 Revieren (höchste Aktivität), um die sich etwa doppelt so viel periphere Reviere anordnen. In erster Linie Paarungsplätze, Männchen müssen sie zum Grasen und Trinken verlassen. Weibchen kommen zur Paarung in die Reviere. Nicht revierhaltende Männchen schließen sich Herden von Weibchen und Jungtieren an, die sich in der Nähe aufhalten. N a h r u n g : ausschließlich Grasfresser.

Gelbfuß-Moorantilope *Kobus (Adenota) vardoni* (Livingstone) 32
E – Puku   F – Puku   A – Poekoe

KENNZEICHEN: Schulterhöhe 80–100 cm; Körpergewicht bis 90 kg. Mittelgroß, ähnelt Schwarzfuß-Moorantilope, Fell ziemlich lang. Allgemeine Färbung leuchtend goldgelb. Keine deutliche Gesichtszeichnung; um Augen, an Schnauzenseite, Kehle und Unterseite weißlich. Beine einfarbig rötlichbraun ohne schwarze Zeichnung. Hörner ziemlich kurz (im Mittel 45 cm; maximal 53,3 cm), dick, stark geringelt, nach außen und hinten, dann nach oben geschwungen. Weibchen ähneln Männchen, Scheitel bräunlich, hornlos.

ÄHNLICHE ARTEN: Unterscheidet sich von Schwarzfuß- und Litschi-Moorantilope durch fehlende schwarze Beinzeichnung und kürzere Hörner.

LEBENSRAUM: Offene, an Sümpfe oder Flußläufe grenzende Niederungen, nie weit vom Wasser entfernt.

VERBREITUNG: Karte S. 148.

LEBENSWEISE: Gewöhnlich in kleinen Trupps von 3–10, manchmal bis zu 15 Tieren oder sogar mehr. Männchen oft einzeln oder in eigenen kleinen Herden. Besetzen und verteidigen während der Fortpflanzungszeit Reviere (wie Victoriasee-Moorantilope). Am Ende der Fortpflanzungszeit bilden Weibchen mit ihren Jungtieren Herden, die bis zu 50 Tiere umfassen. S t i m m e : bei Beunruhigung tiefer Pfiff. Grasfresser, äsen gelegentlich auch an Akazien.

Litschi-Moorantilope *Kobus (Adenota) leche* Gray 33
E – Lechwe   F – Cobe lechwe   A – Basterwaterbok

KENNZEICHEN: Schulterhöhe 100 cm; Körpergewicht im Durchschnitt Weibchen 75 kg, Männchen 100 kg, bis zu 125 kg. Mittelgroß; ziemlich kurze, konisch zulaufende Schnauze; hinten überbaut; Fell ziemlich lang und rauh. Allgemeine Färbung entweder leuchtend kastanienbraun oder schwärzlich. Keine auffallende Kopfzeichnung, nur schwacher weißlicher Überaugenstreifen. Unterseite von Kinn bis Bauch weiß, scharf von Oberseitenfärbung abgesetzt. Beinvorderseiten mit auffallendem schwarzem Längsstreifen, oberhalb der Hufe weißer Fleck. Fesselrückseite nackt; Hufe lang und zugespitzt. Hörner lang (im Mittel 70 cm; maximal 92,1 cm), verhältnismäßig dünn, leierartig S-förmig, flach nach hinten oben und außen, dann aufwärts geschwungen, Spitzen fast senkrecht. Weibchen ähneln Männchen, leichter gebaut, hornlos.

INNERARTLICHE VARIABILITÄT: Sambesi-Litschi (*leche,* von Betschuana bis westliches Sambia) leuchtend kastanienbraun, nur Beine mit schwarzer Zeichnung; Bangweole-Litschi (*smithemani*, nordöstliches Sambia und südöstlicher Kongo), Männchen mit zunehmendem Alter auf Rücken und Seiten schwärzlichbraun.

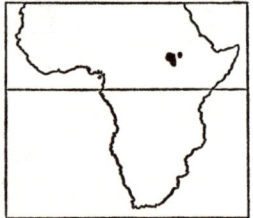

Gelbfuß-Moorantilope   Litschi-Moorantilope   Weißnacken-Moorantilope

Jungtiere und Weibchen kastanienbraun; Kafue-Litschi *(kafuensis,* Kafue-Ebene in Sambia) besonders großes Gehörn, bei erwachsenen Männchen dunkler Schulterfleck.
LEBENSRAUM: Sümpfe und feuchte Niederungen.
VERBREITUNG: Karte S. 148.
LEBENSWEISE: Nur Sitatunga strenger ans Wasser gebunden als Litschi. Lange, schmale Hufe und nackte Fesselrückseite sind Anpassungen an diesen Lebensraum. Können auf festem Grund nicht sehr schnell laufen; fliehen in seichte Gewässer; können gut schwimmen. Sehr gesellig, in großen Herden, manchmal Tausende von Tieren. Herden nicht sehr beständig. Erwachsene Männchen ohne Revierverhalten. Während der Fortpflanzungszeit beide Geschlechter in einer Herde, sonst Männchen in eigenen großen Herden. Männchen in der Überzahl, da Weibchen mit traditionellen Jagdmethoden leichter erbeutet werden können. N a h r u n g : Gräser *(Echinochloa, Oryza, Panicum, Acroceras, Paspalum, Pennisetum, Digitaria),* Wasserpflanzen. Auf überfluteten Weideflächen finden sie ganzjährig Nahrung. Herden folgen dem sinkenden Wasserspiegel, weichen bei steigendem Wasser wieder auf ziemlich schmale Gebietsstreifen zurück. Grasen in Wasser bis zu einer Tiefe von 60 cm, bevorzugt bei einem Wasserstand von 5–20 cm. Geruchssinn schwach entwickelt. S t i m m e : ein Pfiff und ein vielsilbiges „wieherndes Grunzen". Während der Fortpflanzungszeit stoßen Männchen Serien von Stakkato-Grunzlauten aus. F e i n d e : Hyänen, Geparden, Leoparden, Löwen, Hyänenhunde und größere Raubvögel. In jüngster Vergangenheit hat der Bestand in erschreckendem Maße abgenommen. Aus vielen Teilen des Verbreitungsgebietes völlig verschwunden; sogar in den Kerngebieten (Kafue-Ebene und Bangweolesümpfe) Bestände in den letzten 30 Jahren stark zurückgegangen.

Weißnacken-Moorantilope *Kobus (Adenota) megaceros* (Fitzinger) 33
E – Nile Lechwe, Mrs. Gray's Lechwe   F – Cobe de Mrs. Gray
KENNZEICHEN: Schulterhöhe 95 cm; Körpergewicht 85 kg. Mittelgroß, Fell lang und rauh. Allgemeine Färbung schwärzlich schokoladenbraun. Vor und hinter den Augen gelblichweiße Flecken. Schnauze, Kinn und Kehle im allgemeinen gelblich. Ohren weißlich; zwischen den Ohren weißer Streifen, setzt sich in medianen weißen Nackenstreifen fort, der sich auf den Schultern zu einem großen sattelförmigen weißen Fleck verbreitert (auffallend bei erwachsenen Männchen, weniger bei jüngeren). Unterseite weiß, Beine dunkel, weißer Ring über den Hufen. Schwanz erreicht fast die Sprunggelenke, weiß mit schwarzer Spitze. Hufe lang und spreizbar. Hörner sehr lang (im Mittel 76 cm; maximal 87 cm), dünn, stark geringelt, leierartig S-förmig, nach hinten, oben und außen, dann aufwärts und einwärts geschwungen. Weibchen einheitlich gelb- bis kastanienbraun, unten und hinten heller, hornlos.
LEBENSRAUM: Sümpfe und feuchte Niederungen im Gebiet des Weißen Nil, des Bahr-el-Ghasal und ihrer Nebenflüsse.
VERBREITUNG: Karte S. 148.
LEBENSWEISE: In großen Herden bis zu 50 oder mehr Tieren. Männchen oft in eigenen Gruppen in der Nähe, aber nicht innerhalb der Hauptherden. Lebensweise wie Litschi-Moorantilope (3000 km weiter südlich). N a h r u n g : Gras und Wasserpflanzen. A l a r m r u f : krächzende Grunzlaute.

Riedbock oder Isabellantilope *Redunca redunca* (Pallas)   34
E – Bohor Reedbuck   K – Tohe
F – Redunca, Nagor, Cobe des roseaux
KENNZEICHEN: Schulterhöhe 70–90 cm; Körpergewicht 35–50 kg. Klein, leicht und zierlich gebaut, ziemlich langes, dichtes Fell. Allgemeine Färbung gleichmäßig leuchtend gelblich oder rötlich gelbbraun. Heller Ring um Auge, Gesicht sonst ohne auffallende Zeichnung. Unter dem Ohr heller, gräulicher, nackter Hautfleck. Unterseite weiß. Schwanz kurz, sehr buschig, oben gelblichbraun, unten weiß (bei aufgestelltem Schwanz auffälliges Erkennungszeichen). Hörner an der Basis dick, kurz (im Mittel 25 cm; maximal 41,6 cm), geringelt, gleichmäßig und stark divergierend, nach hinten und oben, dann in engem Bogen nach vorn gekrümmt, so daß die Enden Haken bilden. An der Basis oft runder, fleischiger Wulst. Weibchen ähneln Männchen, aber hornlos.
INNERARTLICHE VARIABILITÄT: Nach Färbung und Hornform mehrere Unterarten: Senegal-Riedbock (*redunca*, von Senegal bis Ghana) etwas kleiner, ohne dunkle Beinstreifen, kurze, sehr gedrungene Hörner; Tschad-Riedbock (*nigeriensis*, von Nigeria bis Kongo) größer, gewöhnlich mit dunklen Streifen an den Vorderbeinen, Hörner ziemlich lang; Abessinien-Riedbock (*bohor*, Äthiopien) dunkler, kurze, gedrungene Hörner; Kordofan-Riedbock (*cottoni*, Sudan) lange, dünne Hörner, Auslage gewöhnlich größer als Länge; Victoriasee-Riedbock (*wardi*, vom Tana und Uganda bis ins südwestliche Tansania) sehr intensiv gefärbt, gelblichbraun bis rötlichbraun, mit deutlichen dunklen Streifen an den Vorderbeinen; Hörner groß und gedrungen, kreisförmig gebogen, an der Spitze deutlich vorwärts und einwärts gekrümmt.
ÄHNLICHE ARTEN: Siehe Großriedbock.
LEBENSRAUM: Grasland, nie weit vom Wasser entfernt.
VERBREITUNG: Karte S. 150.
LEBENSWEISE: Paarweise oder in kleinen Familienverbänden, manchmal einzeln; junge Männchen bilden kleine Trupps von 3–4 Tieren. Öfter in unmittelbarer Nähe anderer Antilopen. Während der Tageshitze im Schilf oder Buschwerk verborgen. Nahrungssuche am frühen Morgen und bei Dämmerung. Drücken sich bei Beunruhigung, fliehen sehr spät in holperigem Galopp („schaukelpferdartig"). N a h r u n g : ausschließlich Gras. S t i m m e : bei Beunruhigung charakteristischer schriller Pfiff, besonders beim Absprung.

Großriedbock *Redunca arundinum* (Boddaert)   34
E – Southern oder Common Reedbuck   A – Rietbok
F – Cobe des roseaux   K – Tohe
KENNZEICHEN: Schulterhöhe 80–95 cm; Körpergewicht 55–80 kg. Mittelgroß

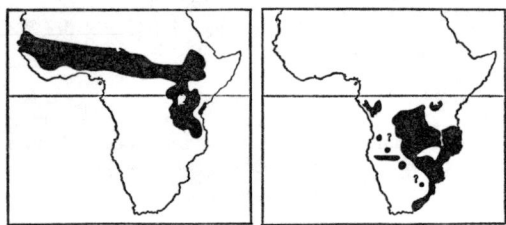

Riedbock   Großriedbock

Hornträger 151

(der größte Riedbock), schlank und zierlich. Allgemeine Färbung gleichmäßig gräulich gelbbraun; Kopf und Hals heller gelbbraun. Ohne Gesichtszeichnung, nur manchmal schwärzlicher Fleck auf Nase oder Scheitel. Ohren breit und abgerundet, stark behaart, innen weiß. Unter dem Ohr runder, weißlicher nackter Fleck (bei Jungtieren von gelblichweißen Haaren bedeckt). Bauch weiß. Beine vorn mit dunklem Streifen, Schwanz kurz, dick und buschig, unten reinweiß. Hörner ziemlich kurz, aber länger als bei den anderen Riedböcken (im Mittel 38 cm; maximal 45,7 cm); untere Hälfte geringelt; gleichmäßig und stark divergierend, nach hinten und oben, dann in weitem Bogen nach oben geschwungen, Spitze nicht hakenförmig; an der Basis oft runder fleischiger Wulst. Weibchen ähneln Männchen, geringfügig kleiner, hornlos.

ÄHNLICHE ARTEN: Vom Riedbock durch größere Gestalt und andere Hornform unterschieden. Bergriedbock viel kleiner, gewöhnlich nicht im gleichen Lebensraum.

LEBENSRAUM: Baumlose oder dünn bewaldete Gebiete, mit Wasserstellen und Flüssen.

VERBREITUNG: Karte S. 150.

LEBENSWEISE: Selten gesellig, gewöhnlich einzeln oder paarweise, manchmal in kleinen Familienverbänden, selten in Gruppen bis zu 15 Tieren. Während der Tageshitze im Schilf oder hohem Gras, gewöhnlich in Wassernähe, gehen aber nicht gern ins Wasser. Ausschließlich Grasfresser, bevorzugen abgebranntes Buschland; fressen manchmal Feldfrüchte. S t i m m e : bei Beunruhigung schriller Pfiff. Erzeugen beim Galopp knackende Laute. „Schaukelnder" Galopp, dabei Schwanz aufgestellt, so daß weiße Unterseite sichtbar ist.

Bergriedbock *Redunca fulvorufula* (Afzelius) 34
E – Mountain Reedbuck A – Rooiribbok
F – Redunca de montagne K – Tohe

KENNZEICHEN: Schulterhöhe 60–75 cm; Körpergewicht 20–30 kg. Klein, zierlich; Fell lang, weich und wollig. Ohren sehr lang und schmal. Unter dem Ohr nackter Hautfleck. Allgemeine Färbung gräulich-gelblichbraun, an Hals und Kopf leuchtender, mit rötlichbraunem Anflug. Kinn und Kehle gelblich; dunkler Nasenstreifen. Bauch weitgehend weiß. Beine ohne deutliche schwarze Zeichnung. Schwanz kurz und buschig, unten weiß. Hörner schlank, kurz (im Mittel 18 cm; maximal 26 cm), an der Basis geringelt, gleichmäßig nach hinten und oben, dann aufwärts gebogen, Spitze nicht hakenförmig. Weibchen ähneln Männchen, aber viel grauer, etwas größer, hornlos.

INNERARTLICHE VARIABILITÄT: Südafrikanischer Bergriedbock (*fulvorufula*, Südostafrika, südlich des Limpopo) größer, intensiver rötlichbraun; Ostafrikanischer Bergriedbock (*chanleri*, vom südlichen Äthiopien und Sudan bis Kenia) kleiner, grauer mit schwächerem rötlichbraunem Anflug; Adamaua-Bergriedbock (*adamauae*, Adamaua-Berge im nördlichen Kamerun) kleiner.

ÄHNLICHE ARTEN: Siehe Großriedbock. Gelegentlich kommen Bergriedbock und Großriedbock zusammen vor, können dann verwechselt werden. Bergriedbock kenntlich an geringerer Größe, kürzeren und weniger gebogenen Hörnern, dunklem Nasenstreifen und rotem Hals. Aus der Entfernung auch mit dem Rehbok zu verwechseln, aber unterseits stärker weiß gefärbt.

LEBENSRAUM: Kein geschlossenes Verbreitungsgebiet. Zerklüftetes, grasiges oder mit Büschen und Bäumen bestandenes steiniges Hügelland und Gebirge.

VERBREITUNG: Karte S. 152.

LEBENSWEISE: Selten auf Berg- oder Hügelkuppen, bevorzugt an Hängen, selbst an schroffen und steilen. Sucht Deckung zwischen Felsen und Felsbrocken oder in Buschwerk. Geselliger als Riedbock, in kleinen Gruppen bis zu 10 Tieren. Sehr scheu und vorsichtig, zieht sich bei Störungen bergaufwärts zurück. Fortbewegung wie andere Riedböcke „schaukelpferdartig". S t i m m e : scharfer Pfiff. N a h r u n g : Gras, aber auch Blätter und Zweige. Nahrungsaufnahme morgens und abends an tiefer gelegenen Hängen und in Tälern; während der Tageshitze in größeren Höhen, ruht dort an schattigen Plätzen unter Felsen oder Buschwerk. Fellfärbung hebt sich kaum von der Umgebung ab.

Rehbok *Pelea capreolus* (Forster) 34
E – Vaal Rhebuck F – Rhebuck, Pelea A – Vaalribbok

KENNZEICHEN: Schulterhöhe 75 cm; Körpergewicht 22 kg. Klein, grazil gebaut, langer, schlanker Hals; Fell weich, dicht und wollig. Ohren lang, schmal, zugespitzt. Unter dem Ohr kein nackter Hautfleck. Allgemeine Färbung bräunlichgrau, an Kopf und Gliedmaßen gelbbrauner Anflug; Unterseite weißlich. Schwanz kurz, buschig, Unterseite und Spitze weiß. Hörner kurz (im Mittel 20 cm; maximal 29,2 cm), fast gerade und senkrecht; parallel, nur an der Basis geringelt. Weibchen ähneln Männchen, geringfügig kleiner, hornlos.

ÄHNLICHE ARTEN: Kann mit Bergriedbock dort verwechselt werden, wo beide Arten nebeneinander vorkommen; aber Bergriedbock unterseits leuchtender weiß und Hörner nicht gerade.

LEBENSRAUM: Grasige Hügel und Berge bis zu den Kuppen.

VERBREITUNG: Karte S. 152.

LEBENSWEISE: In Familienverbänden, ein erwachsener Bock, Weibchen und Jungtiere; manchmal auch Trupps bis zu 30 Tieren, gewöhnlich aber weniger als 12. Alte Männchen Einzelgänger. In Hügel- oder Bergland, gewöhnlich auf höher gelegenen grasigen Hängen oder Plateaus; Lebensraum ungeschützter und deckungsärmer als der vom Bergriedbock bevorzugte. Nahrungsaufnahme morgens und abends in tiefer gelegenen Gebieten. Sehr wachsam; bei Fluchtgalopp Hochwerfen der Hinterbeine („schaukelpferdartige" Bewegung). Männchen aggressiv, sollen Bergriedböcke angreifen, gelegentlich auch Schafe und Ziegen getötet haben. Ausschließlich Grasfresser. Fleisch wird manchmal wegen der parasitischen Dasselfliegenlarven unter der Haut als ungenießbar angesehen. S t i m m e : scharfes, keuchendes Schnauben („schnarchen"); Männchen äußern während der Fortpflanzungszeit tiefe gutturale Laute.

Kuhantilopen: Alcelaphinae

Große Antilopen von eigenartiger Gestalt: abfallender Rücken, oft langes, schmales Gesicht („stumpfsinniger" Ausdruck). Drei gut unterscheidbare Typen:

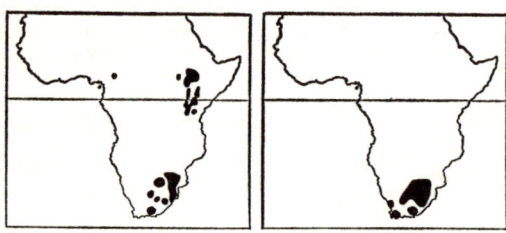

Bergriedbock   Rehbok

Leierantilopen und Verwandte noch am ehesten „antilopenhaft"; eigentliche Kuhantilopen mit deutlich abfallendem Rücken und sehr langem Kopf, Hörner auf stark verlängerter Stirn. Bei beiden Gruppen auf Schwanzoberseite steifer, schwarzer Haarkamm (außer bei Hunter's Leierantilope). Gnus[54] wegen Kopf- und Körperform und Behaarung (Bart, Mähne, pferdeartiger Schwanz) von „urzeitlichem" Aussehen. Alle in offenem Gelände, besonders in den großen Steppengebieten. Sehr gesellig, im allgemeinen in großen Herden.

Kuhantilope *Alcelaphus buselaphus* (Pallas) 35
E – Bubal Hartebeest   F – Bubale   K – Kongoni

KENNZEICHEN: Schulterhöhe 120–145 cm; Körpergewicht 125–200 kg. Groß, unverwechselbar, stark abfallender Rücken; Kopf außerordentlich lang und schmal, Stirn durch einen knöchernen Auswuchs nach oben mehr oder weniger verlängert. Allgemeine Färbung: fast einfarbig, sandfarben gelblichbraun bis leuchtend rötlich, Rückenmitte intensiver gefärbt, Hinterteil heller. Beine manchmal schwarz gezeichnet. Hörner in Form und Größe sehr variabel, doppelt gebogen: erst nach vorn und mehr oder weniger seitwärts, dann scharfbogig nach oben und hinten geschwungen (siehe innerartliche Variabilität). Weibchen ähneln Männchen, aber schlankere Hörner, gewöhnlich heller als erwachsene Männchen gefärbt.

INNERARTLICHE VARIABILITÄT: Die systematische Gliederung der Kuhantilopen ist umstritten. Diese Gruppe wird manchmal in verschiedene Arten aufgeteilt, wobei die Hornform als das wichtigste diagnostische Merkmal gilt. Es lassen sich mehrere Formen unterscheiden, zwischen denen es aber Übergänge gibt; daher ist es aus praktischen Gründen ratsam, sie als geographische Vertreter einer Art aufzufassen. W e s t l i c h e G r u p p e (*major* und Verwandte[55], von Senegal bis Tschad, Kamerun und Zentralafrikanische Republik) groß, düster sandbraun, schwache dunkle Zeichnung an den Beinvorderseiten; Hörner dick und massig, unterer Teil von vorn gesehen U-förmig (im Mittel 60 cm; maximal 70 cm). Z e n t r a l e G r u p p e (Lelwel-Kuhantilope, *lelwel; tschadensis, roosevelti, jacksoni;* Tschad, Zentralafrikanische Republik, nördliches Kamerun, Kordofa, Bahr-el-Ghasal, Uganda, Kenia) groß, Kopf- und Hornsockel besonders lang; einfarbig rötlichbraun; Beinvorderseiten manchmal schwärzlich schattiert; Hörner nur wenig nach außen gebogen, daher von vorn gesehen V-förmig (im Mittel 60 cm; maximal 68 cm). T o r a - K u h a n t i l o p e (*tora*, Blauer Nil), blaß gelblichbraun, und S o m a l i - K u h a n t i l o p e (*swaynei*, östliches Äthiopien und Somaliland), intensiv schokoladenbraun, sind kleiner, Hörner weit ausladend, von vorn gesehen wie ein auf der Seite liegendes Klammerzeichen (im Mittel 45 cm; maximal 51,4 cm). K o n g o n i (*cokii*, von Kenia bis Zentral-Tansania) ebenfalls kleiner, sandfarben gelblichbraun; Hörner ziemlich kurz und gedrungen (im Mittel 48 cm; maximal 59,7 cm), von vorn wie ein auf der Seite liegendes Klammerzeichen.

LEBENSRAUM: Offene Landschaften und lichter Busch, manchmal Savannenwaldungen, niemals in Dickungen oder Halbwüsten.

VERBREITUNG: Karte S. 154.

LEBENSWEISE: Gesellig, gewöhnlich in Herden von 4–15, manchmal bis zu 30 Tieren. Ansammlungen von Hunderten, früher von Tausenden beobachtet. In Ostafrika oft mit Zebras vergesellschaftet. Alte Männchen auch einzeln; junge bilden manchmal eigene Herden. Herden sonst ganzjährig aus einem erwach-

---

[54] Gnus werden manchmal in die nähere Verwandtschaft der Rinder gestellt (LEAKEY).

[55] Die typische Unterart (*buselaphus*, Nordwest-Afrika) ist ausgestorben.

senen Männchen mit Weibchen und Jungtieren zusammengesetzt. Herdenrevier wird vom Männchen verteidigt. Wachtposten auf erhöhten Plätzen (z. B. Termitenhügel). In einigen Gebieten auf der Nahrungssuche weite Wanderungen; bei ausreichendem Wasser- und Nahrungsangebot jedoch sehr ortstreu (mehr als andere große Antilopen). In erster Linie Grasfresser, bevorzugen jungen Pflanzenwuchs auf Brandflächen. Trinken – wenn möglich – regelmäßig, können aber lange Wasser entbehren; suhlen sich gern. Sehr friedfertig, aber rivalisierende Böcke kämpfen heftig miteinander. Geruchssinn besser als Gesichtssinn entwickelt. A l a r m r u f : nasales Schnauben. F e i n d e : Löwen. Einige Unterarten, besonders die Somali-Kuhantilope, im Bestand durch Rinderpest und unkontrollierte Bejagung bedroht.

Kaama oder **Südafrikanische Kuhantilope** *Alcelaphus caama* (G. Cuvier)[56] 35

E – Red oder Cape Hartebeest   F – Bubale caama   A – Rooihartbees

KENNZEICHEN: Schulterhöhe 125 cm; Körpergewicht 160–180 kg. Groß, der Kuhantilope sehr ähnlich; stark entwickelter Stirnfortsatz. Allgemeine Färbung hell rötlich gelbbraun. Stirn und Nasenrücken dunkel, zwischen den Augen hellerer gelblichbrauner Streifen. Nacken, Kinn und Gliedmaßen bis zu den Schultern und Hüften mehr oder weniger schwärzlich. Auf dem Hinterteil auffallender großer weißlicher Fleck, deutlich gegen dunklere Oberseite und Beine abgesetzt. Hörner (im Mittel 48 cm; maximal 68 cm) mit starken Querwülsten, von vorn gesehen V-förmig gestellt; nach vorn und seitwärts, dann einwärts und scharfbogig nach hinten geschwungen. Weibchen ähneln Männchen, aber schlankere Hörner.

INNERARTLICHE VARIABILITÄT: Die Südwestafrikanische Kuhantilope wird wegen intensiverer Färbung als eigene Unterart *(selbornei)* angesehen. Die Berechtigung dieser Abtrennung ist umstritten. Alle lebenden Tiere gehören zur Unterart *selbornei*, die typische Unterart *(caama)* ist ausgerottet.

LEBENSRAUM: Heute in Trockengebieten des nordwestlichen Kaplandes, in Betschuanaland und in Südwestafrika. Grasland und Savanne, auch Gebirge bis zu den Gipfeln der Drakensberge.

VERBREITUNG: Karte S. 154.

LEBENSWEISE: In Herden von 10–30 Tieren. Früher zeitweilig große Ansammlungen. Alte Männchen manchmal Einzelgänger. Trinken – wenn möglich – regelmäßig, können aber lange ohne Wasser auskommen. N a h r u n g : Gras, Karru-Vegetation, selten Blätter. Ziemlich ruhig. S t i m m e : gelegentlich eine

---

[56] Wahrscheinlich mit der Kuhantilope *(buselaphus)* artgleich.

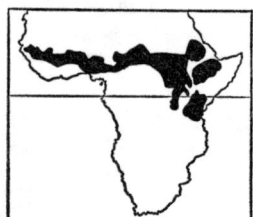

Kuhantilope

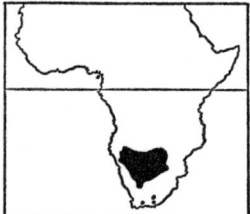

Kaama

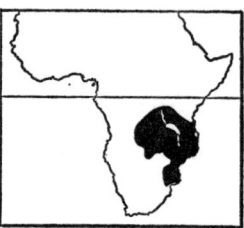

Konzi

Art Niesen oder ein niesendes Keuchen bei Beunruhigung. Früher weit verbreitet (größter Teil der Kap-Provinz, südliches und westliches Transvaal, Oranje-Freistaat, Lesotho und westlicher Teil von Natal). 1875 durch Überjagung fast ausgerottet. Wieder ausgesetzt in verschiedenen Wildreservaten und Nationalparks in Südafrika (nicht im Krüger-Nationalpark, dort nie vorgekommen), auch im westlichen Rhodesien. Heute im Kalahari-Gemsbok-Nationalpark in Betschuanaland und Südwestafrika häufig; Bestand nimmt in Aussetzungsgebieten stark zu.

Konzi oder Lichtensteins-Kuhantilope *Alcelaphus lichtensteini* (Peters) 35

E – Lichtenstein's Hartebeest A – Mofhartbees
F – Bubale de Lichtenstein

KENNZEICHEN: Schulterhöhe 125 cm; Körpergewicht 120–145 kg. Groß, der Kuhantilope sehr ähnlich, aber Stirn relativ breit, nicht so stark verlängert. Rücken leuchtend rötlichbraun, von den blaß gelblichbraunen Flanken und dem weißlichen Hinterteil gut abgesetzt. Stirn und Nasenrücken dunkler. Beinvorderseiten mit dunklen Streifen. Hörner kurz (im Mittel 50 cm; maximal 60,6 cm), an der Basis abgeflacht und dick, mit Ausnahme der Spitzen stark geringelt, Z-förmig, zuerst nach außen, dann nach oben und innen, schließlich nach hinten gebogen; Enden fast parallel. Weibchen ähneln Männchen, Hörner weniger kräftig.

ÄHNLICHE ARTEN: Unterscheidet sich von der Kuhantilope (kommt nicht im gleichen Gebiet vor) durch kontrastreichere Färbung und Hornform[57].

LEBENSRAUM: Feuchtsavanne und Waldland, im allgemeinen an Standorten mit ausdauernden Horstgräsern.

VERBREITUNG: Karte S. 154.

LEBENSWEISE: Gewöhnlich in kleinen Familienverbänden bis zu 10 Tieren, zeitweilig mit Pferdeantilope, Gnu und Zebra vergesellschaftet. Herdenzusammensetzung: ein Bock, bis zu 8 oder 9 Weibchen und Jungtiere. Ranghöchstes Tier ist der Bock, aber bei Gefahr führt ein Weibchen. Junge Männchen in eigenen Herden, alte oft einzeln. Ausgeprägtes Revierverhalten. Reviermarkierung durch Duftmarken: die Tiere knien nieder, wühlen mit den Hörnern Erde auf, reiben dann die Kopfseiten an der Erde, geben dabei das Sekret der gut entwickelten Voraugendrüsen ab. A l a r m r u f : ein niesendes Schnauben durch die Nase. Beim Kämpfen manchmal tiefes Brüllen. Gesicht und Gehör sehr gut, Geruchssinn anscheinend nicht gut entwickelt. Grasfresser; Nahrungsaufnahme tagsüber und nachts, ruhen aber während der Mittagshitze. Trinken täglich, gewöhnlich am frühen Morgen. Männchen kämpfen während der Paarungszeit miteinander. T r a g z e i t : 240 Tage, die meisten Kälber werden im Juli und August geboren. F e i n d e : hauptsächlich Löwen, gelegentlich auch Hyänenhunde, Geparden und Leoparden.

Leierantilope *Damaliscus korrigum* (Ogilby) 36

E – Tiang, Topi und Korrigum K – Nyamera
F – Damalisque, Topi und Tiang

KENNZEICHEN: Schulterhöhe 100–130 cm; Körpergewicht 90–135 kg. Groß, ziemlich langer Kopf, aber Stirnregion nicht nach hinten verlängert. Körpergestalt ähnlich wie bei Kuhantilope (aber Kopf nicht so lang und Rücken nicht

---

[57] Anmerkung des Übersetzers: Nach Auffassung einiger Autoren ist auch das Konzi nur eine Unterart der Kuhantilope.

so stark abfallend). Allgemeine Färbung rötlichbraun bis purpurrot, sehr glänzend (in hellem Sonnenschein schillernd); Stirn und Nasenrücken und obere Teile der Beine dunkel; ohne weiße Zeichnung. Beine unten orange gelblichbraun; Hörner dick, stark geringelt, leierförmig, schräg nach oben und außen, dann leicht nach hinten und innen geschwungen, Spitzen weisen nach oben. Weibchen ähneln Männchen, aber gewöhnlich heller, kürzere, weniger stark geringelte Hörner.

INNERARTLICHE VARIABILITÄT: Nach Größe, Hornstärke und Fellfärbung mehrere Unterarten: Eigentliche Leierantilope (*korrigum*, von Senegal bis zum westlichen Sudan) größte Form, leuchtend rötlichorange, Hörner gut entwickelt (im Mittel 60 cm; maximal 72,4 cm); Tiang (*tiang*, Sudan, Südwest-Äthiopien und Albert-See) kleiner, rötlicher, purpurner Anflug, Hörner im Durchschnitt schlanker (im Mittel 53 cm; maximal 67,3 cm); Topi (*jimela, topi* und Verwandte, von Uganda und südlichem Somaliland durch Kenia bis Südwest-Tansania) dunkler, intensiver rötlichbraun, kräftiger Purputon; Hörner wesentlich kleiner (im Mittel 48 cm; maximal 62,4 cm).

LEBENSRAUM: Offene Savannen und Parklandschaften, manchmal auch in sehr trockenen Gebieten.

VERBREITUNG: Karte S. 157.

LEBENSWEISE: Sehr gesellig, in Herden von 15–30 Tieren, manchmal bis zu mehreren Hundert. Früher jahreszeitlich riesige Ansammlungen bis zu 12 000 Tieren: Massenwanderungen auf der Suche nach frischen Weideflächen (in Westafrika Wanderung zu Beginn der Regenzeit von Norden nach Süden). Oft Mischherden mit Kuhantilopen, Gnus und Zebras, manchmal mit Büffeln und Moorantilopen. Leierantilopen schließen sich besonders bei Beunruhigung dicht zusammen. Während der Fortpflanzungszeit Ausbildung von Brunftrevieren auf kurzgrasigen Flächen; werden gegen andere Männchen verteidigt, nicht gegen Weibchen und Jungtiere. Paarung innerhalb des Reviers. Nach der Fortpflanzungszeit zerstreut sich die Herde, Männchen und Weibchen in eigenen Gruppen. Gern in Überschwemmungsgebieten, können aber auch lange Zeit ohne Wasser auskommen, solange saftige Nahrung verfügbar ist. Ausschließlich Grasfresser, auch auf kurzgrasigen Flächen in Halbwüsten; können sich von trockenen Gräsern ernähren, die andere Antilopen verschmähen. Innerhalb des großen Verbreitungsgebietes fehlen sie unerklärlicherweise in Gegenden, die für sie geeignet erscheinen. (Boden- oder Vegetationsfaktoren?). Laufen sehr schnell. S t i m m e : Schnauben und Grunzen. F e i n d e : Löwen.

Sassaby oder **Halbmondantilope** *Damaliscus lunatus* (Burchell)[58] 36
E – Sassaby, Tsessebe A – Basterhartbees
F – Sassaby

KENNZEICHEN: Schulterhöhe 120 cm; Körpergewicht 135–160 kg. Groß, ähnelt stark der Leierantilope. Allgemeine Färbung intensiv dunkel rötlichkastanienbraun mit Purpurglanz, Stirn und Nasenrücken schwarz. Obere Beinteile bis zu den „Knien" und Sprunggelenken schwärzlich, unten gelblichbraun. Bauch rötlichbraun. Hörner (im Mittel 40 cm; maximal 47 cm) mit Ausnahme der Spitze geringelt, gleichmäßig nach außen, dann nach hinten und innen gebogen; von vorne gesehen halbmondförmig. Weibchen ähneln Männchen, aber kleiner, dünnere Hörner.

LEBENSRAUM: Grasland, sumpfige Überschwemmungsgebiete und locker mit Busch bestandene offene Landschaften; gelegentlich auch in Dickungen.

---

[58] Gehört wahrscheinlich mit der Leierantilope zu einer Art.

VERBREITUNG: Karte S. 157. Früher vom Sambesi bis zum nördlichen Betschuanaland, nördlichen Transvaal und nördlichen Natal (Zululand).
LEBENSWEISE: Nicht so gesellig wie Leierantilope; in Familienverbänden oder kleinen Herden von 8–10 Tieren, können sich während der Trockenzeit zu größeren Herden zusammenschließen (bis zu 200 Tieren). Ausschließlich Grasfresser. Soll eine der schnellsten afrikanischen Antilopen sein, aber vermutlich nicht schneller als Leierantilope. S t i m m e : Schnauben.

Bunt- und Bleßbock *Damaliscus dorcas* (Pallas) 36
E – Bontebok, Blesbok   A – Bontbok, Blesbok
F – Bontebok, Blesbok

KENNZEICHEN: Schulterhöhe 85–100 cm; Körpergewicht 60–100 kg. Ziemlich groß, aber deutlich kleiner als Leierantilope; auffallendes weißes Zeichnungsmuster an Kopf, Hinterteil und Beinen. Allgemeine Färbung intensiv braun mit Purpurglanz, geht an Schultern und Rücken in silbrig, rötlichbraun bis gelbbraun über. Nasenrücken bis zwischen den Augen auffallend weiß, weißer Stirnfleck. Hinterteil blaß oder wie die Unterseite reinweiß. Hörner ziemlich klein (im Mittel 38 cm; maximal 50,8 cm), stark geringelt, leierförmig, nach oben und außen, dann nach hinten und innen geschwungen, Spitzen nach oben. Weibchen ähneln Männchen, aber kleiner, dünnere Hörner.

INNERARTLICHE VARIABILITÄT: Buntbock und Bleßbock werden oft als zwei verschiedene Arten angesehen. Sie sind jedoch so eng miteinander verwandt, daß es sinnvoll ist, sie in einer Art zu vereinigen. Sie unterscheiden sich in folgenden Merkmalen: B u n t b o c k *(dorcas = pygargus)* größer, dunkler und intensiver gefärbt; weißer Stirnfleck und Nasenzeichnung durch schmalen weißen Streifen verbunden. Auf dem Hinterteil großer, reinweißer Fleck. Untere Beinteile vorwiegend weiß. B l e ß b o c k *(phillipsi = albifrons)* kleiner und heller; Stirnfleck und Nasenzeichnung gewöhnlich durch schmalen dunklen Streifen zwischen den Augen getrennt; unauffälliger, blaßbrauner Fleck auf dem Hinterteil, nur Schwanzbasis reinweiß. Untere Beinteile vorwiegend dunkel. B u n t b o c k : Nur in der südwestlichen Kapprovinz; niemals sehr zahlreich, in freier Wildbahn durch Bejagung ausgerottet; völlige Vernichtung nur durch Schutzmaßnahmen einiger Farmer verhindert. Heute nur noch im Buntbock-Nationalpark und auf einigen Farmen, streng geschützt. Bestand (1962 etwa 600 Tiere) nimmt in zufriedenstellendem Maße zu. B l e ß b o c k : Früher in der nördlichen Kapprovinz, dem Oranje-Freistaat, dem südlichen und westlichen Transvaal und westlichen Natal sehr häufig. Die Besiedlung und Erschließung dieser Gebiete hat zur Verringerung der Bestände geführt, die

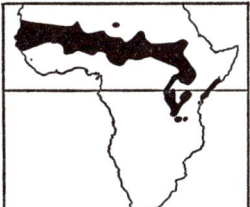

Leierantilope

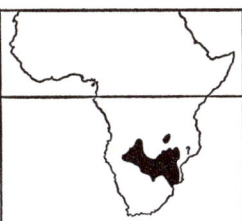

Halbmondantilope

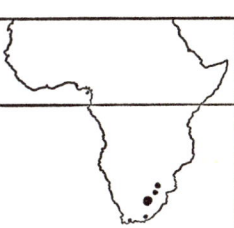

Bunt- und Bleßbock

sich aber seitdem durch Schutzmaßnahmen der Farmer wieder erholt haben. Heute in vielen Reservaten so zahlreich, daß sie zur Fleischgewinnung genutzt werden. Buntbock und Bleßbock sind Grasfresser; in offenen Graslandschaften. In Herden von 6–30 Tieren, manchmal zu Hunderten. Trinken regelmäßig. Richten sich bei Beunruhigung gegen den Wind.

VERBREITUNG: Karte S. 157.

Hunters-Leierantilope[59] *Damaliscus hunteri* (Sclater) 36

E – Hunter's Hartebeest, Hirola   F – Damalisque de Hunter, Hirola

KENNZEICHEN: Schulterhöhe 100 cm; Körpergewicht 73 kg. Ziemlich groß, ähnelt der Kuhantilope, aber leichter gebaut und graziler. Allgemeine Färbung einheitlich rötlich gelbbraun, Beine etwas dunkler. Zwischen den Augen deutlicher weißer Querstreifen. Schwanz lang, erreicht die Sprunggelenke, vorwiegend weiß, Spitze schwärzlich. Stirn nicht verlängert, Hörner lang und ziemlich dünn (im Mittel 60 cm; maximal 72,4 cm), nach außen und hinten, dann nach oben geschwungen, mit parallel gestellten Enden; sehr scharfe Spitzen (ähnlich wie Hörner der Schwarzfuß-Moorantilope und der Impalas). Weibchen ähneln Männchen, aber kleiner und mit schwächeren Hörnern.

ÄHNLICHE ARTEN: Kann mit keiner anderen Kuhantilope verwechselt werden wegen allgemeiner Erscheinung, Hornform und auffallendem weißen Streifen zwischen den Augen. Verbreitungsgebiet überschneidet sich mit dem der Leierantilope, diese ist aber viel größer und dunkler und hat kürzere Hörner.

LEBENSRAUM: Offene Grassteppen und locker mit Dornbusch bestandenes, trockenes Gelände.

VERBREITUNG: Karte S. 158.

LEBENSWEISE: In Herden von 12–25 Tieren. Grasfresser. Sehr begrenzte Verbreitung; nur kleiner Bestand (hauptsächlich in Kenia; nach Angaben einiger Beobachter weniger als 1000 Tiere). Bis jetzt wirksam geschützt. Wenn aber durch jetzt geplante Entwicklungsprojekte ihr Lebensraum verändert wird, könnte diese Form ernsthaft gefährdet sein.

Weißbartgnu und Streifengnu *Connochaetes (Gorgon) taurinus* (Burchell) 37

E – Brindled Gnu, Wildebeest   A – Blouwildebees
F – Gnou à queue noire   K – Nyumbu ya montu

KENNZEICHEN: Schulterhöhe 130–140 cm; Körpergewicht 160–270 kg. Unver-

---

[59] Anmerkung des Übersetzers: Nach HALTENORTH (1963) wird diese Art mit *korrigum* und *lunatus* zu einer Art vereinigt.

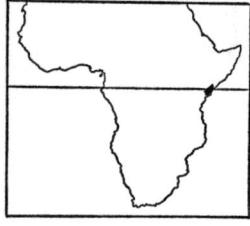

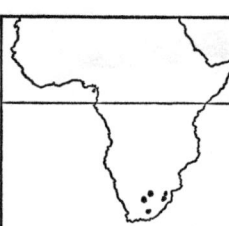

Hunters-Leierantilope   Weißbartgnu   Weißschwanzgnu

kennbar; groß, kräftig gebaut, plumpe Erscheinung[60]. Körper vorn rinderartig, Vorderteil massig, Widerrist nur geringfügig höher als das Kreuz, Hinterteil unverhältnismäßig schlank. Gliedmaßen schlank. Kopf groß; breite, behaarte Schnauze; Stirn und Nasenrücken mit dichtem, schwarzen Haarpolster. Schwarze oder weiße Kehl- und Halsmähne (Bart). Lange schwarze Nacken- und Schultermähne. Allgemeine Färbung düster schiefergrau, Vorderteil mehr oder weniger deutlich dunkel gestreift (Streifengnu). Schwanz schwarz, lang und stark behaart, Endquaste reicht fast bis zum Boden. Hörner (im Mittel 53 cm; maximal 65 cm), an der Basis wulstartig verbreitert, seitwärts gestellt; schwach nach unten, dann nach oben, innen und leicht nach hinten gebogen (ähnlich wie beim Kaffernbüffel). Weibchen ähneln Männchen, aber kleiner, mit schwächeren Hörnern. Jungtiere rötlich gelbbraun mit dunklerem Gesicht und dunklem Aalstrich auf Kopf, Nacken und Rücken.

INNERARTLICHE VARIABILITÄT: Die südliche Form, das Streifengnu (*taurinus*, Südafrika bis südliches Tansania) mit schwarzem Bart; die nördliche Form, das Weißbartgnu (*albojubatus*, Zentral-Tansania bis zum Tana) heller gefärbt, Bart auffallend schmutzig weiß.

ÄHNLICHE ARTEN: Siehe Weißschwanzgnu.

LEBENSRAUM: Offene Grassteppen mit Dornbusch, in verhältnismäßig trockenen Gebieten; auch in offenen Waldungen.

VERBREITUNG: Karte S. 158.

LEBENSWEISE: Sehr gesellig, vorwiegend in großen Herden, während der Wanderungen bis zu zehntausend Tiere. In der Fortpflanzungszeit gewöhnlich kleine Herden mit einem Männchen, mehreren Weibchen und Jungtieren; auch größere Herden mit mehreren Männchen und mehr als 150 Weibchen und Jungtieren kommen vor. In diesen Großherden anscheinend keine Rangordnung der Männchen. Männchen umkreisen die Herden, halten sie so dicht zusammen; verteidigen eine Zone im Umkreis der Herden. Nach der Fortpflanzungszeit Zusammenschluß zu größeren Herden ohne erkennbare Sozialstruktur. Mit Zebras, Thomson-Gazellen, manchmal auch mit anderen Huftieren vergesellschaftet. Auf der Nahrungssuche sehr ausgedehnte Wanderungen (bis weit über 1500 km); werden in einigen Gebieten offensichtlich jährlich durchgeführt. Ziehen oft im Gänsemarsch. Wie andere Steppentiere während der Regenzeit weit in der Steppe verteilt, während der Trockenzeit auf den Weideplätzen um Wasserstellen oder Flüsse konzentriert. Grasen in lockerem Verband. Mit Ausnahme der heißen Mittagsstunden immer aktiv. N a h r u n g : Gras (bis zu 98 %/o der Nahrung), scheinen bestimmte Gräser zu bevorzugen (in Teilen Ostafrikas das Hafergras, *Themeda triandra*, dann *Pennisetum*). Trinken – wenn möglich – täglich; kommen aber bis zu 5 Tagen ohne Wasser aus. Während der Trockenzeit können an einem Tage über 50 km auf der Wassersuche zurückgelegt werden. Wasserbedarf wird zum Teil auch durch Sukkulenten und wilde Melonen gedeckt; aber stärker auf Wasser angewiesen als andere Huftiere im gleichen Lebensraum (besonders Spießböcke und Grant-Gazellen). F e i n d e : Löwen (machen gelegentlich 50 %/o der Löwennahrung aus), Geparden und Hyänenhunde; in Ostafrika fallen viele Neugeborene Hyänen zum Opfer. In Steppengebieten, besonders in der Massaisteppe in Ostafrika, gehört das Weißbartgnu zu den häufigsten Pflanzenfressern. S t i m m e : lautes, explosives Schnauben und tiefes, stöhnendes Grunzen. Sehr laut. Gegenseitige Erkennung am Geruch.

---

[60] Früher wurden Gnus beschrieben als Tiere mit dem Vorderteil eines Rindes, dem Hinterteil einer Antilope und dem Schwanz eines Pferdes. Diese Beschreibung vermittelt eine gute Vorstellung von einem Tier, das „the old fool of the veld" genannt wurde.

160 *Paarhufer*

Weißschwanzgnu *Connochaetes gnou* (Zimmermann) **37**
  E – White-tailed Gnu, Black F – Gnou à queue blanche
  Wildebeest A – Swartwildebees

Kennzeichen: Schulterhöhe 115 cm; Körpergewicht 160 kg. Unverwechselbar, groß, kräftig gebaut; eigenartige Erscheinung. Vorn massig, hinten schlank; Rücken schwach abfallend. Kopf sehr groß, auf dem Nasenrücken große, aufrechtstehende, bürstenartige Mähne. Kehlbart; Brustmähne zwischen den Vorderbeinen. Nacken- und Schultermähne an der Basis gelblichweiß, an der Spitze dunkel. Schwanz lang, reicht fast bis zum Boden, an der Wurzel schwarz, dann reinweiß. Allgemeine Färbung dunkelbraun, bei alten Männchen nach Haarwechsel pechschwarz. Hornwurzeln sehr breit, stoßen fast zusammen. Hörner (im Mittel 53 cm; maximal 73,7 cm) nach unten und vorn, dann nach oben geschwungen, Spitzen fast senkrecht. Weibchen ähneln Männchen, aber etwas kleiner mit schwächeren Hörnern.

Ähnliche Arten: Verwechslung mit dem Streifengnu möglich; aber Weißschwanzgnu kleiner, mit bürstenartiger Mähne auf dem Nasenrücken, mit Kehl- und Brustmähne und anderer Schwanzfärbung und Hornform.

Lebensraum: Offene Grassteppe und Dornsavanne.

Verbreitung: Karte S. 158. Früher im ganzen zentralen Hochland von Südafrika verbreitet (Kapland, Oranje-Freistaat, südliches Transvaal und Natal). Heute nur noch auf wenigen Farmen und in einigen Parks und Wildreservaten.

Lebensweise: In Herden bis zu 20 oder 30 Tieren. Früher in großen Ansammlungen, mit Quaggas und Straußen vergesellschaftet. Männchen haben zumindest während der Paarungszeit Reviere. N a h r u n g : vorwiegend Gräser, aber auch Sukkulenten, Karru-Büsche und anderes Buschwerk. „Knien" sich oft zum Grasen nieder. Trinken regelmäßig. Können sehr schnell laufen; kennzeichnend sind besondere Bocksprünge (oft als Clown des Tierreichs bezeichnet). Aggressiv; während der Fortpflanzungszeit heftige Kämpfe zwischen Männchen. S t i m m e : lautes, brüllendes Schnauben (daher der Hottentotten-Name „t' gnu"), manchmal ein Pfiff. Früher sehr zahlreich, dann von den Buren fast ausgerottet (Fleisch, Häute). Heute in Reservaten und auf Farmen streng geschützt; Bestand nimmt in zufriedenstellendem Maße zu. Die Gesamtpopulation beträgt etwa 2000 Tiere, gegenüber 1000 im Jahre 1947.

Gazellen: Antilopinae

Klein bis mittelgroß, schlank und grazil gebaut, können sehr schnell laufen, mit schlanken, langen Beinen (oft mit Haarbüscheln an den „Knien"); nackter Nasenspiegel klein oder fehlend. Außer bei Gerenuk, Lamagazelle und Impala auch Weibchen behornt. Hörner oft leierförmig, stark geringelt. Die meisten Arten in offenen, trockenen, niemals in bewaldeten Lebensräumen (ausgenommen Impala); einige Arten in Wüsten (mit entsprechenden Anpassungen an das Leben ohne Wasser). Auch in Arabien, Nordwest- und Zentralasien bis nach Indien verbreitet.

Giraffengazelle *Litocranius walleri* (Brooke) **38**
  E – Gerenuk, Giraffe-Gazelle K – Swala twiga
  F – Gazelle de Waller, Gazelle-Giraffe

Kennzeichen: Schulterhöhe 90–105 cm; Körpergewicht 36–52 kg. Groß, außerordentlich langer Hals (daher Giraffengazelle) und stark verlängerte

Gliedmaßen. Augen sehr groß. Allgemeine Färbung rötlichbraun, auf dem Rücken deutlich dunkler, gut von den helleren Seiten abgesetzt. Kein Seitenstreifen; rötlichbraune Flanken grenzen scharf an weiße Unterseite. Nasenrücken und Stirn intensiv rötlichbraun. Keine Gesichtsstreifen; um das Auge weißer Ring. Haarbüschel an den „Knien". Schwanz ziemlich kurz, an der Basis verbreitert, verjüngt sich zur schwarzen Quaste hin; wird niemals aufgestellt, sondern seitlich am Körper oder zwischen den Beinen getragen. Hörner (im Mittel 35 cm; maximal 44,1 cm) sehr gedrungen, stark geringelt, an der Basis weit getrennt, leierartig; S-förmig, erst nach oben und außen, dann nach hinten und innen geschwungen, Spitzen nach oben gerichtet. Weibchen ähneln Männchen, aber hornlos und mit dunklem Scheitelfleck.
ÄHNLICHE ARTEN: Verwechslung mit Lamagazelle möglich, aber diese hat schlankeren Hals, längeren, anders getragenen Schwanz, und bei Erwachsenen andere Hornform. Halbwüchsige Giraffengazellen-Männchen können eine sehr ähnliche Hornform wie erwachsene Lamagazellen haben. Aber Gesichtszeichnung ermöglicht eine Bestimmung.
LEBENSRAUM: Trockener Dornbusch, sogar Wüsten.
VERBREITUNG: Karte S. 161. Eine der wenigen afrikanischen Antilopen, die in den letzten 50 Jahren ihr Verbreitungsgebiet vermutlich erweitert hat (wie Hunters-Leierantilope im gleichen Gebiet).
LEBENSWEISE: Einzeln oder in kleinen Gruppen bis zu 7 Tieren. N a h r u n g : fressen an dornigen Büschen und Bäumen (*Commiphora*, Akazien), hauptsächlich zarte Blätter und Triebe. Langer Hals (Gerenuk bedeutet in der Somali-Sprache giraffenhalsig) und lange Gliedmaßen ermöglichen ihr, an hohen Büschen zu äsen: stellen sich mit gestrecktem Hals senkrecht auf die Hinterbeine, stützen sich dabei mit den Vorderbeinen gegen den Stamm. Grasen selten. Benötigen kein Wasser. Schleichen sich bei Beunruhigung mit gerade vorgestrecktem Hals in geduckter Haltung davon.

Lamagazelle oder Dibatag *Ammodorcas clarkei* (Thomas)[61]   38
E – Dibatag, Clarke's Gazelle   F – Dibatag, Gazelle de Clarke
KENNZEICHEN: Schulterhöhe 80–90 cm; Körpergewicht 30–32 kg. Mittelgroß, zierlich gebaut, langer, schlanker Hals (nicht so lang wie bei Giraffengazelle), lange Gliedmaßen. Allgemeine Färbung dunkel purpurgrau mit rötlichbraunem Anflug; kein Seitenstreifen. Unterseite und Hinterteil weiß. Stirn und

[61] Die Lamagazelle wird manchmal in die nähere Verwandtschaft der Riedböcke gestellt, mit denen sie Hornform und bestimmte anatomische Merkmale gemeinsam hat. Aus praktischen Gründen wird sie jedoch hier aufgeführt, da sie mit der Giraffengazelle verwechselt werden kann.

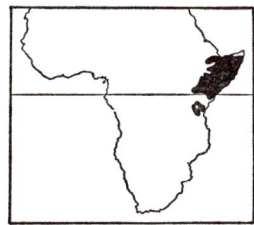
Giraffengazelle

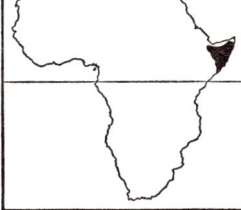
Lamagazelle

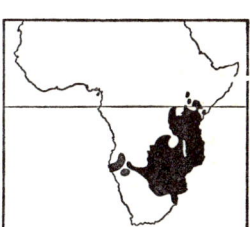
Impala

Nasenrücken intensiv kastanienbraun; jederseits von Hornbasis bis Schnauze ein weißer Streifen; um die Augen weißes Feld; dunkler Voraugenstreifen bis zur Schnauze, Schwanz sehr lang, dünn, vollständig schwarz; wird bei Beunruhigung oder Flucht aufrecht gestellt oder über den Rücken geschlagen[62]. Flüchten mit erhobenem Kopf. Hörner mäßig lang (im Mittel 25 cm; maximal 32 cm), an der Basis stark geringelt, schwach divergierend, sichelartig, aufwärts und rückwärts, dann vorwärts gebogen. Weibchen ähneln Männchen, aber hornlos.

ÄHNLICHE ARTEN: Siehe Giraffengazelle.

LEBENSRAUM: Niedriger Dornbusch mit freien Grasstellen (kein dichtes, hohes Buschwerk; unterscheidet sich darin von der Giraffengazelle); manchmal grasige Steppen.

VERBREITUNG: Karte S. 161.

LEBENSWEISE: Einzeln, gewöhnlich aber paarweise oder in Gruppen von 3–5 Tieren; manchmal in kleinen Familienverbänden bis zu 9 Tieren. Laubfresser, äsen bevorzugt an kleinen Büschen, Akazien und *Commiphora*-Bäumen; langer Hals ermöglicht ihnen, junge Triebe zu erreichen. Können sich wie Giraffengazellen auf die Hinterbeine stellen, stützen sich dabei mit den Vorderbeinen gegen einen Ast. Fressen auch Beeren *(Solanum)* und in beschränktem Maße grünes Gras. Sehr scheu und wachsam, streifen viel umher; Wohngebiet nicht festliegend. Selten, obgleich örtlich häufig. Geschützt, aber wegen ihrer Felle gewildert. Die Vernichtung ihres Lebensraumes durch Überweidung (Haustiere) stellt für den Bestand eine ernsthafte Gefahr dar.

Impala oder Schwarzfersen-Antilope[63] *Aepyceros melampus* (Lichtenstein) 38

E – Impala   A – Rooibok
F – Impala   K – Swala pala

KENNZEICHEN: Schulterhöhe 80–95 cm; Körpergewicht 45–80 kg. Mittelgroß, leicht gebaut und sehr zierlich; Fell glänzend. Allgemeine Färbung leuchtend gelblich rotbraun, an den Flanken heller. Gesicht ohne auffallendes Zeichnungsmuster, außer einem weißen Überaugenstreifen und bei einigen Unterarten einem schwärzlichen Fleck auf dem Nasenrücken. Kinn und Kehle weiß. Von Rückenmitte bis Schwanzspitze schmaler schwarzer Aalstrich. Unterseite und Keulenrückseite weiß. Am hinteren Keulenrand senkrechter schwarzer Streifen, begrenzt nicht das weiße Hinterteil. Über dem Fesselgelenk der Hinterbeine bürstenartiges schwarzes Haarbüschel (einmalig unter Antilopen). Schwanz mäßig lang, bis auf dunklen Mittelstreifen weiß. Hörner lang (im Mittel 50 cm; maximal 91,8 cm), schlank, leierartig, S-förmig, erst nach oben und außen, dann nach hinten, Spitzen wieder nach oben geschwungen. Weibchen ähneln Männchen, aber kleiner und hornlos.

INNERARTLICHE VARIABILITÄT: Südliche Impala (*melampus*, vom südöstlichen Kongo, Sambia und südlichen Tansania bis zum Oranje) kleiner und dunkler, kürzere Hörner; Ostafrikanische Impala (*rendilis*, vom nördlichen Kenia und Uganda an südwärts) leuchtender, längere Hörner; die Angola-Unterart *(petersi)* dunkle Gesichtszeichnung, sehr buschiger Schwanz.

ÄHNLICHE ARTEN: Verwechslung mit der Victoriasee-Moorantilope möglich, aber leichter gebaut, heller gefärbt, längere, schlankere Hörner, schwarzer Keulenstreifen.

---

[62] Dibatag leitet sich von den Somaliworten dabu = Schwanz und tag = aufrecht ab.

[63] Die Schwarzfersen-Antilope ist keine echte Gazelle; einige Autoren stellen sie in eine eigene Unterfamilie (Aepycerotinae). Den Moorantilopen ähnlicher als irgendeiner Gazelle.

Hornträger 163

LEBENSRAUM: Akaziensavanne und lichte Waldungen (Mopane). Oft in der Nähe von Wasser.
VERBREITUNG: Karte S. 161.
LEBENSWEISE: Sehr gesellig; in kleinen Herden aus einem Bock und 15–20 Weibchen. Gelegentlich Herden bis zu 100 Tieren. Während der Paarungszeit heftige Rivalitätskämpfe der Männchen, dabei Grunzlaute; sonst nicht aggressiv. Junge und alte Männchen auch in Junggesellenherden (wie bei Moorantilope). Während der Trockenzeit Zusammenschluß zu größeren Herden. Tag- und nachtaktiv. N a h r u n g : Blätter von Bäumen (Akazien) und Büschen, auch Gras (bevorzugt kurzes) und Früchte. Stark wasserabhängig, können aber längere Zeit Wasserbedarf durch Tau decken. Sehr schnell, springen sehr gut, besonders auf der Flucht Hochsprünge bis 10 m weit und 3 m hoch. Gesichtssinn anscheinend nicht sehr gut. S t i m m e : lautes, hohes Schnauben, besonders bei Beunruhigung. Sehr laut, tagsüber oft zu hören (Grunzlaute). F e i n d e : Leopard, Gepard, Hyänenhunde, gelegentlich Löwen.

Damagazelle *Gazella (Nanger) dama* (Pallas) **38**
E – Addra, Mhorr, Dama Gazelle oder F – Gazelle dama, „Biche Robert"
Red-necked Gazelle

KENNZEICHEN: Schulterhöhe 90–110 cm; Körpergewicht 70 kg. Groß (größte echte Gazelle), schlank gebaut, relativ langer Hals und lange Beine. Hals und

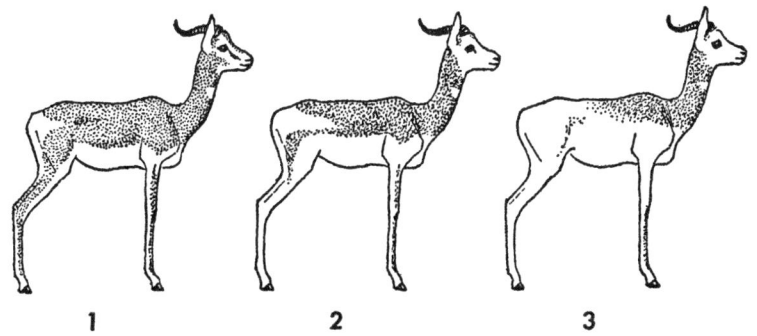

Abb. 13. Färbungsmuster der Damagazelle *(Gazella dama)*
1 Westliche Damagazelle *(mhorr)*, 2 Zentralafrikanische Damagazelle *(permista)*, 3 Rothalsgazelle *(ruficollis)*

Körperoberseite rötlichbraun oder kastanienbraun, deutlich vom weißen Hinterteil und der Unterseite abgesetzt. Kein Flankenstreifen. Kopf bei Erwachsenen reinweiß. Auffälliger weißer Halsfleck. Schwanz kurz, gut behaart, weiß, nur Schwanzspitze schwarz. Hörner kurz (im Mittel 33 cm; maximal 43,2 cm), dick, stark geringelt, an der Basis auffallend nach hinten, dann nach oben, Spitzen manchmal schwach nach vorn geschwungen. Weibchen ähneln Männchen, aber kürzere und dünnere Hörner. Stirn rötlichbraun; dunkler Augenstreifen.

INNERARTLICHE VARIABILITÄT: Färbungsmuster variiert individuell, jahreszeitlich und geographisch erheblich. Die westlichen Populationen (*dama*, Senegal; *mhorr*, südliches Marokko) sind die dunkelsten: Rücken, Flanken und Teile der Beine rötlichbraun; Hinterteil immer weiß, brauner Schenkelstreifen manchmal mit Rückenfärbung verbunden. Die östliche Form (Rothalsgazelle, *ruficollis*, Dongola und Sennar) ist die hellste, nur Hals und Schultersattel rötlichbraun. Im zentralen Teil des Verbreitungsgebietes kommt eine Zwischenform (*permista*) vor.
LEBENSRAUM: Wüsten und Randgebiete der Dornsavanne (Sahelzone).
VERBREITUNG: Karte S. 164.
LEBENSWEISE: Einzeln oder in kleinen Herden von 10–15 Tieren. Während der jahreszeitlichen Wanderungen manchmal Herden bis zu 600 und mehr Tieren; wandern zur Trockenzeit von der Sahara zur Sahelzone, während der Regenzeit zurück nach Norden. Oft gemeinsam mit Dorcasgazelle. Nahrung: vorwiegend verschiedene Wüstensträucher und Akazien; können sich auf die Hinterbeine aufstellen, um an junge Triebe zu gelangen; fressen auch grobe Wüstengräser. Können auch lange ohne Wasser auskommen; aber höherer Wasserbedarf als Dorcasgazelle.

Sömmering-Gazelle *Gazella (Nanger) soemmeringi* (Cretzschmar)   38
E – Soemmering's Gazelle   F – Gazelle de Soemmering

KENNZEICHEN: Schulterhöhe 80–90 cm; Körpergewicht 45 kg. Groß, langer Kopf, relativ kurzer Hals. Allgemeine Färbung blaß gelblich rotbraun. Kein oder nur schwacher Flankenstreifen, Flankenfärbung deutlich von weißer Unterseite abgesetzt. Kopf mit sehr auffallendem Zeichnungsmuster: Nasenrücken und Stirn dunkel schwärzlichbraun. Reinweißer Überaugenstreifen von Hornbasis bis Schnauze, darunter schwarzer Augenstreifen. Unter dem Auge weißer Fleck. Auf dem Hinterteil breiter, weißer Fleck, springt winklig in die gelblichbraune Kruppenfärbung vor, niemals schwarz begrenzt. Hörner ziemlich lang (im Mittel 38 cm; maximal 58,4 cm), stark geringelt, flach nach oben, dann nach hinten und weit nach außen geschwungen, Spitzen plötzlich einwärts gebogen. Weibchen ähneln Männchen, aber dünnere Hörner.
INNERARTLICHE VARIABILITÄT: Die Südabessinische Sömmering-Gazelle (*butteri*, Danatal, Boran, Gallaland) ist kleiner, hat angedeuteten Flankenstreifen und dunklen Keulenstreifen.
LEBENSRAUM: Buschwerk und Akaziengebüsch, auch offene Grassteppen.
VERBREITUNG: Karte S. 164.
LEBENSWEISE: In kleinen Familienverbänden, manchmal in größeren Herden bis

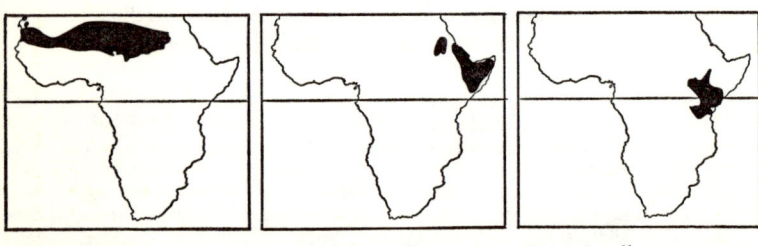

Damagazelle   Sömmering-Gazelle   Grant-Gazelle

zu 100 und mehr Tieren, in den Herden beide Geschlechter, Weibchen in der Überzahl. Alte Böcke oft Einzelgänger. N a h r u n g : Gräser, auch Blätter von Sträuchern. Trinken, wenn möglich, kommen aber auch ohne Wasser aus. In bestimmten Teilen des Verbreitungsgebietes jahreszeitliche Wanderungen auf der Nahrungssuche.

Grant-Gazelle *Gazella (Nanger) granti* Brooke 38
E – Grant's Gazelle   K – Swala granti
F – Gazelle de Grant

KENNZEICHEN: Schulterhöhe 80–90 cm; Körpergewicht 45–80 kg. Groß, ziemlich kräftig gebaut. Allgemeine Färbung gelbbraun, Flankenstreifen gewöhnlich nicht auffallend. Stirn und Nasenrücken rötlichbraun; schwärzlicher Nasenfleck; weißer Überaugenstreifen von Hornbasis bis Schnauze. Hinterteil mit

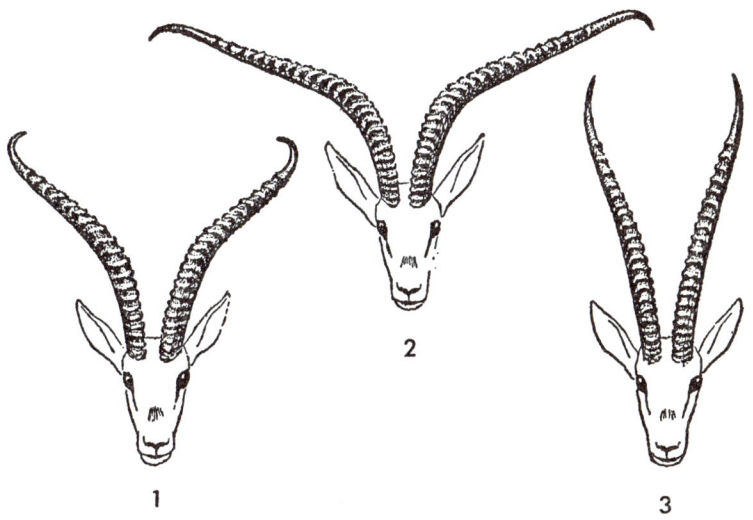

Abb. 14. Hornformen der Grant-Gazelle *(Gazella granti)*.
1 Eigentliche Grant-Gazelle *(granti)*, 2 Roberts Grant-Gazelle *(robertsi)*, 3 Raineys Grant-Gazelle *(raineyi)*

breitem, weißen Fleck, auf der Kruppe seitlich spitz vorspringend; an den Seiten durch schwarzen Keulenstreifen begrenzt. Unterseite weiß. Schwanz etwa bis zur Hälfte weiß, mit schwarzer Quaste. Hörner lang (im Mittel 55 cm; maximal 80,7 cm), an der Basis sehr kräftig, stark geringelt; schwach S-förmig, leicht nach hinten, dann mit den Spitzen wieder nach oben geschwungen; divergieren bei den verschiedenen Unterarten unterschiedlich stark. Weibchen ähneln Männchen, dunkler Flankenstreifen, kleinere Hörner.
INNERARTLICHE VARIABILITÄT: Nach Größe, Hornform und Färbung viele Unterarten, z. B. *lacuum,* Äthiopien; *brighti,* Uganda; *raineyi,* Somaliland und

nördliches Kenia; *petersi*, Küstengebiete in Kenia nahe Tana-Fluß; *robertsi*, Speke-Golf bis Loita-Steppe. Nicht alle Unterarten sind im Freiland zu unterscheiden. Peters Grant-Gazelle *(petersi)*: Hörner eng gestellt, kurz, fast gerade; Spiegel durch breiten, gelbbraunen Streifen geteilt. Roberts Grant-Gazelle *(robertsi)*: Hörner stark divergierend, Spitzen nach unten gerichtet.

ÄHNLICHE ARTEN: Siehe Thomson-Gazelle.

LEBENSRAUM: Offene Steppen mit lockerem Buschwerk; auch dichte Strauchsteppen, nie im Hochgras. Im nördlichen Kenia in dürren Halbwüsten.

VERBREITUNG: Karte S. 164.

LEBENSWEISE: In kleinen Herden von 6–30 Tieren. Gewöhnlich kleinere Trupps mit einem Männchen und mehreren Weibchen (bis zu 12). N a h r u n g : Gras- und Blattfresser. Können lange ohne Wasser auskommen; im allgemeinen auch während der Tageshitze in offenem Gelände (gut angepaßter Wasserhaushalt). A l a r m r u f : Grunzen oder Blöken.

Dorcasgazelle *Gazella dorcas* (L.) 39

E – Dorcas Gazelle   F – Gazelle dorcas

KENNZEICHEN: Schulterhöhe 55–65 cm; Körpergewicht 20–23 kg. Klein, ohne Kontrastzeichnung am Körper. Allgemeine Färbung blaß sandfarben gelbbraun mit einem schwachen rötlich gelbbraunen, niemals schwärzlichen oder schwarzen Flankenstreifen; von der weißen Bauchseite deutlich abgesetzt. Stirn und Nasenrücken rötlichbraun, weißer Überaugenstreifen von Hornbasis bis Oberlippe, darunter bräunlicher Augenstreifen. An den „Knien" der Vorderbeine ein langes, rötlichbraunes Haarbüschel. Keulenrückseite weiß. Hörner mittellang (im Mittel 25 cm; maximal 39,7 cm), leierartig, stark geringelt, S-förmig, nach hinten und außen, dann nach oben und innen geschwungen, Spitzen weisen nach oben. Weibchen ähneln Männchen, Hörner aber kürzer, leichter und weniger gebogen.

INNERARTLICHE VARIABILITÄT: Amhara-Dorcasgazelle (*isabella*, Äthiopien, östlicher Sudan), wird manchmal als eigene Art angesehen, etwas größer und brauner, weniger sandfarbig.

ÄHNLICHE ARTEN: Kann mit der Dünengazelle *(G. leptoceros)* verwechselt werden (siehe bei dieser Art). Beide kommen in Nordafrika gemeinsam mit der seltenen Edmi- oder Atlas-Gazelle vor (*G. cuvieri*, Gebirge in Marokko, Algerien und Tunesien bis zu 2000 m). Atlas-Gazelle jedoch bedeutend größer und schwerer, rauheres und dichteres Fell, dunkler gelbbraun gefärbt, kräftigere Gesichts- und Flankenzeichnungen, dicke und relativ kurze Hörner. Von der Rotstirngazelle leicht durch geringere Größe, Stirnfärbung und fehlenden schwarzen Flankenstreifen zu unterscheiden.

LEBENSRAUM: Halbwüstenbewohner, in Sanddünen und Steinwüsten am Rande der Dornsavanne (Sahel-Zone). Bevorzugt ebene, steinige Gebiete, wird stark bejagt.

VERBREITUNG: Karte S. 167. Auch in Israel, Syrien und Arabien (nördlichste Formen dieser Gruppe).

LEBENSWEISE: In kleinen Herden bis zu 20 Tieren, manchmal bis zu 60. Männchen gelegentlich Einzelgänger, junge Böcke in Trupps bis zu 50 Tieren. Gut an das Leben in der Wüste angepaßt: Fellfärbung hebt sich wenig von der Umgebung ab; können intensive Sonnenbestrahlung ertragen. Legen auf der Nahrungssuche weite Entfernungen zurück (vielleicht jahreszeitliche Wanderungen). N a h r u n g : fast alle Wüstenpflanzen, besonders Akazien. Trinken, wenn Wasser erreichbar ist, sonst Deckung des Wasserbedarfs durch Aufnahme von Sukkulenten *(Aizoon)*. Fressen auch Heuschrecken und deren Larven.

Hornträger 167

Pelzeln-Gazelle *Gazella pelzelni* Kohl[64] 39
E – Pelzeln's Gazelle   F – Gazelle de Pelzeln

KENNZEICHEN: Schulterhöhe 65 cm; Körpergewicht 18 kg. Klein. Allgemeine Färbung rötlich gelbbraun, breiter, aber undeutlicher dunkel rotbrauner Flankenstreifen (fehlt manchmal). Unterseite weiß. Stirn und Nasenrücken dunkel rötlichbraun; kein schwärzlicher Nasenfleck. Weißlicher Überaugenstreifen bis zur Schnauze, darunter brauner Wangenstreifen. Hörner ziemlich kurz (im Mittel 30 cm; maximal 36,2 cm), schwach divergierend, leicht S-förmig nach hinten oben geschwungen. Weibchen ähneln Männchen, aber schlankere und kürzere Hörner.
LEBENSRAUM: Küsten, Wüsten und trockene, steinige Steppen mit niedrigem Buschwerk.
VERBREITUNG: Karte S. 167.
LEBENSWEISE: In kleinen Gruppen von 2–12 Tieren; alte Männchen oft Einzelgänger. In sehr öden, bevorzugt steinigen Gebieten. N a h r u n g : Triebe von Akazien und Wüstensträuchern. Können lange Zeit ohne Wasser auskommen. Unkontrollierte Bejagung und Vernichtung ihres Lebensraumes durch Überweidung hat in den letzten 15 Jahren zu einer starken Abnahme des Bestandes geführt. Heute sehr selten.

Dünengazelle *Gazella leptoceros* (F. Cuvier) 39
E – Rhim oder Loder's Gazelle,   F – Gazelle leptocère, Rhim
Slender-horned Gazelle

KENNZEICHEN: Schulterhöhe 65 cm; Körpergewicht 27 kg. Mittelgroß, sehr blaß, nur schwache Kopf- und Körperzeichnung. Ohren sehr groß. Allgemeine Färbung sehr blaß sandfarbig gelbbraun; schwacher, bräunlicher Flankenstreifen. Stirn und Nasenrücken und Wangen dunkler sandfarbig; weißer Überaugenstreifen bis zur Schnauze. Hufe etwas verbreitert. Hörner stark geringelt, lang (im Mittel 35 cm; maximal 41,3 cm), sehr schlank, fast gerade, leicht nach hinten geneigt, manchmal stark divergierend. Weibchen ähneln Männchen, aber schlankere und schwächer gebogene Hörner.
ÄHNLICHE ARTEN: Kann mit der Dorcasgazelle verwechselt werden, aber Färbung blasser, Gesichtszeichnung weniger auffallend, Hornform abweichend.
LEBENSRAUM: Echte Wüsten. Bergland und sandige Ebenen.
VERBREITUNG: Karte S. 167. Auch in Arabien *(marica)*.

[64] Gehört wahrscheinlich mit der Dorcasgazelle zu einer Art.

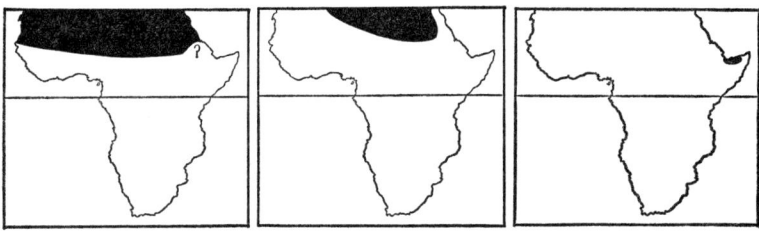

Dorcasgazelle   Dünengazelle   Pelzeln-Gazelle

LEBENSWEISE: In kleinen Gruppen. Ernährt sich von Wüstenpflanzen, trinkt nur gelegentlich. Nomadisch; breite Hufe verhindern Einsinken im Sand (wie bei Mendes-Antilope). Bestand durch Überjagung bedroht.

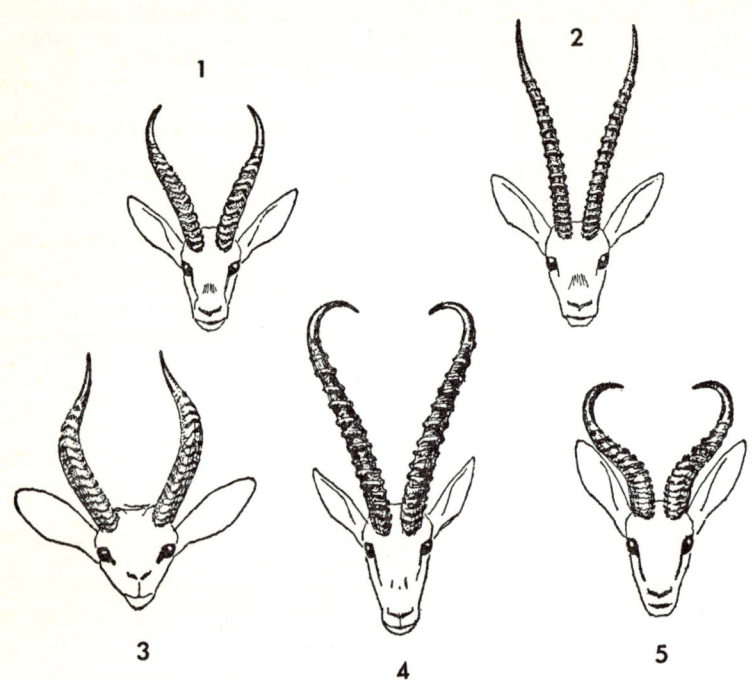

Abb. 15. Hornformen einiger Gazellen

1 Dorcasgazelle *(Gazella dorcas)*, 2 Dünengazelle *(G. leptoceros)*, 3 Giraffengazelle *(Litocranius walleri)*, 4 Sömmering-Gazelle *(G. soemmeringi)*, 5 Springbock *(Antidorcas marsupialis)*.

Rotstirngazelle *Gazella rufifrons* Gray 39
E – Red-Fronted Gazelle   F – Gazelle à front roux, G. corinne

KENNZEICHEN: Schulterhöhe 70 cm; Körpergewicht 25–30 kg. Mittelgroß, ziemlich gedrungen. Allgemeine Färbung intensiv rötlich gelbbraun; schmaler, aber deutlicher, gut abgesetzter schwarzer Flankenstreifen; darunter schmaler rötlichbrauner Streifen (Schattenstreifen), von reinweißer Unterseite scharf abgesetzt. Stirn und Schnauze intensiv rötlichbraun, weißlicher Überaugenstreifen bis zur Schnauze. „Knie"-Bürste fehlt. Keulenrückseiten weiß. Hörner ziemlich kurz (im Mittel 30 cm; maximal 35,2 cm), gedrungen, stark geringelt, mäßig divergierend; schwach S-förmig, leicht nach hinten, dann nach oben geschwungen. Weibchen ähneln Männchen, Hörner aber weniger gebogen, schlanker.

INNERARTLICHE VARIABILITÄT: Mehrere, im Freiland schwer unterscheidbare Unterarten. Die Heuglin-Gazelle (*tilonura*, Äthiopien, Sennar, Bahr-el-Ghasal) wird von einigen Autoren als eigene Art angesehen; sie ist die östliche Form der Rotstirngazelle, unterscheidet sich nur durch die Form der Hörner, deren Spitzen scharf einwärts gekrümmt sind.

ÄHNLICHE ARTEN: Siehe Dorcasgazelle.

LEBENSRAUM: Dornsavanne, auch nördliche Trockensavanne. Offene trockene Landschaften mit Dornbusch; vermeidet dichte Vegetation.

VERBREITUNG: Karte S. 169.

LEBENSWEISE: Einzeln, paarweise oder in kleinen Herden von durchschnittlich 5–6 Tieren, niemals mehr als 15. N a h r u n g : Gräser, auch Akazien und verschiedene andere Büsche (*Calotropis, Balanites, Zizyphus, Leptadenia, Boscia, Salvadora, Euphorbia*).

Spekes-Gazelle *Gazella spekei* Blyth 39
E – Speke's Gazelle   F – Gazelle de Speke

KENNZEICHEN: Schulterhöhe 60 cm; Körpergewicht 18 kg. Klein; auf der Nase dehnbare Hautfalten, können bei Erregung aufgebläht werden („Flabbynosed Gazelle"). Allgemeine Färbung blaß gelblichbraun; breiter, dunkelbrauner Flankenstreifen begrenzt scharf die weiße Unterseite. Stirn und Nasenrücken dunkel bräunlich, schwärzlicher Nasenfleck. Dunkler Wangenstreifen von weißlichem Überaugenstreifen abgesetzt. Reinweiße Keulenrückseite von dunklem Keulenstreifen begrenzt. Hörner (im Mittel 28 cm; maximal 31,8 cm) schwach divergierend, stark geringelt; schwach S-förmig, leicht nach hinten, dann nach oben gebogen. Weibchen ähneln Männchen, Hörner aber schlanker und weniger gebogen.

LEBENSRAUM: Hochebenen in Somaliland, vorwiegend in Höhen von 1000 bis 2000 m; Kahlflächen mit Steinen und rauhem Gras.

VERBREITUNG: Karte S. 169.

LEBENSWEISE: Fast unbekannt. Sehr selten; in kleinen Herden bis zu 20, gewöhnlich 5–12 Tieren.

Thomson-Gazelle *Gazella thomsoni* Günther 39
E – Thomson's Gazelle   K – Swala tomi, lala
F – Gazelle de Thomson

KENNZEICHEN: Schulterhöhe 65 cm; Körpergewicht 20–30 kg. Klein, sehr grazil, auffallende Zeichnung. Allgemeine Färbung intensiv sandfarbig gelbbraun. Sehr breiter, deutlicher schwarzer Flankenstreifen, begrenzt scharf die weiße

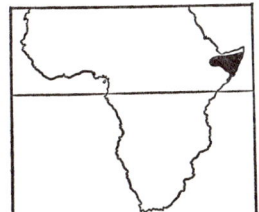

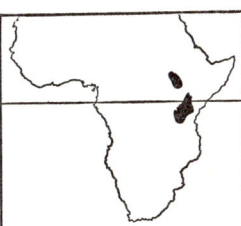

Spekes-Gazelle   Rotstirngazelle   Thomson-Gazelle

Unterseite. Kopf rötlichbraun, Stirn und Nasenrücken kastanienbraun, manchmal schwärzlicher Nasenfleck; weißer Überaugenstreifen bis zur Schnauze, darunter schwärzlicher Wangenstreifen. Unter dem Auge weißer Fleck. Keulenrückseite weiß, von schmalem, schwarzem Keulenstreifen begrenzt. Schwanz mit langen schwarzen Haaren. Hörner (im Mittel 30 cm; maximal 43,2 cm) stark geringelt, schwach divergierend, schwach S-förmig nach hinten und oben geschwungen. Weibchen ähneln Männchen, Scheitel jedoch wie der Rücken gefärbt (kastanienbrauner Stirnstreifen reicht weniger weit nach hinten), kleinere Hörner, manchmal sehr klein.

INNERARTLICHE VARIABILITÄT: In Färbung und Horngröße sehr variabel. Die Aufstellung von etwa 15 Unterarten erscheint jedoch nicht berechtigt. Nur die Mongalla-Gazelle (*albonotata*, östliches Äthiopien bis südlicher Sudan und nördliches Kenia) ist leicht erkennbar an großem, weißem Überaugenfleck, weißem Stirnfleck und leicht einwärts geschwungenen Hornspitzen.

ÄHNLICHE ARTEN: Grant-Gazelle; diese ist aber viel größer, mit längeren und kräftigeren Hörnern, gewöhnlich ohne auffallenden Flankenstreifen (wenn vorhanden, dann darunter ein Schattenstreifen) und mit deutlichem dunklem Keulenstreifen an den Spiegelseiten.

LEBENSRAUM: Grasland und offene Steppen, vermeidet Hochgras und dichten Busch.

VERBREITUNG: Karte S. 169.

LEBENSWEISE: Die häufigste Gazelle Ostafrikas. In Herden von 5–60 oder mehr Tieren mit nur einem erwachsenen Männchen. Nur lockere Verbände, deren Größe sich ständig ändern kann. Leittier ist gewöhnlich ein altes Weibchen. Alte Männchen oft Einzelgänger, mit strengem Revierverhalten (Kotplätze und Scheuerstellen). Jahreszeitliche Wanderungen in großen Herden (Tausende von Tieren). Mischherden mit Impalas und Grant-Gazellen. Verhältnismäßig ruhig (im Gegensatz zur Grant-Gazelle). Anscheinend kein Alarmruf, vermutlich Flankenzucken als Alarmsignal. Bei Paarungsspielen stoßen Männchen eine Folge kaum vernehmbarer Grunzlaute aus. Bei Erregung charakteristischer Sprung, der Prellsprung: schnellen sich steifbeinig mit allen Vieren gleichzeitig hoch; Kopf wird dabei hoch getragen. Mehrere Prellsprünge können aufeinander folgen. Gesicht, Geruchssinn, auch Gehör gut entwickelt. Besonders am frühen Morgen und Abend aktiv. N a h r u n g : fast ausschließlich Grasfresser; kurzes Gras (*Themeda, Pennisetum* usw.), bildet 90 % der Nahrung, Zweige und Blätter verschiedener Bäume 10 %. Trinken bei dürrer Äsung täglich; können bei feuchter, saftiger Nahrung lange ohne Wasser auskommen. F e i n d e : Löwen, Geparden, Schakale, Leoparden und Hyänenhunde. In einigen Gegenden ist die Tüpfelhyäne der Hauptfeind.

Springbock *Antidorcas marsupialis* (Zimmermann)

E – Springbuck   F – Springbok   A – Springbok

KENNZEICHEN: Schulterhöhe 75–85 cm; Körpergewicht 32–36 kg. Mittelgroß, sehr grazil, leuchtend gefärbt, auffallendes Zeichnungsmuster; auf dem Rücken eigenartige lange Hautfalte. Allgemeine Färbung leuchtend rötlich gelbbraun, breiter, dunkler, schokoladenbrauner Flankenstreifen, grenzt scharf an die reinweiße Unterseite. Kopf reinweiß, schmaler, dunkelbrauner Augenstreifen bis zur Schnauze. Keulenrückseite und breiter, dreieckiger Kruppenfleck reinweiß. Zusammengelegte Hautfalte nur als schmaler, dunkler Strich auf dem Rücken erkennbar. Bei Erregung (Beunruhigung, Spiel) wird die Falte weit aufgeklappt, dabei werden die langen, steifen, weißen Haare aufgerichtet und

Hornträger 171

bilden einen auffallenden Fächer. Hörner ziemlich kurz (im Mittel 35 cm; maximal 48,6 cm), kräftig, stark geringelt, leierartig; leicht nach hinten, außen und oben geschwungen, Spitzen hakenförmig einwärts gebogen. Weibchen ähneln Männchen, aber kleiner, kürzere, dünnere und weniger gebogene Hörner.
INNERARTLICHE VARIABILITÄT: Südlicher Kapland-Springbock *(marsupialis)* kleiner und mit kürzeren Hörnern als Angola-Springbock *(angolensis,* Betschuanaland, Südwest-Afrika und Südwest-Angola).
LEBENSRAUM: Offene, trockene Steppe.
VERBREITUNG: Karte S. 172.
LEBENSWEISE: Der Springbock ist ein Charaktertier Südafrikas (dort National- und Jagdsymbol). Einzige Gazelle südlich des Sambesi. Sehr gesellig; früher in riesigen Herden. Viele Männchen Einzelgänger; häufig Junggesellenherden; während der Fortpflanzungszeit Haremsherden. Im übrigen fast das ganze Jahr über gemischte Herden. Auf der Nahrungssuche jahreszeitliche Wanderungen (daher ihr Name „trekbokken"); früher zu Hunderttausenden in so dichten Massen, daß andere Tiere, die in einen Zug gerieten, mitziehen mußten oder niedergetrampelt wurden. Solche Wanderzüge hinterließen eine verwüstete Landschaft. Sie endeten oft mit riesigen Verlusten durch Krankheit, Hunger, Ertrinken und Feinde; an der Meeresküste verendeten nach Aufnahme von Salzwasser Riesenscharen. Diese hohen Verluste bewirkten bei zu hohen Populationsdichten eine natürliche Bestandsregulierung. Die periodischen Massenwanderungen sind von Augenzeugen ausführlich beschrieben worden. Heute noch Wanderungen in Teilen Südwest-Afrikas und im Betschuanaland in großen, unerschlossenen Gebieten. In Südafrika hat die Entwicklung der Landwirtschaft und die Überjagung zu starker Bestandsverringerung geführt. Auf eingezäunten Farmen sind Springböcke jedoch noch immer häufig, der Gesamtbestand nimmt wahrscheinlich zu. Bei Erregung bis zu 3 m hohe, steif wirkende Prellsprünge, die 5–6mal nacheinander wiederholt werden; dabei werden der Rücken gekrümmt, die Hautfalte mit den weißen Haaren ausgebreitet und die Beine ausgestreckt, so daß die Hufe fast zusammenstoßen. N a h r u n g : Gräser *(Aristida, Schmidtia),* auch Blätter verschiedener Büsche; in trockenen Gebieten graben sie Zwiebeln und Knollen aus. Können lange ohne Wasser auskommen, trinken aber – wenn möglich – regelmäßig. S t i m m e : schwaches Blöken und eine Art Pfiff; im allgemeinen fast stumm.

Ducker oder Schopfantilopen: Cephalophinae

Kleine bis sehr kleine Antilopen; zwei verschiedene Gruppen: W a l d d u k k e r *(Cephalophus).* Gedrungen, gekrümmter Rücken. Beine kurz, verhältnismäßig schlank; hinten oft geringfügig überbaut. Kopf wird nach unten getragen. Gut entwickelter Stirnschopf, verbirgt oft die Hörner. Öffnungen der Voraugendrüsen auf einer langen, nackten Linie angeordnet. Hörner (in beiden Geschlechtern) gerade, Querschnitt abgeflacht dreieckig; sehr kurz (immer kürzer, oft viel kürzer als der Kopf), in Nasen-Stirnebene nach hinten gerichtet. Fell niemals gesprenkelt, glatt und glänzend. S t e p p e n d u c k e r *(Sylvicapra).* Rücken ziemlich gerade, Beine lang. Zwischen den Hörnern gut entwickelter Stirnschopf. Hörner (im allgemeinen nur beim Männchen) lang, schlank, im Querschnitt rund; aufrecht gestellt. Fell gesprenkelt. Die Waldducker kommen in Wäldern und sehr dichtem Buschland vor, die Steppenducker in Strauchsteppen. Nicht gesellig, sehr zurückgezogen, daher selten zu beobachten, obwohl häufig.

Gelbrücken- oder Riesenducker Cephalophus silvicultor (Afzelius)   40
E – Yellow-Backed Duiker   F – Céphalophe à dos jaune

KENNZEICHEN: Schulterhöhe 85 cm; Körpergewicht 45–65 kg. Größter Ducker; sehr kräftig. Ohren verhältnismäßig breit. Allgemeine Färbung dunkel samtbraun. Gesichtsseiten sehr hellgrau; Stirnschopf gut entwickelt, orange oder rötlichbraun, manchmal schwärzlich. Großer dreieckiger, gelblicher Rückenfleck, verbreitert sich zur Kruppe hin; bei Jungtieren dunkler. Rückenfleckhaare zu bürstenartiger Mähne aufrichtbar. Kruppe hinter dem Fleck silbergrau. Schwanz kurz, dünn, kleine, schwarze Endquaste. Hörner an der Basis glatt, ziemlich lang (im Mittel 12 cm; maximal 21,3 cm), an den Spitzen leicht abwärts gekannt.

LEBENSRAUM: Vorwiegend primäre Urwälder, aber auch Lichtungen.

VERBREITUNG: Karte S. 172.

Jentink-Ducker Cephalophus jentinki Thomas   40
E – Jentink's Duiker   F – Céphalophe de Jentink

KENNZEICHEN: Schulterhöhe 80 cm; Körpergewicht 65 kg. Groß (fast so groß wie Gelbrückenducker), gedrungen. Kopf (außer der weißlichen Schnauze), Hals- und Brustmittellinie bräunlichschwarz, deutlich vom hellgrauen Schulterring abgesetzt. Rumpf grau meliert (grau gefärbte Haut spärlich behaart). Beine blasser, hellgrau mit rötlichbraunem Anflug. Hörner ziemlich lang, an den Enden leicht abwärts gebogen.

LEBENSRAUM: Dichter Wald; selten. Über die Lebensweise anscheinend nichts bekannt.

VERBREITUNG: Karte S. 172. In Liberia, vermutlich auch Elfenbeinküste.

Abbot-Ducker Cephalophus spadix True   40
E – Abbott's Duiker   K – Minde
F – Céphalophe spadix

KENNZEICHEN: Schulterhöhe 65 cm; Körpergewicht 50–60 kg. Groß, ziemlich kräftig. Allgemeine Färbung dunkel kastanienbraun, an den Flanken etwas heller. Stirn mit schwärzlichbraunem Anflug; Kinn und Kehle gräulich. Scheitelschopf kastanienrot, mit schwarzen Spitzen. Auf der Kruppe oberhalb des Schwanzes kleiner grauer Fleck. Schwanzspitze weiß. Hörner ziemlich dünn (im Mittel 9 cm; maximal 10,5 cm), schlank, an der Basis nicht verdickt.

ÄHNLICHE ARTEN: Unterscheidet sich vom Rotducker durch größere Gestalt, Färbung und fehlende Kopfzeichnung.

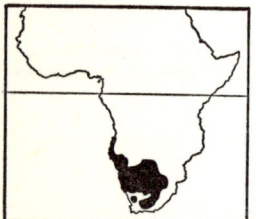
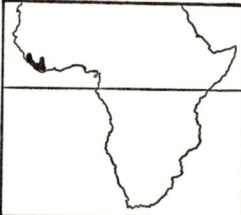

Springbock   Gelbrückenducker   Jentink-Ducker

Hornträger

LEBENSRAUM: Bergwälder bis zu 3500 m Höhe.
VERBREITUNG: Karte S. 173.

Schwarzducker *Cephalophus niger* Gray 40
E – Black Duiker F – Céphalophe noir

KENNZEICHEN: Schulterhöhe 50 cm; Körpergewicht 9–16 kg. Ziemlich klein, dichtes Fell, insgesamt sehr dunkel. Allgemeine Färbung fast einheitlich dunkel rauchbraun oder schwärzlich. Kopf und Halsseiten gelblichbraun, an Kehle und Hals blasser. Stirn und Haarschopf leuchtend kastanienbraun. Unterseite etwas heller als Rücken und Flanken. Hörner gerade, an der Basis glatt (im Mittel 7 cm; maximal 17,5 cm).
LEBENSRAUM: Regenwälder.
VERBREITUNG: Karte S. 173.

Rotflanken- oder Blaurückenducker *Cephalophus rufilatus* Gray 40
E – Red-Flanked Duiker F – Céphalophe à flancs roux

KENNZEICHEN: Schulterhöhe 35 cm; Körpergewicht 11–13 kg. Klein. Allgemeine Färbung leuchtend orange rotbraun; breiter Aalstrich von Nase bis Schwanzwurzel und untere Beinteile bläulichgrau. Ohren ziemlich breit, hinten schwärzlich, am unteren Rand mit schwarzem Fleck. Stirnschopf schwarz, gut entwickelt. Schwanz mit schwarzer Spitze. Hörner kurz (im Mittel 6,3 cm; maximal 9,5 cm), konisch, gerade, an der Basis geringelt.
LEBENSRAUM: Wald, Waldränder und Gehölze in der Feuchtsavanne; weniger an dichte Waldungen gebunden als die meisten anderen Ducker.
VERBREITUNG: Karte S. 173.

Zebra- oder Streifenducker *Cephalophus zebra* (Gray) 40
E – Banded Duiker, Zebra Antelope F – Céphalophe zèbré

KENNZEICHEN: Schulterhöhe 40 cm; Körpergewicht 9–16 kg. Unverwechselbar. Klein; auffallendes Zeichnungsmuster. Grundfärbung blaß rötlichbraun. Hals und Schultern dunkler, fast kastanienbraun. Schiefergraue Schnauze, rötlichbraune Stirn und Wangen. Scheitelschopf sehr kurz. Rumpf mit etwa 12 auffallenden, nach unten spitz zulaufenden, bräunlichschwarzen Querstreifen. Unterseite heller. Beine rötlich gelbbraun, mit breiten schwarzen Zeichnungen. Schwanz länger, gut behaart, vorwiegend weiß. Hörner winzig (im Mittel 3,8 cm; maximal 4,8 cm), fast im Haarschopf verborgen; gerade, an der Basis glatt.

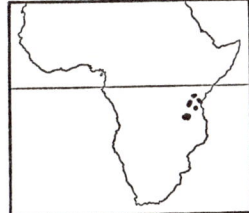

Abbot-Ducker

Schwarzducker

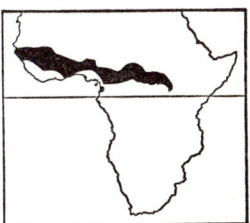

Rotflankenducker

LEBENSRAUM: Bergwälder.
VERBREITUNG: Karte S. 174.

Schönsteißducker *Cephalophus callipygus* Peters[65]   41
E – Peters's Duiker   F – Céphalophe de Peters

KENNZEICHEN: Schulterhöhe 55 cm; Körpergewicht 16–20 kg. Mittelgroß. Allgemeine Färbung gelblichbraun, nach hinten zu leuchtend rotbraun. Schnauze schwärzlich; Stirn und Scheitelschopf rötlichbraun. Gesichtsseiten gräulichbraun. Lippen, Kinn und Kehle weiß. Von den Schultern zur Kruppe ein breiter schwarzer Streifen, verbreitert sich an der Schwanzwurzel und greift auf die Keulenrückseiten über. Unterseite heller als die Flanken. Beine etwas dunkler als der Körper. Hörner klein (im Mittel 9 cm; maximal 13,5 cm). Große individuelle Variabilität; die zentralafrikanischen Populationen sind dunkler als die westlichen. Rückenstreifen unterschiedlich breit, Ausdehnung vor der Schwanzwurzel aber stets erkennbar.
LEBENSRAUM: Dichte Waldungen, besonders Sekundärwald.
VERBREITUNG: Karte S. 174.

Rotducker oder Natal-Ducker *Cephalophus natalensis* A. Smith   41
E – Red Duiker   A – Rooiduiker
F – Céphalophe du Natal   K – Funo

KENNZEICHEN: Schulterhöhe 50 cm; Körpergewicht 13,5 kg. Ziemlich klein. Allgemeine Färbung fast einheitlich leuchtend kastanienrotbraun, unten etwas blasser. Stirnschopf lang, braun und schwarz, manchmal rein kastanienbraun. Kinn und Kehle weißlich. Schwanz kurz, an der Wurzel rötlichbraun, mit deutlicher Quaste aus schwarzen und weißen Haaren. Hörner kurz (im Mittel 7,5 cm; maximal 12,7 cm), an der Basis stark verdickt und geringelt, nach hinten weisend.
INNERARTLICHE VARIABILITÄT: Nach Färbung mehrere Unterarten. Am deutlichsten abgesetzt ist der Harvey-Ducker (*harveyi*, vom Kilimandscharo bis zum östlichen Ruwenzori und Jubafluß), wird manchmal als eigene Art angesehen; leuchtend rotbraun mit schwärzlichem Stirnfleck. Beim Sansibar-Ducker (*adersi*) sind Unterseite, breite Schenkelquerbinde und Zeichnungen an den unteren Beinteilen weißlich.
LEBENSRAUM: Dichter Busch und offene Waldungen; auch Bergwälder.
VERBREITUNG: Karte S. 174.

[65] Dieser Ducker ist mit der folgenden Art nahe verwandt, einige Autoren sehen sie als artgleich an. Die kongolesische Unterart *weynsi* ist vermutlich eine Zwischenform.

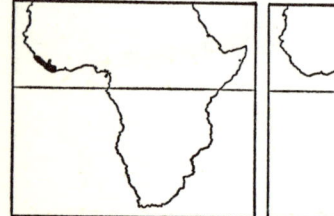

Zebraducker   Schönsteißducker

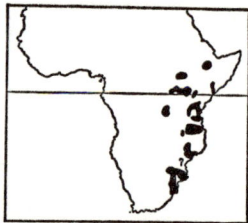

Rotducker

Hornträger

Schwarzrückenducker *Cephalophus dorsalis* Gray 41
E – Bay Duiker, Black-striped Duiker   F – Céphalophe à bande dorsale noire,
Céphalophe bai
KENNZEICHEN: Schulterhöhe 55 cm; Körpergewicht 20 kg. Mittelgroß. Allgemeine Färbung leuchtend kastanienrotbraun. Kleiner Stirnschopf; Kopf dunkelbraun mit hellrotbraunem Überaugenstreifen. Überaugenfleck, Oberlippe und Kinn weiß. Schwarzer Aalstrich von Kopf bis Schwanzspitze, auf dem Kreuz oval verbreitert. Schwärzlicher Brust- und Bauchstreifen. Beine schwärzlichbraun, manchmal schwarz; gelegentlich greift die schwarze Beinzeichnung auf die Schultern bis zum Aalstrich über. Schwanzquaste aus schwarzen und weißen Haaren. Hörner parallel, fast gerade (im Mittel 5 cm; maximal 9,5 cm), an der Basis glatt.
LEBENSRAUM: Dichte Wälder.
VERBREITUNG: Karte S. 175.

Weißbauch- oder **Gabun-Ducker** *Cephalophus leucogaster* Gray 41
E – Gabon Duiker, White-bellied   F – Céphalophe à ventre blanc,
Duiker   C. du Gabon
KENNZEICHEN: Schulterhöhe 50 cm; Körpergewicht 18 kg. Mittelgroß. Allgemeine Färbung heller als bei den anderen Arten. Stirn und Nasenrücken dunkel schwärzlichbraun, deutlich von helleren Kopfseiten abgesetzt. Stirnschopf rötlichbraun, schwarz untermischt. Schwärzlicher Aalstrich beginnt auf Nacken oder Schultern (manchmal weiter hinten), auf der Rückenmitte verbreitert, auf der Kruppe wieder schmaler und scharf begrenzt. Hals, Schultern und Flanken bräunlich, allmählich in den dunklen Aalstrich und die weißliche Unterseite übergehend. Kruppe und Schenkel mit rötlichbraunem Anflug. Keulenrückseiten weiß. Beine bräunlich, unten dunkler. Schwanz ziemlich lang, auffallende schwarzweiße Quaste. Hörner kurz (im Mittel 7,5 cm; maximal 12,7 cm), zugespitzt, an der Basis stark geringelt.
ÄHNLICHE ARTEN: Vom Schwarzrückenducker unterschieden durch Form des Aalstriches, weißen Bauch und Keulenrückseite.
LEBENSRAUM: Wälder, hauptsächlich Sekundärwälder, auch Savannenränder.
VERBREITUNG: Karte S. 175.

Ogilby-Ducker *Cephalophus ogilbyi* (Waterhouse)[66] 41
E – Ogilby's Duiker   F – Céphalophe d'Ogilby

[66] Stellung dieser Art unsicher, gehört vielleicht mit C. *dorsalis* zu einer Art.

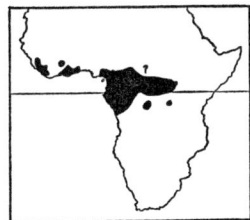

Schwarzrückenducker   Weißbauchducker   Ogilby-Ducker

Kennzeichen: Schulterhöhe 55 cm; Körpergewicht 20 kg. Mittelgroß. Allgemeine Färbung leuchtend orange rötlichbraun. Gesicht brauner, auf der Nase dunkler. Ziemlich schmaler, schwarzer Aalstrich bis zur Schwanzbasis. Beine dunkler. Hörner (im Mittel 10 cm; maximal 12 cm) konisch, an der Basis stark geringelt.
Lebensraum: Regenwälder.
Verbreitung: Karte S. 175.

Schwarzstirnducker *Cephalophus nigrifrons* Gray 41
E – Black-Fronted Duiker   F – Céphalophe à front noir, C. rouge

Kennzeichen: Schulterhöhe 50 cm; Körpergewicht 18 kg. Ziemlich klein. Allgemeine Färbung fast einheitlich intensiv kastanienbraun. Stirn und Nasenrücken mit tiefschwarzem Streifen, deutlich von rötlichbraunen Gesichtsseiten abgesetzt. Stirnschopf fast schwarz, mit wenigen rötlichbraunen Haaren untermischt. Nacken dunkler bis schwärzlich. Kein Aalstrich. Unterseite wie Rücken oder nur geringfügig heller gefärbt. Untere Beinteile schwärzlich. Hufe etwas verlängert. Schwanz mäßig lang, mit auffallender schwarzweißer Quaste. Hörner kurz (im Mittel 5 cm; maximal 12 cm).
Lebensraum: Dichte Waldungen, besonders überschwemmte und sumpfige Wälder (verlängerte Hufe scheinen eine Anpassung an das Laufen auf weichem Boden zu sein), auch Bergwälder.
Verbreitung: Karte S. 177.

Blau- oder Rotfußducker *Cephalophus (Philantomba) monticola* (Thunberg)
(einschließlich *caeruleus* und *maxwelli*) 40
E – Blue Duiker   A – Bloubokkie
F – Céphalophe bleu   K – Paa

Kennzeichen: Schulterhöhe 35–40 cm; Körpergewicht 4,5–9 kg. Kleinster Ducker. Allgemeine Färbung schiefergrau bis dunkelbraun, auf dem Rücken dunkler mit bläulichem Schimmer. Kopf nur spärlich behaart; wie Körper gefärbt; heller Überaugenstreifen bis Hornbasis, mehr oder weniger deutlich, von bräunlicher Stirn abgesetzt. Voraugendrüsenstreif gebogen, nicht gerade wie bei den anderen Duckern. Stirnschopf sehr kurz. Unterseite und Keulenrückseite weißlich. Beine wie Körper gefärbt oder mehr oder weniger mit rötlichbraunem Anflug, manchmal leuchtend rötlichbraun. Schwanz ziemlich lang, buschig, schwarz; weiß begrenzt; kennzeichnendes Schwanzwedeln. Hörner sehr klein (im allgemeinen bei beiden Geschlechtern, fehlen manchmal bei Weibchen) (im Mittel 5 cm; maximal 9,8 cm), stark geringelt, leicht nach oben und innen gebogen.
Innerartliche Variabilität: Viele Unterarten; variieren in der Hauptsache in Größe und Ausdehnung der braunen Färbung. Nach Auffassung einiger Autoren sind es zum Teil eigene Arten, so z. B. die westliche Form, der Maxwell-Ducker (*maxwelli*, von Senegal bis Nigeria); mausgrau, Beine wie der Körper. Die Populationen von Kamerun und Gabun (*caeruleus* und Verwandte) sind durch dunklere Färbung und den deutlichen Kontrast zwischen der dunkelbraunen Kruppe und den weißlichen Keulenrückseiten gekennzeichnet.
Lebensraum: Dicht bewaldete Gebiete.
Verbreitung: Karte S. 177.

Lebensweise der Waldducker *(Cephalophus)*: Die meisten Arten stimmen in der Lebensweise weitgehend überein. Ihre ökologischen Ansprüche unterscheiden sich nur geringfügig. Gewöhnlich Einzelgänger, manchmal paarweise oder in kleinen Gruppen (besonders der Rotducker, der in offenen Landschaften lebt). Schlüpfen sehr geschickt mit niedrig getragenem Kopf durch dichte Vegetation, benutzen dabei Wechsel. Bei Störungen tauchen sie im Dickicht unter (daher ihr Name Ducker – vom Holländischen Duiker = Taucher). Vorwiegend nachtaktiv (einige, z. B. der Schwarzstirnducker, auch teilweise tagaktiv). Tagsüber im dichtesten Unterwuchs verborgen, manchmal Lager unter umgefallenen Bäumen oder im dichten Buschwerk. N a h r u n g : vorwiegend Blätter, junge Triebe, Rinde, Knospen und Samen; in stärkerem Maße als andere Antilopen auch Früchte verschiedener Bäume (*Scyphocephalium, Staudtia, Irvingia, Pentaclethra, Pachylobus, Elaeis, Ricinodendron, Antrocaryon, Klainedowa, Anthostema,* usw.), grasen nur wenig. Nach Gefangenschaftsbeobachtungen fressen einige Ducker, besonders der Schwarzstirnducker, auch Fische und Krebse (wie das Zwergmoschustier). Ducker jagen auch Geflügel. S t i m m e : Schrecklaut, scharfes oder schnüffelndes Pfeifen. F e i n d e : Kronenadler, Pythons, Wildkatzen und Leoparden. Einzelheiten der Lebensweise dieser versteckt lebenden kleinen Antilopen sind nur ungenügend bekannt.

Kronenducker *Sylvicapra grimmia* (L.)   **41**

E – Grimm's Duiker, Grey Duiker,   A – Gewone Duiker, Duikerbok
Bush Duiker   K – Nsya
F – Céphalophe de Grimm,
C. couronné

KENNZEICHEN: Schulterhöhe 50–65 cm; Körpergewicht 10–14 kg. Mittelgroß bis ziemlich groß; unterscheidet sich von den anderen Duckern durch Färbung, allgemeines Aussehen und Hornform. Rücken nicht auffallend gekrümmt, oft fast gerade. Beine länger als bei allen anderen Duckern. Ohren lang und breit. Allgemeine Färbung gleichmäßig gelblichockerfarben bis leuchtend gelblichbraun, grau gesprenkelt, besonders am Hinterteil. Stirn und Nasenrücken manchmal mit breitem schwarzen Streifen, gelegentlich nur auf der Nase, dann Stirn leuchtend rötlichbraun. Haarschopf gut entwickelt, schwarz bis rötlichbraun. Unterseite reinweiß oder mit gelblichem oder gräulichem Anflug. Beine wie Körper gefärbt, manchmal vorn schwarz gezeichnet; oberhalb der Hufe schwarze Ringe. Schwanz ziemlich kurz, oben schwarz, unten weiß. Hörner stehen aufrecht, deutlich gegen die Nasen-Stirnebene abgewinkelt; gerade, ziemlich lang (im Mittel 10 cm; maximal 18,1 cm), schlank und zugespitzt. Weibchen ähneln Männchen, normalerweise ohne Hörner.

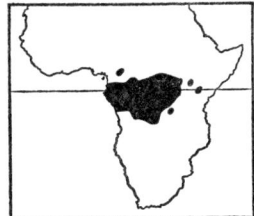
Schwarzstirnducker

Blauducker

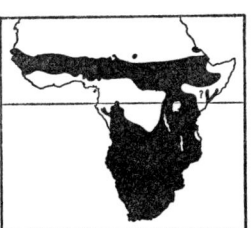
Kronenducker

INNERARTLICHE VARIABILITÄT: Mehrere Unterarten. Große geographische Variabilität der Körpergröße, Horngröße, Färbungsintensität und Felldichte (bei Gebirgspopulationen zottig). Die meisten Unterarten im Freiland nicht zu unterscheiden.
ÄHNLICHE ARTEN: Siehe Oribi. Verwechslung mit Klippspringer wegen abweichender Gestalt, Färbung, Kopf- und Ohrform kaum möglich.
LEBENSRAUM: Der einzige Ducker in offenen Lebensräumen: vom Rande der Wüste bis zu den Gipfeln hoher Gebirge, fast bis zur Schneegrenze (aber nicht in Bambuswäldern), nicht in dichten Waldungen. Buschland, Strauchsavanne, auch offene Steppen, sofern Deckung (Gebüsch, hohes Gras) vorhanden ist. Auch in Kulturland. Kann sich veränderten Umweltbedingungen (Eingriffe des Menschen, dichte Besiedlung) gut anpassen; hält sich selbst dort, wo andere Arten verschwunden sind.
VERBREITUNG: Karte S. 177.
LEBENSWEISE: Gewöhnlich ortstreu, einzeln oder paarweise; während der Fortpflanzungszeit in kleinen Gruppen. Hauptsächlich nachtaktiv, Nahrungsaufnahme besonders am frühen Morgen und abends. Tagsüber in dichter Vegetation. N a h r u n g : Blätter, Zweige, Rinde, junge Triebe, Schoten und Früchte (vorwiegend während der Trockenzeit); grasen gewöhnlich nicht. Zum Teil auch tierische Kost (Insekten und Perlhuhnküken bei Magenuntersuchungen gefunden). Gelegentlich Schäden auf Feldern. Trinken wenn möglich, können aber lange ohne Wasser auskommen. S t i m m e : schnüffelndes Schnauben. Keine festliegende Fortpflanzungszeit. T r a g z e i t : 120 Tage. Neugeborenes wird in dichtem Gras verborgen.

Böckchen: Neotraginae

Kleine Antilopen von zierlicher Gestalt (außer Klippspringer), mit geraden, zugespitzten Hörnern (nur bei Männchen); Nasenspiegel nackt, kein Stirnschopf. Keine natürliche Verwandtschaftsgruppe[67], einziges gemeinsames Merkmal geringe Größe. Starke Unterschiede auch in der Lebensweise.

Kleinstböckchen *Neotragus pygmaeus* (L.) 42
E – Royal Antelope   F – Antilope royale

KENNZEICHEN: Schulterhöhe 25 cm; Körpergewicht 3–4 kg. Winzige, zierliche Antilope (kleinstes afrikanisches Huftier, kaninchengroß). Kopf und Nacken dunkelbraun, auf dem Mittelrücken heller. Gesichts- und Halsseiten, Flanken und Gliedmaßen leuchtend rötlich gelbbraun. Unterseite reinweiß, deutlich abgesetzt; rötlichbraunes Kehlband. Schwanz ziemlich lang, gut behaart, oben rötlichbraun, Spitze und Unterseite weiß. Hörner winzig (im Mittel 2,5 cm; maximal 3,2 cm), glatt, scharf zugespitzt, in Gesichtsebene nach hinten gerichtet. Weibchen ähneln Männchen, aber hornlos.
ÄHNLICHE ARTEN: Siehe Bates-Böckchen.
LEBENSRAUM: Dichte Regenwälder.
VERBREITUNG: Karte S. 179.

Bates-Böckchen *Neotragus batesi* De Winton 42
E – Bates's Pygmy Antelope   F – Antilope de Bates

KENNZEICHEN: Schulterhöhe 30 cm; Körpergewicht 5,5 kg. Winzig (nach dem

---

[67] Von einigen Autoren auf mehrere Unterfamilien verteilt.

Kleinstböckchen kleinstes afrikanisches Huftier, kaninchengroß). Allgemeine Färbung glänzend dunkel kastanienbraun, auf dem Rücken dunkler, an den Flanken heller. Kehle und Bauch weiß, manchmal gelblich überflogen; gelbbraunes Kehlband. Untere Beinteile heller. Schwanz einheitlich dunkel bräunlich. Hörner winzig (im Mittel 2,5 cm; maximal 3,8 cm), gedrungen, an der Basis geringelt, dann glatt, in der Gesichtsebene nach hinten gerichtet. Weibchen ähneln Männchen, aber hornlos.

ÄHNLICHE ARTEN: Kann mit dem Kleinstböckchen verwechselt werden, aber Bates-Böckchen etwas größer, unterschiedliche Schwanzfärbung, geringelte Hornbasis, mit Nebenhufen (im Freiland nicht sichtbar). Verwechslung auch mit Duckern, besonders dem Blauducker, möglich. Unterscheidet sich aber durch geringere Größe, Kopfprofil, Körperform und fehlenden Stirnschopf.

LEBENSRAUM: Dichte Regenwälder.

VERBREITUNG: Karte S. 179.

LEBENSWEISE VON BATES- UND KLEINSTBÖCKCHEN: Einzeln oder paarweise. Nachtaktiv, sehr scheu und zurückgezogen, Biologie wenig bekannt. Können etwa 3 m weit springen. N a h r u n g : vermutlich Blätter und Früchte; gehen auch in Kakao- und Erdnußplantagen.

Moschusböckchen *Nesotragus moschatus* Von Dueben 42
E – Suni   A – Soenie
F – Suni   K – Paa

KENNZEICHEN: Schulterhöhe 30–40 cm; Körpergewicht 8 kg. Sehr klein, schlank. Auf dem Rücken dunkel graubraun bis intensiv kastanienbraun, leicht gesprenkelt. Gesichts- und Körperseiten blasser. Kehle weiß. Hals blaß rötlichbraun, kein deutliches Kehlband. Unterseite weißlich, Schwanz ziemlich lang, dunkelbraun mit weißer Spitze. Hörner dick und abgeflacht, mit Ausnahme der Spitzen stark geringelt; gerade, in der Gesichtsebene nach hinten gerichtet, relativ lang (im Mittel 6,4 cm; maximal 12,4 cm). Weibchen ähneln Männchen, aber hornlos.

INNERARTLICHE VARIABILITÄT: Südliche Form, Livingstones-Moschusböckchen (*livingstonianus*), wird manchmal als eigene Art angesehen, größer und leuchtender gefärbt (tief rötlichbraun, auf dem Rücken fast kastanienbraun).

LEBENSRAUM: Trockene Gebiete mit dichtem Buschwerk. Auch dichtes Schilf an Flußläufen und Wälder über 2700 m.

VERBREITUNG: Karte S. 179.

LEBENSWEISE: Einzeln, paarweise, manchmal in kleinen Familienverbänden.

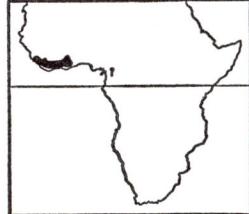

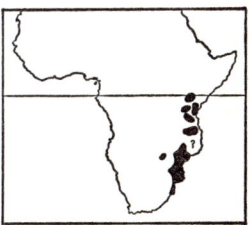

Kleinstböckchen   Bates-Böckchen   Moschusböckchen

Nahrung: Blätter und junge Triebe von Büschen, Wurzeln, gelegentlich Gras. Nahrungsaufnahme vorwiegend am frühen Morgen und späten Nachmittag. Fast unabhängig vom Wasser. Flucht in hasenartigem Lauf, erhebliche Geschwindigkeit. Sekret der großen Voraugendrüsen mit strengem Moschusgeruch (daher Name). Geruch im Freiland deutlich wahrnehmbar.

Bleichböckchen oder Oribi *Ourebia ourebi* (Zimmermann) 43

E – Oribi A – Oorbietjie
F – Ourébi K – Taya

KENNZEICHEN: Schulterhöhe 50–65 cm; Körpergewicht 9–20 kg. Klein, sehr grazil; Beine schlank, Hals lang. Fell seidig, ziemlich glatt. Allgemeine Färbung leuchtend rötlichbraun bis gelbbraun (Rückenmitte mehr oder weniger gesprenkelt), scharf von reinweißer Bauchseite abgesetzt. Kinn und Überaugenstreifen weiß. Stirn und Scheitel intensiv rötlichbraun bis dunkelbraun; manchmal dunkelbrauner Nasenstreifen. Ohren groß, schmal-oval. Unter dem Ohr runder, nackter, schwarzer Hautfleck (wie bei Riedbock). Beine wie Körper gefärbt, an den „Knien" Haarbüschel. Schwanz kurz, buschig, rötlichbraun mit schwarzer Spitze oder schwarz, beim Flüchten aufgestellt (Alarmsignal). Hörner ziemlich kurz (im Mittel 15 cm; maximal 19 cm), gerade, schlank, an der Basis mehr oder weniger geringelt, gleichmäßig zugespitzt, fast aufrecht, parallel gestellt. Weibchen ähneln Männchen, manchmal größer, hornlos.

INNERARTLICHE VARIABILITÄT: Einige Autoren unterscheiden nach Größe, Hornform und Färbung besonders in Ostafrika mehrere Arten. Es sind jedoch wohl nur Unterarten.

ÄHNLICHE ARTEN: Kann möglicherweise mit dem Kronenducker verwechselt werden, aber durch Färbung, kurzen Kopf, langen Hals, fehlenden Stirnschopf, nackten Unterohrfleck und lange „Kniebürste" unterschieden. Steinantilope und Greisbock sind zierlicher, haben breitere Ohren, kürzeren Schwanz und keinen nackten Unterohrfleck. Verwechslung mit dem Riedbock kaum möglich (Riedbock größer, andere Hornform).

LEBENSRAUM: Grassteppe, sehr locker bestandene Buschsteppe, niemals weit vom Wasser.

VERBREITUNG: Karte S. 180.

LEBENSWEISE: Paarweise oder in kleinen Gruppen bis zu 5 oder mehr Tieren. Fast ausschließlich Grasfresser. Ruhen während der Tageshitze gewöhnlich in hohem Gras oder dichtem Busch, gelegentlich auch in der offenen Steppe. Bei Beunruhigung Warnlaute (lauter, schriller Pfiff oder Schnauben) und Prellsprünge (springen steifbeinig mit allen Vieren gleichzeitig in die Luft). Auch während der Flucht hohe Sprünge.

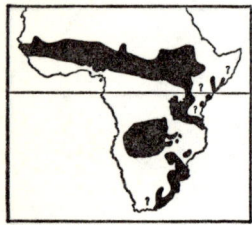

Bleichböckchen   Klippspringer   Steinböckchen

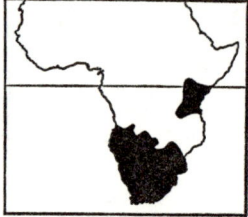

Hornträger 181

Klippspringer *Oreotragus oreotragus* (Zimmermann) 43
E – Klipspringer   A – Klipbokkie, Klipspringer
F – Oréotrague   K – Mbuzi mawe, ngurunguru

KENNZEICHEN: Schulterhöhe 55 cm; Körpergewicht 13–18 kg. Ziemlich klein, gedrungen; Schnauze kurz, Kopf dreieckig-kegelförmig. Beine kräftig, Hufe lang, Tiere stehen auf den stumpfen Hufspitzen. Dichtes Fell aus ziemlich langen, kräftigen, steifen und brüchigen Haaren (solche Haare bei keiner anderen afrikanischen Antilope). Allgemeine Färbung olivgelb, kräftig grau gesprenkelt (große Variabilität). Schnauze bräunlich; Scheitel manchmal schwärzlich. Ohren abgerundet, breit mit auffallendem schwarzen Rand. Kinn und Oberlippe weiß. Hals bräunlichgelb; Unterseite weiß, manchmal mit gelblichem Anflug. Beine gelbgrau gesprenkelt, heller als der Körper; breiter, weißer Ring über den Hufen. Schwanz sehr kurz, zu einem Stummel reduziert, ragt kaum über die Körperkonturen hervor. Hörner kurz (im Mittel 10 cm; maximal 16 cm), fast aufrecht, leicht nach vorn gebogen, an der Basis geringelt. Weibchen ähneln Männchen, etwas schwerer, hornlos (mit Ausnahme einiger ostafrikanischer Unterarten, wie z. B. *schillingsi*, Tansania).
LEBENSRAUM: Felsbewohner; Felshänge in Gebirgen (in Äthiopien bis zu 4000 m), felsiges Hügelland und Felskuppen. Beim Klettern genügen kleinste Standflächen, da ihnen die hartgummiartige Struktur ihrer Hufe guten Halt verleiht (wie bei Gemse oder Steinbock). Bewohnen ähnliche Lebensräume wie die Gemsen.
VERBREITUNG: Karte S. 180.
LEBENSWEISE: In kleinen Gruppen, nicht wirklich gesellig. Stehen oft erhöht auf großen Felsbrocken. Fliehen mit steif erscheinenden, oft gewaltigen Sprüngen, setzen die Hufspitzen auf. Bewegen sich auch in Felsen, in denen scheinbar keine Trittflächen sind, schnell und sicher. (Das dichte Fell ist wohl ein natürliches Polster gegen Prellungen und Stöße). N a h r u n g : Kräuter und Sträucher, gelegentlich Gras. Trinken, wenn möglich, können aber ihren Wasserbedarf auch aus Sukkulenten decken. Während der Tageshitze im Schatten von Büschen oder Felsen. S t i m m e : abruptes, kurzes Schnauben, ähnelt dem Ton einer Spielzeugtrompete.

Steinböckchen oder Steinantilope *Raphicerus campestris* (Thunberg) 43
E – Steenbok   A – Vlakbok, Steenbok
F – Steenbok   K – Dondoro

KENNZEICHEN: Schulterhöhe 55 cm; Körpergewicht 14 kg. Klein, schlank; kurzer, konisch zugespitzter Kopf; dichtes, glattes Fell; Beine lang. Allgemeine Färbung einheitlich rötlich gelbbraun, manchmal ins Gräuliche übergehend mit leichtem Silberglanz, aber nicht weiß gesprenkelt, am Kopf heller. Ohren lang und breit. Heller, manchmal weißer Augenring. Kleiner, schwärzlicher Nasenfleck; zwischen den Hörnern halbmondförmiger Fleck. Unterseite und Keulenrückseite reinweiß. Schwanz sehr kurz, stummelartig. Hörner (im Mittel 13 cm; maximal 19 cm) gerade und sehr spitz, glatt, leicht nach vorn gebogen. Weibchen ähneln Männchen, manchmal schwerer, hornlos.
ÄHNLICHE ARTEN: Siehe Kap-Greisbock.
LEBENSRAUM: Offene Busch- und Baumsteppe einschließlich trockener Gebiete (besonders Dünen).
VERBREITUNG: Karte S. 180.
LEBENSWEISE: Einzelgänger, nur während der Fortpflanzungszeit paarweise. Während des ganzen Tages aktiv. N a h r u n g : Gras, Blätter, junge Triebe, sogar

Wurzeln und Knollen, besonders während der trockenen Jahreszeit. Anscheinend vom Wasser völlig unabhängig. Nicht (wie der Greisbock) in Hügelland, sondern in ebenen Steppen. Laufen sehr schnell mit erhobenem Kopf, nicht (wie der Greisbock) mit gesenktem. Auch Gangart und Haltung unterschiedlich. Suchen bei Gefahr in unterirdischen Höhlen Zuflucht, besonders in alten Erdferkelbauen. S t i m m e : leises, schnüffelndes Schnauben.

Nördlicher oder Sharpes-Greisbock *Raphicerus sharpei* Thomas 43
E – Sharpe's Grysbok   A – Tropiese Grysbok
F – Grysbok de Sharpe K – Dondoro

KENNZEICHEN: Schulterhöhe 50 cm; Körpergewicht 7–11 kg. Klein (kleiner als Steinböckchen), borstiges Fell. Allgemeine Färbung intensiv rötlichbraun, weiß gesprenkelt, besonders an den Flanken (einige Tiere mit weißen Flecken), Schnauze braun. Schmaler weißer Überaugenstreif; Ohren groß (aber kleiner als beim Kap-Greisbock und beim Steinböckchen), behaart. Unterseite weiß. Hörner sehr kurz (im Mittel 4 cm; maximal 10,5 cm), konisch, aufrecht stehend. Weibchen ähneln Männchen, hornlos.

ÄHNLICHE ARTEN: Siehe Kap-Greisbock[68].

LEBENSRAUM: Vorwiegend Hügelland mit felsigen Kuppen und dichtem Dornbusch und Gras.

VERBREITUNG: Karte S. 182.

LEBENSWEISE: Einzelgänger. Während der Tageshitze in dichter Deckung oder unter Felsvorsprüngen und Felsen, auch in alten Erdferkelbauen. N a h r u n g : zarte Blätter, junge Triebe, auch Früchte und Wurzeln; manchmal frisches Gras. Anscheinend auf Wasser angewiesen.

Kap-Greisbock *Raphicerus melanotis* (Thunberg) 43
E – Cape Grysbok   F – Grysbok   A – Grysbok

KENNZEICHEN: Schulterhöhe 55 cm; Körpergewicht 11 kg. Klein, ziemlich gedrungen, verhältnismäßig kurze Beine; hinten leicht überbaut. Fell lang und rauh. Allgemeine Färbung rötlichbraun, weiß gesprenkelt. Ohren sehr breit und zugespitzt, innen mit langen, gelblichweißen Haaren. Dunkler Scheitelfleck. Weißlicher Kehlfleck. Unterseite gelblich. Beine mit kleinen Nebenhufen. Schwanz sehr kurz. Hörner nicht auffallend geringelt, ziemlich kurz (im Mittel 7,6 cm; maximal 12,4 cm), gerade, leicht nach vorn gebogen. Weibchen ähneln Männchen, manchmal schwerer, hornlos.

[68] Anmerkung der Übersetzer. Manche Autoren fassen diese Form mit dem Kap-Greisbock zu einer Art zusammen.

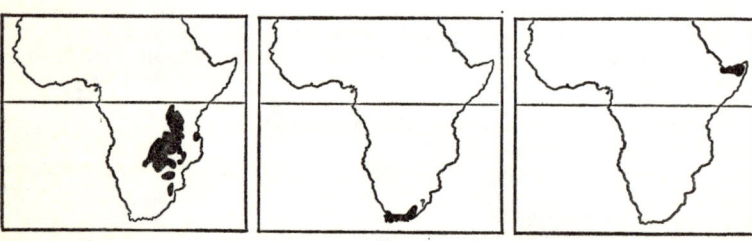

Nördlicher Greisbock   Kap-Greisbock   Beira

ÄHNLICHE ARTEN: Nördlicher Greisbock kleiner, weiße Unterseite, keine Nebenhufe. Steinböckchen etwas größer, nicht weiß gesprenkelt, keine Nebenhufe. Bleichböckchen größer, abweichend gefärbt, längerer Schwanz mit schwarzer Quaste, kleinere, ovale Ohren und nackter Unterohrfleck.
LEBENSRAUM: Buschbestandene Ebenen, besonders am Fuße von Hügeln.
VERBREITUNG: Karte S. 182.
LEBENSWEISE: Einzelgänger. Laufen ziemlich langsam mit gesenktem Kopf. Bei Gefahr drücken sie sich im Gras. Nachtaktiv, während der Tageshitze in dichter Deckung. N a h r u n g : vorwiegend Gras, aber auch Blätter und Früchte. Können lange Zeit ohne Wasser auskommen.

Beira und Dikdiks (Windspielantilopen): Madoquinae

Diese Gruppe umfaßt zwei verschiedene Typen. Die Beira steht etwas abseits, sie ist größer und gazellenartig.

Die Dikdiks sind winzige, zierliche Antilopen mit einer mehr oder weniger verlängerten Nase (erinnert bei einigen Arten an einen kleinen Rüssel). Beine dünn und lang, hinten länger als vorne; Hinterbeine normalerweise angewinkelt, dadurch nach hinten abfallender Rücken. Hörner (nur bei Männchen) winzig, gerade, wenigstens an der Basis geringelt, in der Gesichtsebene nach hinten gerichtet. Langer Stirnschopf, verbirgt manchmal teilweise die Hörner. Fell weich, Schwanz kurz, unauffällig. In dichtem Buschland.

Beira *Dorcatragus megalotis* (Menges) 43
E – Beira   F – Beira

KENNZEICHEN: Schulterhöhe 55 cm; Körpergewicht 9–11 kg. Kleine Antilope, aber beträchtlich größer als die Dikdiks; sehr große Ohren; lange Beine, hinten überbaut. Fell dicht und rauh. Allgemeine Färbung grau mit rötlichem Anflug, fein gesprenkelt. Weißer Augenring, deutlich von gelbbrauner Kopffärbung abgesetzt. Kein Stirnschopf. Deutlicher dunkler Flankenstreifen. Unterseite gelblichbraun, ausgenommen weiße Achsel- und Leistengegend. Beine gelbbraun. Hufe sehr kurz mit breitem und dickem Sohlenpolster. Schwanz kurz und buschig. Hörner weit auseinanderstehend, kurz (im Mittel 10 cm; maximal 13,9 cm), gerade oder leicht nach vorn gebogen. Weibchen ähneln Männchen, aber etwas größer, hornlos.
LEBENSRAUM: Steiniges, dürres Hügel- und Bergland.
VERBREITUNG: Karte S. 182.
LEBENSWEISE: Selten; wird häufig mit Klippspringer verwechselt. Paarweise oder in kleinen Herden bis zu 7 Tieren, mit einem oder zwei Männchen. Ortstreu; sehr gut an das Leben in trockener, steiniger Hügellandschaft angepaßt: Hufe mit elastischen Polstern gewährleisten guten Halt auf Felsen. Ernähren sich von Blättern der Mimosen und von dürrem Gras. Anscheinend von Wasser unabhängig. Einzelheiten ihrer Lebensweise fast nicht bekannt.

Günther-Dikdik oder Rüsselantilope *Rhynchotragus guentheri* (Thomas) 42
E – Guenther's long snouted Dik-Dik   F – Dik-Dik de Günther

KENNZEICHEN: Schulterhöhe 35 cm; Körpergewicht 3,6 kg. Winzig; stark verlängerte Nase, bildet einen deutlichen Rüssel, etwas tapirähnlich. Allgemeine Färbung gräulich gelbbraun, oben grob gesprenkelt; Unterseite weißlich. Stirn und Nase rötlichbraun, Wangen hellgrau; Beine dunkel rötlichbraun. Hörner

sehr klein (im Mittel 6,4 cm; maximal 9,8 cm), spitz. Weibchen ähneln Männchen, geringfügig größer, hornlos.
LEBENSRAUM: Busch und Dickungen.
VERBREITUNG: Karte S. 184.

Kirk-Dikdik oder **Zwerg-Rüsselantilope** *Rhynchotragus kirki* (Günther) 42
 E – Kirk's/Damaraland long snouted Dik-Dik
 F – Dik-Dik de Kirk, Dik-Dik du Damaraland
 A – Damaralandse Bloubokkie
 K – Dikidiki, Suguya

KENNZEICHEN: Schulterhöhe 35–40 cm; Körpergewicht 4,5–5,5 kg. Sehr klein; Nase mäßig verlängert, bildet kleinen Rüssel. Allgemeine Färbung oben grau bis braun gesprenkelt (das Einzelhaar an der Basis hell, dann schwarz und schließlich rötlichbraun). Kopf, Hals und Schultern mit blaß rötlichbraunem Anflug. Weißlicher Augenring. Flanken und Gliedmaßen blaß gelblichbraun. Unterseite weißlich. Beine rötlich gelbbraun. Hörner klein (im Mittel 7 cm; maximal 10,1 cm). Weibchen ähneln Männchen, geringfügig größer, hornlos.
INNERARTLICHE VARIABILITÄT: Färbungsintensität hängt weitgehend von Feuchtigkeit des Lebensraumes ab. In Wüsten oder Halbwüsten blasser gefärbte Unterarten (z. B. *minor* im nördlichen Kenia); in feuchteren Gebieten dunklere Formen (z. B. *hindei* und *cavendishi* in Zentralkenia, Tansania). Damara-Dikdik (*damarensis*, Damaraland und Kaokoveld bis Kunene-Fluß, Südwest-Afrika und südwestliches Angola) wird manchmal als eigene Art angesehen. Ihr Verbreitungsgebiet ist weit von dem der anderen Formen entfernt. Größer als die nördlichen Unterarten, blaß rötlichbraune Flanken.
LEBENSRAUM: Busch und Dickungen.
VERBREITUNG: Karte S. 184.

Eritrea-/Rotbauch-Dikdik *Madoqua saltiana* (Desmarest) (und Verwandte) 42
 E – Salt's/Phillip's Dik-Dik   F – Dik-Dik de Phillips

KENNZEICHEN: Schulterhöhe 35–40 cm; Körpergewicht 2,7–3,6 kg. Winzig und grazil; Nase nur schwach verlängert; Augen groß; Beine sehr dünn, hinten viel länger als vorn. Nasenrücken, Stirn (im allgemeinen) und Ohrrückseiten leuchtend rötlichbraun; bürstenartiger, aufrichtbarer Stirnschopf. Auffallender weißer Augenring; vor dem Auge schwarzer nackter Fleck (Voraugendrüse). Nacken und Rücken oft grau gesprenkelt, Fell hier ziemlich dicht und rauh; Flanken leuchtend rötlichbraun, Fell weniger dicht, weich und glatter. Rötlichbraune Seitenfärbung kann mehr oder weniger weit auf Flanken, Hals und

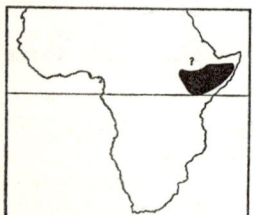

Günther-Dikdik

Kirk-Dikdik

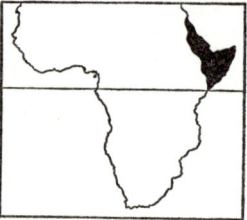

Eritrea-Dikdik

Rücken übergreifen. Unterseite weiß, manchmal braunrot überflogen. Beine leuchtend rötlichbraun bis braunrot. Schwanz sehr kurz, wie Rücken gefärbt. Hörner sehr klein (im Mittel 5 cm; maximal 8,9 cm), spitz. Weibchen ähneln Männchen, geringfügig größer, hornlos.

INNERARTLICHE VARIABILITÄT: Nach Ausdehnung der rötlichbraunen Seitenfärbung mehrere Unterarten; einige werden oft als eigene Arten angesehen, es ist aber wohl angebracht, sie vorläufig in einer Art zu vereinigen: *gubanensis* (Küstenniederungen vom nördlichen Somaliland bis Französisch Somaliland): vorwiegend grau, nur schmaler rötlichbrauner Streifen an der unteren Flanke; *phillipsi* (Inneres des nördlichen Somalia): rötlichbraune Flankenfärbung weiter ausgedehnt, gegen den grauen Rücken scharf abgesetzt; *piacentinii* (Küstenniederungen in Somalia von Mogadischu bis Obbia): Hals, Flanken und Schenkel wie der Rücken grau meliert; Stirn grau, nur rötlichbrauner Nasenfleck. Kein weißer Augenring. Bei den Populationen aus dem Hochland von Äthiopien (verschiedene Formen, valide Arten? *erlangeri, hararensis, saltiana, swaynei*) hat die Oberseite unterschiedlich ausgedehnten rötlichbraunen Anflug; einige sind fast vollständig rötlichbraun; Rücken mit sehr schwach gräulichem Farbton, der die Färbung verdunkelt; Hals oft deutlicher grau.

LEBENSRAUM: Busch und Dickungen.
VERBREITUNG: Karte S. 184.

LEBENSWEISE DER DIKDIKS: In trockenen und wasserlosen Buschlandschaften, besonders in Akazienbusch, mit lockerem Baumbestand, aber dichtem, Deckung bietenden Unterwuchs. Bevorzugen Aloe- und Sansieveria-Bestände. Im allgemeinen ortstreu. Haben feste Wechsel. Scheu und zurückgezogen, vorwiegend dämmerungs- und nachtaktiv. Bei Störungen Flucht in einer Folge von Zickzacksprüngen. Einzeln oder paarweise, manchmal auch in kleinen Gruppen. N a h r u n g : Blätter, Triebe (bevorzugt Akazien) und Früchte; graben Wurzeln und Knollen aus. Können lange ohne Wasser auskommen. Feste Kotplätze, an denen sich große Haufen von Kotballen ansammeln können. W a r n r u f : schriller Pfiff, der an einen Vogelruf erinnert oder ein Ruf wie „sik ... sik", daher ihr Vulgärname. Obwohl sehr zahlreich, wegen heimlicher Lebensweise oft schwer zu beobachten.

Ziegen und Schafe: Caprinae

Mittelgroße Huftiere; in beiden Geschlechtern lange, kräftige Hörner, bei Weibchen viel kleiner, beim Mähnenschaf fast glatt, beim Steinbock mit Wülsten, in weitem Bogen geschwungen oder spiralig gewunden. Muffel behaart. In Afrika nur zwei Arten; in Europa, Asien und Nordamerika weit verbreitet. Beide afrikanischen Formen auf felsige Gebirge mit mehr oder weniger wüstenhaftem Charakter beschränkt.

Abessinischer und Nubischer Steinbock *Capra ibex* L. **44**
E – Abyssinian/Nubian Ibex F – Bouquetin d'Abyssinie, B. de Nubie

KENNZEICHEN: Schulterhöhe 70–110 cm; Körpergewicht 80–120 kg. Unverwechselbar. Leichter gebaut als die verwandten paläarktischen Formen. Allgemeine Färbung bräunlich oder gelblichbraun, schwarzer Aalstrich, dunkles Schulterband. Langer schwärzlicher Bart. Kinn und Unterseite weißlich. Gliedmaßen auffallend schwärzlich und weiß gefärbt. Schwanz kurz mit bürstenartiger, steifhaariger, schwarzer Endquaste. Hörner sehr lang, seitlich abgeflacht; halbkreisförmig nach oben, hinten, dann nach unten gebogen; mit quer verlaufenden Wülsten. Spitze glatt. Weibchen ähneln Männchen, aber blasser, ohne Bart, nur sehr kurze Hörner.

INNERARTLICHE VARIABILITÄT: In Afrika zwei Unterarten des paläarktischen Steinbocks; Abessinischer Steinbock (*walie*, Äthiopien) größer und schwerer, dunkler kastanienbraun mit kürzerem Bart und kürzeren, dickeren, massigeren Hörnern (im Mittel 100 cm; maximal 114 cm). Nubischer Steinbock (*nubiana* und Verwandte, Gebirgsland am Roten Meer im Sudan und Eritrea, Oberägypten, Nubien, Sinai-Halbinsel und Arabien) kleiner, heller gefärbt, längerer Bart und längere, weniger massige Hörner (im Mittel 110 cm; maximal 120 cm).

LEBENSRAUM: Der Nubische Steinbock lebt in geringeren Höhen zwischen 200 und 2000 m in sehr trockenen Wüstengebirgen mit tiefen Tälern und steilen Hängen; der Abessinische Steinbock im Hochgebirge in Höhen zwischen 2300 und 4000 m, hauptsächlich unter 3000 m in feuchteren Gebieten. Verbirgt sich unter Büschen, in Wäldern und Hochlandvegetation. Oft mit Klippspringern vergesellschaftet.

VERBREITUNG: Karte S. 187. Auch in Südwest-Asien von der Sinai-Halbinsel bis Hadramaut.

LEBENSWEISE: In kleinen Herden; Männchen oft Einzelgänger. Während der Tageshitze in Höhlen oder unter Felsüberhängen; Weibchen legen dort ihre Jungen ab. N a h r u n g : des Nubischen Steinbocks: verschiedene Wüstensträucher und Gräser; des Abessinischen Steinbocks: vielfältiger, besonders Riesenheide; richtet sich beim Äsen wie eine Ziege auf die Hinterbeine auf. Beide Formen durch unkontrollierte Bejagung ernsthaft bedroht. Bestand heute wahrscheinlich nicht mehr als 300 Nubische und 150 Abessinische Steinböcke. Bei strengem Schutz könnten die Populationen wieder zunehmen (Vermehrungsrate ausreichend).

Mähnenschaf *Ammotragus lervia* (Pallas) 44
E – Barbary Sheep   F – Mouflon à manchettes

KENNZEICHEN: Schulterhöhe 100 cm; Körpergewicht bis 115 kg. Kein echtes Schaf, in einigen Merkmalen Beziehungen zu den Ziegen. Nacken bis Mittelrücken mit einer kurzen, aufrecht stehenden Mähne; an Kehle, Brust und Vorderläufen üppige, lange Mähne, die das Vorderteil schürzenartig umgibt. Allgemeine Färbung warm sandfarbigbraun, unten heller. Schwanz relativ lang, erreicht die Sprunggelenke, dicht behaart. Hörner (im Mittel 70 cm; maximal 88 cm) sehr dick, an der Basis eng gestellt; halbkreisförmig, gleichmäßig nach oben, hinten und außen, dann nach unten und einwärts geschwungen. Bei Jungtieren Hörner mit zahlreichen Querwülsten, verschwinden mit zunehmendem Alter; im Alter fast glatt. Weibchen kleiner und leichter, schwächere Hörner, weniger gut entwickelte Mähne.

LEBENSRAUM: Trockene, zerklüftete Felsengebirge in der Sahara.

VERBREITUNG: Karte S. 187.

LEBENSWEISE: In Familienverbänden mit einem erwachsenen Bock, mehreren Weibchen und Jungtieren, gewöhnlich 3–6 Tiere; Herden können größer sein und am Ende der Trockenzeit bis zu 20 Tiere umfassen. Alte Böcke oft Einzelgänger, auch trächtige Weibchen. Sehr geschickte Kletterer und Springer; kaum auszumachen, wenn sie bewegungslos im Felsen stehen, da sich die Fellfärbung vom Hintergrund nicht abhebt. Gehörsinn gut entwickelt. Während der Tageshitze unter Felsen und Klippen; kommen nachts zum Grasen in die Täler; fressen die gleichen Wüstenpflanzen wie die Gazellen, können sich wie

Ziegen auf die Hinterbeine aufrichten, um an Blätter und Früchte *(Acacia, Calotropis)* zu gelangen. Wasserbedarf wird durch Aufnahme bestimmter Pflanzen *(Rumex)* gedeckt, aber wenn möglich, werden Wasserstellen aufgesucht.

Rinder: Bovinae

Sehr große, schwere Tiere; rinderartige Gestalt, massiger Körper, gedrungene Gliedmaßen. Muffel groß, breit, nackt und feucht. Hörner sehr massig. In Afrika nur eine Art; andere in Asien und Nordamerika.

Afrikanischer oder Kaffernbüffel *Syncerus caffer* (Sparrman) 44

E – African Buffalo A – Buffel
F – Buffle d'Afrique K – Nyati, Mbogo

KENNZEICHEN: Schulterhöhe 100–170 cm; Körpergewicht bis zu 320 kg (Wald) oder 820 kg (Savanne). Schwer gebaut, kräftige Gliedmaßen, kurzer Hals; breite, nackte Muffel, große Ohren. Körper bei Erwachsenen spärlich behaart. Langer Schwanz mit Endquaste. Hörner kräftig, massige Basis; Kühe schwächer behornt. Größe, allgemeine Färbung und Hornform sehr variabel. Jungtiere im allgemeinen brauner oder rötlicher, gut behaart.

INNERARTLICHE VARIABILITÄT: Wegen sehr großer Variabilität ist die systematische Gliederung der Büffel umstritten. Zwei sehr verschiedene Typen, die durch Zwischenformen verbunden, daher als eine Art aufzufassen. W a l d - oder R o t b ü f f e l *(nanus,* west- und zentralafrikanische Wälder); leichter gebaut, kleiner (Schulterhöhe 100–120 cm); Haarkleid ziemlich dicht, rötlich oder sogar leuchtend rot, alte Bullen dunkler; Hörner verhältnismäßig klein (im Mittel 50 cm; maximal 74,3 cm), Basis weit getrennt, nicht verbreitert; Basalteil abgeflacht, in der Stirnebene nach hinten und außen gerichtet, dann nach oben gebogen, niemals nach unten; Enden parallel oder zusammenlaufend. Ohren nie hinter den Hörnern verborgen, mit langen Haarfransen. Auf dichte Waldungen im Tiefland und Gebirge beschränkt. K a f f e r n - oder S c h w a r z b ü f f e l *(caffer,* südliches Afrika). Schwer gebaut, viel größer (Schulterhöhe bis zu 170 cm). Allgemeine Färbung schwärzlich (bei Kühen und Kälbern rötlicher braun). Hörner sehr kräftig (im Mittel 90 cm; maximal 134,6 cm; größte Auslage 162 cm), im unteren Drittel gefurchte Oberfläche, Hornbasen stark verbreitert, dicht beisammenstehend (Helm); Hörner nach außen und unten gebogen (verbergen teilweise die Ohren), dann schmaler werdend und nach oben und innen gekrümmt (bei Kühen Hörner weniger

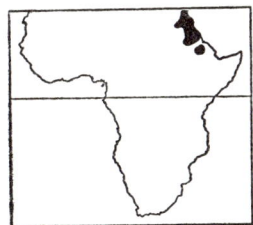
Steinbock

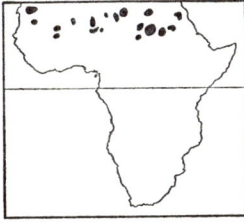
Mähnenschaf

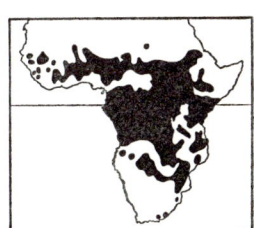
Afrikanischer Büffel

massig, an der Basis schmaler, nicht so weit ausladend). Savannen und offene Lebensräume. Zwischen diesen beiden Typen treten alle Übergänge auf, besonders in Zentralafrika. In den Savannenwaldungen um den Kongo-Urwald gibt es Herden größerer Büffel mit intermediärer Färbung (hellrötlich bis bräunlichschwarz), auch Herden, in denen rote und schwarze Tiere nebeneinander vorkommen. Die meisten Savannenbüffel mit Hörnern wie der Kaffernbüffel, aber weniger kräftig, niemals so weit herabgebogen (*aequinoctialis* und Verwandte, Tschad und Zentralafrikanische Republik bis Äthiopien und östlicher Kongo). Die ostafrikanischen Büffel gleichen Kaffernbüffel, sind aber nicht so kräftig gebaut.

LEBENSRAUM: In den verschiedensten Lebensräumen vom dichtesten Wald (selten in Regenwald, häufiger in Sekundärwald und auf Lichtungen) bis zu offenen, mit Buschwerk und Waldungen bestandenen Steppen; auch im Gebirge bis zu 4000 m. Niemals in sehr trockenen Gebieten oder weit von Wasser entfernt.

VERBREITUNG: Karte S. 187.

LEBENSWEISE: In Waldgebieten in kleinen Herden, gewöhnlich 3–4, manchmal bis zu 10 Tieren; auf Lichtungen auch mehr. In offenen Gebieten viel geselliger, in Herden bis zu mehreren Hundert, sogar bis zu 2000 Tieren. Ranghöchstes Tier der Herde ist ein Bulle, Führung im allgemeinen durch eine alte Kuh. Alte Bullen einzeln oder in kleinen Gruppen, ebenso kranke Tiere. Gesichtssinn und Gehör ziemlich schwach, Geruchssinn gut entwickelt. Kaum Lautäußerungen, nur während der Paarungszeit Grunz- und heisere Brüllaute. Bei Jägern gelten Büffel als bösartig; bedrängte oder verwundete Tiere können tatsächlich sehr gefährlich werden; sonst sind sie jedoch friedfertig. Während der Paarungszeit heftige Rivalitätskämpfe der Bullen. Vorwiegend nachtaktiv, ausgenommen in Schutzgebieten. Während der Tageshitze in dichter Vegetation, bevorzugt in Wassernähe. Nahrungsaufnahme bei Dämmerung und während der Nacht. Ortstreu. N a h r u n g : vorwiegend Gräser, auch sehr harte; besonders in Waldgebieten auch Blätter, kleine Zweige und junge Triebe. Müssen wie Hausrinder täglich trinken, daher in ihrer Verbreitung an Wasser gebunden. Suhlen sich gern. T r a g z e i t : 330–345 Tage. F e i n d e : hauptsächlich Löwen; auch Krokodile. Noch immer zahlreich, fast überall in ihrem Verbreitungsgebiet gesicherte Bestände. Wurden durch die verschiedenen Rinderpest-Epidemien in den 90er Jahren des vorigen Jahrhunderts stark dezimiert, haben sich in einigen Gebieten niemals davon erholt. In einigen Gegenden Ostafrikas heute häufiger als in früheren Zeiten.

TAFELN

Tafel 1

Igel, Spitzmäuse, Schuppentiere

1 **Weißbauchigel** (Tropisches Afrika)   *Atelerix albiventris*   19
Kopf und Unterseite weiß.

2 **Kapigel** (Südafrika)   *Erinaceus frontalis*   19
Schnauze und Unterseite schwärzlich.

3 **Vierzehen-Elefantenspitzmaus**   *Petrodromus tetradactylus*   20
Schnauze lang; Beine lang, besonders die Hinterbeine; Färbung gelblichbraun, Unterseite heller.

4 **Gefleckte Elefantenspitzmaus**   *Rhynchocyon cirnei*   20
Größer; Fleckenmuster; weiße Fleckenreihen auf brauner Grundfärbung.

5 **Große Otterspitzmaus**   *Potamogale velox*   20
Langgestreckt, Schnauze breit; seitlich abgeflachter Schwanz; glänzend schokoladenbraun.

6 **Langschwanz-Schuppentier**   *Manis tetradactyla*   36
Klein; Schuppen breit, in relativ geringer Zahl; dunkelbraun, Unterseite schwärzlich; Schwanz sehr lang.

7 **Weißbauch-Schuppentier**   *Manis tricuspis*   35
Klein; zahlreiche kleine Schuppen; hellbraun; Unterseite weißlich; Schwanz lang.

8 **Riesen-Schuppentier**   *Manis gigantea*   34
Groß und kräftig; Schuppen breit und abgerundet; verhältnismäßig kurzer Schwanz, am Ende zugespitzt.

Tafel 2

Hörnchen

1 **Rotfußhörnchen** *Funisciurus pyrrhopus* 26
Oberseite grünlich, Unterseite weiß; Kopf und Beine leuchtend kastanienrot.

2 **Vierstreifenhörnchen** *Funisciurus lemniscatus* 26
Vier schwarze Streifen auf dem Rücken.

3 **Zwerghörnchen** *Myosciurus pumilio* 27
Sehr klein; oberseits bräunlich, Unterseite weißlich.

4 **Riesen-Waldhörnchen** *Protoxerus stangeri* 26
Groß; oben dunkel olivbraun, unten heller; langer buschiger Schwanz, mit schwarzen und weißen Ringen.

5 **Graufußhörnchen** *Heliosciurus gambianus* 26
Auffallend gesprenkelt; oberseits hell- oder graubraun, unterseits weißlich; Schwanz lang, geringelt.

6 **Rotfüßiges Sonnenhörnchen** *Heliosciurus rufobrachium* 27
Oberseite einschließlich Kopf dunkelbraun; Beine tiefrot; langer Schwanz.

7 **Großes Rotschenkelhörnchen** *Epixerus ebii* 26
Groß; oberseits olivbraun, unterseits heller; rötliche Beine; langer buschiger schwarz-weißer Schwanz.

8 **Buschhörnchen** *Paraxerus palliatus* 27
Rücken olivbraun; Kopf, Beine, Unterseite und Schwanz leuchtend zimtfarben.

9 **Helles Borstenhörnchen** *Xerus rutilus* 28
Oberseits gelblichbraun bis rötlich; keine weißen Seitenstreifen; Schwanz schwarz-weiß.

10 **Gestreiftes Erdhörnchen** *Xerus erythropus* 28
Oberseits sandfarben bis dunkelbraun; weißer Seitenstreifen; Schwanz schwarz-weiß.

Dornschwanzhörnchen

1 **Fraser-Dornschwanzhörnchen** *Anomalurus derbianus* 29
Oben düstergrau, unten weiß.

2 **Rotrücken-Dornschwanzhörnchen** *Anomalurus erythronotus* 29
Oben dunkel kastanienbraun; Flughäute schwärzlich; unten weiß.

3 **Pel-Dornschwanzhörnchen** *Anomalurus peli* 29
Oben schwarz, Flughautrand weiß; unten weiß; Schwanz weiß.

4 **Beecroft-Dornschwanzhörnchen** *Anomalurops beecrofti* 29
Oben grau-olivbraun, unten rötlich.

5 **Zwerg-Dornschwanzhörnchen** *Anomalurus pusillus* 29
Klein; oben olivbraun, unten gelblich.

6 **Rotes Dornschwanzhörnchen** *Anomalurus fulgens* 29
Oben rötlichbraun, unten heller.

7 **Gleitbilch** *Idiurus zenkeri* 29
Sehr klein; Schwanz jederseits mit einer Reihe borstenartiger Haare.

8 **Dornschwanzbilch** *Zenkerella insignis* 30
Klein, keine Flughaut; oben bräunlichgrau, unten heller.

Nagetiere

1 **Afrikanisches Kaninchen** *Poelagus marjorita* 23
Ohren und Beine kurz; oben graubraun, unten weiß, Schwanz kurz.

2 **Crawshays-Hase** *Lepus crawshayi* 21
Ohren und Beine lang; graubraun, Nacken rötlichbraun, Schwanz länger.

3 **Rohrratte** *Thryonomys* sp. 32
Gedrungen, Kopf massig, Beine kurz, Fell borstig, oben bräunlich, unten weißlich, Schwanz kurz.

4 **Riesen-Hamsterratte** *Cricetomys emini* 31
Kopf lang, Ohren groß, langer nackter Schwanz; Fell kurz, oben bräunlich, unten weiß.

5 **Mähnenratte** *Lophiomys imhausi* 31
Fell lang; steife Haarmähne auf dem Rücken; an den Körperseiten weißlicher Streifen; Schwanz lang und buschig.

6 **Quastenstachler** *Atherurus* sp. 33
Klein; Fell stachelig, mit einigen dicken Stacheln auf dem Rücken; Schwanz lang, am Ende ein dicker Busch horniger Borsten.

7 **Stachelschwein** *Hystrix* sp. 33
Groß, gedrungen; Rücken und kurzer Schwanz mit langen Stacheln besetzt.

8 **Springhase** *Pedetes capensis* 30
Hinterbeine außerordentlich lang, Vorderbeine sehr kurz; Schwanz sehr lang und buschig; känguruhartige Erscheinung.

Galagos, Pottos

1 **Allens-Galago** *Galago alleni* 39
Klein, dunkel; Gesicht mit schwarzer Maskenzeichnung, Schwanz schwarz.

2 **Senegal-Galago** *Galago senegalensis* 38
Klein, grau, Gliedmaßen oft gelblich, Schwanz an der Basis dünn, dann buschig.

3 **Riesengalago** *Galago crassicaudatus* 38
Groß, silbergrau bis rotbraun; Schwanz lang und sehr buschig.

4 **Kielnagel-Galago** *Euoticus elegantulus* 39
Mittelgroß, Oberseite zimtfarben, scharf von der grauen Unterseite abgesetzt; Schwanz buschig.

5 **Zwerggalago** *Galagoides demidovi* 40
Sehr klein, oben bräunlich, unten und Glieder gelb; Schwanz lang, nicht buschig.

6 **Bärenmaki** *Arctocebus calabarensis* 38
Körper und Gliedmaßen schlank; Kopf zugespitzt, Schwanz nicht sichtbar.

7 **Potto** *Perodicticus potto* 37
Kräftig gebaut, stämmige Gliedmaßen, aberundeter Kopf; sehr kurzer Schwanz.

Paviane

1 **Sphinx- oder Guinea-Pavian** *Papio papio* 42
Kleiner; gut entwickelte Mähne; oliv-rötlichbraun.

2 **Dschelada** *Papio gelada* 44
Aufgebogene Schnauze, Nasenöffnungen nach oben gerichtet, deutlich hinter der Oberlippe liegend; sehr langer Backenbart; auf der Brust nackte, rote Flecken; gut entwickelte Schultermähne; Schwanz mit Endquaste.

3 **Drill** *Papio leucophaeus* 45
Gesicht schwarz, hochroter Streifen auf der Unterlippe (Männchen); Gesäßschwielen leuchtendblau, violett und scharlachrot (Männchen); Schwanz sehr kurz.

4 **Mandrill** *Papio sphinx* 45
Gesicht gefurcht, leuchtend scharlachrot und blau (Männchen); Bart orange, Gesäß leuchtend scharlachrot und violett; Schwanz sehr kurz.

5 **Mantelpavian** *Papio hamadryas* 41
Kleiner; gut entwickelte Mähne, aschgrau (Männchen); Kopf und Gesäßschwielen hellrosa.

6 **Anubis-Pavian** *Papio anubis* 42
Groß; Nasenöffnungen überragen die Oberlippe; Mähne mäßig entwickelt; Schwanz wird abgeknickt getragen; olivbraun.

7 **Gelber Babuin** *Papio cynocephalus* 42
Groß, schlank, oben gelblichbraun, unten weißlich.

8 **Tschakma- oder Bären-Pavian** *Papio ursinus* 43
Groß, schlank; Schwanz wird abgeknickt getragen; dunkel olivbraun, Gesäßschwielen klein.

Husarenaffen, Mangaben

1 **Husarenaffe** *Erythrocebus patas* 59
Groß und schlank, langbeinig; oben ziegelrot, unterseits und Gliedmaßen weiß.

2 **Rotkopfmangabe** *Cercocebus torquatus (torquatus)* 47
Oben rauchgrau, unten weiß, Scheitel kastanienbraun, Nacken weiß; Schwanz steif, oft spitzwinkelig nach vorn über den Körper gestellt (andere Unterarten anders gefärbt).

3 **Kappenmangabe** *Cercocebus galeritus* 47
Oben gelblichbraun, unten heller.

3 a *C. g. agilis* 47
Haarschopf über der Stirn; unten schmutzigweiß; Schwanz steif, oft spitzwinkelig nach vorn über den Körper gestellt.

3 b *C. g. chrysogaster* 47
Kein Haarschopf; unten goldgelb; Schwanz nach hinten getragen.

4 **Schopfmangabe** *Cercocebus aterrimus* 47
Haarschopf auf dem Kopf; reinschwarz; Schwanz biegsam und beweglich, pinselartig.

5 **Mantelmangabe** *Cercocebus albigena* 48
Über den Augen zwei Haarbüschel; schwärzlichbraun; lange Schultermähne heller gefärbt; Schwanz biegsam und beweglich, pinselartig.

Tafel 8

Meerkatzen I

1 **Dunkle Weißnase** *Cercopithecus nictitans (nictitans)*   52
Weiße Nase; oben dunkelgrün, unten schwärzlich, bei einer Unterart weiße Brust *(martini)*.

2 **Schwarzbackige Weißnase** *Cercopithecus ascanius (ascanius)*   51
Nase weiß, gelblich oder schwarz, mit bläulichem Gesicht kontrastierend; weißliche Wangen mit schwarzen Streifen; unten weiß, Schwanz rötlichbraun.

3 **Helle Weißnase** *Cercopithecus petaurista*   51
Nase weiß, Wangen weiß, mit schwarzen Seitenstreifen; unten weiß; Schwanz oben dunkel, unten weißlich.

4 **Rotbauchmeerkatze** *Cercopithecus erythrogaster*   50
Nase weiß oder schwarz, Backenbart reinweiß, am Gesicht gräulich; unten rötlichbraun oder grau, Schwanz oben oliv, unten weiß.

5 **Blaumaul- oder Schnurrbartmeerkatze** *Cercopithecus cephus*   49
Gesicht blau, mit weißer Zeichnung auf der Oberlippe, Wangen gelb; unten aschgrau, Schwanz rot oder gräulich.

6 **Rotnasen- oder Rotohrmeerkatze** *Cercopithecus erythrotis*   50
Nase rötlich oder weiß; Unterseite gräulich.

6 a **Rotnasenmeerkatze** *Cercopithecus e. erythrotis*   50
Nase rötlich, Schwanz rot.

6 b **Sclaters Rotnase** *Cercopithecus e. sclateri*   50
Nase weißlich, Schwanz an der Wurzel rot, dann weißlich.

7 **Zwergmeerkatze** *Miopithecus talapoin*   49
Sehr klein; Schnauze schwärzlich; oben grünlich, unten weißlich.

Meerkatzen II

1 **Diademmeerkatze** *Cercopithecus mitis (mitis)* 52
Auf der Stirn ein Diadem aus dichten Haaren; Färbung sehr variabel (s. Text).

2 **Monameerkatze** *Cercopithecus mona (mona)* 53
Stirn weiß; schwarzer Schläfenstrich; unten weiß oder gelb.

3 **Brazza-Meerkatze** *Cercopithecus neglectus* 54
Auf der Stirn ein breites rötliches Diadem; weißer Bart, weißer Schenkelstreifen.

4 **Vollbartmeerkatze** *Cercopithecus l'hoesti* 55
Dunkel; Rücken rötlich; weiße oder graue Wangen, heben sich stark von der Körperfärbung ab; Schwanz mit hakenförmig abgebogenem Ende, zum Greifen geeignet.

5 **Dianameerkatze** *Cercopithecus diana (roloway)* 54
Brust und Vordergliedmaßen reinweiß; weißer Bart; leuchtend kastanienbrauner Sattelfleck; weißer Schenkelstreifen; Hinterteil leuchtend rötlichbraun bis cremefarbig weiß.

6 **Eulenkopfmeerkatze** *Cercopithecus hamlyni* 55
Dunkel; Gesicht rund und groß, schwärzlich mit weißem Nasenstreifen.

7 **Grüne Meerkatze** *Cercopithecus aethiops (johnstoni)* 57
Oben grünlich oder gelblich, unten weiß; Gesicht schwarz; Wangen weiß; in der Regel weißes Stirnband.

8 **Sumpfmeerkatze** *Allenopithecus nigroviridis* 48
Verhältnismäßig kurzer Schwanz; oben dunkel olivgrün; unten weißlich.

Guerezas

1 **Weißbart-Stummelaffe** *Colobus polykomos* 60
Schwarz; Backenbart und Vorderteil gräulich; Schwanz nicht buschig, vollständig weiß.

2 **Satansaffe** *Colobus satanas* 62
Vollständig schwarz.

3 **Guereza** *Colobus abyssinicus* 61
Schwarz; weiße Mähne an Schultern, Flanken und Hinterrücken; Schwanz schwarz, mit weißer, buschiger Endquaste.

4 **Mantelaffe** *Colobus angolensis* 61
Schwarz; lange weiße Schulterhaare; ohne Rückenmähne; Schwanz reinschwarz bis weiß, kann buschig sein.

5 **Westafrikanischer brauner Guereza** *Colobus badius* 63
Oben dunkel, unten rötlich; Nase über wulstigen Lippen aufgeworfen.

6 **Brauner Guereza** *Colobus pennanti* 63
Oben rötlich bis braun, auf den Schultern mit schwarzem Anflug.

6 a *C. p. oustaleti* 64
Haarbüschel über den Ohren.

6 b *C. p. kirki* **Sansibar-Stummelaffe** 64
Auf der Stirn langer weißer Haarschopf.

7 **Grüner Guereza** *Colobus verus* 64
Zwei graue Stirnflecken; oben grünlichbraun, unten grau.

Schimpanse, Gorilla

1 Schimpanse *Pan troglodytes* 67
Kleiner; Kopf oben ziemlich flach, Ohren groß, deutlich abstehend; Nasenöffnungen kleiner, auf einer länglichen Schnauze; Weibchen kleiner.

1 a Schimpanse *P. t. troglodytes* 67
Kräftig gebaut, Gesicht hell gefärbt.

1 b Zwergschimpanse, Bonobo *P. (t.) paniscus* 67
Zierlicher und schlanker gebaut, Gesicht sehr dunkel.

2 Gorilla *Gorilla gorilla* 65
Größer; Kopf hoch, Ohren klein, dicht anliegend; Nasenöffnungen groß und auffallend, Rücken nach unten durchgebogen; Weibchen kleiner.

2 a Westlicher Gorilla *G. g. gorilla* 66
Fell mäßig entwickelt, brauner.

2 b Östlicher Gorilla *G. g. beringei* 66
Fell gut entwickelt, viel dunkler; massiger.

Schakale, Füchse

1 **Abessinischer Fuchs** *Canis simensis* 70
Groß; leuchtend rötlichbraun, Kehle und Unterseite weiß mit zwei rötlichbraunen Halsbändern; an der Schwanzwurzel weißer Fleck.

2 **Goldschakal** *Canis aureus* 69
Gelblich, oben etwas schwärzlich; Schwanzspitze schwarz.

3 **Streifenschakal** *Canis adustus* 69
Gräulichbraun mit gelblichem Anflug; undeutlich abgesetzter weißlicher Flankenstreifen; Schwanzspitze weiß.

4 **Schabrackenschakal** *Canis mesomelas* 70
Rücken dunkel (aus der Entfernung silbrig), kontrastiert mit rötlichbrauner Seite; Schwanzspitze schwarz.

5 **Rotfuchs** *Vulpes vulpes* 71
Rücken vorwiegend rostfarbig rot, Schwanzspitze weiß.

Tafel 13

Füchse

1 **Löffelhund** *Otocyon megalotis* 73
Klein; sehr große, breite, ovale Ohren; silbriggelb.

2 **Fennek** *Fennecus zerda* 73
Sehr klein; sehr große, dreieckige Ohren; sehr blaß isabellfarben; Schwanz verhältnismäßig kurz.

3 **Blaßfuchs** *Vulpes pallida* 72
Klein; Ohren verhältnismäßig klein; sehr blaß gelblichbraun; Schwanzspitze schwarz.

4 **Sandfuchs** *Vulpes rüppelli* 72
Klein; Ohren lang; Rücken rötlichbraun, gegen gräuliche Flanken abgesetzt; Schwanzspitze weiß.

5 **Kapfuchs** *Vulpes chama* 72
Klein; Rücken silbergrau; Schwanzspitze schwarz.

Zibetkatze, Honigdachs, Otter

1 **Zibetkatze** *Viverra civetta* — 80
Schwarze Flecken heben sich von der gräulichen Grundfarbe ab; zwei schwarze Halsbänder.

2 **Honigdachs** *Mellivora capensis* — 77
Sehr kräftig; kurzer Schwanz; Oberseite gräulich, in scharfem Kontrast zu schwarzer Unterseite.

3 **Krallenotter** *Lutra maculicollis* — 79
Klein; Gesicht und Vorderteile blaß gelblichbraun gefleckt.

4 **Kongo-Weißwangenotter** *Aonyx congica* — 78
Groß; dunkelbraun; Vorderteile weißlich; keine Krallen (s. Text).

5 **Weißwangenotter** *Aonyx capensis* — 78
Groß; dunkelbraun; Vorderteile weißlich; keine Krallen (s. Text).

Ginsterkatzen und Verwandte

1 Pardelroller *Nandinia binotata* 80
Kräftig; abgerundeter Kopf; bräunlich mit kleinen dunklen Flecken; heller Schulterfleck.

2 Wasserschleichkatze *Osbornictis piscivora* 84
Gleichmäßig kastanienrot; Schwanz dick, schwarz.

3 Afrikanischer Linsang *Poiana richardsoni* 84
Klein; gelblichbraun, abgerundete schwärzliche Flecken; Schwanz sehr lang, bis zu 12 dunkle Ringe.

4 Villiers-Ginsterkatze *Genetta villiersi* 83
Kastanienbraune bis schwärzliche Flecken; Schwanz lang, 7–9 dunkle Ringe, der erste leuchtend rötlichbraun.

5 Sennar-Ginsterkatze *Genetta abyssinica* 83
Schwarze Streifen und lange Flecken; Schwanz mit 6–7 dunklen Ringen und dunkler Spitze.

Ginsterkatzen

1 **Ginsterkatze** *Genetta genetta* 81
Rückenkamm; mittelgroße Flecken; Schwanz mit 9–10 dunklen Ringen und weißlicher Spitze.

2 **Panther-Ginsterkatze** *Genetta pardina* 82
Kräftig gefleckt; Flecken breit; Schwanz vorwiegend schwarz, 3–4 schmale, helle Ringe; Spitze schwarz.

3 **Serval-Ginsterkatze** *Genetta servalina* 82
Zahlreiche kleine Flecken; Schwanz mit 10–12 dunklen Ringen.

4 **Tiger-Ginsterkatze** *Genetta tigrina* 82
Flecken braun oder kastanienbraun, groß, länglich; Schwanz mit 8–9 dunklen Ringen, Spitze dunkel.

5 **Riesen-Ginsterkatze** *Genetta victoriae* 83
Gut entwickelter Rückenkamm; schwarze Flecken sehr dicht (das Tier wirkt aus einiger Entfernung fast schwarz); Schwanz buschig, mit 6–8 breiten, dunklen Ringen, Spitze schwarz.

Große Mangusten

1 **Ichneumon** *Herpestes ichneumon* 88
Relativ kurzbeinig; bräunlichgrau; Schwanz lang, an der Basis dick, verjüngt sich zum Ende, schwarze Endquaste.

2 **Weißschwanzmanguste** *Ichneumia albicauda* 85
Langbeinig; zottig; bräunlichgrau; Schwanz vorwiegend weiß.

3 **Buschschwanz-Ichneumon** *Bdeogale nigripes* 85
Massiger, breiter Kopf; Fell sehr kurz, oben hellgrau, unten vorwiegend schwarz; Beine schwarz.

4 **Mellers-Manguste** *Rhynchogale melleri* 86
Gleichmäßig rötlichbraun; Haarscheitel an den Halsseiten; Schwanz sehr lang und buschig, vorwiegend schwarz.

5 **Wassermanguste** *Atilax paludinosus* 87
Kurzbeinig; relativ kurzer Kopf; gleichmäßig dunkelbraun; Schwanz verhältnismäßig kurz.

Tafel 18

Kleinere Mangusten

1 **Fuchsmanguste** *Cynictis penicillata* 93
Klein; Gesicht dreieckig; Ohren groß; Fell dicht, bräunlichgelb; Schwanz relativ kurz, Spitze weiß.

2 **Trugmanguste** *Paracynictis selousi* 93
Klein, schlank; Ohren breit, tief angesetzt; gelblichgrau; Schwanz lang, Spitze weiß.

3 **Zebramanguste** *Mungos mungo* 92
Klein; Rücken gestreift; Schwanz kurz.

4 **Kusimanse** *Crossarchus obscurus* 91
Klein; Nase lang; Schwanz kurz; Fell strähnig, gleichmäßig dunkelbraun.

5 **Surikate** *Suricata suricatta* 94
Klein; Stirn leicht vorgewölbt; kleine, abgerundete Ohren, Netzzeichnung auf dem Rücken.

6 **Langnasen-Ichneumon** *Herpestes naso* 87
Groß, hochbeinig; Gesicht lang; fast gleichmäßig dunkelbraun, Schwanz heller.

7 **Iltis-Ichneumon** *Bdeogale crassicauda* 86
Ziemlich klein; zottig; schwärzlich; Schwanz sehr buschig, schwarz.

Kleine Mangusten

1 Gambia-Kusimanse *Mungos gambianus* 92
Klein; gelblichgrau, schwarze Halsseitenstreifen, deutlich von gelblichweißer Kehle abgesetzt.

2 Zwergmanguste *Helogale parvula* 90
Sehr klein, untersetzt; rötlichbraun; Schwanz ziemlich kurz und dünn.

3 Rotichneumon *Herpestes sanguineus* 89
Klein, schlank; rötlichbraun; Schwanz lang, Spitze schwarz.

4 Listige Manguste *Dologale dybowskii* 90
Sehr klein; dunkelbraun; Schwanz mäßig lang, ohne schwarze Spitze.

5 Kleinichneumon *Herpestes pulverulentus* 88
Klein; gräulich; Schwanz lang.

Zorillas

6 Kappeniltis *Poecilogale albinucha* 76
Klein, sehr schlank; Kopf und Nacken weiß.

7 Streifenwiesel *Poecilictis libyca* 75
Langes, weiches Haarkleid; Kopf schwarz mit weißem Stirnband; Rücken vorwiegend weiß, mit undeutlichen schwarzen Streifen.

8 Bandiltis oder **Zorilla** *Ictonyx striatus* 76
Fell kürzer; Kopf schwarz mit weißem Stirnband; Rücken weiß mit deutlichen schwarzen Streifen.

Hyänen, Hyänenhund

1 Streifenhyäne *Hyaena hyaena* 96
Querstreifen am Körper; strähniges Fell; Rückenmähne; lange, zugespitzte Ohren.

2 Braune oder **Schabrackenhyäne** *Hyaena brunnea* 97
Fast einfarbig dunkelbraun; strähniges Fell; lange, zugespitzte Ohren.

3 Gefleckte oder **Tüpfelhyäne** *Crocuta crocuta* 95
Vollständig gefleckt; Fell kurz; kurze, abgerundete Ohren.

4 Erdwolf *Proteles cristatus* 97
Klein; schmale Schnauze; zottiges Fell; Rückenmähne; dunkle Querstreifen; lange, zugespitzte Ohren.

5 Hyänenhund *Lycaon pictus* 74
Langbeinig; Ohren breit, abgerundet; braune, gelbe, schwarze und weiße, unregelmäßig über den Körper verteilte Flecken; Schwanz lang mit weißer Spitze.

Kleine Katzen

1 **Sahara-Katze** *Felis margarita* 98
Klein; breites Gesicht; breite Ohren; fast einfarbig sandgelb.

2 **Schwarzfußkatze** *Felis nigripes* 99
Klein; gelbbraun mit großen schwarzen Flecken; Fußsohlen intensiv schwarz.

3 **Falbkatze** oder **Afrikanische Wildkatze** *Felis libyca* 98
Größer; undeutliche Querstreifen und Flecken; Schwanz verhältnismäßig lang.

4 **Rohrkatze** *Felis chaus* 99
Ziemlich groß, langbeinig; ohne auffallende Zeichnung; Ohren zugespitzt; Schwanz verhältnismäßig kurz.

5 **Karakal** *Felis caracal* 101
Ziemlich groß, langbeinig; Ohren zugespitzt, lange schwarze Haarbüschel; einheitlich braun.

Mittelgroße Katzen

1 **Serval** *Felis serval* 100
Schlank; langbeinig; große, ovale Ohren; Schwanz kurz. Zwei Farbvarianten:

1 a **Serval:** Streifen und große Flecken. 100

1 b **Servalkatze:** Kleine Flecken und Tüpfel, wirkt gesprenkelt. 100

2 **Goldkatze** *Felis aurata* 100
Kräftig gebaut; Ohren abgerundet; Schwanz lang. Färbung sehr variabel, im allgemeinen rötlichbraun (2 a); manchmal gräulich oder schwärzlich (2 b); dunkle Flecken mehr oder weniger deutlich.

Großkatzen

1 Löwe *Panthera leo*   101
Einfarbig ockerfarben; Schwanzquaste schwarz.
Männchen: groß, Schulter- und Nackenmähne (fehlt manchmal).
Weibchen: kleiner, keine Mähne; Flanken und Gliedmaßen manchmal gefleckt.

2 Leopard *Panthera pardus*   103
Schwarz gefleckt; Körper lang, gedrungen gebaut; Beine kurz, Schwanz lang.

3 Gepard *Acinonyx jubatus*   104
Schwarz gefleckt; schlank, sehr langbeinig; Kopf klein, mit schwarzem Streifen vom Auge zum Mund.

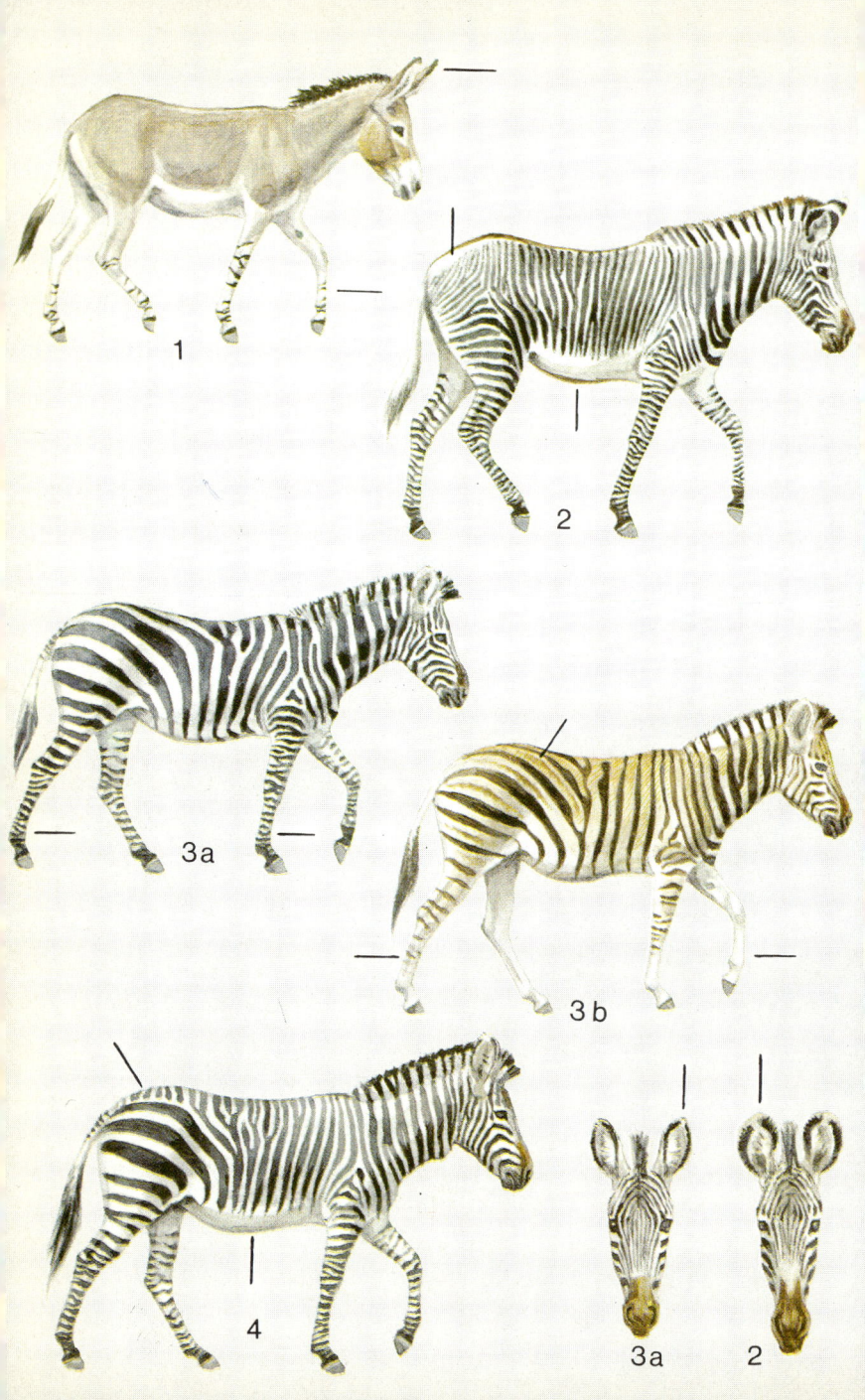

Wildesel, Zebras

1 **Afrikanischer Wildesel** *Equus asinus (somalicus)* 117
Lange Ohren; einfarbig gräulichgelb; entweder mit dunklem Schulterband oder mit Beinstreifen.

2 **Grevy-Zebra** *Equus grevyi* 117
Zahlreiche schmale schwarze Streifen, am Körper fast senkrecht verlaufend; auf der Kruppe weißes Feld; Bauch weiß; breite, abgerundete Ohren.

3 **Steppenzebra** *Equus burchelli* 118
Breite schwarze Streifen, weniger zahlreich, reichen bis zum Bauch, auf dem Hinterteil schräg verlaufend.

   3 a **Böhm-** oder **Grant-Zebra** *E. burchelli böhmi (= granti)* 118
   Grundfärbung weiß, Beine bis zu den Hufen gestreift.

   3 b **Chapman-Zebra** *E. b. antiquorum* 118
   Grundfärbung gelblich, Zwischenstreifen (Schattenstreifen), Beine unvollständig gestreift.

4 **Bergzebra** *Equus zebra* 119
Zahlreiche schmale schwarze Streifen; auf der Kruppe schmale Querstreifen (gitterförmig); Bauch weiß, Ohren lang und zugespitzt.

Nashörner, Flußpferde

1 **Spitzmaul- oder Schwarzes Nashorn** *Diceros bicornis* 120
Kleiner; Kopf relativ kurz; Oberlippe dreieckig.

2 **Breitmaul- oder Weißes Nashorn** *Ceratotherium simum* 122
Größer; Kopf sehr lang; breite, rechteckige Schnauze; deutlicher Nackenhöcker.

3 **Zwergflußpferd** *Choeropsis liberiensis* 125
Klein; Kopf verhältnismäßig klein; schwarz.

4 **Flußpferd oder Nilpferd** *Hippopotamus amphibius* 124
Groß; großer Kopf; dunkel bräunlichgrau, am Kopf rosafarbig.

Tafel 26

Schweine

1 **Wildschwein** *Sus scrofa* — 126
Langer, zugespitzter Kopf; Hauer klein.

2 **Warzenschwein** *Phacochoerus aethiopicus* — 126
Sehr großer Kopf, breite Schnauze, mit Warzen; Fell spärlich; mit Backenbart und Mähne; Hauer lang; Schwanz wird bei Erregung aufrecht getragen.

3 **Fluß- oder Buschschwein** *Potamochoerus porcus* — 127
Langer Kopf; Fell lang; Ohren mit Haarbüschel; Gesicht weißlich.

   3 a **Guinea-Buschschwein** *P. porcus porcus* — 127
   Leuchtend rotbraun.

   3 b **Kap-Buschschwein** *P. porcus koiropotamus* — 127
   Dunkelbraun.

4 **Riesen-Waldschwein** *Hylochoerus meinertzhageni* — 128
Groß; lange, breite Schnauze; Fell lang, vollständig schwarz.

Giraffe, Okapi

1 **Giraffe** *Giraffa camelopardalis*   129
Sehr groß; sehr langer Hals; lange Beine; kastanienbraune Flecken auf gelblicher bis weißlicher Grundfärbung.

Nördliche Giraffen

1 a **Nubien-Giraffe** *G. c. camelopardalis*   130
Große dunkle Flecken, weiße Beine.

1 b **Netzgiraffe** *G. c. reticulata*   130
Deutliches Netzwerk schmaler weißer Streifen begrenzt große dunkle Flecken; Beine weiß.

1 c **Uganda- oder Rothschild-Giraffe** *G. c. rothschildi*   130
Flecken sehr dunkel, sternartig; Beine weiß.

Südliche Giraffen

1 d **Massai- oder Tippelskirch-Giraffe** *G. c. tippelskirchi*   130
Dunkle Flecken mit gekerbtem, unregelmäßigem Rand; gelbliche Beine mit dunklen Flecken.

1 e **Kap-Giraffe** *G. c. giraffa*   130
Klar begrenzte dunkle Flecken; gelbliche Beine mit dunklen Flecken.

2 **Okapi** *Okapia johnstoni*   131
Dunkel kastanienbraun; Hinterteil und Beine auffallend gestreift.

Elenantilope, Bongo

1 **Riesen-Elenantilope** *Taurotragus derbianus*   **132**
Ohren breit und abgerundet; große Wamme (von der Kinnspitze an); am Körper zahlreiche weiße Streifen; Hörner lang, divergierend.

2 **Elenantilope** *Taurotragus oryx (oryx)*   **133**
Ohren schmal und zugespitzt; deutliche Wamme (von der Kehle an), mit schwarzem Haarbüschel; Streifung unauffällig; Hörner kürzer, leicht divergierend.

3 **Bongo** *Boocercus euryceros*   **134**
Kräftig; leuchtend kastanienrotbraun mit auffallenden weißen Querstreifen; Hörner kräftig; deutliche Rückenmähne.

Kudus, Nyalas

1 **Großer Kudu** *Tragelaphus strepsiceros* 134
Groß; deutliche Halsmähne; gestreift; Hörner sehr lang, weit divergierend, in offenen Spiralen gewunden (Männchen).

2 **Kleiner Kudu** *Tragelaphus imberbis* 135
Kleiner; keine Halsmähne; auffallend gestreift; am Hals zwei weiße Flecken; Hörner lang, mäßig divergierend, in engen Spiralen gewunden (Männchen).

3 **Bergnyala** *Tragelaphus buxtoni* 136
Streifen undeutlich; einige Flecken auf Schenkel und Flanken; Hörner lang, stark divergierend, in höchstens zwei offenen Spiralen gewunden.

4 **Nyala** *Tragelaphus angasi* 137
Männchen dunkel schieferbraun; Beine unten orange; auffallende schwarze Mähne an der Unterseite; Weibchen leuchtend kastanienbraun, ohne Mähne.

Sitatunga, Schirrantilope

1 **Sitatunga** *Tragelaphus spekei* 137
Groß; Fell lang und strähnig; lange, zugespitzte Hufe; Hörner lang (Männchen).

1 a **Westafrika-Sitatunga** *T. spekei gratus* 137
Auffallend gestreift; Männchen tief schokoladenbraun; Weibchen rötlichbraun.

1 b **Sambesi-Sitatunga** *T. spekei selousi* 138
Fast ungestreift; Männchen düster graubraun, Weibchen oft ebenso gefärbt.

2 **Schirrantilope** *Tragelaphus scriptus* 138
Kleiner; Fell nicht strähnig; Hufe normal entwickelt; Hörner kleiner (Männchen).

2 a **Senegal-Schirrantilope** *T. s. scriptus* 139
Leuchtend kastanienrot, auffallende Streifen und Flecken (Schirrzeichnung); Weibchen kleiner und heller gefärbt.

2 b **Südafrika-Schirrantilope** *T. s. sylvaticus* 139
Dunkelbraun, fast einfarbig.

Pferdeböcke

1 Mendes-Antilope *Addax nasomaculatus* 140
Weiß oder gräulich; dichter, dunkler Stirnschopf; Hörner lang, spiralig gewunden.

2 Säbelantilope *Oryx dammah* 140
Hals und Brust rötlichbraun; Körper weiß; Hörner lang, säbelförmig nach hinten gebogen.

3 Eritrea-Spießbock *Oryx beisa* 141
Kopf mit deutlicher Schwarzweiß-Zeichnung; schwarzer Flankenstreifen; Hörner fast gerade, nahezu parallel.

4 Südafrikanischer Spießbock *Oryx gazella* 142
Kopf mit deutlicher Schwarzweiß-Zeichnung; schwarzer Flankenstreifen; dunkle Flecken auf Kruppe und Hinterbeinen; Hörner fast gerade, divergieren.

5 Pferdeantilope *Hippotragus equinus* 143
Rötlich gelbbraun; Ohren lang, schmal, zugespitzt; Hörner relativ kurz, rückwärts gebogen; Nackenmähne.

6 Rappenantilope *Hippotragus niger* 144
Glänzend schwarz; Hörner sehr lang, rückwärts gebogen; Nackenmähne.

Moorantilopen, Wasserböcke

1 **Schwarzfuß-Moorantilope** *Kobus kob* 147
Leuchtend gelbbraun bis dunkelbraun, um Augen weißliches Feld; an den Beinen schwarze Zeichnung; Hörner lang.

   1 a **Victoriasee-Moorantilope** *Kobus kob thomasi* 147
   Leuchtend rötlichbraun.

   1 b **Weißohr-Moorantilope** *Kobus kob leucotis* 147
   Dunkelbraun (erwachsene Männchen); auffallende weiße Ohren.

2 **Gelbfuß-Moorantilope** *Kobus vardoni* 148
Leuchtend goldgelb; ohne Kopfzeichnung; keine schwarze Beinzeichnung; Hörner ziemlich kurz.

3 **Ellipsen-Wasserbock** *Kobus ellipsiprymnus* 146
Groß; dunkelbraun; zottiges Fell; auf Hinterteil weißer Ring; Hörner halbmondförmig gekrümmt.

4 **Defassa-Wasserbock** *Kobus defassa* 145
Groß; gräulichbraun; zottiges Fell; Hinterteil mit großem weißem Fleck; Hörner halbmondförmig gekrümmt.

Moorantilopen

1 Weißnacken-Moorantilope *Kobus megaceros* 149
Männchen: dunkel; weißer Nackenstreifen und großer weißer Schulterfleck; Hörner sehr lang, S-förmig gebogen.
Junge Männchen: gelbbraun, mit dem Alter dunkler werdend; Zeichnung undeutlich.
Weibchen: einfarbig gelbbraun.

2 Litschi-Moorantilope *Kobus leche* 148
Nacken und Schulter wie Körper gefärbt.

2 a Bangweole-Litschi *K. l. smithemani* 148
Schwärzlichbraun (erwachsene Männchen).

2 b Kafue-Litschi *K. l. kafuensis* 149
Dunkler Schulterfleck (erwachsene Männchen).

2 c Sambesi-Litschi *K. l. leche* 148
Leuchtend kastanienbraun.

Riedböcke

1 **Riedbock** *Redunca redunca* 150
Klein; Hörner kurz, gedrungen, Spitze hakenförmig nach vorn gebogen; unter dem Ohr nackter Hautfleck.

2 **Bergriedbock** *Redunca fulvorufula* 151
Klein; Hörner schlank und kurz; unter dem Ohr nackter Hautfleck.

3 **Großriedbock** *Redunca arundinum* 150
Größer; Hörner länger, divergierend; unter dem Ohr nackter Hautfleck.

4 **Rehbok** *Pelea capreolus* 152
Kleiner; Ohren lang und schmal; Hörner kurz, senkrecht.

Kuhantilopen

1 **Kuhantilope** *Alcelaphus buselaphus* 153
Stirn stark verlängert; Nasenrücken im allgemeinen wie Körper gefärbt.

  1 a **Westafrikanische** oder **Große Kuhantilope** *A. b. major* 153
Düster sandfarben braun; Gehörn U-förmig.

  1 b **Somali-Kuhantilope** *A. b. swaynei* 153
Intensiv schokoladenbraun; Hörner schlanker, weit ausladend (klammerzeichenartig); Beine oben mit schwärzlichen Flecken.

  1 c **Jacksons** oder **Victoriasee-Kuhantilope** *A. b. jacksoni* 153
Rötlichbraun; Gehörn V-förmig.

  1 d **Kongoni** *A. b. cokii* 153
Sandfarbig gelblichbraun; Hörner kurz, ausladend (klammerzeichenartig).

2 **Konzi** oder **Lichtensteins-Kuhantilope** *Alcelaphus lichtensteini* 155
Stirn sehr breit, nicht stark verlängert; Hörner dick, von vorn gesehen kreisförmig.

3 **Kaama** oder **Südafrikanische Kuhantilope** *Alcelaphus caama* 154
Stirn stark verlängert; dunkler Nasenrücken; Beine oben mit schwärzlichen Flecken; auffallender weißlicher Fleck auf Hinterteil; Hörner V-förmig.

Leierantilopen, Buntbock

1 **Leierantilope** *Damaliscus korrigum* 155
Glänzend purpurrot; Stirn und Nasenrücken und obere Beinteile dunkel.

2 **Hunters-Leierantilope** *Damaliscus hunteri* 158
Einheitlich rötlich gelbbraun; zwischen den Augen weißer Streifen; langer weißlicher Schwanz; Hörner lang, dünn, fast parallel.

3 **Sassaby** oder **Halbmondantilope** *Damaliscus lunatus* **156**
Glänzend purpurrot; Stirn und Nasenrücken und obere Beinteile dunkel; Hörner halbmondförmig.

4 **Bleß-** und **Buntbock** *Damaliscus dorcas* 157

   4 a **Bleßbock** *Damaliscus d. phillipsi* 157
      Weiße Blesse von dunklem Streifen zwischen den Augen unterbrochen; unauffälliger blasser Fleck um die Schwanzwurzel; Beine dunkel.

   4 b **Buntbock** *Damaliscus d. dorcas* **157**
      Weiße Blesse nicht durch dunkles Band zwischen den Augen unterbrochen; auffallender weißer Fleck um die Schwanzwurzel; untere Beinteile weiß.

Gnus

1 **Weißbart- und Streifengnu** *Connochaetes taurinus* 158
Langer Bart; Hornspitzen zeigen nach innen; Schwanz schwarz.

   1 a Weißbartgnu *C. t. albojubatus* 159
   Hellgräulich, Bart weiß.

   1 b Streifengnu *C. t. taurinus* 159
   Dunkelgrau, Bart schwarz.

2 **Weißschwanzgnu** *Connochaetes gnou* 160
Steife Nasenrücken-Mähne; Brustmähne; Hornspitzen zeigen aufwärts; schwärzlichbraun, Schwanz fast weiß.

Schliefer

(Das Haarbüschel der Rückendrüse ist aufgerichtet dargestellt, wie es das Tier im Zustand der Erregung vorweist.)

3 **Baumschliefer** *Dendrohyrax arboreus* 113
Fell dicht, dunkelbraun; Haarbüschel weißlich.

4 **Busch- oder Steppenschliefer** *Heterohyrax brucei* 112
Fell ziemlich kurz und rauh, heller; auffallender weißer Überaugenfleck; Rückenhaarbüschel weiß bis kastanienbraun.

5 **Klippschliefer** *Procavia capensis* 111
Fell ziemlich kurz und rauh; heller; Rückenhaarbüschel variiert von schwarz bis gelblich.

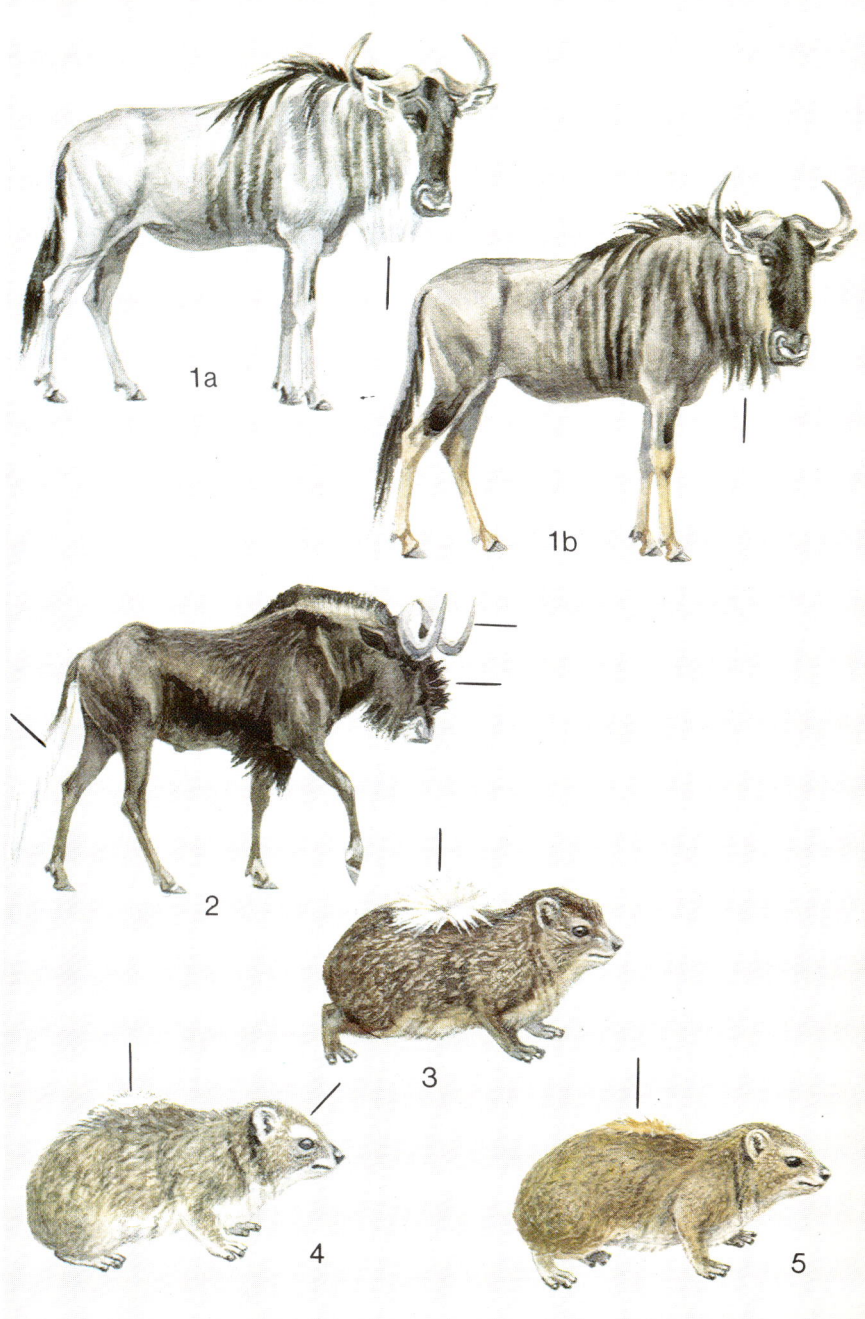

Große Gazellen

1 **Giraffengazelle** *Litocranius walleri* 160
Sehr langer Hals; lange Gliedmaßen; rötlichbraun; Schwanz ziemlich kurz, Hörner rückwärts gebogen.

2 **Lamagazelle** *Ammodorcas clarkei* 161
Langer Hals; lange Gliedmaßen; purpurgrau; Schwanz sehr lang; Hörner nach vorn gebogen.

3 **Damagazelle** *Gazella dama* 163
Kopf weiß; Hals und Rücken rötlichbraun; Hinterteil weiß.

4 **Sömmering-Gazelle** *Gazella soemmeringi* 164
Gelblich rotbraun; Stirn und Nasenrücken dunkel; Hinterteil weiß.

5 **Grant-Gazelle** *Gazella granti* 165
Gelblichbraun; weißer Spiegel, von schwarzen Keulenstreifen begrenzt; Hörner lang.

6 **Impala** oder **Schwarzfersen-Antilope** *Aepyceros melampus* 162
Glänzend rötlichbraun; Keulenrückseiten weiß; schwarzer Keulenstreifen, schwarzes Haarbüschel oberhalb des Fesselgelenkes, Hörner sehr lang, leierartig.

Kleine Gazellen

1 **Dünengazelle** *Gazella leptoceros* 167
Sehr blaß; Hörner sehr lang, gerade.

2 **Dorcasgazelle** *Gazella dorcas* 166
Blaß sandfarbig gelbbraun; Hörner leierartig.

3 **Pelzeln-Gazelle** *Gazella pelzelni* 167
Rötlich gelbbraun; Hörner schwach S-förmig.

4 **Rotstirngazelle** *Gazella rufifrons* 168
Intensiv rötlichbraun; schwarzer Flankenstreifen, darunter schmaler sandfarbig rötlichbrauner Streifen.

5 **Spekes-Gazelle** *Gazella spekei* 169
Blaß gelblichbraun; breiter dunkelbrauner Flankenstreifen; dunkler Keulenstreifen; aufblähbare Nasenfalte.

6 **Thomson-Gazelle** *Gazella thomsoni* 169
Klein; rötlich gelbbraun; breiter schwarzer Flankenstreifen.

7 **Springbock** *Antidorcas marsupialis* 170
Rötlich gelbbraun; breiter dunkelbrauner Flankenstreifen; Kopf weiß, Keulenrückseite weiß; bei Erregung langer weißer Haarkamm auf dem Rücken sichtbar.

| Tafel 40 |

Ducker I

1 **Blauducker** *Cephalophus monticola* 176
Klein; schiefergrau bis dunkelbraun; heller Überaugenstreif.

2 **Rotflanken- oder Blaurückenducker** *Cephalophus rufilatus* 173
Leuchtend orange rötlichbraun; von Nase bis Schwanz bläulichgrauer Aalstrich; Beine bläulich.

3 **Zebra- oder Streifenducker** *Cephalophus zebra* 173
Bräunliche Querstreifen auf blaß rötlichbraunem Untergrund.

4 **Schwarzducker** *Cephalophus niger* 173
Einheitlich dunkel rauchbraun, Stirn kastanienbraun.

5 **Jentink-Ducker** *Cephalophus jentinki* 172
Groß; Kopf und Hals schwärzlich, hellgraues Schulterband, Körper grau.

6 **Abbot-Ducker** *Cephalophus spadix* **172**
Groß; dunkel kastanienbraun.

7 **Gelbrückenducker** *Cephalophus silvicultor* **172**
Groß; breiter gelblicher Fleck von Mittelrücken bis Kruppe.

Ducker II

1 **Schwarzrückenducker** *Cephalophus dorsalis* 175
Vom Kopf bis Schwanz schwarzer Aalstrich, auf dem Kreuz verbreitert.

2 **Weißbauch- oder Gabun-Ducker** *Cephalophus leucogaster* 175
Heller gefärbt, oben bräunlich, allmählich in die weißliche Unterseite übergehend.

3 **Schönsteißducker** *Cephalophus callipygus* 174
Von Schulter bis Kruppe schwarzer Aalstrich, an der Schwanzbasis verbreitert, greift auf die Keulenrückseiten über.

4 **Schwarzstirnducker** *Cephalophus nigrifrons* 176
Intensiv kastanienbraun; Stirn und Nasenrücken schwarz; kein Aalstrich.

5 **Ogilby-Ducker** *Cephalophus ogilbyi* 175
Leuchtend rötlichbraun, schmaler schwarzer Aalstrich.

6 **Rotducker** *Cephalophus natalensis* 174
Einheitlich leuchtend kastanienrot bis -braun.

7 **Kronenducker** *Sylvicapra grimmia* 177
Ohren lang; einheitlich gelblichbraun bis gräulich; Hörner aufrecht.

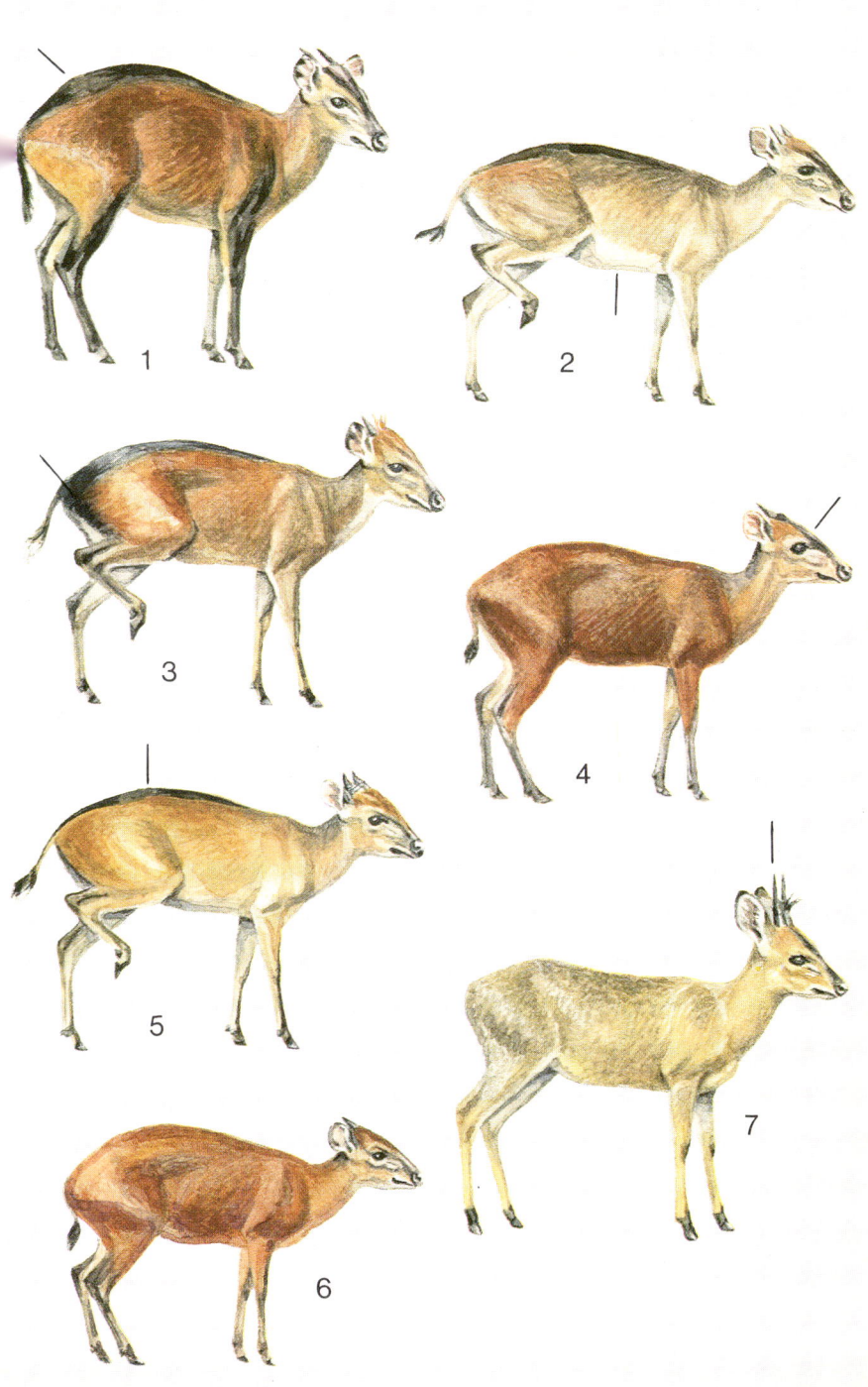

Tafel 42   231

Böckchen, Moschustier, Dikdiks

1 **Kleinstböckchen** *Neotragus pygmaeus*   178
Winzig, oben rötlichbraun, unten weiß; rötlichbraunes Kehlband; Schwanz oben rötlichbraun, unten weiß.

2 **Bates-Böckchen** *Neotragus batesi*   178
Winzig, oben dunkel kastanienbraun, unten weiß; Schwanz einheitlich bräunlich.

3 **Moschusböckchen** *Nesotragus moschatus*   179
Sehr klein, oben graubraun bis leuchtend kastanienbraun, schwach gesprenkelt, unten weißlich; Hörner relativ lang; Schwanz braun mit weißer Spitze.

4 **Zwerg- oder Wassermoschustier** *Hyemoschus aquaticus*   129
Oben dunkel rötlichbraun mit weißlichen Flecken und Streifen, unten weiß; ohne Hörner, aber mit langen Eckzähnen (bei erwachsenen Männchen).

5 **Eritrea-/Rotbauch-Dikdik** *Madoqua saltiana*   184
Nase nur mäßig verlängert; oben grau, unten in unterschiedlichem Ausmaße rötlichbraun.

5 a **Rotbauch-Dikdik** *M. s. phillipsi*   185
Seiten leuchtend rotbraun, scharf vom Rücken abgesetzt.

5 b **Kleindikdik** *M. s. swaynei*   185
Fast einfarbig gräulichbraun; Beine blaß rötlichbraun.

6 **Kirk-Dikdik** *Rhynchotragus kirki*   184
Nase mäßig verlängert; oben gräulichbraun, Flanken blaß gelblich, unten weißlich.

7 **Günther-Dikdik** *Rhynchotragus guentheri*   183
Nase stark verlängert; oben gräulich gelbbraun, unten weißlich, kein Augenring.

Anmerkung (zu Tafel 42): Rotbauch-, Klein- und Kirk-Dikdik sind mit aufgerichtetem Haarschopf dargestellt; Günther-Dikdik mit nicht aufgerichtetem Haarschopf.

Greisbock, Oribi und Verwandte

1 **Beira** *Dorcatragus megalotis* 183
Grau mit rötlichem Anflug; dunkler Flankenstrich; Schwanz kurz und buschig.

2 **Steinböckchen oder Steinantilope** *Raphicerus campestris* 181
Einheitlich leuchtend rötlichbraun.

3 **Kap-Greisbock** *Raphicerus melanotis* 182
Rötlichbraun, oben intensiv weiß gesprenkelt, unten gelblich.

4 **Nördlicher Greisbock** *Raphicerus sharpei* 182
Intensiv rötlichbraun, oben weiß gesprenkelt, unten weiß.

5 **Oribi oder Bleichböckchen** *Ourebia ourebi* 180
Leuchtend gelblichbraun, scharf vom weißen Bauch abgesetzt; unter dem Ohr ein kleiner nackter Fleck.

6 **Klippspringer** *Oreotragus oreotragus* 181
Kurzer, kegelförmiger Kopf; olivgelb, kräftig grau gesprenkelt, Ohren auffallend schwarz gerandet; stumpfe Hufspitzen.

Steinbock, Mähnenschaf, Büffel

1 **Steinbock** *Capra ibex*   185
Hörner sehr lang, halbkreisförmig geschwungen, mit Querwülsten.

  1 a **Nubischer Steinbock,** *C. i. nubiana*   185
  Hellbraun, langer Bart.

  1 b **Abessinischer Steinbock** *C. i. walie*   185
  Dunkel kastanienbraun, kurzer Bart.

2 **Mähnenschaf** *Ammotragus lervia*   186
Am Vorderkörper lange schürzenartige Mähne.

3 **Afrikanischer** oder **Kaffernbüffel** *Syncerus caffer*   187
Massig, rinderartig.

  3 a **Wald-** oder **Rotbüffel** *S. c. nanus*   187
  Kleiner; rötlich; Hörner weniger massig, an der Basis getrennt, rückwärts gebogen, nicht nach unten.

  3 b **Kaffern-** oder **Schwarzbüffel** *S. c. caffer*   187
  Größer; schwärzlich; Hörner kräftig, an der Basis dicht beisammen, erst nach unten, Spitzen aufwärts gebogen.

Literatur

Es werden nur einige wichtige Bücher über afrikanische Säugetiere angeführt.

Allgemein

ALLEN, G. M. (1939), A Checklist of African Mammals. Bull. Mus. Comp. Zool. 83, Cambridge, USA.
BEST, G. A., EDMOND-BLANC, F., & COURTENAY WITTING, R. (Hrsg.) (1962), Rowland Ward's Records of Big Game. XIth edn. Africa. With two addendum lists. London (Rowland Ward).
HALTENORTH, TH., & TRENSE, W. (1956), Das Großwild der Erde und seine Trophäen. München (Bayerischer Landwirtschaftsverlag).
LYDEKKER, R. (1926), The Game Animals of Africa. 2nd ed. London (Rowland Ward).
SCLATER, P. L., & THOMAS, O. (1894–1900), The Book of Antelopes. 4 vols. London (R. H. Porter).
SIDNEY, J. (1965), The Past and Present Distribution of some African Ungulates. London (Zoological Society of London).

Westafrika

BIGOURDAN, J., & PRUNIER, R. (1937), Les Mammifères sauvages de l'Ouest africain et leur Milieu. Montrouge.
DEKEYSER, P. L. (1955), Les Mammifères de l'Afrique noire française. 2nd. ed. Dakar (Ifan).
MALBRANT, R., & MACLATCHY, A. (1949), Faune de l'Equateur africain français. II. Mammifères. Paris (Lechevalier).
ROSEVEAR, D. R. (1953), Checklist and Atlas of Nigerian Mammals. Lagos (Nigerian Government).

Zentralafrika

MALBRANT, R. (1952), Faune du Centre africain français (Mammifères et Oiseux). 2nd ed. Paris (Lechevalier).
Publications de l'Institut des Parcs Nationaux du Congo belge et du Ruanda-Urundi. Brussels.
SCHOUTEDEN, H. (1944), De Zoogdieren van Belgisch-Congo en van Ruanda-Urundi. Tervuren (Ann. Mus. Belg. Congo).
SCHOUTEDEN, H. (1948), Faune du Congo belge du Ruanda-Urundi. I. Mammifères. Tervuren (Ann. Mus. Belg. Congo).

Ostafrika

BERE, R. M. (1962), The Wild Mammals of Uganda. London (Longmans).
BROCKLEHURST, H. C. (1931), Game Animals of the Sudan. London (Gurney and Jackson).
DRAKE-BROCKMAN, R. E. (1910), The Mammals of Somaliland. London (Hurst and Blackett).
FUNAIOLI, U. (1957), Fauna e Caccia in Somalia. Mogadiscio (Gov. della Somalia).

MABERLY, C. T. A. (1962), Animals of East Africa. Cape Town (Howard Timmins).
ROOSEVELT, TH., & HELLER, E. (1915), Life-histories of African Game Animals. 2 vols. London (J. Murray).
SWYNNERTON, G. H., & HAYMAN, R. W. (1951), A Checklist of the Land Mammals of the Tanganyika territory and the Zanzibar Protectorate. J. E. Afr. N. H. Soc. 20.
WILLIAMS, JOHN G. (1971), Säugetiere und seltene Vögel in den Nationalparks Ostafrikas. Hamburg und Berlin (Paul Parey).
ZAMMARANO, V. T. (1930), Le Colonie italiane di diretto dominio. Fauna e Caccia. Rome (Min. delle Colonie).

Südafrika

ANSELL, W. F. H. (1960), Mammals of Northern Rhodesia. Lusaka (Government Printer).
ELLERMAN, J. R., MORRISON-SCOTT, T. C. S., & HAYMAN, R. W. (1953), Southern African Mammals. 1758 to 1951: A reclassification. London (Brit. Mus. Nat. Hist.).
HILL, J. E., & CARTER, T. D. (1941), The Mammals of Angola, Africa. New York (Bull. Am. Mus. Nat. Hist. 78).
MABERLY, C. T. A. (1963), The Game Animals of Southern Africa. Johannesburg (Nelson).
ROBERTS, A. (1951), The Mammals of South Africa. Cape Town (Central News Agency).
SHORTRIDGE, G. C. (1934), The Mammals of South West Africa. London (Heinemann).
SMITHERS, R. H. N. (1966), The Mammals of Rhodesia, Zambia and Malawi. London (Collins).

Verzeichnis der wissenschaftlichen Tiernamen

Die fettgedruckten Zahlen sind die Nummern der Tafeln, auf denen die betreffenden Arten abgebildet sind, die Zahlen im Normaldruck verweisen auf Textseiten.

Acinonyx jubatus 104, **23**
Addax nasomaculatus 140, **31**
Aepyceros melampus 162, **38**
Aethosciurus 27
Alcelaphinae 152
Alcelaphus buselaphus 153, **35**
   caama 154, **35**
   lichtensteini 155, **35**
Allenopithecus nigroviridis 48, **9**
Ammodorcas clarkei 161, **38**
Ammotragus lervia 186, **44**
Anomaluridae 29
Anomalurops beecrofti 29, **3**
Anomalurus derbianus 29, **3**
   erythronotus 29, **3**
   fulgens 29, **3**
   peli 29, **3**
   pusillus 29, **3**
Antidorcas marsupialis 170, **39**
Antilopinae 160
Aonyx capensis 78, **14**
   congica 78, **14**
Arctocebus calabarensis 38, **5**
Artiodactyla 124
Atelerix albiventris 19, **1**
Atherurus 33, **4**
Atilax paludinosus 87, **17**
Atlantoxerus getulus 28

Bdeogale crassicauda 86, **18**
   nigripes 85, **17**
Boocercus euryceros 134, **28**
Bovidae 132
Bovinae 187
Bunolagus monticularis 23

Canidae 69
Canis adustus 69, **12**
   aureus 69, **12**
   mesomelas 70, **12**
   simensis 70, **12**
Capra ibex 185, **44**
Caprinae 185
Carnivora 69

Cephalophinae 171
Cephalophus caeruleus 176
   callipygus 174, **41**
   dorsalis 175, **41**
   jentinki 172, **40**
   leucogaster 175, **41**
   maxwelli 176
   monticola 176, **40**
   natalensis 174, **41**
   niger 173, **40**
   nigrifrons 176, **41**
   ogilbyi 175, **41**
   rufilatus 173, **40**
   silvicultor 172, **40**
   spadix 172, **40**
   zebra 173, **40**
Ceratotherium simum 122, **25**
Cercocebus albigena 48, **7**
   aterrimus 47, **7**
   galeritus 47, **7**
   torquatus 47, **7**
Cercopithecidae 41
Cercopithecus aethiops 57, **9**
   albogularis 52
   ascanius 51, **8**
   cephus 49, **8**
   diana 54, **9**
   erythrogaster 50, **8**
   erythrotis 50, **8**
   hamlyni 55, **9**
   l'hoesti 55, **9**
   mitis 52, **9**
   mona 53, **9**
   neglectus 54, **9**
   nictitans 52, **8**
   petaurista 51, **8**
Choeropsis liberiensis 125, **25**
Colobidae 60
Colobus abyssinicus 61, **10**
   angolensis 61, **10**
   badius 63, **10**
   pennanti 63, **10**
   polykomos 60, **10**
   satanas 62, **10**

verus 64, **10**
Connochaetes gnou 160, **37**
  taurinus 158, **37**
Cricetidae 31
Cricetomys emini 31, **4**
  gambianus 31
Crocuta crocuta 95, **20**
Crossarchus alexandri 91
  ansorgei 91
  obscurus 91, **18**
Cynictis pennicillata 93, **18**

Damaliscus dorcas 157, **36**
  hunteri 158, **36**
  korrigum 155, **36**
  lunatus 156, **36**
Dendrohyrax arboreus 113, **37**
Diceros bicornis 120, **25**
Dologale dybowskii 90, **19**
Dorcatragus megalotis 183, **43**
Dugong dugon 107
Dugongidae 106

Elephantidae 114
Elephantulus 20
Epixerus ebii 26, **2**
Equidae 117
Equus asinus 117, **24**
  burchelli 118, **24**
  grevyi 117, **24**
  zebra 119, **24**
Erinaceidae 19
Erinaceus frontalis 19
Erythrocebus patas 59, **7**
Euoticus elegantulus 39, **5**
  inustus 40

Felidae 98
Felis aurata 100, **22**
  caracal 101, **21**
  chaus 99, **21**
  libyca 98, **21**
  margarita 98, **21**
  nigripes 99, **21**
  serval 100, **22**
Fennecus zerda 73, **13**
Funisciurus congicus 26
  isabella 26
  lemniscatus 26, **2**
  leucostigma 26
  pyrrhopus 26, **2**

Galagidae 37
Galago alleni 39, **5**
  crassicaudatus 38, **5**
  senegalensis 38, **5**
Galagoides demidovi 40, **5**
Gazella cuvieri 166
  dama 163, **38**
  dorcas 166, **39**
  granti 165, **38**
  leptoceros 167, **39**
  pelzelni 167, **39**
  rufifrons 168, **39**
  soemmeringi 164, **38**
  spekei 169, **39**
  thomsoni 169, **39**
  tilonura 169
Genetta abyssinica 83, **15**
  genetta 81, **16**
  pardina 82, **16**
  servalina 82, **16**
  tigrina 82, **16**
  victoriae 83, **16**
  villiersi 83, **15**
Geosciurus 28
Giraffa camelopardalis 129, **27**
Giraffidae 129
Gorilla gorilla 65, **11**

Heliosciurus gambianus 26, **2**
  punctatus 27
  rufobrachium 27, **2**
Helogale parvula 90, **19**
Hemiechinus auritus 19
Herpestes ichneumon 88, **17**
  naso 87, **18**
  pulverulentus 88, **19**
  sanguineus 89, **19**
Heterohyrax brucei 112, **37**
Hippopotamidae 124
Hippopotamus amphibius 124, **25**
Hippotraginae 139
Hippotragus equinus 143, **31**
  leucophaeus 145
  niger 144, **31**
Hyaena brunnea 97, **20**
  hyaena 96, **20**
Hyaenidae 94
Hyemoschus aquaticus 129, **42**
Hylochoerus meinertzhageni 128, **26**
Hyracoidea 111
Hystricidae 32
Hystrix 33, **4**

Ichneumia albicauda 85, **17**
Ictonyx striatus 76, **19**
Idiurus zenkeri 29, **3**
Insectivora 19

Kobus defassa 145, **32**
  ellipsiprymnus 146, **32**
  kob 147, **32**
  leche 148, **33**
  megaceros 149, **33**
  vardoni 148, **32**

Lagomorpha 21
Leporidae 21
Lepus capensis 22
  crawshayi 21, **4**
  habessinicus 22
  saxatilis 22
Liberiictis kuhni 91
Litocranius walleri 160, **38**
Lophiomys imhausi 31, **4**
Lorisidae 37
Loxodonta africana 114
Lutra maculicollis 79, **14**
Lycaon pictus 74, **20**

Macroscelides 20
Macroscelididae 20
Madoqua saltiana 184, **42**
Madoquinae 183
Manidae 34
Manis gigantea 34, **1**
  temmincki 35
  tetradactyla 36, **1**
  tricuspis 35, **1**
Mellivora capensis 77, **14**
Miopithecus talapoin 49, **8**
Mungos gambianus 92, **19**
  mungo 92, **18**
Mustelidae 75
Myosciurus pumilio 27, **2**

Nandinia binotata 80, **15**
Nasilio 20
Neotraginae 178
Neotragus batesi 178, **42**
  pygmaeus 178, **42**
Nesotragus moschatus 179, **42**

Okapia johnstoni 131, **27**
Oreotragus oreotragus 181, **43**
Orycteropodidae 109
Orycteropus afer 109

Oryx beisa 141, **31**
  dammah 140, **31**
  gazella 142, **31**
Osbornictis piscivora 84, **15**
Otocyon megalotis 73, **13**
Ourebia ourebi 180, **43**

Pan troglodytes 67, **11**
Panthera leo 101, **23**
  pardus 103, **23**
Papio anubis 42, **6**
  cynocephalus 42, **6**
  gelada 44, **6**
  hamadryas 41, **6**
  leucophaeus 45, **6**
  papio 42, **6**
  sphinx 45, **6**
  ursinus 43, **6**
Paracynictis selousi 93, **18**
Paraechinus aethiopicus 19
Paraxerus cepapi 27
  palliatus **2**
Pedetes capensis 30, **4**
Pedetidae 30
Pelea capreolus 152, **34**
Perissodactyla 117
Perodicticus potto 37, **5**
Petrodromus tetradactylus 20, **1**
Phacochoerus aethiopicus 126, **26**
Pholidota 34
Poecilictis libyca 75, **19**
Poecilogale albinucha 76, **19**
Poelagus marjorita 23, **4**
Poiana richardsoni 84, **15**
Pongidae 65
Potamochoerus porcus 127, **26**
Potamogale velox 20, **1**
Potamogalidae 20
Primates 37
Proboscidea 114
Procavia capensis 111, **37**
Procaviidae 111
Pronolagus crassicaudatus 23
Prosimia 37
Proteles cristatus 97, **20**
Protoxerus stangeri 26, **2**

Raphicerus campestris 181, **43**
  melanotis 182, **43**
  sharpei 182, **43**
Redunca arundinum 150, **34**
  fulvorufula 151, **34**
  redunca 150, **34**

Verzeichnis der wissenschaftlichen Tiernamen

Reduncinae 145
Rhinocerotidae 120
Rhynchocyon cirnei 20, **1**
Rhynchogale melleri 86, **17**
Rhynchotragus guentheri 183, **42**
 kirki 184, **42**
Rodentia 25

Sciuridae 25
Sciurus carolinensis 27
Simiae 41
Sirenia 106
Suidae 126
Suricata suricatta 94, **18**
Sus scrofa 126, **26**
Sylvicapra grimmia 177, **41**
Syncerus caffer 187, **44**

Taurotragus derbianus 132, **28**
 oryx 133, **28**
Thryonomyidae 32
Thryonomys 32, **4**
 gregorianus 32
 swinderianus 32
Tragelaphinae 132

Tragelaphus angasi 137, **29**
 buxtoni 136, **29**
 imberbis 135, **29**
 scriptus 138, **30**
 spekei 137, **30**
 strepsiceros 134, **29**
Tragulidae 129
Trichechidae 106
Trichechus senegalensis 107
Tubulidentata 109

Viverra civetta 80, **14**
Viverridae 79
Vulpes chama 72, **13**
 pallida 72, **13**
 rüppelli 72, **13**
 vulpes 71, **12**

Xerus erythropus 28, **2**
 inauris 28
 princeps 28
 rutilus 28, **2**

Zenkerella insignis 30, **3**

Verzeichnis der deutschen Tiernamen

Die fettgedruckten Zahlen sind die Nummern der Tafeln, auf denen die betreffenden Arten abgebildet sind, die Zahlen im Normaldruck verweisen auf Textseiten.

Abbot-Ducker 172, **40**
Abessinien-Riedbock 150
Abessinischer Fuchs 70, **12**
Abessinischer Hase 22
Abessinischer Steinbock 185, **44**
Adamaua-Bergriedbock 151
Affen 41
Afrikanischer Büffel 187, **44**
Afrikanischer Elefant 114
Afrikanischer Linsang 84, **15**
Afrikanischer Wildesel 117, **24**
Afrikanisches Kaninchen 23, **4**
Afrikanische Wildkatze 98, **21**
Ägyptisches Wildschwein 126
Alexander-Kusimanse 91
Allens-Galago 39, **5**
Amhara-Dorcasgazelle 166
Angola-Kusimanse 91
Angola-Springbock 171
Anubis-Pavian 42, **6**
Atlas-Gazelle 166

Bandiltis 76, **19**
Bangweole-Litschi 148, **33**
Bärenmaki 38, **5**
Bärenpavian 43, **6**
Bates-Böckchen 178, **42**
Baumhörnchen 25
Baumschliefer 113, **37**
Beecroft-Dornschwanzhörnchen 29, **3**
Beira 183, **43**
Berggorilla 66
Bergnyala 136, **29**
Bergriedbock 151, **34**
Bergzebra 119, **24**
Blaßfuchs 72, **13**
Blaubock 145
Blauducker 176, **40**
Blaumaulmeerkatze 49, **8**
Blaurückenducker 173, **40**
Bleichböckchen 180, **43**
Bleßbock 157, **36**
Böckchen 178
Böhm-Zebra 118, **24**

Bongo 134, **28**
Bonobo 67
Borstenhörnchen 28
Braune Hyäne 97, **20**
Brauner Guereza 63, **10**
Brazza-Meerkatze 54, **9**
Breitmaulnashorn 122, **25**
Buntbock 157, **36**
Burchell-Zebra 118
Buschbaby 37
Büschelohr-Spießbock 142
Buschhase 22
Buschhörnchen 27, **2**
Buschmann-Hase 23
Buschschliefer 112, **37**
Buschschwanz-Ichneumon 85, **17**
Buschschwein 127, **26**

Chapman-Zebra 118, **24**
Crawshays-Hase 21, **4**

Damagazelle 163, **38**
Defassa-Wasserbock 145, **32**
Diademmeerkatze 52, **9**
Dianameerkatze 54, **9**
Dibatag 161
Dikdiks 183
Dorcasgazelle 166, **39**
Dornschwanzbilch 30, **3**
Dornschwanzhörnchen 29
Drehhornantilopen 132
Drill 45, **6**
Dschelada 44, **6**
Ducker 171
Dugong 107
Dünengazelle 167, **39**
Dunkle Weißnase 52, **8**

Edmi-Gazelle 166
Elefanten 114
Elefantenspitzmäuse 20
Elenantilope 133, **28**
Ellipsen-Wasserbock 146, **32**
Erdferkel 109

Erdhörnchen 28
Erdmännchen 94
Erdwolf 97, **20**
Eritrea-Dikdik 184, **42**
Eritrea-Spießbock 141, **31**
Eulenkopfmeerkatze 55, **9**

Falbkatze 98, **21**
Fennek 73, **13**
Flachlandgorilla 66
Flußpferd 124, **25**
Flußpferde 124
Flußschwein 127, **26**
Fraser-Dornschwanzhörnchen 29, **3**
Fuchsmanguste 93, **18**

Gabelschwanzseekühe 106
Gabun-Ducker 175, **41**
Galagos 37
Gambia-Kusimanse 92, **19**
Gazellen 160
Gefleckte Elefantenspitzmaus 20, **1**
Gefleckte Hyäne 95, **20**
Gelber Babuin 42, **6**
Gelbfußhörnchen 27
Gelbfuß-Moorantilope 148, **32**
Gelbgrüne Meerkatze 58
Gelbrückenducker 172, **40**
Gepard 104, **23**
Gestreifter Mungo 92
Gestreiftes Erdhörnchen 28, **2**
Ginsterkatze 81, **16**
Giraffe 129, **27**
Giraffen 129
Giraffengazelle 160, **38**
Gleitbilche 29, **3**
Goldkatze 100, **22**
Goldschakal 69, **12**
Gorilla 65, **11**
Grant-Gazelle 165, **38**
Grant-Zebra 118, **24**
Graufußhörnchen 26, **2**
Grauhörnchen 27
Grauwangenmangabe 48
Grevy-Zebra 117, **24**
Große Otterspitzmaus 20, **1**
Große Ratten 31
Großer Kudu 134, **29**
Große Rohrratte 32
Großes Rotschenkelhörnchen 26, **2**
Großriedbock 150, **34**
Grüne Meerkatze 57, **9**

Grüner Guereza 64, **10**
Grünhörnchen 27
Guereza 61, **10**
Guinea-Pavian 42, **6**
Günther-Dikdik 183, **42**

Halbaffen 37
Halbmondantilope 156, **36**
Halsbandmangabe 47
Hamadryas 41
Hartmann-Zebra 120
Harvey-Ducker 174
Hasen 21
Hasenartige 21
Helles Borstenhörnchen 28, **2**
Helle Weißnase 51, **8**
Herrentiere 37
Heuglin-Gazelle 169
Hirschferkel 129, **42**
Honigdachs 77, **14**
Hörnchen 25
Hornträger 132
Hunde 69
Hundskopfaffen 41
Hunters-Leierantilope 158, **36**
Husarenaffe 59, **7**
Husarenaffen 46
Hyänen 94
Hyänenhund 74, **20**

Ichneumon 88, **17**
Igel 19
Iltis-Ichneumon 86, **18**
Impala 162, **38**
Insektenfresser 19
Isabellantilope 150

Jentink-Ducker 172, **40**

Kaama 154, **35**
Kaffernbüffel 187, **44**
Kafue-Litschi 149, **33**
Kaninchen 21
Kaokoveld-Erdhörnchen 28
Kap-Bergzebra 120
Kap-Elenantilope 133
Kap-Erdhörnchen 28
Kapfuchs 72, **13**
Kap-Greisbock 182, **43**
Kaphase 22
Kapigel **1**
Kapland-Springbock 171

Kappeniltis 76, **19**
Kappenmangabe 47, **7**
Karakal 101, **21**
Katzen 98
Kielnagel-Galago 39, **5**
Kirk-Dikdik 184, **42**
Kleiner Kudu 135, **29**
Kleine Rohrratte 32
Kleine Waldhörnchen 26
Kleingefleckter Serval 100
Kleinichneumon 88, **19**
Kleinstböckchen 178, **42**
Klippschliefer 111, **37**
Klippspringer 181, **43**
Kongoni 153, **35**
Kongo-Weißwangenotter 78, **14**
Konzi 155, **35**
Kordofan-Riedbock 150
Krallenotter 79, **14**
Kronenducker 177, **41**
Kuhantilope 153, **35**
Kuhantilopen 152
Kusimanse 91, **18**

Lalandes-Meerkatze 58
Lamagazelle 161, **38**
Langnasen-Ichneumon 87, **18**
Langschwanz-Schuppentier 36, **1**
Leierantilope 155, **36**
Leopard 103, **23**
Lichtensteins-Kuhantilope 155, **35**
Listige Manguste 90, **19**
Litschi-Moorantilope 148, **33**
Livingstones-Moschusböckchen 179
Löffelhund 73, **13**
Loris 37
Löwe 101, **23**

Mähnenratte 31, **4**
Mähnenschaf 186, **44**
Malbrouk 58
Manati 107
Mandrill 45, **6**
Mangaben 46
Mantelaffe 61, **10**
Mantelmangabe 48, **7**
Mantelpavian 41, **6**
Marder 75
Massai-Giraffe 130, **27**
Maxwell-Ducker 176
Meerkatzen 41, 46
Mellers-Manguste 86, **17**

Mendes-Antilope 140, **31**
Monameerkatze 53, **9**
Mongalla-Gazelle 170
Moschusböckchen 179, **42**

Nagetiere 25
Nashörner 120
Natal-Ducker 174
Netzgiraffe 130, **27**
Nilpferd 124, **25**
Nordafrikanischer Spießbock 140
Nördlicher Greisbock 182, **43**
Nubien-Giraffe 130, **27**
Nubischer Steinbock 185, **44**
Nubischer Wildesel 117
Nyala 137, **29**

Ogilby-Ducker 175, **41**
Ohrigel 19
Okapi 131, **27**
Oribi 180, **43**
Ostafrika-Elenantilope 133
Ostafrikanische Impala 162
Ostafrikanischer Bergriedbock 151
Ostafrikanischer Großer Kudu 135
Ostafrika-Sitatunga 138
Östlicher Gorilla 66, **11**
Otterspitzmäuse 20

Paarhufer 124
Panther-Ginsterkatze 82, **16**
Pardelroller 80, **15**
Paviane 41
Pel-Dornschwanzhörnchen 29, **3**
Pelzeln-Gazelle 167, **39**
Peters-Grant-Gazelle 166
Pferde 117
Pferdeantilope 143, **31**
Pferdeböcke 139
Pinselohrschwein 127
Potto 37, **5**

Quagga 118
Quastenstachler 33

Rappenantilope 144, **31**
Ratel 77, **14**
Raubtiere 69
Rauchgraue Mangabe 47
Rehbok 152, **34**
Riedbock 150, **34**
Riesenducker 172
Riesen-Elenantilope 132, **28**

Verzeichnis der deutschen Tiernamen 243

Riesengalago 38, 5
Riesen-Ginsterkatze 83, 16
Riesen-Hamsterratte 31, 4
Riesen-Rappenantilope 145
Riesen-Schuppentier 34, 1
Riesen-Waldhörnchen 26, 2
Riesen-Waldschwein 128, 26
Rinder 187
Roberts-Grant-Gazelle 166
Röhrenzähner 109
Rohrkatze 99, 21
Rohrratten 32, 4
Rotbauch-Dikdik 184, 42
Rotbauchmeerkatze 50, 8
Rotbüffel 187, 44
Rotducker 174, 41
Roter Felsenhase 23
Rotes Dornschwanzhörnchen 29, 3
Rotflankenducker 173, 40
Rotfuchs 71, 12
Rotfußducker 176
Rotfußhörnchen 26, 2
Rotfüßiges Sonnenhörnchen 27, 2
Rothschild-Giraffe 130, 27
Rotichneumon 89, 19
Rotkopfguereza 63, 10
Rotkopfmangabe 47, 7
Rotnasenmeerkatze 50, 8
Rotohrmeerkatze 50, 8
Rotrücken-Dornschwanzhörnchen 29, 3
Rotstirngazelle 168, 39
Rundschwanzseekühe 106
Rüsselantilope 183
Rüsselhündchen 20
Rüsselspringer 20
Rüsseltiere 114

Säbelantilope 140, 31
Sahara-Katze 98, 21
Samango-Meerkatze 53
Sambesi-Elenantilope 133
Sambesi-Litschi 148, 33
Sambesi-Sitatunga 138, 30
Sandfuchs 72, 13
Sansibar-Ducker 174
Sassaby 156, 36
Satansaffe 62, 10
Schabrackenhyäne 97, 20
Schabrackenschakal 70, 12
Schafe 185
Schimpanse 67, 11

Schirrantilope 138, 30
Schleichkatzen 79
Schliefer 111
Schnurrbartmeerkatze 49, 8
Schönsteißducker 174, 41
Schopfantilopen 171
Schopfmangabe 47, 7
Schuppentiere 34
Schwarzbackige Weißnase 51, 8
Schwarzbüffel 187, 44
Schwarzducker 173, 40
Schwarzes Nashorn 120, 25
Schwarzfersen-Antilope 162, 38
Schwarzfußkatze 99, 21
Schwarzfuß-Moorantilope 147, 32
Schwarzrückenducker 175, 41
Schwarzstirnducker 176, 41
Schweine 126
Seekühe 106
Selous-Zebra 118
Senegal-Galago 38, 5
Senegal-Moorantilope 147
Senegal-Riedbock 150
Senegal-Wasserbock 146
Sennar-Ginsterkatze 83, 15
Serval 100, 22
Serval-Ginsterkatze 82, 16
Servalkatze 100, 22
Sharpes-Greisbock 182
Sitatunga 137, 30
Somali-Kuhantilope 153, 35
Somali-Wildesel 117
Sömmering-Gazelle 164, 38
Sonnenhörnchen 26
Spekes-Gazelle 169, 39
Sphinxpavian 42, 6
Spitzmaulnashorn 120, 25
Springbock 170, 39
Springhase 30, 4
Springhasen 30
Stachelschweine 32, 4
Steinantilope 181, 43
Steinböckchen 181, 43
Steppenducker 171
Steppenelefant 114
Steppenschliefer 112, 37
Steppen-Schuppentier 35
Steppenzebra 118, 24
Streifenducker 173, 40
Streifengnu 158, 37
Streifenhörnchen 26
Streifenhyäne 96, 20

Streifenschakal 69, **12**
Streifenwiesel 75, **19**
Stummelaffen 60
Südabessinische Sömmering-
  Gazelle 164
Südafrikanische Kuhantilope 154, **35**
Südafrikanischer Bergriedbock 151
Südafrikanischer Spießbock 142, **31**
Südliche Impala 162
Südlicher Großer Kudu 135
Südwestafrikanische Kuhantilope 154
Sumpfbock 137, **30**
Sumpfmeerkatze 48, **9**
Surikate 94, **18**

Tantalusmeerkatze 58
Thomson-Gazelle 169, **39**
Tiang 156
Tiger-Ginsterkatze 82, **16**
Topi 156
Tora-Kuhantilope 153
Trugmanguste 93, **18**
Tschad-Giraffe 130
Tschad-Riedbock 150
Tschakma-Pavian 43, **6**
Tüpfelhyäne 95, **20**

Uganda-Giraffe 130, **27**
Unpaarhufer 117

Victoriasee-Moorantilope 147, **32**
Victoriasee-Riedbock 150
Vierstreifenhörnchen 26
Villiers-Ginsterkatze 83, **15**
Vollbartmeerkatze 55, **9**

Waldbüffel 187, **44**
Waldducker 171
Waldelefant 114
Warzenschwein 126, **26**
Wasserböcke 145
Wasserkudu 137, **30**
Wassermanguste 87, **17**
Wassermoschustier 129, **42**

Wasserschleichkatze 84, **15**
Weißbartgnu 158, **37**
Weißbart-Stummelaffe 60, **10**
Weißbauchducker 175, **41**
Weißbauchigel 1
Weißbauch-Schuppentier 35, **1**
Weißes Nashorn 122, **25**
Weißfleckenhörnchen 26
Weißgrüne Meerkatze 58
Weißkehlmeerkatze 53
Weißnacken-Moorantilope 149, **33**
Weißohr-Moorantilope 147, **32**
Weißscheitelmangabe 47
Weißschwanzgnu 160, **37**
Weißschwanzmanguste 85, **17**
Weißwangenotter 78, **14**
Westafrikanischer brauner Guereza
  63, **10**
Westafrika-Sitatunga 137, **30**
Westlicher Gorilla 66, **11**
Westlicher Großer Kudu 135
Wildschwein 126, **26**
Windspielantilopen 183
Wüstenfuchs 73, **13**
Wüstenigel 19

Zebraducker 173, **40**
Zebramanguste 92, **18**
Zibetkatze 80, **14**

Ziegen 185
Zorilla 76, **19**
Zwergböckchen 129
Zwerg-Dornschwanzhörnchen 29, **3**
Zwergelefant 114
Zwergflußpferd 125, **25**
Zwerggalago 40, **5**
Zwerghörnchen 27, **2**
Zwergmanguste 90, **19**
Zwergmeerkatze 49, **8**
Zwergmoschustier 129, **42**
Zwerg-Rüsselantilope 184
Zwergschimpanse 67, **11**

Verzeichnis der englischen Tiernamen

Aardvark 109
Aardwolf 97
Addax 140
Angwantibo 38
Antbear 109
Antelope, Bate's Pygmy 178
  Roan 143
  Royal 178
  Sable 144
  Zebra 173
Ass, Wild 117

Baboon, Anubis 42
  Chacma 43
  Gelada 44
  Western 42
  Yellow 42
Badger, Honey 77
Beira 183
Blesbok 157
Boar, Wild 126
Bongo 134
Bontebok 157
Buffalo, African 187
Bushbuck 138
Bush-Pig 127

Caracal 101
Cat, African Wild 98
  Black-footed 99
  Golden 100
  Sand 98
  Swamp 99
Cheetah 104
Chevrotain, Water 129
Chimpanzee 67
Civet, African 80
  Aquatic 84
  Tree 80
  Two-spotted Palm 80
Colobus, Abyssinian Black-and-white 61
  Angolan Black-and-white 61
  Black 62
  Olive 64
  Red 63
  Western Black-and-white 60
  Western Red 63
Cusimanse 91

Dassie, Rock 111
  Tree 113
  Yellow-spotted 112
Dibatag 161
Dik-dik, Damaraland long snouted 184
  Guenther's long snouted 183
  Kirk's long snouted 184
  Phillip's 184
  Salt's 184
Dog, Wild 74
Drill 45
Dugong 107
Duiker, Abbott's 172
  Banded 173
  Bay 175
  Black 173
  Black-fronted 176
  Black-striped 175
  Blue 176
  Bush 177
  Gabon 175
  Grey 177
  Grimm's 177
  Jentink's 172
  Ogilby's 175
  Peters's 174
  Red 174
  Red-flanked 173
  White-bellied 175
  Yellow-backed 172

Eland, Cape 133
  Giant 132
  Livingstone's 133
Elephant, African 114
Elephant-shrew 20

Fennec 73
Fox, Bat-eared 73
  Cape 72
  Pale 72
  Red 71
  Rüppell's 72

Verzeichnis der englischen Tiernamen

Sand 72
Semien 70

Galago, Allen's 39
   Dwarf 40
   Lesser 38
   Needle-clawed 39
   Thick-tailed 38
Gazelle, Addra 163
   Clarke's 161
   Dama 163
   Dorcas 166
   Flabby-nosed 169
   Giraffe 160
   Grant's 165
   Loder's 167
   Mhorr 163
   Pelzeln's 167
   Red-fronted 168
   Red-necked 163
   Rhim 167
   Soemmering's 164
   Speke's 169
   Thomson's 169
Gemsbok 142
Genet, Abyssinian 83
   Common 81
   Forest 82
   Giant 83
   Large-spotted 82
   Small-spotted 82
   Villiers' 83
Gerenuk 160
Giraffe 129
Gnu, Brindled 158
   White-tailed 160
Gorilla 65
Grysbok, Cape 182
   Sharpe's 182
Guereza 61

Hamadryas 41
Hare, Abyssinian 22
   Bushman 23
   Cape 22
   Crawshay's 21
   Red Rock 23
   Southern Bush 22
   Southern Scrub 22
   Spring 30
Hartebeest, Bubal 153
   Hunter's 158
   Lichtenstein's 155
   Red 154
Hedgehog 19
Hippopotamus 124
   Pygmy 125
Hirola 158
Hog, Giant Forest 128
   Red River 127
Hyaena, Brown 97
   Spotted 95
   Striped 96

Ibex, Abyssinian 185
   Nubian 185
Ichneumon 88
Impala 162

Jackal, Black-backed 70
   Common 69
   Side-striped 69

Klipspringer 181
Kob 147
Korrigum 155
Kudu, Greater 134
   Lesser 135

Lechwe 148
Lechwe, Nile 149
Leopard 103
Linsang, African 84
Lion 101

Manatee, African 107
Mandrill 45
Mangabey, Black 47
   Crested 47
   Grey-cheeked 48
   White-collared 47
Meerkat, Bushy-tailed 93
   Grey 94
   Red 93
Mongoose, Banded 92
   Black-legged 85
   Bushy-tailed 86
   Cape Grey 88
   Dark 91
   Dwarf 90
   Egyptian 88
   Gambian 92
   Greater Grey 88
   Lesser 89
   Long-snouted 87

Verzeichnis der englischen Tiernamen

Marsh 87
Meller's 86
Pousargues' 90
Pygmy 90
Selous' 93
Slender 89
Water 87
White-tailed 85
Yellow 93
Monkey, Allen's 48
 Black Cheeked White-nosed 51
 Blue 52
 Brazza's 54
 Diana 54
 Greater White-nosed 52
 Grivet 57
 Lesser White-nosed 51
 L'Hoest's 55
 Mona 53
 Moustached 49
 Nose spotted 50
 Owl-faced 55
 Red 59
 Red-bellied 50
 Red-eared 50
 Vervet 57

Nyala 137
 Mountain 136

Okapi 131
Oribi 180
Oryx, Beisa 141
 Scimitar-horned 140
 White 140
Otter, Cape Clawless 78
 Congo Clawless 78
 Spotted-necked 79

Pangolin, Cape 35
 Giant 34
 Long-tailed 36
 Tree 35
Patas 59
Polecat, Striped 76
Porcupine, Brush-tailed 33
 Crested 33
Potto, Bosman's 37
 Golden 38
Puku 148

Rabbit, African 23
Rat, Cane 32
 Giant 31
 Maned 31
Ratel 77
Reedbuck, Bohor 150
 Mountain 151
 Southern 150
Rhebuck, Vaal 152
Rhinoceros, Black 120
 Hook-lipped 120
 Square-lipped 122
 White 122

Sassaby 156
Serval 100
Sheep, Barbary 186
Shrew, Otter 20
Sitatunga 137
Springbuck 170
Squirrel, Bush 27
 Flying 29
 Gambian Sun 26
 Giant Forest 26
 Palm 26
 Pygmy 27
 Red-footed 26
 Red-legged Sun 27
 Scaly-tailed 29
 Striped 26
 Small Forest 27
 Sun 26
 White-spotted 26
Steenbok 181
Suni 179
Suricate 94

Talapoin 49
Tiang 155
Topi 155
Tsessebe 156

Warthog 126
Waterbuck, Common 146
 Defassa 145
Weasel, Lybian Striped 75
 White-naped 76
Wildebeest 158
 Black 160
Wolf, Abyssinian 70

Zebra, Burchell's 118
 Grevy's 117
 Mountain 119
Zorilla 76

Verzeichnis der Tiernamen in Französisch, Kisuaheli und Afrikaans

Addax 140
Ane sauvage 117
Anomalure 29
Antilope chevaline 143
   A. de Bates 178
   A. rouanne 143
   A. royale 178
Athérure 33
Aulacode 32

Babouin de Guinée 42
   B. doguera 42
   B. jaune 42
Bakoorjakkals 73
Bastergemsbok 143
Basterhartbees 156
Basterwaterbok 148
Beira 183
Bergkwagga 119
'Biche Robert' 163
Blauaap 57
Blesbok 157
Bloubokkie 176
Blouwildebees 158
Bobbejaan 43
Bongo 134
Bontbok 157
Bontebok 157
Bontkwagga 118
Bosbok 138
Bosdas 113
Bosnagaap 38
Bosvark 127
Bouquetin d'Abyssinie 185
   B. de Nubie 185
Bubale 153
   B. caama 154
   B. de Lichtenstein 155
Buffel 187
Buffle d'Afrique 187
Buku 31
Bweha 69

Caracal 101
Céphalophe à bande dorsale noire 175
C. à dos jaune 172
C. à flancs roux 173
C. à front noir 176
C. à ventre blanc 175
C. bai 175
C. bleu 176
C. couronné 177
C. de Grimm 177
C. de Jentink 172
C. de Peters 174
C. d'Ogilby 175
C. du Gabon 175
C. du Natal 174
C. noir 173
C. rouge 176
C. spadix 172
C. zèbré 173
Cerocèbe à collier blanc 47
   C. agile 47
   C. à joues grises 48
   C. noir 47
Cercopithèque à diadème 52
   C. ascagne 51
   C. à tête de hibou 55
   C. à ventre rouge 50
   C. de Brazza 54
   C. de l'Hoest 55
   C. diane 54
   C. noir et vert 48
Chacal à chabraque 70
   C. à flanks rayés 69
   C. commun 69
Chacma 43
Chat à pieds noirs 99
   C. des marais 99
   C. des sables 98
   C. doré 100
   C. ganté 98
   C. sauvage d'Afrique 98
   'C.-tigre' 100
Chevrotain aquatique 129
Chimpanzé 67
Choroa 141
Chui 103
Civette 80

Cobe à croissant 146
  C. de Buffon 147
  C. de Mrs. Gray 149
  C. defassa 145
  C. des roseaux 150
  C. de Thomas 147
  C. lechwe 148
  C. onctueux 145
Colobe bai 63
  C. bai d'Afrique occidentale 63
  C. blanc et noir d'Afrique occidentale 60
  C. blanc et noir d'Angola 61
  C. de Van Beneden 64
  C. Guereza 61
  C. noir 62
Crossarche brune 91
Cynhyène 74

Damalisque 155
  D. de Hunter 158
Daman d'arbre 113
  D. de rocher 111
  D. de steppe 112
  D. gris 112
Damaralandse Bloubokkie 184
Dassie 111
Dibatag 161
Dik-dik de Günther 183
  D. de Kirk 184
  D. de Phillips 184
  D. du Dameraland 184
Dikidiki 184
Dikstertmuishond 86
Dondoro 181
Draaijakkals 73
Drill 45
Dugong 107
Duikerbok 177
Duma 104
Dwergmuishond 90

Ecureuil 25
  E.-volant 29
Eekhorinkie 25
Eland 133
Elan(d) de Derby 132
  E. du Cap 133
Eléphant d'Afrique 114
Erdvark 109
Erdwolf 97

Faru 120
Fennec 73
Fisi 95, 96
  F. maji 78
  F. ndogo 97
Fungo 80
Funo 174

Galago à queue épaisse 38
  G. d'Allen 39
  G. de Demidoff 40
  G. du Sénégal 38
  G. élégant 39
  G. mignon 39
Gazelle à front roux 168
  G. corinne 168
  G. dama 163
  G. de Clarke 161
  G. de Grant 165
  G. de Pelzeln 167
  G. de Soemmering 164
  G. de Speke 169
  G. de Thomson 169
  G. de Waller 160
  G. dorcas 166
Gazelle-Giraffe 160
Gazelle leptocére 167
Gebande Muishond 92
Geelkoldas 112
Geelmeerkat 93
Gelada 44
Gemsbok 142
Genette aquatique 84
  G. commune 81
  G. d'Ethiopie 83
  G. de Villiers 83
  G. géante 83
  G. pardine 82
  G. servaline 82
  G. tigrine 82
Gensbok 142
Gevlekte Hiena 95
Gewone Duiker 177
Giraf 129
Girafe 129
Gnou à queue blanche 160
  G. à queue noire 158
Gorille 65
Graatjiemeerkat 94
Grand Koudou 134
Grivet 57
Grootgrysmuishond 88

Grootkolmuskejaatkat 82
Groototter 78
Grysbok 182
    G. de Sharpe 182
Guépard 104
Guib d'eau 137
    G. harnaché 138

Haas 21
Hamadryas 41
Hérisson 19
Hippopotame 124
    H. pygmée 125
Hippotrague 143
    H. noir 144
Hirola 158
Hocheur 52
Hyène brune 97
    H. rayée 96
    H. tachetée 95
Hylochére 128

Ietermagog 35
Impala 162
Inyala 137
Jagluiperd 104

Kakakuona 35
Kalunguyeye 19
Kameelperd 129
Kamendegere 30
Kanu 81
Kiboko 124
Kicheche 76
Kidiri 25
Kima 52
Kimburu 98
Kindi 25
Klaasneus 20
Kleingrysmuishond 88
Kleinkolmuskejaatkat 81
Kleinotter 79
Kleinwitstertmuishond 93
Klipbokkie 181
Klipdas 111
Klipspringer 181
Koedoe 134
Komba 38
Kommetjiegatmuishond 87
Kongoni 153
Korongo 143
Krimpvarkie 19

Kringgat 146
Kuru 145, 146

Lamantin 107
Leeu 101
Léopard 103
Lièvre 21
    L. sauteur 30
Lion 101
Loup d'Abyssinie 70
Loup-peint 74
Loutre à cou tacheté 79
    L. à joues blanches 78
    L. à joues blanches du Congo 78
Luiperd 103
Lycaon 74

Maanhaarjakkals 97
Mandrill 45
Mangue de Gambie 92
    M. rayée 92
Mangouste à long museau 97
    M. à pattes noires 85
    M. à queue blanche 85
    M. à queue touffue 86
    M. brune 91
    M. de Dybowsky 90
    M. de Meller 86
    M. de Selous 93
    M. des marais 87
    M. fauve 93
    M. grise du Cap 88
    M. ichneumon 88
    M. naine 90
    M. rouge 89
Mbarapi 144
Mbawala 138
Mbega 61
Mbogo 187
Mbunju 133
Mbuzi mawe 181
    M. ngurunguru 181
Mbwa mwitu 74
Mellerse Muishond 86
Minde 172
Mofhartbees 155
Mondo 100
Mone 53
Moufflon à manchettes 186
Moustac 49
    M. à oreilles rousses 50
Muhanga 109

Nagapie 38
Nagor 150
Nandinie 80
Nchima 52
Ndezi 32
Ndovu 114
Ngedere 57
Ngiri 126
Nguchiro 85
Nguruwe 127
Nsya 177
Nungu 33
Nyala 137
Nyala de montagne 136
Nyalabosbok 137
Nyamera 155
Nyani 42
Nyati 187
Nyegere 77
Nyumbu ya montu 158
Nzohe 137

Okapi 131
Olifant 114
Oorbietjie 180
Oréotrague 181
Oryctérope 109
Oryx algazelle 140
Oryx beisa 141
Otocyon 73
Ourébi 180

Paa 176, 179
Paka pori 98
Palahala 144
Palmsiwet 80
Pangolin à écailles triscuspides 35
 P. à longue queue 36
 P. géant 34
 P. terrestre du Cap 35
Parpassa 20
Patas 59
Pelea 152
Perere 113
Pétauriste 51
Petit Koudou 135
Phacochére 126
Pimbi 111, 112
Poecilogale 76
Poekoe 148
Pofu 133
Poiane 84

Pongo 138
Porc-épic 33
Potamochére 127
Potamogale 20
Potto de Bosman 37
 P. de Calabar 38
Protéle 97
Puku 148
Punda 117
 P. milia 118

Rat de Gambie 31
 R. à trompe 20
Ratel 77
Redunca 150
 R. de montagne 151
Renard du Cap 72
 R. famélique 72
 R. fauve 71
 R. pâle 72
 R. blond des sables 72
Reuserot 31
Rhebuck 152
Rhim 167
Rhinocéros blanc 122
 Rh. de Burchell 122
 Rh. noir 120
Rietbok 150
Rietmuis 32
Rooibok 162
Rooiduiker 174
Rooihartbees 154
Rooijakkals 70
Rooikat 101
Rooimeerkat 93
Rooimuishond 89
Rooiribbok 151

Sange 20
Sanglier 126
Sassaby 156
Seekoei 124
Serval 100
Silwerjakkals 72
Simba 101
Simbamangu 101
Singe rouge 59
Sitatunga 137
Siwetkat 80
Slangmuishond 76
Soenie 179
Soko mtu 67

Springbok 170
Springhaas 30
Steenbok 181
Stinkmuishond 76
Stokstertmeerkat 94
Strandjut 97
Strandwolf 97
Suguya 184
Sungura 21
Suni 179
Suricate 94
Swala granti 165
 S. lala 169
 S. pala 162
 S. tomi 169
 S. twiga 160
Swartpootwildekat 99
Swartrenoster 120
Swartwildebees 160
Swartwitpens 144

Talapoin 49
Tandala mkubwa 134
 T. ndogo 135
Taya 180
Tembo 114
Tiang 155
Tierboskat 100
Tierwolf 95

Tohe 150, 151
Topi 155
Tropiese Grysbok 182
Tropiese Waterbok 145
Tumbili 57
Twiga 129

Vaalboskat 98
Vaaljakkals 69
Vaalribbok 152
Vervet 57
Vlakbok 181
Vlakvark 126

Waterbok 146
Waterkoedoe 137
Watermuishond 87
Wildehond 74
Witrenoster 122
Witstertmuishond 85

Ystervark 33

Zebra 118
Zébre de Burchell 118
 Z. de Grévy 117
 Z. de montagne 119
Zorille commun 76
 Z. de Libye 75

Zwei weitere Feldführer in ähnlicher Ausstattung für Freunde der afrikanischen Tierwelt

Säugetiere und seltene Vögel in den Nationalparks Ostafrikas

Ein Taschenbuch für Zoologen und Naturfreunde. Von JOHN G. WILLIAMS. Aus dem Englischen übersetzt und bearbeitet von Dr. WALBURGA MOELLER, unter Mitarbeit von HANS E. WOLTERS. 1971. 351 Seiten mit 22 Kartenskizzen und 32 Tafeln; 387 Abb., davon 203 farbig, im Text und auf Tafeln. Leinen 38,– DM

„Ein Naturfreund, der Tierreservate in Kenia, Tansania oder Uganda bereist, wünscht sich ein zuverlässiges Taschenbuch mit Übersichtskarten der Nationalparks und Wildschutzgebiete, geschichtlichen und touristischen Informationen, Artenlisten, Bestimmungsschlüsseln und naturgetreuen Abbildungen der Tiere. Das alles bietet der handliche Feldführer. Das Taschenbuch ist dem Touristen und Zoologen für die Planung, Durchführung und Auswertung seiner tierkundlichen Safari nach Ostafrika zu empfehlen." Wissenschaftlicher Literatur-Anzeiger

Die Vögel Ost- und Zentralafrikas

Ein Taschenbuch für Ornithologen und Naturfreunde. Von JOHN G. WILLIAMS. Aus dem Englischen übersetzt und bearbeitet von Dr. HORST HAGEN, unter Mitarbeit von Dr. HANS EDMUND WOLTERS. 1973. Ca. 300 Seiten und 40 Tafeln; 459 Abbildungen, davon 179 farbig, im Text und auf Tafeln. Leinen ca. 46,– DM

Der erste deutschsprachige Feldführer über mehr als 450 Vögel Ost- und Zentralafrikas. Auf den Tafeln, von denen zwei Drittel farbig sind, heben Hinweispfeile die für die Feldbestimmung wichtigsten Merkmale hervor. Der Text orientiert über körperliche Merkmale, über Verhalten, Ernährungsweise, Lautäußerungen, Verbreitung und Lebensweise sowie über ähnliche Arten. Neben dem deutschen Namen und der wissenschaftlichen Bezeichnung wird für jeden Vogel auch die englische Benennung angeführt.

Von der Tierwelt und der Jagd in Afrika

Die Wirbeltiere des Kamerungebirges

Unter besonderer Berücksichtigung des Faunenwechsels in den verschiedenen Höhenstufen. Von Prof. Dr. MARTIN EISENTRAUT, Bonn. 1963. 353 Seiten mit 52 Abbildungen und 79 Tabellen. Leinen 75,– DM

Ein Beitrag zur neuen Systematik und zur biologischen Afrika-Forschung.

Waidwerk der Gegenwart

Natur, Mensch und Wild im Einklang. Erinnerungswerk an die Welt-Jagdausstellung 1971 in Budapest. Unter Mitwirkung zahlreicher Mitarbeiter der Welt-Jagdausstellung, hrsg. von L. FÖLDES. Die deutsche Ausgabe bearbeitete Dr. HEINZ BRÜLL. 1972. 393 Seiten, davon 120 Bildseiten und 36 Geweihtafeln; 400 Abb.; Trophäenbewertungstabellen. Leinen 106,– DM

VERLAG PAUL PAREY · HAMBURG UND BERLIN

Von der Tierwelt und der Jagd in Afrika

The Biology and Behaviour of the Reedbuck in the Kruger National Park

(*Redunca arundinum*, Boddaert 1785). By Dr. H. JUNGIUS. Published as a volume of "Mammalia depicta". 1971. 106 pp., 32 figures and 20 tables. Stiff paper covers 34,– DM

Ecology and Behaviour of the Black Rhinoceros

(*Diceros bicornis* L.) A. Field Study. By Prof. Dr. R. SCHENKEL and Dr. LOTTE SCHENKEL-HULLIGER. Published as a volume of "Mammalia depicta". 1969. 101 pp., 26 figures and 7 tables. Stiff paper covers 28,– DM

An den Lagerfeuern dreier Kontinente

Jagdjahre in Deutschland, Südamerika und Afrika. Von F. GRAF VON MAGNIS. 1966. 146 Seiten und 11 Bildtafeln mit 15 Abb. Leinen 17,80 DM

Am Fuße des Meru

Das Leben von Margarete Trappe, Afrikas großer Jägerin. Von G. v. LETTOW-VORBECK. 3. Aufl. 1959. 288 Seiten mit 1 Karte und 19 Bildtafeln mit 35 Abbildungen. Leinen 16,80 DM

Seltene Trophäen

Kostbarkeiten aus zwanzig afrikanischen Wanderjahren. Von E. A. ZWILLING. 1958. 206 Seiten mit 1 Karte und 23 Bildtafeln mit 39 Abb. Leinen 16,80 DM

In allen fünf Erdteilen

Jagdfahrten in die Stille. Von G. v. OPEL. 1966. 193 Seiten und 19 Bildtaf. mit 27 Abb. Leinen 19,80 DM

The Population Dynamics of the Waterbuck in the Sabi-Sand Wildtuin

(*Kobus ellipsiprymnus*, Ogilby 1833). By H. J. HERBERT. Published as a volume of "Mammalia depicta". 1972. 68 pp., 36 figures and 15 tables. Stiff paper covers 34,– DM

Der Blaubock

(*Hippotragus leucophaeus*, Pallas 1766). Eine Dokumentation. Von Dr. E. MOHR. Reihe „Mammalia depicta". 1967. 81 Seiten, 53 Abb., 5 Tab. Kart. 32,– DM

Insel der goldenen Löwen

Die dramatische Begründung eines stammeseigenen Wildschutzgebietes in Botswana. Von J. KAY. Aus dem Engl. von R. v. BENDA. 1972. 197 Seiten, 1 Karte, 8 Bildtaf. mit 17 Abb. Leinen 28,– DM

Momella

Abseits vom Wege im afrikanischen Jagdparadies. Von M. v. ROGISTER. 1954. 222 Seiten, 32 Bildtafeln. Leinen 12,80 DM

Vierzig Jahre unter afrikanischem Wild

Beobachtungen und Erlebnisse eines Berufsjägers. Von TH. MURRAY-SMITH. Aus dem Engl. von R. v. BENDA. 1964. 179 Seiten und 16 Bildtafeln mit 29 Abbildungen. Leinen 15,80 DM

Auf einsamen Wechseln und Wegen

Jagd und Forschung in drei Erdteilen. Von E. SCHÄFER. 2. Aufl. 1962. 262 Seiten mit 3 Karten und 24 Bildtafeln mit 40 Abb. Leinen 16,80 DM

VERLAG PAUL PAREY · HAMBURG UND BERLIN